김정은 체제

이 도서의 국립중앙도서관 출판시도서목록(CIP)은 e-CIP홈페이지(http://www.nl.go.kr/ecip)와 국가자료공
동목록시스템(http://www.nl.go.kr/kolisnet)에서 이용하실 수 있습니다. (CIP제어번호: 2012000170)

김정은 체제

북한의 권력구조와 후계

北朝鮮の指導体制と後継:
金正日から金正恩へ

히라이 히사시 지음 | 백계문·이용빈 옮김

한울
아카데미

KITACHOSEN NO SHIDO TAISEI TO KOKEI:

KIM JONG-IL KARA KIM JONG-UN E

by Hisashi Hirai

© 2011 by Hisashi Hirai

First published 2011 by Iwanami Shoten, Publishers, Tokyo.

This Korean language edition published 2012 by Hanul Publishing Group, Seoul

by arrangement with the proprietor c/o Iwanami Shoten, Publishers, Tokyo.

한국독자 여러분께

    필자는 1975년 4월 기자가 되어 곧 기자생활 37년이 되고 정년도 눈앞이다. 기자생활 중 서울에는 한국어연수유학과 특파원 한 번, 지국장 두 번 등 총 세 번의 근무로 약 14년간 체재했다. 또 중국 베이징에 특파원으로 한 4년 정도 있었으니 한중 양국에서 지낸 기간이 도합 18년이다. 기자생활의 거의 절반을 한국과 중국에서 보낸 것이다.

    북한의 김정일 총서기(총비서, 국방위원장)가 조선노동당 중앙위 제5기 제8회 총회에서 '주체사업의 위대한 계승자'가 된 것이 1974년 2월인데, 그 김정일 총서기는 2011년 12월에, 69세를 일기로 생을 마감했다. 그가 후계자의 자리를 차지하여 권력을 장악하고 사망할 때까지 37년간은 필자의 기자생활 기간과 거의 일치한다. 이 책은 바로 그 '김정일 시대'를 함께 달린 일본인 기자의 검증이자 분석이다.

    1999년 두 번째 서울 근무가 끝날 무렵, 근무처인 교도통신으로부터 "앞으로 어떻게 북한을 취재하면 좋을까?"라는 질문을 받았다. 필자는 평양에는 지국을 개설할 수 없으니 중국 옌볜(延邊) 조선족자치주 옌지시(延吉市)에 지국을 설치해서 북한을 취재하면 좋겠다고 제안했다. 그러자회사는 "중국 정부가 옌지에는 지국 설립을 허가하지 않으니 베이징에서 북한을 살피는 게 어떤가?"라며 역으로 제안해왔다. 필자는 그 자리에서 승낙하고 베이징으로 가서 북한을 취재하기 시작했다. 일본 언론 최초의 '베이징 주재 평양 특파원'이었다.

중국 베이징에서는 탈북자 한미양 일가가 선양(瀋陽)의 일본 총영사관으로 도피한 사건을 보도하여 일본신문협회상을 수상하기도 했고, 2002년 7·1경제개혁조치를 특종으로 보도하기도 했다. 하지만 선양 사건 취재로 중국 정부를 자극한 면이 있어서 2003년에는 서울로 돌아왔다.

2007년 여름 12년 만에 일본으로 돌아왔지만 일본인의 북한 때리기가 심각한 것에 놀랐다. 일본인 납치사건은 누구든 용서할 수 없는 것이었지만, 북한을 더 객관적으로 바라볼 필요가 있다고 생각했다. 사실에 입각해 북한의 사고방식은 어떠한가, 왜 그들은 그런 행동을 하는가를 더욱 냉정하게 분석할 필요가 있다고 생각했다.

그래서 북한의 선군정치 성립과정, 경제개혁, 사고개혁 등 김정일 총서기의 개혁적인 측면을 포함해 분석한 『왜 북한은 고립하는가?: 김정일, 파국을 향하는 '선군체제'』(新潮社, 2010)를 출간했다. 그리고 북한 지도부의 변천과정과 후계체제의 로드맵을 검증·분석하는 이 책을 냈다.

한국이 '반공국가'로 북한 관련 정보를 정부나 정보기관이 독점하던 시대에는 일본 언론인이 한국 언론인보다 나은 취재가 가능한 유리한 환경이었다. 하지만 한국의 민주화가 진행되면서 한국의 북한연구는 비약적으로 발전했다. 언론계에서도 뛰어난 작품들이 나왔다.

필자는 오히려 한국에서의 생활을 통해, 북한에 내재적으로 접근해야 할 필요성을 느꼈다. 덮어놓고 북한을 비난만 할 게 아니라 사실에 접근하여 분석해야 할 필요성을 배웠다.

도쿄대학 유학 시절부터 외우(畏友)이자 뛰어난 북한연구자인 고 서동만 (徐東晩) 교수는 생전에 "히라이 씨, 재미없는 에세이만 쓰지 말고 제대로 된 북한연구를 써보세요"라며 필자를 질책해주었다. 서 교수의 병상에서 "동만 씨의 충고를 듣고 북한 책을 쓰고 있으니 건강해져서 읽어주시기 바랍니다"라고 얘기했지만, 그는 2009년 6월 4일 세상을 떠났다. 필자가 쓴 두 권의 책을 서 교수가 읽고 비판해주길 원했고 그와 토론을 계속하고 싶었다.

이와나미쇼텐으로부터 한국의 출판사가 이 책을 번역·출판하고자 한다 는 얘길 전해 듣고 고마웠다. 필자가 기자생활의 삼분의 일 이상을 지낸 한국에서 이 책이 나온다는 것은 이미 작고한 서 교수를 비롯해 신세진 한국의 벗들에게 은혜를 갚는 일이기도 하기 때문이다.

김정일 총서기의 사망으로 북한도 좋든 싫든 변화할 것이다. 김정일 총서기는 김일성 주석을 '수령'으로서 절대화한 작업의 원작자이자 연출 가였다. 엄격한 의미로 '수령'은 김일성 주석만 칭하지만, 김정일 총서기는 선군정치라는 강권으로 실질적인 수령이 되었다. 그러나 실적도 경험도 거의 없는 김정은이 '수령'의 자리를 쌓아올릴 수 있을까? 그것은 진짜 '수령'이 아니라, '상징적 수령'에 지나지 않을 것이다. 필자는 김정은 후계체제는 '수령제'의 종언을 향하는 과정이 아닌가 생각할 수밖에 없다.

필자는 북한이 빨리 '선군(先軍)'이라는 깃발을 내리고 '선민(先民)'이라 는 깃발을 들길 바란다. 여기서의 '민(民)'은 '민중'이며, 앞으로 '민족'으 로, 그리고 '민주'로 이어지길 바란다.

2012년 1월

히라이 히사시

머리말

2011년 12월 19일 정오, 북한의 언론들은 최고지도자 김정일 총서기가 같은 달 17일 오전 8시 30분경 현지지도를 위해 타고 가던 열차 안에서 심근경색으로 사망했다고 일제히 공표했다.

1974년 2월 조선노동당 중앙위원회 제5기 제8차 전원회의에서 '주체위업의 위대한 계승자'로 추대되어, 1994년 7월 부친 김일성 주석이 사망했을 때부터 문자 그대로 독재자의 지위에 있던 김정일 총서기가 사망한 것이다.

국가장의위원회의 명부가 발표되어 삼남 '김정은 동지'가 명부의 제일 위에 이름을 올렸고, 부고에서는 "김정은 동지의 지도는 위대한 수령 김일성 주석이 개척하고, 위대한 지도자 김정일 동지가 승리로 이끌어온 주체의 혁명위업을 대를 이어 빛나게 계승, 완성할 수 있는 결정적인 보증이다"라고 하여, 김정은 후계체제가 움직여 나가고 있음을 선언했다. 이 책에서는 이와 같이 김일성-김정일-김정은으로 이어지는 3대에 걸친 권력 계승의 실상을 밝히고자 한다.

1992년 9월 14일, 나는 처음으로 북한을 방문했다. 평양에서 16일부터 개최된 제8차 남북 총리회담의 취재를 위해서였다.

숙소였던 평양의 고려호텔에 체크인을 하고 나서 홀로 외출을 했다. 북한 체재 중에는 항상 '안내원'과 동행을 해야 하며 단독 행동은 취하지 말라는 말을 들었지만 미행당하고 있다는 느낌은 없었다. 내가 둔감한 탓인지도 모른다. 고려호텔을 나와서 바로 가까이에 있는 평양역으로 향했다. 최초의 북한 방문에서 처음으로 취재하고 싶다고 생각했던 것은 한-중 국교수립에 관한 북한 주민의 반응이었다. 얼마 전인 8월 24일 중국은 한국과 국교를 수립했다. 그러나 북한의 공식매체는 그것에 대해서 아무것도 보도하지 않았다. 그래서 북한의 주민이 그 사실을 어느 정도 알고 있는지, 그리고 이에 대해서 어떻게 생각하는지를 알고 싶었다.

나를 담당하고 있는 '안내원'의 의견을 듣는 것이 가장 쉬운 방법이었는데, 그것은 북한 당국이 사전에 준비해준 내용일 터였다. 내가 알고 싶은 건 북한의 보통 사람들의 생각이었다. 그러나 고려호텔 앞에서 통행인에게 인터뷰를 하거나 평양역에서 인터뷰를 하는 것은 어찌되었든 눈에 띄게 된다. 첫 번째 북한 방문의 첫날부터 문제를 만들 수는 없는 노릇이었다.

그래서 평양역 광장 벤치에 앉아 내 옆에 앉은 주민에게 넌지시 한-중 국교수립에 대해 들어보는 수법을 택했다. 몇 명의 주민에게 얘기를 들어 볼 수 있었다.

"보도는 없었어도 남조선(한국)과 중국이 국교를 맺었다는 것은 모두 알고 있습니다"라는 대답이 돌아왔다. 어떤 여성에게 한-중 국교수립을 알고 있는가를 묻자, 아무 말도 하지 않고 고개만 끄덕였다. 어떤 대학생은 "우리나라에는 화교도 많고, 중국으로부터의 방문단이나 교통을 통해서 시민의 절반은 알고 있습니다"라고 말했다. 내가 "한국이 중국과 국교를 수립하면서 대만과의 국교를 단절했다"고 하자 그는 "아, 그러한가요?"

하며 놀랐다. 그는 "중국은 경제적 이익을 위해서 남조선과 관계를 맺지만, 정치 분야에서 우리나라와의 관계에는 큰 변화가 없지 않을까요. 정치와 경제는 밀접한 관계가 있지만, 정치에서 (북한과의) 관계는 계속된다고 생각한다"라고 말했다.

내가 말한 한국어가 북한식 억양이 아니었기 때문이었는지 "교포이십니까?"라는 질문을 받았다. 벤치에 앉아 있는 것만으로 어느 정도의 취재가 가능했지만, 누군가 나를 감시하고 있다는 느낌은 없었다. 나는 호텔에 돌아와서 평양역 주변에서 취재한 한-중 국교수립에 대한 평양 시민의 반응을 원고로 써서 도쿄에 전송했다.

그리고 평양에서의 첫날밤이 되어 호텔 방에서 거리를 바라보자, 기묘한 광경이 시야에 들어왔다. 고려호텔 앞거리에 일정한 간격을 두고 사람들이 서 있는 것이었다. 대부분 젊은이들로, 다들 가로등 아래에 서 있었다. 나는 '외국인 기자들이 많이 들어왔는데 나가지 않는 것 같으니 감시요원이 서 있는 게 아닌가?' 하고 생각했다. 약간 신경에 거슬려, 호텔 앞거리로 나서 그 일정한 간격으로 서 있는 젊은이들 사이를 지나가봤다.

놀라웠다. 그 젊은이들은 외국인 기자를 감시하고 있던 것이 아니라, 가로등 아래에서 책을 읽으며 공부를 하고 있었던 것이다. 손에 들고 있던 교과서로 보이는 책은 모두 황색의 책으로 인쇄 상태가 썩 좋다고는 할 수 없는 느낌이었다. 둔탁한 빛을 내는 가로등 아래에서 책에 눈길을 내려뜨리면서도 뭔가 느낀 것 마냥 시선을 다른 곳으로 향하는 젊은이들. 나는 그 최초의 평양 방문 때 일정한 간격을 두고 가로등 아래에 서 있던 젊은이들의 모습을 지금도 잊을 수 없다.

그것은 '절망'과 '희망'의 공존이라고 생각했다. 1992년이라면, 북한 경제는 이미 심각한 상황에 빠져들었을 때다. 밤이 되면, 고려호텔 최상층부의 스카이라운지에서 보이는 평양 시내는 주체탑 등 일부를 제외하고는 빛이 없었기 때문에 암흑 속의 수도라고 할 수 있었다. 젊은이들은 아마도 전기 공급이 끊어져 집에서는 공부를 할 수 없어서 가로등 불빛을 의지하여 공부를 했던 모양이다. 그런데 이 정도로 심각한 에너지 사정이 있는데도, 가로등 아래에서 공부를 하고자 하는 젊은이가 있다는 사실에 경악했다. 이것이 이 나라의 '희망'일 수도 있다고 생각했다.

문득 「반딧불이」라는 노래의 가사가 생각났다. 이 가사는 동진(東晋) 시대 차윤(車胤)이 빈곤하여 등유를 살 수 없어 비단주머니에 수십 마리의 반딧불이를 넣어 그 빛으로 공부를 했고, 같은 시대 손강(孫康)은 창밖의 눈에 달빛이 반사하는 것을 이용하여 공부를 했다는 고사 '형설지공(螢雪之 功)'에 대한 것인데, 북한에는 차윤이나 손강과 같은 사람들이 넘쳐나고 있는 것에 감명을 받았다.

김일성 주석이 사망하고 북한에서는 그전보다 심각한 식량위기가 발생했다. 나는 그 이후, 두 차례의 서울 근무를 거쳐 베이징 근무를 하게 되어, 중국 국경 등에서 탈북자 취재에도 임했다. 그들로부터 북한의 비참한 상황을 전해 들었다. 어떤 의미에서는 내가 최초의 북한 방문에서 느꼈던 '절망'은 '절망'도 무엇도 아니었다. 탈북자들에게 들은 북한의 상황은 믿을 수 없을 정도의 비참한 것이었기 때문이다. 1992년 최초의 북한 방문에서 느꼈던 것은 평양이라는 대단히 혜택을 받고 있는 수도에서 혜택을 받고 있는 계층의 일들에 불과했다는 것도 실감했다.

그러나 북한에서는 이 정도로 대규모의 비참한 식량위기에 직면해서도 일시적인 대혼란은 있었지만 교육의 기본적인 시스템은 파괴되지 않았다. 국민의 대다수가 식량의 확보도 불가능한 상황으로 인해 대다수 주민이 유민화하여 탈북자가 급증해도, 배우지 않으면 안 된다는 주민 의식은 지켜졌다. 아사자가 나올 정도의 경제위기 상황에서도 기본적인 교육이 유지되고 있는 것은 다른 국가에서는 생각할 수 없는 일이다. 여전히 '절망'과 '희망'이 공존하는 국가인 것이다.

줄곧 한반도를 취재하면서, 북한의 지도자라는 사람들을 인터뷰하고, 직접 접할 기회도 몇 차례 있었다. 나는 한국에서 십여 년 생활할 기회가 있었는데 기본적으로는 남측의 사람도 북측의 사람도 비슷한 사고방식을 갖고 있다고 느꼈다.

한국과 북한은 체제의 우월성을 둘러싼 긴 대립과 경쟁을 반복했지만, 결국 승부는 명백하다. 한국은 세계에서도 10위 수준의 경제규모에 도달했지만, 북한은 아직 주민의 식량 문제도 해결하지 못했다. 1960년대, 1970년대 초반만 해도 북한 측이 경제적으로 한국보다 우위에 있었을 것이다. 그런데 그랬던 것이 왜 오늘날과 같은 결과가 되어버린 것일까? 북한과 같이 국민의 교육 수준이 높고, 노동의욕이 있으며, 우수한 인재를 갖고 있는 나라가 왜 지금까지도 '먹는 문제'조차 해결할 수 없는 것인가?

다양한 요인이 있을 것이다. 한국은 미국이나 일본을 비롯한 서방 측 국가들과 관계를 긴밀화시켜 '한강의 기적'이라고 일컬어지는 경제발전을 실현했다. 그에 비해서 사회주의 진영 가운데 있던 북한은 다양한 의미에서의 경제정책에서 실패하고, 나아가 1990년대에 일어난 사회주의 국가의 계속된 붕괴로 국제적으로 고립된 존재가 되었으며, 호우 등의 자연재해도 있어서 중국의 지원으로 간신히 생존하고 있는 상태이다.

내가 갖고 있던 문제의식은 가로등 아래에서라도 공부를 하고자 하는 젊은이가 있는 국가가 왜 '먹는 문제'조차 해결할 수 없는가, 그 문제의 소재는 어디에 있는 것인가 하는 것이었다.

2010년 9월 28일, 조선노동당 대표자회의가 44년 만에 개최되었다.

당 대회 수준의 회의로는 1994년 김일성 주석이 사망한 이후 처음으로, 1980년의 제6차 당 대회로부터 30년 만의 일이었다. 거기에서 김정일 총서기의 삼남 김정은이 '대장', '당 중앙위원', '당 중앙군사위원회 부위원장'이라는 세 가지 직위를 부여받아 북한은 3대에 걸친 세습을 향해 공연히 움직이게 되었다. 나는 김정일 총서기의 경우는 '세습'이라기보다는 스스로 권력을 쟁취한 '권력 탈취'라고 생각하는데, 부친으로부터 아들에게 권력이 계승되었다는 표면적인 의미에서는 '세습'이라고 할 수 있다. 그리고 2012년 1월 현재, 그 어떤 실적도 없는 20대의 젊은이에게 북한의 권력이 '세습'되었다.

이 책에서는 김일성 시대, 김정일 시대 북한의 국가 시스템 변천을 살펴보고, 지도부가 어떻게 형성되어 오늘날과 같은 권력 형태가 되었는가를 검증하고자 했다. 북한의 국가운영 실패의 요인 중 일부는 북한 권력구조의 오류, 지도부 인사의 오류에 있는 것이 아닌가 생각한다. 따라서 김일성 시대, 김정일 시대를 지탱한 지도부 인물들이 어떤 인물이며, 김정일로부터 김정은으로의 권력 계승에 관해 어떤 인물들이 중요한 역할을 할 것인가를 검증해보고자 한다.

김정일 총서기는 '선군정치'를 내세우고 군사우선노선을 걸었다. 군부가 군뿐만 아니라 당이나 국가기관에서까지 요직을 차지하고, '선군정치'가 '주체사상'과 나란히 지도이념으로서 헌법에 삽입되어 있는 현재의 북한은 '선군체제'라고 해도 좋은 상황이다. '선군체제'에 미래는 있는 것일까?

나는 북한이라는 '희망'과 '절망'이 공존하는 국가가 절망의 심연으로 전락하여 북한 주민이 더욱 비참한 상황에 빠지는 것을 원하지 않을 것이라고 생각한다. 북한의 '희망'이 '절망'에 승리를 거두고 북한이 우리들의 좋은 이웃이 되길 바란다.

최근 일본에서는 북한을 비난, 매도하는 사회적 분위기가 충만하고 있는 것으로 느껴진다. 그러나 감정적인 비난이나 매도만으로는 그 어떤 것도 변하지 않는다. 북한이라는 국가가 어떤 길을 걷고 있고, 어떤 논리로 행동을 하고 있는가를 냉정하게 검증할 필요가 있다. 이 책은 그러한 작업을 북한 지도부의 구성이나 인사의 측면에서 검증하고자 하는 내 나름대로의 시도이다.

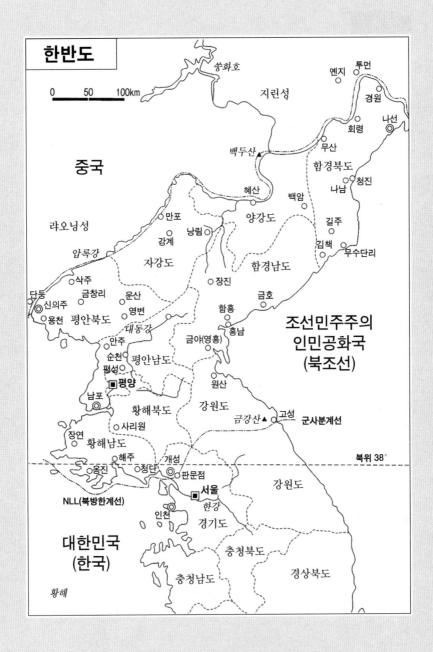

한반도

0 50 100km

송화호

지린성

중국

엔지   투먼

경원

나선

회령

백두산   무산

함경북도

혜산   백암   나남   청진

양강도   길주

랴오닝성

압록강   만포   낭림   무수단리

강계   김책

자강도   함경남도

삭주   장진   금호

단둥   금창리   운산

신의주   영변   함흥

용천   평안북도   흥남

대동강   금야(영흥)

안주

순천   평안남도   조선민주주의

평성   인민공화국

평양   (북조선)

남포   원산

황해북도   강원도

금강산▲   고성   군사분계선

장연   사리원

황해남도

해주   개성   북위 38°

옹진   청단   판문점

NLL(북방한계선)   서울   강원도

인천   한강

경기도

대한민국

(한국)   충청북도

경상북도

충청남도

황해

차 례

부록

일러두기

1. 이 책의 원서(平井久志, 『北朝鮮の指導体制と後継: 金正日から金正恩へ』)는 일본 이와나미쇼텐에
   서 2011년 4월 15일 초판 1쇄가 출간되었으나, 같은 해 12월 김정일의 사망으로 일부 내용을
   수정·보완하여 2012년 1월 16일 초판 2쇄가 재출간되었다. 한국어판에서는 원서 2쇄에서 수정·보
   완한 내용을 모두 반영하였으나, 그럼에도 김정일 사망 전후의 시점이 혼재되어 있는 곳이 일부
   있음을 밝힌다.
2. 이 책에서 외래어는 국립국어원 외래어 표기법(문교부 고시 제85-11호)의 규정을 따랐다.
3. 북한 인명 및 북한 자료 인용문은 북한식 표기법에 따랐고, 특히 ≪노동신문≫ 등 북한 자료는
   되도록 해당 원문을 찾아 넣었다.
4. 김정일의 호칭은 한국에서는 통상 '김정일 국방위원장'으로 표기하나, 원서에 따라 일본에서의
   호칭인 '김정일 총서기'로 표기했다.
5. 이 책의 각주는 모두 옮긴이 주이다.

제1장

후계자의 등장

2010년 10월 10일 오전 9시 30분, 북한 수도 평양의 김일성광장에서 '조선노동당 창건 65주년 경축 열병식'이 시작되었다. 청홍색의 북한 국기인 인공기와 붉은 바탕에 황금색별이 그려진 조선인민군 최고사령관기(旗)를 내건 지프차가 광장에 입장, 열병대 우측에서 출발하여 광장 중앙으로 나아갔다. 지프차에서 내린 국기 기수와 최고사령관기 기수가 게양대를 향해 걸어갔다. 이윽고 군 최고사령관이자 국방위원장인 김정일(金正日) 총서기(총비서, 국방위원장)가 주석단에 등장했다. 그의 좌측에 삼남 김정은 (金正恩) 당 중앙군사위원회 부위원장이 섰다. 아버지와 똑같은 점퍼 스타일의 검은 인민복을 입고 있었고, 마치 고(故) 김일성(金日成) 주석이나 김정일 총서기를 모방한 것처럼 귀 위쪽으로 치켜 깎은 모양의 헤어스타일을 하고 있었다.

김정은이 북한 인민 앞에 정식으로 모습을 드러낸 순간이었다. 그는 전날인 9일 밤 김정일 총서기와 방북 중인 저우융캉(周永康) 중국공산당 정치국 상무위원 등과 함께 매스게임과 예술공연 <아리랑>을 주석단에

북한의 수도 평양에서 거행된 군사 퍼레이드(2010년 10월 10일)

서 관람함으로써 외국 대표단들과 매스미디어 앞에 처음으로 모습을 드러
냈지만, 국민 앞에 공식적으로 모습을 보인 것은 이때가 처음이었다.

이 광경은 북한 전역에 생중계되었다. 그리고 이 열병식 취재 차 방북한
약 100명의 해외 기자들에 의해 전 세계로 타전되었다. 북한 국내에서의
생중계와 해외 언론들에 의한 보도는 김정일 총서기로부터 김정은으로의
권력 계승을 기정사실화하려는 의도에 따른 것으로 보였다.

김정은은 9월 28일 개최된 조선노동당 대표자회의(이하 '당 대표자회의')
에서 중앙위원으로 선출되었고, 또 조선노동당 중앙군사위원회(이하 '당
중앙군사위') 부위원장으로 선출되었다. 북한이 내건 '선군정치(先軍政治)'
를 상징이나 하듯이 그 바로 전날인 9월 27일에는 김정일 최고사령관으로
부터 '대장'의 칭호를 수여받았다.

당 창건 65주년 경축 열병식에 등장한 김정일 총서기는 이동할 때
난간을 잡고 이동하는 모습을 보여, 2008년 여름에 맞은 뇌졸중(腦卒中)으
로 인한 건강 악화로부터 완전히 회복되지 않은 듯 여윈 표정을 띠고

군사 퍼레이드를 관람하며 경례하는 김정은(왼쪽)과 김정일(오른쪽)

있었다. 퍼레이드가 진행되는 동안 김정은은 다른 간부들과는 달리, 조부 김일성 주석이나 부친 김정일 총서기의 그것과 똑같은 독특한 방식으로 박수를 쳤다. 그는 김정일 총서기가 경례를 하면 바로 따라했고, 퍼레이드 내내 광장 중앙에서 전개되는 모든 과정을 응시했다. 김정일 총서기는 처음으로 등장하는 김정은이 걱정되었는지 여러 번 고개를 옆으로 돌려 김정은을 바라봤다. 그 눈길은 독재자의 눈길이라기보다 자식의 앞날을 걱정하는 아버지의 그것처럼 보였다. 이날의 열병식은 김일성 주석으로부터 김정일 총서기로 권력을 계승했던 북한이 3대 김정은에게로 다시 권력을 계승한다는 것을 내외에 선포하는 행사였다.

김정은의 제1 측근이 될 것으로 보이는 리영호(李英鎬) 군 총참모장이 열병식 연설에서 "우리 인민군대는 경애하는 최고사령관 동지의 령도를 영원한 생명으로 가슴에 새기고, 수령의 군대, 당의 군대로서의 혁명적 성격을 변함없이 고수하며, 수령 결사 옹호의 제1선에 서서 위대한 김정일 동지를 수반으로 하는 당 중앙위원회를 목숨 걸고 사수할 것이다"라며 맹세했다. 이어 "조국의 안전과 혁명의 제(諸) 성과를 수호한다고 하는 영예로운 사명을 담당한 우리 인민군대는 긴장을 더해가는 조성된 정세에 부응하여 공격 가능한 태세를 고도로 유지할 것이며, 만약 미 제국주의자와 그 추종 세력들이 우리 쪽 자주권과 존엄을 조금이라도 손상시킨다면 자위적 핵 억지력을 포함한 모든 물리적 수단을 총동원하여 무자비한 보복 타격을 가할 것이고 침략의 본거지를 송두리째 격파할 것이며 나아가 조국통일이라는 역사적 위업을 반드시 성취하고 말 것이다"라고 경고했다.

리영호 총참모장의 연설은 군이 '수령의 군대', '당의 군대'라는 것을 확인하면서 군사우선의 '선군'노선을 계속 밀고나갈 것이고 핵무기를 포기할 생각이 없다는 것을 명백히 한 것이었다.

군사 퍼레이드의 진행 중 사정거리 약 3,000km로 괌의 미군기지까지 타격 가능한 '무수단'이라는 이름의 중거리 탄도미사일이나 탄도미사일을 적재한 이동식 수직기도형(垂直起倒型) 미사일발사 차량, 이동식 레이더로 보이는 장치를 적재한 차량, 내부를 은폐한 원통형 장치를 적재한 차량 등이 등장했다. 군사우선노선이 말에 그치는 것이 아니고 실제 군비를 통해 착실히 실현되고 있다는 것을 내외에 과시한 것이다.

김정일 총서기로부터 아무런 실적이 없는 27세의 청년에게 권력이 계승되는 것은 흔히 있을 수 없는 일인데, 이 열병식은 그러한 과정이 '선군정치'라는 북한 특유의 이데올로기를 배경으로 하여 진행되고 있다는 것을 과시한 것이라 할 것이다.

나는 고 김일성 주석으로부터 김정일 총서기로의 권력 계승이 '세습'에 해당된다고 생각하지 않는다. 김정일이 김일성의 장남이기 때문에 형식적으로 세습이기는 하다. 그러나 김정일 총서기로의 권력 계승은 격렬한

'권력 탈취'의 결과 이루어진 것이지 봉건 영주가 자식에게 권력을 넘겨주는 것 같은 권력 세습은 아니었다.

김정일 총서기는 김일성 주석의 친동생 김영주(金英柱)나 이복동생 김평일(金平日), 계모 김성애(金聖愛) 등과 격렬한 권력투쟁을 벌였다. 김정일 총서기는 그들을 '곁가지'로 규정하면서 "곁가지를 쳐내지 않으면 줄기가 자랄 수 없다"는 논리로 '곁가지 치기 운동'을 전개했으며, 정치적 라이벌들을 하나하나 제거하는 데 성공함으로써 후계자의 지위를 획득했던 것이다.

그뿐만 아니라 김정일은 후계자 지위를 획득한 후에도 아버지 김일성이 갖고 있던 권력을 하나씩 하나씩 벗겨내면서 정치적 실권을 장악해 나갔다. 그러한 의미에서 김정일로의 권력 계승은 단순한 '세습'이 결코 아니었다. 김정일 총서기는 국제사회에서 그것을 '세습'이라고 비판한다는 것을 잘 알고 있었을 것인데, 그에 대해 필시 '모욕감'을 느끼고 있었을 것이다.

그런데 이러한 김정일 총서기로부터 김정은에게로의 권력 계승은 완전한 '세습'이다. 김정일 총서기는 왜 그러한 길을 선택할 수밖에 없었을까? 또한 북한은 왜 '선군정치'라는 정치 시스템밖에 선택할 수 없었으며, 그 문제점은 어디에 있는 것일까? 이 책은 이러한 의문들을 북한의 권력 메커니즘의 양식과 지도부의 인사정책 측면에서 검증해보려는 시도이다.

서두에서는 김정은을 사실상의 후계자로 공식화한 당 대표자회의를 둘러싼 움직임 및 거기서 결정된 새로운 지도부에 대한 분석, 그리고 후계자 김정은을 지지하는 세력은 어떠한 인물들인가를 살펴볼 것이다.

이어서 시계를 거꾸로 돌려 북한 건국 시기로 돌아가 북한에서의 정치권력의 형성이나 그 변천 과정을 살펴보고, 그 지도부는 어떤 인물들로 구성되었으며 어떤 역사적 과정을 거쳐 오늘의 정치권력과 지도부가 형성되었는가를 살펴보려 한다.

'당 대표자회의'의 소집

2010년 6월 26일 북한의 조선중앙통신은 조선노동당 정치국이 같은 달 23일자 '결정서'를 통해 "조선노동당의 최고지도기관 선거를 실시하기 위한 당 대표자회의를 9월 상순에 개최"키로 했다고 보도했다.

당시 조선노동당 규약에 의하면 당 대회는 5년에 한 번씩, 당 중앙위 전원회의는 6개월에 한 번씩 개최키로 되어 있었다. 김일성 주석은 독재자로 칭해졌으나 당 중앙위 전원회의는 거의 규정대로 개최했고, 자신이 결정한 것이더라도 그것을 당 중앙위 전원회의에서 의결케 함으로써 '기관결정의 원칙'을 지켰었다.

그러나 김정일 총서기는 1994년 7월 김일성 주석이 사망한 이래 당 대회나 당 중앙위 전원회의를 개최한 적이 한 번도 없었다. 당 대표자회의 개최는 1966년 제2차 당 대표자회의 이래 44년 만의 일이며, 당 대회 수준의 회의로서는 1980년 제6차 당 대회 이래 처음이었다.

주목을 받은 것은, 선군정치의 길을 걷는 북한에서 당 대표자회의 개최가 '당 정치국 결정서'로 발표되었다는 점이다. 선군정치를 표방하여 국방위원회(이하 '국방위')가 중심 역할을 해왔고 지금까지 당 정치국은 그 정식 회의 개최의 보도조차 별반 접할 수 없었던 터라, 당 정치국 명의의 당 대표자회의 개최 결정은 '당의 복권'을 예고하는 것으로 비쳤다. 개최 목적이 '최고지도기관 선거'로 되어 있어, 조선노동당의 재편이 목적이라는 것은 명백했다.

당 중앙위 전원회의가 개최된 것은 김일성 주석이 살아 있었던 1993년 12월의 제6기 제21차 전원회의가 마지막이었고 그때 이래 인사가 행해진 적이 없었기 때문에 당의 지도부는 결원투성이 상태였다. 당 총서기는

〈표 1〉 2003년 이래 사망한 북한의 주요 지도자

2003.10.26	김용순 당 통일전선부장
2005.10.22	연형묵 국방위 부위원장 (전 총리)
2006.4	김윤혁 전 부총리
2006.7	장성길 인민군 중장 (장성택의 형)
2006.8.20	림동옥 당 통일전선부장
2006.10.5	백학림 차수 (당 중앙군사위원, 전 인민보안상)
2006.10.9	김하규 인민군 대장 (당 중앙위원)
2006.11.23	계응태 당 정치국 위원
2007	강성산 전 총리
2007.1.2	백남순 외상
2007.3	박용석 당 중앙위 검열위원장
2007.6.26	정준기 전 당 정치국 위원후보 (전 부총리): 사망한 것으로 판명됨
2007.10	박상종 당 38호실 실장
2008.3.19	김룡연 군 차수
2008.10.28	박성철 당 정치국 위원
2009.1.15	김익현 군 차수
2009.3.11	김두남 군 대장
2009.3.31	홍성남 당 정치국 위원후보, 함경남도 당 책임비서 (전 총리)
2009.6.26	리광호 당 중앙위 과학교육부장
2009.7.30	여연구 조국통일민주주의전선 중앙위 공동의장
2009.8.24	장성우 군 차수 (장성택의 형)
2010.1.5	박기서 군 차수
2010.4.26	리용철 당 조직지도부 제1부부장
2010.4.28	김중린 당 비서
2010.6.2	리제강 당 조직지도부 제1부부장
2010.11.6	조명록 국방위 제1부위원장 (군 총정치국장)
시기 불명	한성룡 당 정치국 위원: 2004년 8월까지는 동향 확인

김정일이 1997년 10월에 추대되어 김일성 주석의 뒤를 이었지만, 당 정치
국 상무위원은 1980년 제6차 당 대회 때에 김일성, 김일(金一), 오진우(吳振
宇), 김정일, 리종옥(李鐘玉) 등 5명이었으나 2010년 6월 현재에 와서는

<표 2> 1994년 김일성 주석 사망 직후 조선노동당 지도부 현황

당 총서기 (1인)	김정일	1997.10 추대
당 정치국 상무위원 (2인 → 1인)	김정일	
	오진우	1995.2 사망
당 정치국 위원 (12인 → 4인)	김정일	
	오진우	1995.2 사망
	강성산	2007 사망
	이종옥	1999.9 사망
	박성철	2008.10 사망
	김영주	
	김영남	
	최광	1997.2 사망
	계응태	2006.11 사망
	전병호	
	한성룡	사망 시기 불명: 2004.8까지는 활동
	서윤석	2001.1 사망
당 정치국 위원후보 (8인 → 5인)	김만철	
	최태복	
	최영림	
	홍성남	2009.3 사망
	양형섭	
	홍석형	
	연형묵	2005.10 사망
	리선실	2000.8 사망
당 중앙위 총서기 당 중앙위 비서 (10인 → 4인)	김정일	
	계응태	2006.11 사망
	전병호	
	한성룡	사망 시기 불명
	최태복	
	김중린	2010.4 사망
	서관희	사망 추정
	황장엽	1997.2 한국으로 망명
	김기남	
	김국태	
	김용순	2003.10 사망
	정하철	2002년에 비서로 기용되었으나, 2005년 실각

김정일 한 사람밖에 없었다.

당 정치국 위원은 상무위원을 포함하여 1980년에는 19명이었고, 1994년 7월 김일성 주석 사망 후에는 12명이었는데, 2010년 9월에는 겨우 4명밖에 남지 않았다. 그 가운데 한 명인 김일성 주석의 동생 김영주는 사실상 활동중지 상태에 있었기 때문에 실제로는 3명에 불과했다. 당 정치국 위원후보도 1980년에는 15명이 있었는데, 1994년 7월에는 8명으로 줄었고, 2010년 9월에는 겨우 5명뿐이었다(<표 1>, <표 2> 참조).

당 비서국이나 당 부장 직책들도 마찬가지 상태였다. 당 중앙위원도 1980년에는 145명, 1994년 7월에는 140명이었는데 2010년 초에는 68명밖에 생존해 있지 않았다. 당 중앙위원후보는 1980년에 103명, 1994년 7월에는 93명이었는데 2010년 초에는 66명밖에 생존해 있지 않았다. 당 대표자회의 '최고지도기관 선거'는 이러한 당 중앙 각 기관의 전면적 개편을 행하여 조선노동당을 재편하는 것이 첫 번째 목적으로 보였다.

두 번째 목적은 후계자 문제였다.

북한에서는 2008년 9월 9일 건국 60주년에 맞춰 행해진 열병식에 김정일 총서기가 모습을 나타내지 않아 그의 건강 불안이 단숨에 표면화되었다. 김정일은 1992년 4월 25일 인민군 창건 60주년 열병식에서 "영웅적 조선인민군 장병들에게 영광 있으라!"라고 외친 이후 열병식에 불참한 적이 한 번도 없었다.

김정일 총서기는 같은 해(2008년) 8월 '뇌졸중'을 맞아 건강이 악화된 것이 분명했다. 이 때문에 북한에서는 '후계자 문제'가 급부상했다. 김정일에게는 성혜림(成蕙琳)과의 사이에 장남 김정남(金正男), 재일교포 출신 고영희(高英姬)와의 사이에 차남 김정철(金正哲)과 삼남 김정은, 이렇게 세 아들이 있었다.

조선노동당 기구도

당중앙전문부서				지방조직	
조직지도부	통일전선부 김양건 (金養建)	39호실 전일춘 (全一春)	신소실(申訴室)	평양시 문경덕 (文景德)	황해남도 노배권 (盧培權)
선전선동부 김기남 (金己男)	기계공업부 주규창 (朱奎昌)	38호실	총무부 태종수 (太宗秀)	나선시 림경만 (林景萬)	황해북도 박태덕 (朴泰德)
간부부 김평해 (金平海)	과학교육부 최희정 (崔希正)	계획재정부 홍석정 (洪石亭)	행정부 장성택 (張成澤)	남포시 강양모 (姜陽模)	함경남도 곽범기 (郭範基)
국제부 김영일 (金永日)	근로단체부 리영수 (李永秀)	당 역사연구소 김정임 (金正任)	경공업부 김경희 (金慶喜)	평안남도 홍인범 (洪仁範)	함경북도 오수용 (吳秀容)
군사부 오일정 (吳日晶)	재정경리부	문서정리실 채희정 (蔡希正)	영화부	평안북도 이만건 (李萬建)	강원도 백계룡 (白桂龍)
				자강도 주영식 (朱英植)	양강도 김희택 (金熙澤)

주: 조선노동당에는 지금까지 '군수공업부'가 있었는데 2010년 9월 28일의 당 대표자회의
　에서 '기계공업부'가 존재하는 것이 확인되었다. 군수공업부가 개편된 것일 가능성이
　높지만 병존하는 것일 수도 있어 향후 추이를 살펴볼 필요가 있다.
자료: 한국 통일부 발표.

　김정남은 2001년 5월에 일본 나리타공항을 통해 입국하려다 여권이
위조된 것이 발각되어 잠시 구속되었다가 중국으로 강제출국 당했다. 그
후로도 일본 매스컴들의 취재에 응하기도 하여 화제가 되었는데, 그러한
언동도 작용하여 후계자 경쟁에서 탈락했다. 일본이나 한국의 매스컴에서
는 한때 차남 김정철이 후계자로 가장 유력한 것으로 보도되기도 했다.
　그러나 한국의 ≪연합뉴스≫는 2009년 1월 15일 김정일 총서기가 삼남
김정은을 후계자로 결정했다고 당 조직지도부에 통고했으며, 리제강 당

북한의 국가기구 개념도 (2011년 2월 현재, 한국 통일부 발표)

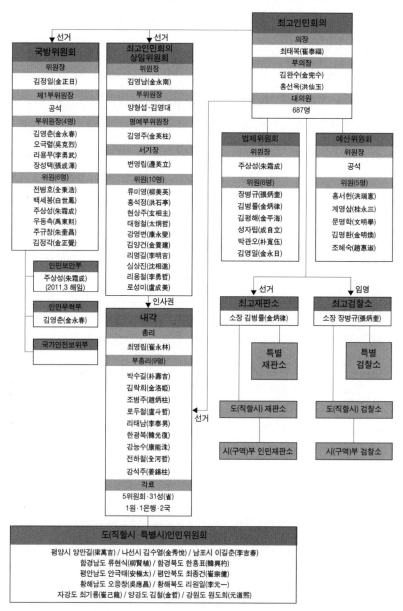

최고인민회의
의장
최태복(崔泰福)
부의장
김완수(金完수)
홍선옥(洪仙玉)
대의원
687명

선거

국방위원회
위원장
김정일(金正日)
제1부위원장
공석
부위원장(4명)
김영춘(金永春)
오극렬(吳克烈)
리용무(李勇武)
장성택(張成澤)
위원(6명)
전병호(全秉浩)
백세봉(白世鳳)
주상성(朱霜成)
우동측(禹東則)
주규창(朱奎昌)
김정각(金正覺)

선거

최고인민회의
상임위원회
위원장
김영남(金永南)
부위원장
양형섭·김영대
명예부위원장
김영주(金英柱)
서기장
변영립(邊英立)
위원(10명)
류미영(柳美英)
홍석정(洪石亭)
현상주(玄相主)
태형철(太炯哲)
강영변(康永燮)
김양건(金養建)
리명길(李明吉)
심상진(沈相進)
리용철(李勇哲)
로성미(盧成美)

인민보안부
주상성(朱霜成)
(2011.3 해임)

인민무력부
김영춘(金永春)

국가안전보위부

인사권

내각
총리
최영림(崔永林)
부총리(9명)
박수길(朴壽吉)
김락희(金洛姬)
조병주(趙炳柱)
로두철(盧斗哲)
리태남(李泰男)
한광복(韓光復)
강능수(康能洙)
전하철(全河哲)
강석주(姜錫柱)
각료
5위원회·31성(省)
1원·1은행·2국

선거

법제위원회
위원장
주상성(朱霜成)
위원(6명)
장병규(張炳奎)
김병률(金炳律)
김평해(金平海)
성자립(成自立)
박관오(朴寬伍)
김영일(金永日)

예산위원회
위원장
공석
위원(5명)
홍서헌(洪瑞憲)
계영삼(桂永ㅋ)
문명학(文明學)
김명환(金明煥)
조혜숙(趙惠淑)

선거

최고재판소
소장 김병률(金炳律)

특별
재판소

도(직할시) 재판소

시(구역)부 인민재판소

임명

최고검찰소
소장 장병규(張炳奎)

특별
검찰소

도(직할시) 검찰소

시(구역)부 검찰소

도(직할시·특별시)인민위원회
평양시 양만길(梁萬吉) / 나선시 김수열(金秀悅) / 남포시 이길춘(李吉春)
함경남도 류현식(柳賢植) / 함경북도 한흥표(韓興杓)
평안남도 안극태(安極太) / 평안북도 최종건(崔宗健)
황해남도 오응창(못應昌) / 황해북도 리원일(李元一)
자강도 최기룡(崔己龍) / 양강도 김철(金哲) / 강원도 원도희(元道熙)

조직지도부 제1부부장이 같은 부 과장급 이상 간부들에게 그것을 전달했다고 보도하여, 김정은 후계자설이 단숨에 떠올랐다.

2009년 6월에는 조선노동당 기관지 ≪노동신문≫ 등에서 후계자 문제를 시사해주는 듯한 논평이 잇따랐다. 그러나 동년 7월에 이르러 그러한 논평이 갑자기 자취를 감추었다. 김영남(金永南) 최고인민회의 상무위원장은 2009년 9월 10일 ≪교도통신≫을 상대로 "후계자 문제는 현 시점에서 논의되고 있지 않다"고 말했다.

그러나 2010년이 되자 인민무력부 기관지 ≪조선인민군≫은 김정은의 생일인 1월 8일, "인민군대는 위대한 수령, 위대한 최고사령관으로 대를 이어온 충실성을 계속해서 이어갈 것이다"라며 3대째 세습에 대한 군의 충성을 확인하는 사설을 게재하는 등 북한 내부에서 다시 김정은 후계자화 움직임이 현저해졌다.

이 때문에 2010년 9월에 개최되는 당 대표자회의에서 삼남 김정은이 어떤 직책을 얻을 것인가가 주목의 대상이 되었다. 당 대표자회의가 김정은의 데뷔 무대가 되는 것이 아닌가 하는 시각이 퍼졌던 것이다.

당 대표자회의 개최 연기

당 기관지 ≪노동신문≫은 2010년 9월 6일, "당 대표자회의에 출석하는 지방 및 각 기관의 대표자들이 수도 평양에 집결하고 있다"는 논평을 게재했다. 이 때문에 머지않아 당 대표자회의가 개최될 것으로 보였으나, 9월 상순이 지나도록 당 대표자회의가 개최되지 않았다. 북한에서 "상순(上旬)이란 10일까지가 아니고 15일까지"란 말도 나왔지만, 15일이 지나도 대표자회의는 개최되지 않았다. 9월 13일부터 18일까지 북한을 방문한 안토니오 이노키는 '북-일(朝日) 우호친선협회' 박근광(朴根光) 회장(당 국제부 부부장)으로부터 "대홍수 때문에 (당 대표자회의를) 연기했다"는 말을 들었다고 밝혔다. 평양에 주재하고 있던 국제기구 관계자들도 "수해 때문에 당 대표자회의가 연기되었다"는 북한 당국의 설명을 들었으나, 북한 당국은 개최가 지연되는 이유를 분명하게 밝히지는 않았다.

북한에서는 8월 하순의 호우 때문에 북중 국경을 흐르는 압록강에서 대규모 홍수가 발생했고 그에 따라 신의주에서 대규모 이재가 발생했다. 세계식량계획(WFP) 평양사무소는 주민 약 2만 3,000명이 재난을 입어 피난했다고 잠정 집계했다. 게다가 9월 초에 태풍 7호에 의한 피해가 겹쳤다. 조선중앙통신이 태풍 7호의 피해를 보도한 것이 9월 15일이었는데, 동 통신은 "전국에 수십 명의 사망자가 나왔고 약 3,300채, 약 8,380세대의 주택이 파괴되었다"라고 보도했다.

북한 매체들은 최근 해외로부터의 지원을 얻기 위해 자연 재해에 대해서는 비교적 신속하게 보도하는 경향이 있다. 신의주의 피해는 심각한 것이기는 하나 그러한 상황들을 모두 감내하면서 당 대표자회의 개최 준비가 진행되었다. 태풍 7호의 피해를 보도한 9월 15일자 조선중앙통신의 보도는 너무 지체된 것이었는데, 당 대표자회의 연기의 이유를 대기 위해 이 시기에 보도한 것이 아닌가 하는 느낌을 주었다. 그러나 당 대표자회의를 축제 분위기하에서 개최하기 위해서는 수해 복구가 일단락될 필요가 있었다고도 말할 수 있을 것이다.

당 대표자회의 개최가 지체된 이유로서 김정일 총서기의 건강이 악화되었거나 인사 문제가 매듭지어지지 못한 것이 아닌가 하는 시각도 표출되었다. 미국 정부 계통의 자유아시아방송(RFA)은 9월 21일 북한 내부에 김정일 총서기의 건강 문제 때문에 당 대표자회의가 연기되었다는 풍문이 돌았다고 보도했다. 외국인 여행자들 가운데, 당 대표자회의 개최 지연이 김정일 총서기의 건강 때문이라는 설명을 안내원으로부터 들었다는 사람들도 있었다.

김정일 총서기는 8월 26일부터 30일까지 중국을 방문했다. 그때 이래 김정일 총서기의 동정에 관한 북한의 공식보도를 보면 △ 9월 7일, 조선인민군 제963부대 소속 예술선전대의 공연 관람, △ 9월 8일, 조선인민군 공훈합창단의 축하공연 관람, △ 9월 9일, 건국 62주년 기념일을 축하하는 '은하수관현악단'의 공연 관람, △ 9월 11일, 자강도의 '3·5 청년광산' 시찰, △ 9월 12일, 자강도 만포시의 기계공장 시찰, △ 9월 19일, 조선인민 내무군(朝鮮人民內務軍) 소속 여성취주악단의 공연 관람 등이 보도되었다. 그 어느 것이나 보도에 날짜가 명기되어 있다. 그러나 실제 시찰한 일시인지는 불확실하다.

이상으로 미루어보건대 그의 건강에는 문제가 없다. 그러나 평양에서 당 대표자회의를 개최하는 터에 9월 11~12일이라는 시기에 평양에서 멀리 떨어져 있고 교통도 불편한 자강도까지 간다는 것은 부자연스러운 일이다.

김정일 총서기는 8월 방중(訪中) 시 ― 수해 때문일 가능성이 높지만 ― 지금까지와 같이 신의주 루트를 사용하지 않고 자강도 만포를 통해 방중했다. 이 때문에 김정일 총서기가 방중 전에 만포 주변을 현지지도하고 방중한 것이 아닌가 하고 충분히 생각해볼 수 있다. 이 시점의 현지지도 모습을 방중 후인 9월 11일, 12일에 비로소 보도한 것이 아닌가 하는 견해도 나왔다. 한국의 정보기관, 즉 국가정보원(이하 '국정원') 원세훈 원장은 9월 13일 개최된 국회 정보위원회에 출석하여, "당 대표자회의 개최가

지연되고 있는 것은 건강 문제 때문이 아니다"라고 밝혔다. 국정원은 이 시점에 김정일 총서기가 건강하다는 명확한 정보를 갖고 있었던 것으로 보인다. 물론 건강 문제를 배제할 수는 없으나, 방중 일정을 다 소화했고 9월 19일에 공연을 관람한 것 등을 종합해볼 때 대표자회의를 연기할 정도의 심각한 건강 문제가 있었으리라고 생각하기는 어려웠다.

그렇다면 개최 날짜가 다가오고 있음에도 '인사 문제'가 매듭지어지지 않아 부득이 연기한 것이라는 시각이 남았다. 사실상 30년 만에 개최되는 당 대회 수준의 행사인 만큼 각각 100명이 넘는 중앙위원이나 중앙위원후보들을 결정하는 일이 용이하지 않았을 것이다. 거기에 당 정치국, 당 비서국, 당 중앙위 부장 등의 기용은 금후 북한 지도부의 행방을 결정하는 것인 만큼 순항을 기대하기는 어려운 일이었다.

당 대표자회의 준비위원회는 9월 21일 이른 아침 "당 대표자회의를 9월 28일에 평양에서 개최한다"고 발표했다. 그에 앞서 당 정치국이 '9월 상순 개최'를 발표했었기 때문에 당 정치국 명의의 발표가 아니라 '당 대표자회의 준비위원회' 명의로 개최 일시가 발표된 것이 기이하기는 했다.

나중에 북한 당국에 가까운 소식통에 의해 밝혀진 바에 의하면, 당 대표자회의에서 결정될 인사(人事)가 당 간부급 인사들에게 내부 통고된 것이 9월 15일 전후였다고 한다. 북한이 당 대표자회의를 당초 9월 7일 개최할 예정이었던 것으로 보이지만 그 시점에서는 인사에 매듭이 지어지지 못했던 것이다. 개최 연기에 여러 가지 이유가 작용했을 수 있으나 가장 큰 이유는 인사 결정이 난항이었던 때문으로 보인다.

차수로 승진(1명)	리영호(李英鎬)	군 총참모장
대장으로 승진(6명)	김경희(金慶喜)	당 경공업부장
	김정은(金正恩)	김정일 총서기의 삼남
	최룡해(崔龍海)	황해북도 당 책임비서
	현영철(玄永哲)	제8군단장, 평안북도 담당
	최부일(崔富日)	군 총참모부 부총참모장
	김경옥(金京玉)	당 조직지도부 제1부부장, 군 담당
상장으로 승진(1명)	류경(柳京)	국가안전보위 최고인민회의 대의원으로 추정
중장으로 승진(6명)	로흥세(盧興世)	
	이두성(李斗星)	소장
	전경학(全京學)	소장
	김국룡(金國龍)	조선인민내무군 장관(將官)
	황병서(黃炳瑞)	당 조직지도부 부부장, 군 담당
	오일정(吳日晶)	소장
소장으로 승진(27명)	조경준(趙慶俊) 외	

김정은, '대장'에 오르다

조선중앙통신은 당 대표자회의가 개최되는 9월 28일 오전 1시를 조금 지나 "조선인민군 최고사령관 김정일 동지가 27일 인민군 지휘부 인사의 군사 칭호를 높이는 명령 제0051호를 하달했다"고 보도했다.

이 명령에 의해 김경희, 김정은, 최룡해, 현영철(제8군단장, 평안북도 담당), 최부일(군 총참모부 부총참모장), 김경옥(당 조직지도부 제1부부장, 군 담당) 등 6명이 '대장' 칭호를 받았다. 그리고 류경(국가안전보위부 소속으로 추정되며 최고인민회의 대의원)이 '상장(上將)' 칭호를, 로흥세(당 조직지도부 부부장, 군 담당), 리두성(소장), 전경학(소장), 김국룡(조선인민내무군 장관), 황병서(당 조직지도부 부부장, 군 담당), 오일정(소장) 등 6명이 '중장'의 칭호를, 또한 조경준 등 27명이 '소장'의 칭호를 각각 부여받았다(<표 3> 참조). 또한 — 이와 별도로 — 국방위원회는 27일자 '결정 07호'를 통해 리영호 군 총참모장에게 '차수'의 칭호를 부여했다.

북한의 공식매체에서 김정일 총서기의 삼남 김정은의 이름을 보도한 것은 이것이 처음으로, '대장'이라는 칭호를 얻음으로써 김정은이 후계자 공식화의 스타트를 끊은 것이라 할 수 있다. 후계자의 지위를 향한 김정은의 길이 선군정치의 코스를 따르는 것임을 보여준 것이기도 했다. 또한 김경희, 김정은, 최룡해와 같은 민간인들에게 '대장'의 칭호를 부여한 것도 지금까지 없었던 조치다.

노동당의 핵심 부서인 조직지도부의 김경옥 부부장에게 '대장'의 칭호를, 황병서 부부장에게 '중장'의 칭호를 부여한 것도 주목된다. 조직지도부에서 오랫동안 군(軍)을 담당해온 리용철 제1부부장의 건강이 좋지 않아 (2010년 4월에 심장마비로 사망) 이 두 사람이 그를 보좌하여 군 부문을 담당해왔다. 당에서 군을 담당하는 인물들에게 '대장'과 '중장'의 계급을 부여한 것은, 민간인 3명에게 '대장'의 칭호를 부여한 것과 함께, '당'과 '군'을 융합시키려는 의도로 읽혀진다.

그런데 리영호 군 총참모장에게 차수의 칭호를 부여하는 결정만큼은 김정일 최고사령관의 명령이 아니라 국방위원회의 명령이었다. 미루어 짐작컨대 당 대표자회의 개최에 앞서 27일에 국방위원회가 개최되었을 가능성이 높다. 1997년 4월에 김일철(金鎰喆), 김재선(金在善), 박기서(朴基西), 리종산(李鍾山) 등 각 대장들을 차수로 승격시켰을 때는 김정일 최고사령관의 명령에 따른 것이었다. 1998년 9월에 리용무(李勇武), 김룡연(金龍延) 두 대장을, 그리고 2002년 4월에 고(故) 장성우(張成禹) 대장을 차수로 승격시켰을 때는 당 중앙군사위와 국방위원회의 결정이었다.

그 직후 개최된 당 대표자회의에서 당 중앙군사위원회의 권력이 강화되었음에도 불구하고 국방위원회만으로써 차수 칭호 수여가 결정되었다는 것은 묘하기는 하다. 그러나 어떤 형태로든 국방위원회와 당 중앙군사위원회의 역할 분담이 정리되었을 가능성이 있다. 국방위원회가 약체화되고 있었던 것은 아닌 것 같다. 그에 앞서 2010년 4월에 김정일 총서기는 인민군 최고사령관으로서 우동측 국방위원(국가안전보위부 제1부부장), 정명도 해군사령관, 리병철 공군사령관, 정호균 전 포병사령관 등 4명을 대장으로 승진시킨 바 있다.

김정일 총서기가 2008년 여름에 쓰러짐에 따라 2009년 초부터 물밑에서 진행되어온 김정은으로의 권력 계승이 김정은에게 '대장' 칭호를 부여함으로써 공식화했다. 그리고 그것은 권력 계승 과정이 급진전할 것이라는 예상을 낳았다.

당 총서기에 재추대되다

북한의 공식매체들은 당 대표자회의 개최일인 9월 28일이 되어서도 침묵을 지켰다. 그러던 북한의 TV와 라디오에서 같은 날 오후 1시 35분에 "오후 2시부터 중대 발표가 있다"고 예고했다. 그 '중대 발표'는 "김정일 국방위원장을 다시 당 총서기로 추대했다"는 내용인 것으로 드러났다.

돌이켜보건대, 김일성 주석이 1994년 7월에 사망하고 그 3년 후인 1997년 10월 8일, 당 중앙위원회와 당 중앙군사위원회가 연명의 '특별 보도'를 통해 "우리 당과 인민의 위대한 영도자 김정일 동지가 우리 당의 공인된 총서기로서 높이 추대되었음을 엄숙히 선포한다"라고 김정일의 총서기 추대를 발표했었다.

그에 앞서 북한에서는 1997년 9월 21일의 당 평안남도 대표자회의를 시작으로 10월 5일까지 전국의 도와 직할시 대표자회의, 사회안전성 등 부처 부문의 대표자회의들이 속속 개최되어 "김정일 동지를 총서기로 추대한다"는 결정서들을 채택했다. 그 당시 각 도의 대표자회의가 잇달아 개최되는 것을 보고 당 대표자회의가 개최되어 거기서 김정일의 당 총서기 취임이 결정되는 것 아니겠는가 하는 관측이 나왔었다. 그러나 끝내 당 대표자회의는 개최되지 않았다.

이러한 배경 가운데 1997년 10월 8일, 그러한 당 대표자회의를 대신하여 당 중앙위원회와 당 중앙군사위원회가 '특별 보도'를 통해 김정일이 당 총서기로 추대되었다는 것을 내외에 선포했던 것이다. 이것을 당 기관지 ≪노동신문≫ 1997년 10월 10일자 사설은 "사무적인 절차에 의하지 않고 전당적인 일대 정치적 사업으로 당의 최고령도자를 추대한 것은 노동계급의 당 건설 역사에서 지금까지 없었던 일대 사건이다"라고 평가, 당 규약에 따른 정규적인 선출 방법보다 더 의미 있는 것이라고 지적했다. 인민 각계각층의 대표자회의에서 추대된 것이 정해진 기관에서 선출된 것보다 의미가 있다는 것이었다.

당 규약에 따르면 당 총서기 선출은 당 중앙위원회 총회에서 행하도록 되어 있었다. 그 때문에 김정일 총서기는 '당 총서기'이지 본래의 '당 중앙위 총서기'가 아니라는 지적도 있었다.

이번 2010년 9월 28일의 당 대표자회의에서는 당 중앙위원 선거가 행해졌다. 그렇게 새로 구성된 당 중앙위원회 총회에서 김정일을 총서기로 선출할 수도 있었으나 북한은 그렇게 하지 않았다. 당 규약에 있는 당 중앙위에서 총서기로 선출된 것이 아니라 당 대표자회의에서의 '추대'라는 형식을 취한 것이다.

이것은 1997년 그때 강조되었던 '사무적인 절차'가 아닌 '추대'라는 선출 방법에 구애된 것으로 보인다. 당 대표자회의에서 당 규약도 개정되었는데, 당 대표자회의에서 당 총서기를 추대한 것이 당 규약 위반이 되지 않도록 당 대회의 권한에 '조선노동당 총서기를 추대한다'(당 규약 제21조 제5항)를 추가시켰다.

조선중앙통신이 29일 오전 4시를 조금 지나 발표한 당 대표자회의 보도문에 의하면 이번 당 대표자회의는 ① 위대한 영도자 김정일 동지를 조선노동당 총서기로 변함없이 높이 받드는 것에 관한 사항, ② 조선노동당 규약 개정에 관한 사항, ③ 조선노동당 중앙지도기관 선거 등을 의제로 했다.

외부 세계에서는 이 당 대표자회의와 관련, ① 후계자 김정은이 어떠한 형태로 등장할 것인가, 그리고 ② 당 정치국을 위시로 하는 당 지도부의 구성이 어떻게 될 것인가의 두 가지에 관심을 집중했으나 북한 내부에서는 김정일이 다시 총서기로 추대되었다는 것이 '빅뉴스'였다.

당 대표자회의 당일인 28일에는 청년중앙예술선전대의 축하 공연과 평양시 청년학생에 의한 경축 무도회가 있었다. 그리고 30일에는 김일성광장에서 김정일의 총서기 재추대를 축하하는 평양시 경축대회가 개최되어 당과 국가의 간부들을 포함, 약 15만 명이 참가했다.

당 정치국 위원후보 문경덕(당 비서 겸 평양시 당 책임비서)은 김정일 총서기의 재추대는 "당의 최고 대표자, 지도자인 총서기에 대한 조선의 군대와 인민의 절대적 지지와 신뢰의 표현이며, 당의 지도에 따라 주체혁명 위업을 최후까지 완성시키려 하는 천만 군민(軍民)의 절대 불변의 신념과 의지를 과시한 일대 정치적 사건이다"라고 강조했다.

김정은의 공식 등장

조선중앙통신은 29일 오전 4시를 지나 가까스로 당 대표자회의에서의 '최고지도기관 선거' 결과를 보도했다. 당 지도부 인사 발표가 29일로 늦추어진 것은 당 대표자회의가 개최된 28일에는 어디까지나 김정일 총서기의 재추대에 초점을 맞추려 했던 데 따른 것으로 보인다. 이날 당 대표자회의는 당 정치국 상무위원 5명, 당 정치국 위원 12명, 당 정치국 위원후보 15명, 당 비서 10명, 당 중앙위 부장 14명, 당 기관지 ≪노동신문≫ 주필, 당 중앙위 검열위원 7명, 당 중앙군사위원 19명, 당 중앙위원 124명, 당 중앙위원후보 105명을 선출함으로써 조선노동당 지도부를 재편했다(<표 4>, <표 5>, <표 6> 참조).

주목의 대상인 삼남 김정은은 당 중앙위원으로 선출되었고, 신설된 당 중앙군사위 부위원장에 취임했다. 북한에서는 김정일 총서기가 2008년 8월 병환으로 쓰러진 이래 물밑에서 후계체제 만들기가 진행되어왔는데, 당 대표자회의에서 당 중앙위원과 당 중앙군사위 부위원장으로 선출됨으로써 김정은이 사실상 후계자 지위를 확보했다고 말할 수 있다. 그렇지만 아직 당 등의 기관에서 정식으로 후계자로 결정된 것은 아니었다. 특히 김정은이 대장 칭호를 받고 당 중앙군사위 부위원장이란 직책에 취임하여 후계자의 길을 걷기 시작했다는 것은, 후계체제도 군사우선의 '선군'노선에 따를 것임을 선명히 한 것이었다.

북한은 9월 30일 김정일 총서기가 당 대표자회의 출석자들과 고 김일성

〈표 4〉 조선노동당 정치국 (2011.1.1. 현재)

정치국 상무위원 (5명)	김정일(金正日)	1942.2.생	68세	총서기 / 국방위원장
	김영남(金永南)	1928.2	82	최고인민회의 상임위원장
	최영림(崔永林)	1930.11	80	총리
	조명록(趙明祿)	1928.7	82	국방위원회 제1부위원장 (사망)
	리영호(李英鎬)	1942.10	68	조선인민군 총참모장
정치국 위원 (12명)	김영춘(金永春)	1936.3	74	인민무력부장
	전병호(全秉浩)	1926.3	84	내각 정치국 국장 / 당 책임비서
	김국태(金國泰)	1924.8	86	당 중앙위원회 검열위원장
	김기남(金己男)	1929.8	81	당 비서 / 당 선전선동부장
	최태복(崔泰福)	1930.12	80	당 비서
	양형섭(楊亨燮)	1925.10	85	최고인민회의 상임부위원장
	강석주(姜錫柱)	1939.8	71	부총리
	변영립(邊英立)	1929.9	81	최고인민회의 상임위 비서장
	리용무(李勇武)	1925.1	85	국방위 부위원장
	주상성(朱霜成)	1933.8	77	인민보안부장 (2011.3. 해임)
	홍석형(洪石亨)	1936.10	74	당 비서 / 당 계획재정부장
	김경희(金慶喜)	1946.5	64	당 경공업부장
정치국 위원 후보 (15명)	김양건(金養建)	1942.4	68	당 비서 / 당 통일전선부장
	김영일(金永日)	1947.3	63	당 비서 / 당 국제부장
	박도춘(朴道春)	1944.3	66	당 비서
	최룡해(崔龍海)	1950.1	60	당 비서
	장성택(張成澤)	1946.1	64	국방위 부위원장 / 당 행정부장
	주규창(朱奎昌)	1928.11	82	당 기계공업부장
	리태남(李泰男)	1938.3	72	부총리
	김락희(金洛姬)	1933.11	77	부총리
	태종수(太宗秀)	1936.3	74	당 비서 / 당 총무부장
	김평해(金平海)	1941.10	69	당 비서 / 당 간부부장
	우동측(禹東則)	1942.8	68	국가안전보위부 제1부부장
	김정각(金正角)	1941.7	69	군 총정치국 제1부국장
	박정순(朴正順)	1928.7	82	당 조직지도부 제1부부장 (사망)
	김창섭(金昌燮)	1946.1	64	국가안전보위부 정치국장
	문경덕(文景德)	1957.10	53	당 비서 / 평양시장 책임비서

<표 5> 조선노동당 비서국(2011.1.1. 현재)

총서기(1명)	김정일(金正日)	1942.2.생	68세	
서기 (10명)	김기남(金己男)	1929.8	81	정치국 위원
	최태복(崔泰福)	1930.12	80	〃
	최룡해(崔龍海)	1950.1	60	정치국 위원후보
	문경덕(文景德)	1957.10	53	〃
	박도춘(朴道春)	1944.3	66	〃
	김영일(金永日)	1947.3	63	〃
	김양건(金養建)	1942.4	68	〃
	김평해(金平海)	1941.10	69	〃
	태종수(太宗秀)	1936.3	74	〃
	홍석형(洪石亨)	1936.10	74	정치국 위원

<표 6> 조선노동당 중앙위 부장(2011.1.1. 현재)

김기남(金己男)	1929.8.생	81세	당 선전선동부장
장성택	1946.1	64	당 행정부장
김영일	1947.3	63	당 국제부장
김평해	1941.10	69	당 간부부장
리영수(李永秀)	1946	64	당 노동단체부장 (추정)
주규창(朱奎昌)	1928.11	82	당 기계공업부장
홍석형(洪石亨)	1936.10	74	당서기 / 당 계획재정부장
김경희(金慶喜)	1946.5	64	당 경공업부장
최희정(崔希正)	1946.10	64	당 과학교육부장 (추정)
오일정(吳日晶)	1954	56	군인, 오진우의 아들 / 당 군사부장 (추정)
김양건(金養建)	1942.4	68	당서기 / 당 통일전선부장
김정임(金正任)	생년 불명		여성으로 당 역사연구소장 (추정)
채희정(蔡喜正)	1924	86	당 문서정리실장 (추정)
태종수(太宗秀)	1936.3	74	당서기 / 당 총무부장

주석의 시신이 안치되어 있는 금수산기념궁전 앞에서 기념 촬영한 사진을
공개했다. 이 사진에서 김정은은 김정일 총서기의 왼쪽 두 번째 자리에

금수산기념궁전 광장에서 김정일 총서기(가장 앞줄 중앙)와 삼남 김정은
(사진에서 보았을 때 김정일 총서기로부터 좌측 방향)이 당 대표자회의 참가
자, 당 중앙위원 등과 함께 기념 촬영

앉아 있었다. 북한 공식매체들에서는 9월 29일까지의 각종 보도에서 김정
은의 사진이나 동영상이 일체 나오지 않았었다. 김정은은 의식적으로 영상
에서 삭제되어왔었다. 그러나 9월 30일부터 일제히 김정은의 사진이나
영상이 공개되어 주민들 앞에 나타난 것이다. 당 기관지 ≪노동신문≫은
30일자에서 그의 사진을 공개했다. 나아가 당 대표자회의 당일 식장에서
박수를 치거나 하는 등의 동영상들도 공개되었다.

공개된 사진이나 동영상을 보면 김정은은 좀 뚱뚱한 모습인데, 한국의
≪중앙일보≫(10월 1일자)는 "신장 175cm에 체중이 90kg 정도"라고 보도
했다. 금수산기념궁전 앞의 사진을 보면, 다른 참가자들은 군복이나 양복
차림이었지만 김정은은 김정일 총서기가 애용하는 점퍼 스타일의 인민복
을 입었고 머리도 귀 위쪽으로 치켜 깎아, 고(故) 김일성 주석이나 김정일

총서기를 연상시키는 그런 헤어스타일이었다.

김정일 총서기의 경우 1974년에 후계자로 결정되었지만 사진이 공표된 것은 1980년 제6차 당 대회 때부터였다. 그때까지는 '당 중앙'이란 표현이 사용되었을 뿐, 이름조차 보도되지 않았다. 그에 비하면 대단한 속도라고 하겠다.

나아가 조선중앙통신은 10월 5일 김정일 총서기가 조선인민군 제851부대의 합동군사훈련을 시찰했다고 보도하면서 그 시찰에 김정은이 동행했다는 것을 전했다. 조선중앙TV도 같은 날 밤 김정은이 김정일 총서기와 장병들과 나란히 서 있는 모습을 방영했다. 당 기관지 《노동신문》도 10월 6일 조선중앙통신의 보도 내용을 1, 2면에 걸쳐 사진을 곁들여 게재했다.

조선중앙통신은 다음 날인 6일에도 김정일 총서기가 당 창건 65주년을 앞두고 있었던, '은하수관현악단'의 '10월 음악회'를 관람한 사실을 보도하면서 김정은을 동행 간부 가운데 한 사람으로 소개했다.

조선중앙통신은 10월 8일, 김정일 총서기가 새로 세워진 국립연극극장을 시찰했다고 보도했는데 이 시찰의 동행자 명단에 김정은의 이름은 보이지 않았다. 그러나 조선중앙TV는 9일 저녁 이 시찰을 보도하면서 김정은도 타 간부들과 동행하는 모습을 비추었고, 9일자 당 기관지 《노동신문》도 1면에서 김정은이 동행하는 모습을 담은 사진을 게재했다.

김정은은 10월 9일 평양에서 개최된 당 창건 65주년 경축 중앙보고대회에도 김정일 총서기와 함께 출석했고, 김정일 총서기가 같은 날 밤에 행해진 매스게임과 예술 공연 <아리랑>을 중국공산당의 저우융캉(周永康) 정치국 상무위원 등과 함께 관람할 때에도 동행했다. 김정은의 최초의 공식 외교활동이었다.

그는 10일 오전 0시 김정일 총서기가 고 김일성 주석의 유체가 안치되어 있는 금수산기념궁전을 방문했을 때도 타 간부들과 함께 동행했다. 그리고 10일 오전 당 창건 65주년 경축 열병식에 김정일 총서기와 나란히 주석단에 모습을 드러냈다.

9월 30일 공개된 금수산기념궁전 앞에서의 기념사진을 보면 김정은은 김정일 총서기의 옆의 옆 자리에 앉아 있었고, 북한 매체들은 김정일 총서기, 김영남 당 정치국 상무위원(최고인민회의 상임위원장), 최영림 상무위원(총리), 리영호 상무위원(군 총참모장), 김정은 당 중앙군사위 부위원장의 순서로 이름을 호명했다.

또한 10월 5일의 조선인민군 제851부대의 합동군사훈련 시찰에서는 김정일 총서기, 최영림 당 상무위원, 리영호 상무위원 다음으로 그의 이름을 호명했고, 6일의 음악회 관람에서도 김정일 총서기, 김영남 상무위원, 최영림 상무위원, 리영호 상무위원에 이어 그의 이름을 호명했다.

김정은이 9월 28일 당 대표자회의에서 당 중앙군사위 부위원장에 취임한 때로부터 10월 10일의 열병식까지 8회의 동정 보도가 있었는데, 보도된 서열을 보면 ― 출석자들에 따른 차이가 있기는 하나 ― 대체적으로 말하여 김정일 총서기, 김영남 최고인민회의 상임위원장, 최영림 총리, 리영호 총참모장 다음의 다섯 번째로 보도되었고, 정치국 위원인 김영춘 국방위 부위원장의 앞에 거명되었다.

이것은 김정은의 정치서열이 당 정치국 상무위원 5명의 다음이고 정치국 위원들보다는 앞서는, '서열 6위'라는 것을 보여주었다고 할 수 있다. 당 정치국 상무위원 조명록 국방위 제1부위원장은 건강이 나빠 일련의 행사에 참가하지 않았기 때문에(2010년 11월 6일 사망), 보도 순번으로는 다섯 번째다.

아무튼 이 같은 서열과 사진이나 동영상들이 공개된 속도, 그리고 열병식을 통해 내외에 노출시킨 것 등을 고려할 때 김정은이 사실상의 후계자로 공식화되었다고 말해도 좋을 것이다.

이와 관련하여, 양형섭 최고인민회의 상임부위원장이 10월 8일 AP통신 계통의 APTN과의 인터뷰에서 "김정은 씨가 다음 지도자가 된다"고 말했다. 북한의 고위 간부가 김정은의 후계자 결정 사실을 대외적으로 인정한 것은 처음이었다.

김정은이 당 대표자회의에서 당 중앙군사위 부위원장에 취임한 것만 보도한 것이 아니고 그 직후부터 계속해서 그의 사진이나 동영상을 공표한 것은 김정일이 후계자로 되어간 과정과 비교할 때 대단히 빠른 속도다.

김정일 총서기는 1964년 4월에 노동당 중앙위원이 되었고 동년 6월부터 중앙위원으로서의 활동을 개시했었다. 그리고 1973년 9월 당 중앙위 제5기 제7차 총회에서 당 중앙위 비서로 선출되었는데, 그때도 후계자의 지위를 얻지는 못했다. 약 반년 후인 1974년 2월의 당 중앙위 제5기 제8차 총회에서 겨우 "주체 위업의 위대한 계승자"로 추대되었고 당 정치국 위원으로 선출되었다. 이어 1980년의 제6차 당 대회에서 당 정치국 상무위원, 당 비서, 당 중앙위 군사위원으로 선출된 다음에야 비로소 사진도 공표되는 등 '후계자'로서의 공식 활동을 개시했다.

시대 상황이나 김정일 총서기의 건강 등을 감안하지 않으면 안 될 것이나, 김정은이 이번에 획득한 자리는 대장, 당 중앙위원, 당 중앙군사위 부위원장이라는 세 자리에 불과하다. 북한의 기관들이 공식적으로 '위대한 계승자로 추대한다'는 결정을 내린 것이 아니어서, 그런 의미에서는 아직 '기관결정'이 내려진 것이 아니라고 할 수 있다.

또한 김정일 총서기는 1980년 제6회 당 대회에서 당 정치국, 당 비서국,

당 군사 부문의 각 직책을 획득했는데 당시 이 세 부문에서 직책을 가진 이는 김일성 주석뿐이었던 만큼 그때 그가 '2인자'의 지위를 획득하면서 '후계자'로 확정되었다고 말할 수 있다.

그러나 김정은은 당 정치국과 당 비서국에 직책을 갖고 있지 않고, 당 중앙군사위에 신설된 부위원장의 직책만을 갖고 있을 뿐이다. 따라서 아직 김정은이 '2인자'가 되었다고 말할 수는 없다. 김정일 총서기와 비교하면 후계자 추대의 정식 '기관결정'이 아직 이루어지지 않은 것이다.

물론 당시 김일성 주석은 건강한 몸으로 왕성하게 활동하고 있었던 반면, 현재 김정일 총서기는 건강 불안의 문제를 안고 있다. 아마 그 점 때문이겠지만 김정은의 후계자를 향한 발걸음은 김정일 총서기보다 훨씬 빠르다. 사진 공표가 당 대표자회의 이틀 후라는 것도 그러한 움직임의 반영이다. 김정은이 '후계자'라는 것은 거의 굳어졌다고 말할 수 있다.

'2인자'는 없다

일본의 보도 매체들은 '김정은 후계자' 문제에 관심을 집중했지만, 북한의 당 대표자회의가 전한 가장 강한 메시지는 후계체제 준비가 점진적으로 진행이 되고 있지만 현재로서는 김정일 총서기가 절대자로서 권력을 장악하고 있다는 것이었다.

북한의 당 대표자회의 개최 전, '포스트 김정일'을 지탱하여 김정은의 후견인이 될 수 있는 인물로서 주목받았던 이들은 김정일 총서기의 매제 장성택 국방위 부위원장(당 행정부장), 김영춘(金永春) 국방위 부위원장(인민무력부장), 오극렬(吳克烈) 국방위 부위원장 등 국방위 간부들이었다. 그러나 당 대표자회의에서 주목을 끈 것은 '제2인자'를 노리는 이러한 실력자들이 하나같이 냉대를 받았다는 점이다.

당의 핵심으로 간주되었던 장성택 국방위 부위원장은 당 중앙군사위에 위원으로 들어가기는 했지만 당 정치국에서는 정치국 위원후보에 머물렀다. 사회주의 국가에서 가장 중요한 서열은 정치국에서의 서열이다. 정치국 위원은 상무위원을 포함하여 17명이나 되는 만큼 이것은 아무래도 '2인자'에 대한 처우는 아니다. 정치국 위원후보나 당 중앙군사위의 명부 발표에서도 장성택 부장 계열로 간주되어온 최룡해보다도 서열이 낮게 설정되어 있었다.

군부 실력자로 간주되었던 오극렬 국방위 부위원장은 당 정치국으로부터 완전히 배제되었고 당 중앙군사위에도 들어가지 못했다. 다만 오극렬은 앞에서 설명한 금수산기념궁전 앞의 사진에도 들어가 있고 또 10월 10일의 열병식에도 주석단에 등장했기 때문에 실각된 것은 아닐 것이다. 그런데 왜 정치국으로부터 완전히 배제되었는가, 군 내부에 갈등이 있었는가는 앞으로도 계속 관찰을 요하는 사항이다.

김영춘 국방위 부위원장은 정치국 위원(정치국에서는 서열 6위)에 포함되고 당 중앙군사위 위원에도 포함되어, 국방위, 당 정치국, 당 중앙군사위에 모두 자리를 확보했지만 정치국 상무위원이 되지는 못했다. 게다가 인민무력부장인 그의 아래에 있는 리영호 군 총참모장이 정치국에서는 상무위원으로 그보다 높은 지위를 차지했고 또 당 중앙군사위에서도 부위원장의 지위를 차지해 리영호 총참모장에게 밀린 형국이다.

뿐만 아니라 김정일 총서기에게는 또 다른 의미에서 '2인자'가 될 가능성이 있었던 삼남 김정은에 대해서도 '대장', '당 중앙위원', '당 중앙군사위 부위원장'의 세 가지 직책만을 부여하고 당 정치국, 당 비서국의 직책은 부여하지 않음으로써 '후계자는 곧 2인자'라는 등식을 인정하지 않았다. 김정일 총서기는 김일성 주석으로부터 자력으로 권력을 하나씩 하나씩 빼앗았던 경험을 토대로, '2인자'를 인정할 경우 권력이 이원화되면서 자신은 '지는 태양', 김정은은 '떠오르는 태양'이 되는 그러한 상황에 대한 차단 장치를 설치했다고 말할 수 있을 것이다.

이번 인사를 통해 살펴볼 수 있는 것은, 자신의 권위에 도전해올 가능성이 있는 '제2인자'의 존재를, 그것이 자식이 되었든 측근이 되었든 그 누구도 용인하지 않겠다는 것을 명확히 하면서 독재자의 권좌를 견지했다는 것이다.

이번 당 대표자회의에서 또 하나 흥미를 끌었던 것은 선출된 중앙위원 124명, 중앙위원후보 105명의 명단이 이름의 가나다라 순으로 발표되었다는 점이다(과거에는 서열 순으로 발표되었다). 그 결과 어떤 부서에서는 서열이 상위에 있는 인물이 다른 부서에 가면 하위로 내려가기도 하여 그 소속 부서를 떠나서는 서열을 붙일 수 없게 되었다.

이와 같은 여러 상황을 종합해보건대 당 대표자회의가 '9월 상순'에 개최될 수 없었던 것은 홍수 피해나 김정일 총서기의 건강 문제도 있기는 했지만, 가장 큰 요인은 인사가 늦게까지 가닥이 잡히지 않았던 것 때문이라고 보아야 한다.

김경희의 대두

이번 당 대표자회의에서 또 하나 주목 받은 것은 김정일 총서기의 친누이동생 김경희(金慶喜) 경공업부장의 대두였다.

김경희는 당 대표자회의 전날인 9월 27일 에 김정은, 최룡해와 함께 '대장'의 칭호를 부여받았다. 북한이 선군정치의 나라라 하더 라도 민간인 여성에게 대장 칭호를 부여한 것은 사람들을 놀라게 했다. 게다가 대장 칭 호 부여를 전한 보도문에 김경희의 이름이 맨 앞에 나오고 그 뒤로 김정은, 최룡해의 이름이 나와, 김경희가 김정은의 후견인적 존재라는 것을 시사했다.

김경희

뿐만 아니라 그녀는 권력의 중핵인 당 정치국의 일원이 되었다. 김정일 총서기가 10월 7일 은하수관현악단의 '10월 음악회'를 관람한 것을 전한 보도문을 보면, 정치국 위원과 정치국 위원후보를 합한 32명 중 28명이 출석했는데 그녀의 이름은 10위에 랭크되어 있다(그녀의 남편 장성택은 16위). 김경희에 대해서는 뒤에 나오는 '제8장 김씨 로열패밀리' 부분에서 더 자세히 살펴보겠거니와, 김정은 후계체제의 행방에 커다란 영향력을 행사할 가능성이 높아 보인다.

진척을 보이지 못한 세대교체

9월 30일의 조선중앙방송에 의하면 당 대표자회의에 1,653명의 대표자 가 참가했고 결석자는 겨우 4명이었다. 그 내역을 보면 △ 당 활동가 672명(40.6%), △ 군인 451명(27.2%), △ 국가·행정·경제 간부 343명 (20.7%), △ 현장에서 일하는 핵심당원 116명(7%), △ 과학·교육·보건·문화·예술·출판보도 부문 75명(4.5%)이었다.

이번 집회는 1980년 제6차 당 대회 이래 30년 만엔 개최되는 당 대회 수준의 집회이고 게다가 후계체제 만들기와 밀접한 관련이 있기 때문에 대폭적인 세대교체가 실현되지 않을까 하는 예측이 있었지만, 정치국 등을 살펴보건대 구태의연한 고령 체제가 그대로 온존했다. 대표자회의에서 선출된 노동당 새 지도부의 연령을 보면 정치국 상무위원이 평균 75.8세, 정치국 위원이 평균 77.6세로, 종래와 같은 고령화 집단이었다. 정치국 상무위원 가운데 가장 나이가 어린 이가 김정일 총서기와 리영호 총참모장으로 68세였고, 남은 3명은 모두 80세 전후였다. 상무위원을 포함한 정치국 위원 17명은 80대가 8명이고, 70대가 6명, 60대가 3명이었다. 중국에서는 지도부에 대해서도 정년제를 실시하여 세대교체를 해오고 있지만 북한에서는 죽을 때까지 자리를 차고 앉아 있기를 계속하는 경우가 많아 세대교체가 전혀 진척을 보이지 않는다.

사실상 30년 만에 개최되는 당의 가장 중요한 회의에서 정치국의 연령이 70대 후반으로 결정된 것은 후계체제 준비라고 말하기 어렵다. 이는 정년제가 없는 북한에서 세대교체가 얼마나 어려운 일인가를 드러내 보여 주는 사태였다.

그러나 세대교체 조짐이 전혀 없었던 것은 아니다. 정치국 위원후보(15명)나 당 비서국(10명), 또는 당 중앙위 부장들(14명) 가운데에는 60대가 상당히 기용되었다. 특히 정치국 위원후보 겸 당 비서로 기용된 문경덕(文景德) 평양시 당 책임비서는 52세로, 정치국에서는 최연소다<표 4>, <표 5>, <표 6> 참조). 정치국 위원급에서는 원로를 중심으로 한 지배를 계속하면서도 그 아래 정치국 위원후보나 당 비서 또는 당 부장 등 실무급에서는 60대 인재들을 기용한 것이다.

북한은 또 정치국 위원 17명 및 정치국 위원후보 15명 가운데 김정일 총서기와 그의 여동생 김경희 경공업부장을 제외한 30명에 대해서 정확한 생년월일과 약력 등을 처음으로 공표했다. 그리고 9월 29일자 당 기관지 ≪노동신문≫에는 그러한 것들을 사진과 함께 보도했다. 이러한 정보 공개가 어떤 의도에 따른 것인지는 불명확하지만 폐쇄적인 체질을 유지해 온 북한으로서는 이례적인 조치였다. 북한 주민들에게 정보를 공개한 것은 발전이라고 말할 수 있는데, 이것도 정권이 주민 감정을 고려할 필요가 있다고 느끼기 시작한 것이 반영된 것이라고 생각된다.

실무자들의 기용

이번 당 대표자회의 인사에서 또 하나의 특징은, 정권의 실무를 담당해 온 인재들이나 지방조직 내 실무경험자들을 당 정치국이나 당 비서국에 기용했다는 점이다. 선군정치의 구호 소리가 높다 보면 실무적인 기능이 저하될 우려가 있는 만큼 이러한 실무자 기용은 주목할 가치가 있다.

가장 주목 받은 것은 북한 외교의 사령탑 역할을 담당해온 강석주(姜錫柱)를 당 정치국 위원으로 기용한 것이다. 그리고 대남 전략을 담당해온 김양건(金養建) 당 통일전선부장도 정치국 위원후보로, 당의 외교를 담당해 온 김영일(金永日) 당 국제부장도 정치국 위원후보로 기용되었다.

또한 최영림(崔永林) 평양시 당 책임비서를 당 정치국 상임위원(총리)으로, 홍석형(洪石亨) 함경북도 당 책임비서를 정치국 위원으로 기용했다. 나아가 최룡해(崔龍海) 황해북도 당 책임비서, 김평해(金平海) 평안북도 당 책임비서, 리태남(李泰男) 평안남도 당 책임비서, 박도춘(朴道春) 자강도 당 책임비서, 김낙희(金洛姬) 황해남도 당 책임비서, 태종수(太宗秀) 함경남도 당 책임비서를 모두 당 정치국 위원후보로 등용했다. 일본식으로 말하자면 각 현(縣)의 지사를 당 지도부에 기용한 것으로서, 지역 실정에 능통한 실무형의 지도자들이 필요해진 것이라고 말할 수 있겠다.

당 규약 개정

이번 당 대표자회의에서는 또 1980년 제6차 당 대회에서 작성되었던 당 규약이 30년 만에 개정되었다.

조선중앙방송은 9월 29일 당 규약 서문 부분의 개정 내용을 밝혔다(<자료 1>). 서문에 "조선노동당은 선군정치를 사회주의 정치의 기본 방식으로 수립하고 선군의 기치 아래 혁명과 건설을 영도한다"는 내용을 넣어, 당 규약에 '선군정치'를 정치의 기본 방침으로 세운다는 것을 포함시켰다. 북한은 2009년 4월의 헌법 개정에서 선군사상(先軍思想)을 주체사상(主體思想)과 함께 지도이념으로 규정했는데, 이번에 당 규약에 선군정치를 집어넣음으로써 헌법에서도 당 규약에서도 모두 '선군'노선을 기본 지도이념으로 한다는 것을 명확히 했다.

지금까지 북한은 서문의 앞부분에서 조선노동당을 "위대한 김일성 동지에 의해 창립된 주체형의 혁명적 마르크스·레닌주의 당"으로 규정했으나 이것을 "위대한 수령 김일성 동지의 당"이라 하여 '마르크스·레닌주의 당'이란 문구를 삭제하고, '김일성 동지의 당'이란 색채를 강화했다.

또한 당의 최종 목적을 "전(全) 사회를 주체사상화하고 공산주의 사회를 건설하는 것"에서 "전 사회를 주체사상화하고 인민대중의 자주성을 완전히 실현하는 것"으로 고쳐, 여기서도 '공산주의' 부분을 삭제했다.

그리고 당의 당면 목표를 "공화국 북반부에서의 사회주의의 완전한 승리"로부터 "사회주의 강성대국 건설"로 고쳐, 북한이 목표로 해온 '강성대국(强盛大國)'을 당 규약에도 집어넣었다.

당에 대해서는 "김정일 동지를 중심으로 하여 조직사상적으로 강고하게 결합한 노동계급과 근로인민대중의 핵심 부대, 전위 부대"로 규정하여 김정일 총서기의 이름을 당 규약에 집어넣었다. 나아가 서문에 "조선노동당은 당내 사상과 령도의 유일성을 보장하고, 인민대중과 혼연 일체로 되며, 당 건설에서 계승성(繼承性)을 보장하는 것을 당 건설의 기본원칙으로 한다"라고 하여, 권력 세습을 인정하는 것으로도 읽힐 수 있는 표현이 들어갔다.

서문 이외의 개정 부분은 공표되지 않았다. 그러나 한국 정부가 입수한 내용을 한국의 언론 매체들이 정부 소식통을 인용하여 2011년 1월 보도했고, 2월에 이르러서는 개정 규약 전문이 밝혀졌다.

구(舊)규약 제21조는 "당의 최고지도기관은 당 대회다. 당 대회는 5년에 한 번씩 당 중앙위원회가 소집한다. 당 중앙위원회는 필요에 따라 당 대회 소집을 앞당기거나 연기할 수 있다. 당 중앙위원회는 당 대회의 소집 일시와 의안을 3개월 전에 공표하지 않으면 안 된다"로 되어 있었는데, 신규약 21조는 "당 대회는 당의 최고기관이다. 당 대회는 당 중앙위원회가 소집하며 당 대회 소집일은 6개월 전에 발표한다"라고 하여 '당 대회는 5년에 한 번씩 당 중앙위원회가 소집한다'는 부분을 삭제했고 또 '3개월 전에 공표'를 '6개월 전에 발표한다'로 개정했다.

신규약은 당 대회가 행할 '사업'을 5개 항목으로 열거했다. 네 번째 항목은 구규약 제22조와 거의 같았지만, 여기에 '조선노동당 총서기를 추대한다'를 추가했다. 총서기는 '선출'이 아니라 '추대'한다는 것이 당 규약에 규정된 것이다.

구규약에 의하면 유사시 당 대회를 앞당기거나 또는 연기하는 것이 가능하기는 하나 원칙적으로는 5년에 한 번씩 개최하도록 의무화되어 있었는데 이제 당 대회를 정기적으로 개최하지 않아도 무방하게 되었다.

당 대표자회의에 관해 구규약 제30조는 "당 대표자회의는 당의 노선과 정책 및 전략·전술에 관한 긴급한 문제들을 토의 결정하고, 자기 의무를 다하지 않은 당 중앙위원회 위원, 위원후보 또는 준(準)위원후보들을 소환 하거나 위원 및 위원후보 또는 준위원후보의 보궐선거를 실시한다"로 되어 있었는데, 신규약 제 30조는 "당 대표자회의는 조선노동당 최고기관의 선거를 실시하거나 당 규약을 수정·보완할 수 있다"로 내용이 바뀌었다. 구규약에 의하면 당 대표자회의의 권한은 직무를 수행할 수 없는 '중앙위원이나 중앙위원후보의 보궐선거'에 한정되어 있었다. 이러한 구 규약을 엄격하게 해석한다면 2010년 9월의 당 대표자회의에서 당 규약을 개정하고 또 중앙위원과 중앙위원후보 전원을 선출한 것은 규약 위반이다. 그런 까닭에, 이번 당 대표자회의 결정 사항이 당 규약 위반이 되지 않도록 추인한 조치라고도 말할 수 있다. 또한 차후로도 당 대회를 개최함 없이 이번 당 대표자회의 개최와 같은 방식으로 당 대회를 대행하는 것을 가능 하게 하는 조치이기도 하다.

이것은 예를 들어 김정일 총서기에게 만일의 사태가 발생한 경우 당 집행부 선출 등 당의 중대 결정을 반드시 당 대회를 열어서가 아니라 당 대표자회의에서 대행하는 것을 가능하게 하는 조치이다.

또한 구규약에는 당 총서기에 관한 조항이 특별히 존재하지 않았으나 신규약은 제22조에서 "조선노동당 총서기는 당의 수반이다. 조선노동당 총서기는 당을 대표하여 전(全) 당을 령도한다. 조선노동당 총서기는 당 중앙군사위원회 위원장이 된다"라는 새로운 내용을 담고 있다.

신규약은 당 중앙군사위원장을 당 총서기가 겸한다는 것을 명기했고, 나아가 구규약에 없었던 당 총서기의 권한을 명확히 했다. 이로써 김정은 당 중앙군사위 부위원장은 당 총서기의 자리를 얻으면 자동적으로 당 중앙군사위원장의 자리도 얻을 수 있게 되었다. 그러나 역으로 말한다면, 당 총서기가 되지 않는 한 당 중앙군사위원장이 될 방법이 없게 되었다.

김정일이 1993년 4월에 국방위원장에 취임했을 때 국방위원장은 헌법 상 국가주석과 겸임하는 직책이었다. 김정일은 이것을 무시하고 국방위원장이 되었었는데, 이번 당 규약 개정으로 김정일이 당 총서기 자리에 있는 한 김정은은 당 중앙군사위원장에 취임할 수 없다고 말할 수 있다. 이것은 김정일이 여전히 권력을 계속 장악하겠다는 의지를 표명한 것이다.

구규약 제27조는 "당 중앙위원회 군사위원회는 당의 군사정책을 관철하는 대책을 토의 결정하고 인민군을 비롯한 무력 전반을 강화하며 군수생산을 발전시키는 사업을 지도하고 우리나라 무력을 통할한다"고 되어 있었는데, 신규약 제27조는 "당 중앙군사위원회는 당 대회와 당 대회 사이에 군사 분야에서 일어나는 모든 사업을 당적으로 조직지도한다. 당 중앙군사위원회는 당의 군사노선과 정책을 관철하기 위한 대책을 토의 결정하고 혁명무력을 다화하며 군수공업를 발전시키기 위한 사업을 비롯해 국방사업 전반을 당적으로 지도한다"로 바뀌었다. '국방사업 전반'이라는 애매한 표현을 사용함으로써 당 중앙군사위의 권한을 강화시킨 것으로 해석된다.

또한 당과 군의 관계에 관해, 신규약은 제46조에서 "조선인민군은 모든 정치활동을 당의 령도하에 진행한다"고 했고, 제49조에서는 "조선인민군 총정치국은 인민군 당 위원회의 집행부로서 당 중앙위원회 부서와 동일한 권능을 갖고 사업을 수행한다"고 규정했다.

이것은 군 총정치국이 군 내부의 조직임에도 불구하고 당 중앙위원회의 일부를 구성하는 '부(部)'와 동일한 권능을 가진다는 것을 명기한 것으로서, 당 차원에서 군 총정치국의 권한을 확인해준 조항이라 하겠다.

나아가 제50조는 군에 파견되어 있는 정치위원에 대해 "정치위원은 해당 부대에 파견된 당의 대표로서 당 정치사업과 군사사업을 비롯한 부대 내 전체 사업에 대해 정치적으로 책임을 지며, 부대의 모든 사업이 당의 노선과 정책에 부합하게 진행되도록 장악, 지도한다"라고 했다.

신규약은 선군정치 노선에도 불구하고 군에 대한 당의 지도를 명확히 한 것이다. 이번 당 대표자회의가 선군시대에서의 당의 재건을 목표로 한 것임을 보여주는 개정 내용도 있다. 북한은 헌법에서 "조선인민민주주의인민공화국은 조선노동당의 령도하에 모든 활동을 수행한다"라고 규정했고 당 규약에서도 당의 역할을 명문화했다.

한국의 언론 매체들 중 《조선일보》는 이러한 당 규약 개정이 "조선노동당을 김씨 왕조의 사당으로 만드는 것과 동시에 김정은에게로 권력 세습을 원활하게 진행하기 위한 것"이라고 분석했다. 또한 《중앙일보》는 "세습체제 구축으로 발생할 수도 있는 군부의 반란을 차단하기 위한 제도적 장치"라고 분석했다.

전체적으로는 김정일의 만일의 사태에 대비하면서 당을 가볍게 움직일 수 있도록 하고 또 당의 지도력을 강화한 것이었다.

그러나 부분적으로는 세습을 원활하게 하기 위한 것만이 아닌 다른 측면도 있는 것으로 나는 생각한다. 전술한 바와 같이 당 중앙군사위원장을 당 총서기와 겸임으로 한 것은 김정은이 당 총서기가 되지 않는 한 당 중앙군사위원장이 될 수 없다는 것을 의미한다. 김정일 총서기가 살아 있는 한 당 총서기 자리를 자식에게 양도하지 않을 것으로 생각되는 만큼 이것은 세습을 원활하게 하기 위한 것이라기보다 김정일 총서기가 살아 있는 한 당 중앙군사위원장의 자리를 넘겨주지 않겠다는 의지의 표현이라고 읽어야 할 것이다.

또한 이번 규약 개정으로 당 중앙군사위의 권한이 강화되었는데, 헌법 상으로 권한이 강화된 국방위원회와의 이원 구조가 좀 더 뚜렷해졌다.

금후 최고인민회의에서 국방위원회의 재선이 행해질 것인가가 주목되는 것은 그 때문이다. 구체적으로 말하면 김정은이나 리영호와 같은 당 중앙군사위 부위원장들이 국방위에 들어갈 것인지, 오극렬 국방위 부위원장이 퇴진할 것인지 등의 문제다.

'선군정치'를 표방하면서 당의 권한을 강화한 것이 '당'과 '군'의 관계를 미묘하게 만들었다고 할 수 있다. 당 지도부의 대부분을 군인이 장악한다면 이 문제는 해소되겠지만 그렇게 되어서는 경제 재건이 가능하지 않게 되고 '강성대국'의 건설도 가능하지 않게 된다.

장기적인 관점에서 본다면 김정일 총서기가 오래 살면서 권력 승계를 조금씩 자연스럽게 해나갈 경우 김정은의 후계 정권은 안정될 것이다. 그러나 김정일 총서기가 건강에 자신을 갖게 되면 권력 계승의 속도는 떨어질 것이다.

이번 규약 개정은, 조선노동당을 '선군'을 정치의 지도이념으로 한 '김일성 동지의 당'으로 규정하고 김정일 총서기의 업적을 치켜세우면서 권력 계승을 정당화하며 선군정치에 의거하여 당을 재편한 것을 반영한 것이라고 말할 수 있다.

제2장

후계자 김정은의 추대 세력

신군부와 리영호 총참모장

　조선노동당 대표자회의 인사 내용이 발표됨으로써 김정일 총서기의 친정체제 견지 의지가 명확히 드러남과 동시에 후계자 김정은을 옹위하려 하는 새로운 추대 세력도 부상했다. 당 대표자회의 인사를 통해 김정은을 지지하는 핵심 인물로 급부상한 이들이, '신군부'라 할 수 있는 리영호(李永鎬) 군 총참모장을 중심으로 당 중앙군사위원회에 포진한 군인들 및 최룡해(崔龍海) 당 정치국 위원후보를 중심으로 한 구(舊)사로청(社勞靑, 현재의 김일성사회주의청년동맹) 그룹과 또 하나 새로 정치국에 등장한 당 관료 그룹이다. 앞으로 이 세력들 중심으로 후계체제 만들기가 추진되어갈 것으로 보인다. 이제 그 구성원이 어떤 인물들인가를 살펴보기로 하자.

　이번 당 대표자회의에서 일약 새로운 실력자로 뛰어오른 인물이 리영호 총참모장이다. 2010년 10월 10일 당 창건 65주년 경축 열병식에서 리영호 군 총참모장은 오픈카를 타고 김일성광장의 중앙으로 입장했고, 김정일

총서기의 위임을 받은 형식으로 연설을 행하
여 실력자로서의 모습을 내외에 과시했다.
리영호 군 총참모장은 1942년 10월 강원도
통천군에서 태어나, 김정일 총서기와 같은
68세다. 혁명 유가족 교육기관인 만경대혁
명학원을 거쳐 김일성군사종합대학을 졸업
했고, 사단 참모장, 군단 작전부장, 총참모부
작전국 부국장, 부총참모장을 역임했으며,
2009년 2월 평양방위사령관에서 총참모장

리영호

의 자리에 올라 대장이 된 타고난 군인이다. 리영호의 이름이 국제사회에
인식된 것은 2007년 4월 조선인민군 창건 75주년 열병식 때 지휘관의
막중한 임무를 맡게 되면서부터였다.

　리영호는 포병 전문가다. 김정은이 '포사격'에 흥미를 가져 김일성군사
종합대학에 적을 두었던 시기에 포병 지휘관 분야에 관심을 보인 것이
리영호와의 관계로 이어졌다는 관측이 있다. 김정은은 김정일 총서기의
현지지도에 동행함으로써 처음으로 공식 무대에 등장했는데, 그 무대가
된 것이 조선인민군 제851부대의 포사격 훈련 현장이었다. 김정은이 포사
격에 관심이 높다는 것을 짐작하게 하는 일이다.

　한국의 ≪중앙일보≫(10월 12일자)는 북한에서 군에 소속되었던 한 탈
북자의 이야기라 전하며, "리영호의 아버지는 리봉수라고, 김일성과 함께
빨치산 활동을 했던 인물로, 원래는 의사였다고 한다"고 보도한 바 있다.
리봉수는 빨치산 유가족들을 모아 교육한 만경대혁명학원 원장과 인민군
당 위원회 중앙검열위원장, 당 중앙검사위원장 등을 역임하는 등 김일성
체제하에서 핵심적인 역할을 했다고 한다. 같은 신문에 의하면, 그의 어머

니 김연숙도 김정일 총서기의 생모인 김정숙과 함께 빨치산 활동에 종사했던 인물로서, 1949년 김정숙이 죽은 후에는 어린 김정일을 돌본 적이 있다고도 했다.

김일성의 88특별여단 제1대대에는 리봉수(李鳳洙)란 인물이 있었다. 와다 하루키(和田春樹)의 저서 『북한: 유격대국가의 현재(北朝鮮: 遊擊隊國家の現在)』[1]에 수록된 소련 국방부 문서관 자료에 의하면, 리봉수는 의사이고 당시 계급은 하사로서(김일성은 대위였다), 북한의 무산(茂山)에 파견될 예정이었다고 한다. 그러나 한국 당국의 자료 등을 살펴본 바로는 리봉수가 만경대혁명학원 원장이나 당 중앙검사위원장을 역임했는지의 여부가 불분명하고 그 보도가 정확했는지도 착실한 검증이 필요한 듯싶다.

국방위원회는 당 대표자회의 개최에 앞선 9월 27일 리영호에게 차수의 칭호를 수여했다. 김정은 등 6명에 대한 '대장' 칭호 수여는 김정일 총서기가 '군 최고사령관'으로서 결정한 것인데, 리영호 총참모장의 '차수' 승격은 그 명의가 '국방위원회'로 되어 있다는 것에 주목할 필요가 있다. 이것은 리영호 차수 결정에 임하여 국방위원회가 개최되었다는 것을 말해주는 것이다. 그리고 그것은 이번 인사에서 냉대 당한 김영춘, 오극렬, 장성택 등 국방위 부위원장들의 양해를 구하는 자리이기도 했을 것이다.

북한군의 차수는 82세로 2010년 11월에 사망한 조명록(趙明祿)을 위시하여 김영춘(金永春, 74), 김일철(金鎰喆, 80), 리용무(李勇武, 85), 리종산(李鍾山, 88), 리하일(李河逸, 75), 전재선(全在善, 70) 등 모두 70대와 80대로, 68세의 차수는 빠른 승격이라 할 수 있다(<표 7> 참조).

---

1) 이 책은 한국에서 『북조선: 유격대국가에서 정규군국가로』(서울: 돌베개, 2002)라는 제목으로 번역되어 출간되었다.

〈표 7〉 북한군 지도부 (2011.1.1. 현재)

원수 (元帥)	김정일(金正日)	1942.생	68세	국방위원장 / 최고사령관
	리을설(李乙雪)	1921	89	전임 군 호위사령관
차수 (次帥)	리하일(李河逸)	1935	75	당 중앙위원
	김영춘(金永春)	1936	74	인민무력상 / 국방위 부위원장
	김일철(金鎰喆)	1930	80	전임 인민무력부장 / 국방위 위원 (은퇴했을 수도 있음)
	전재선(全在善)	1940	70	전임 제1군단장
	리종산(李鍾山)	1922	88	전임 군 부총참모장 / 전임 군사동원총국장
	리용무(李勇武)	1925	85	국방위 부위원장
	리영호(李永鎬)	1942	68	당 중앙군사위 부위원장 / 군 총참모장
대장 (大將)	오극렬(吳克烈)	1931	79	국방위 부위원장
	김명국(金明國)	1940	70	군 총참모부 작전국장
	현철해(玄哲海)	1934	76	국방위원회 국장
	김병률(金炳律)	1926	84	중앙재판소장
	김격식(金格植)	1940	70	전임 군 총참모장
	주상성(朱霜成)	1933	77	인민보안부장(2011.3 해임)
	박재경(朴在京)	1933	77	인민무력부 부부장
	정창렬(鄭昌烈)	1923	87	인민무력부 부부장
	리명수(李明秀)	1937	73	국방위 행정국장
	김윤심(金允心)	불명		전임 해군사령관
	김정각(金正角)	1941	69	군 총정치국 제1부국장
	려춘석(呂春錫)	1930	80	김일성군사종합대학 총장
	김기선(金基善)	1926	84	군 총정치국 부국장
	김원홍(金元弘)	1945	65	군 보위사령부 사령관
	우동측(禹東則)	1942	68	국가안전보위부 제1부부장 / 국방위원
	정명도(鄭明道)	불명		당 중앙군사위 위원 / 해군사령관
	리병철(李炳鐵)	〃		당 중앙군사위 위원 / 공군사령관
	정호균(鄭浩均)	〃		전임 포병사령관
	윤정린(尹正麟)	〃		군 호위사령부 사령관
	김경희(金慶喜)	1946	64	당 정치국 위원
	김정은(金正恩)	1983	27	당 중앙군사위 부위원장
	최룡해(崔龍海)	1950	60	당 정치국 위원후보 / 당 중앙군사위 위원

현영철(玄英哲)	불명		제8군단장
최부일(崔富日)	〃		당 중앙군사위 위원 / 군 총참모부 부총참모장
김경옥(金京玉)	〃		당 조직지도부 제1부부장

리영호는 당 대표자회의에서 정치국 상무위원, 당 중앙군사위 부위원장이라는 요직들을 받아, 군(軍)만이 아닌 당에서도 중책을 맡게 되었다. 당 대표자회의 직후 금수산기념궁전 앞에서의 기념사진을 보면 김정일 총서기와 김정은의 사이에 앉아 김정일-김정은의 권력 계승에 가교 역할을 담당한다는 것을 시사했다. 김정일 총서기가 후계자 지위를 굳혀가던 때에는 오진우 인민무력부장의 역할이 컸는데 김정은에게는 리영호가 오진우의 역할을 담당하고 있는 것이 아닌가 하는 관측이 많다.

북한 군부는 지금까지 김영춘·오극렬 국방위 부위원장들을 축으로 한 이른바 '구(舊)군부'를 중심으로 움직여왔는데, 리영호 총참모장이나 김정각 군 총정치국 제1부국장, 최부일 군 부총참모장 등이 '신(新)군부'로서 급속히 부상했다.

김정각(金正角)은 1941년 7월 평안남도 증산군에서 태어나 1959년에 군에 입대, 김일성군사종합대학을 졸업했고, 군단 부사령관, 참모장, 인민무력부 부부장 등을 거쳐 1991년에 당 중앙위원후보, 1992년에 상장, 2002년 4월에 대장으로 승진했다. 2007년부터 군 총정치국 제1부국장을 맡아, 조명록 군 총정치국장이 병환 때문에 실무를 담당할 수 없는 상황에서 실질적으로 총정치국장의 역할을 담당해왔다. 2009년에는 국방위원으로도 기용되었다. 이번 당 대표자회의에서 당 정치국 위원후보, 당 중앙군사위원에 취임함으로써 당 정치국, 국방위, 당 중앙군사위의 각각에 자리를 확보했다.

최부일(崔富日) 군 부(副)총참모장은 후계
자 김정은에게 대장의 칭호가 부여될 때 같
이 대장으로 승진한 군인이다. 2010년 10월
의 경축 열병식에서는 열병부대 지휘관을 맡
았다. 군의 실천 중추부인 총참모부에서 리
영호 총참모장을 보좌하여 김정은 후계체제
를 위한 군 장악에 힘을 보탤 것으로 보인다.
최부일의 생년월일은 미상이지만, 1992년 4
월에 소장, 1995년 10월에 중장, 2006년 4월

김정각

에 상장으로 빠른 속도로 승진했고, 1998년 7월에는 최고인민회의 제10기
대의원이 되었다. 이번 당 대표자회의에서 당 중앙위원, 당 중앙군사위원
이 되었다. 한국의 ≪조선일보≫는 2010년 10월 14일자에서 탈북한 북한
전(前) 고위관료의 말을 인용, 최부일은 인민군 제1군단 소속의 농구 선수
였다고 보도했다. 그는 김일성군사종합대학을 졸업하고 1990년대 중엽부
터 인민군 체육지도위원장이 되었다. 김정일을 면대할 기회가 많았던 최부
일은 "농구는 지능지수를 높여줍니다. 미국 중고생들도 학교에서 농구를
배우고 있습니다"는 등의 교언(巧言)으로 김정일로 하여금 김정철, 김정은
두 아들에게 농구를 가르치게 만들었다고 한다. 최부일은 평양의 북한
대표선수용 체육관에 농구팀을 만들어 김정철, 김정은을 상대하게 했고,
두 형제의 농구 실력이 향상되자 김정일의 환심을 사게 되었다고 한다.

당 중앙군사위에 결집한 '신군부'

당 중앙군사위는 김정은 후계체제 만들기의 중핵을 맡고 있는 것으로 보이는데, 주목할 것은 여기 집결한 인물들이 장로격인 명목상 인물들이 아니라 군의 각 사령부나 군 보위사령부, 국가안전보위부(國家安全保衛部) 등 공안기관의 책임자들을 중심으로 한 실무적인 실력자들이라는 점이다 (<표 8> 참조).

군(軍)에서는 우선 김영춘 인민무력부장이 참가했고, 군 총참모부로부터는 리영호 총참모장, 김명국 총참모부 작전국장, 최부일 부총참모장이 참가했다. 또한 정명도 해군사령관, 이병철 공군사령관, 김원홍 군 보위사령관, 윤정린 호위사령관 등 각 사령관이 참가했다. 그리고 공작기관을 통합한 정찰총국의 김영철 총국장, 군내 사상교육 등을 담당하는 당 총정치국의 김정각 군 제1부부장, (당에서 군을 지도하는) 당 조직지도부의 군 담당 제1부부장 김경옥, 공안조직인 국가안전보위부의 제1부부장 우동측이 참가했다. 또한 군수산업을 총괄하는 주규창 당 기계공업부장도 참가했다. 그리고 당으로부터는 장성택, 최룡해 정치국 위원후보들이 참가했다.

김영춘(金永春) 인민무력부장과 김명국(金明國) 총참모부 작전국장은 구군부와 신군부를 잇는 가교 역할을 담당한 군인들일 것이다. 김영춘 인민무력부장과 김명국 작전국장은 모두 아버지 김정일의 측근세력에 속하는 군인들로서 당 중앙군사위에 들어갔다.

정명도(鄭明道) 해군사령관은 1992년에 소장, 1997년에 중장, 1998년에 최고인민회의 제10기 대의원이 된 이래 제11기 제12기에도 대의원이었고, 2007년 12월에 해군사령관에 취임하면서 상장이 되었다. 그리고 2010년 4월 김정일 주석의 생일을 앞두고 대장으로 승진했다.

〈표 8〉 조선노동당 중앙군사위원회 (2011.1.1일 현재)

위원장	김정일(金正日)	1942.생	68세	당 총서기 / 국방위원장
부위원장	김정은(金正恩)	1983.1	27	대장
	리영호(李永鎬)	1942.10	68	정치국 상무위원 / 군 총참모장
위원	김영춘(金永春)	1936.3	74	당 정치국 위원 / 인민무력부장
	김정각(金正角)	1941.7	69	당 정치국 위원후보 / 군 총정치국 제1부부장
	김명국(金明國)	1940	70	당 중앙위원 / 군 총참모부 작전국장
	김경옥(金京玉)	생년 불명		당 조직지도부 제1부부장 / 대장
	김원홍(金元弘)	1945	65	군 보위사령관 / 대장
	정명도(鄭明道)	생년 불명		해군사령관 / 대장
	리병철(李炳鐵)	생년 불명		공군사령관 / 대장
	최부일(崔富日)	생년 불명		군 총참모부 부총참모장 / 대장
	김영철(金英哲)	1946	64	군 정찰총국장 / 상장
	윤정린(尹正麟)	생년 불명		호위사령관 / 대장
	주규창(朱奎昌)	1928.11	82	당 정치국 위원후보 / 당 기계공업부장
	최상려(崔相黎)	생년 불명		상장
	최경성(崔京星)	생년 불명		상장
	우동측(禹東則)	1942.8	68	국가안전보위부 제1부부장
	최룡해(崔龍海)	1950.1	60	정치국 위원후보 / 당 비서
	장성택(張成澤)	1946.1	73	정치국 위원후보 / 국방위 부위원장

리병철(李炳鐵) 공군사령관은 1990년에 제2비행사단장, 1992년 4월에 공군 중장, 1998년, 2003년, 2009년에 각각 최고인민회의 제10기, 제11기, 제12기 대의원이 되었다. 2008년 4월 공군사령관에 임명되면서 상장으로 진급했고, 2010년 4월에 정(鄭) 해군사령관과 함께 대장으로 승진했다.

군 보위사령부(保衛司令部)는 군 총정치국과 함께 군 내부의 방첩·감찰 기관으로, 민간 사회의 국가안전보위부에 대응하는 기관이다. 김원홍(金元洪) 보위사령관은 이 기관의 수장으로, 1954년에 태어나 김일성정치군사대학을 졸업했고, 1998년에 최고인민회의 제10기 대의원이 되었으며 제

11기, 제12기에도 대의원이었다. 2003년 7월에 상장, 동 9월에 보위사령관에 취임했던 것으로 보인다. 2009년 4월에 대장으로 승진했다.

군 호위사령부(護衛司令部)는 김정일 총서기나 그 가족의 호위, 신변 경호, 물자 조달, 별장 관리 등을 담당하는 기관이다. 빨치산 세대 중 생존자인 리을설(李乙雪) 원수가 1996년 2월부터 2004년까지 호위사령관을 맡았었다. 윤정린(尹正麟) 호위사령관은 1985년 10월에 인민무력부 호위사령부 참모장으로 중장이었다는 것이 확인된다. 1995년 10월에는 상장, 2003년 8월에 최고인민회의 제11기 대의원이 되었고, 2009년에 제12기 대의원이 되었으며, 2010년 4월에 대장으로 승진하면서 호위사령관에 취임했다.

김영철(金英哲) 정찰총국장은 남북 간 회담 등에 여러 차례 등장하는 인물로, 한국에도 잘 알려진 군인이다. 1946년 양강도에서 태어나 만경대혁명학원 및 김일성군사종합대학을 나왔고, 1968년에 소좌로서 군사정전위원회 연락장교로 근무했다. 미국 정보수집함 '푸에블로호' 사건이 발생한 1968년 1월에 판문점에서 근무하고 있었다. 1989년 2월에 소장으로 인민무력부 부국장, 소장, 1989년 2월부터 1990년 7월까지 남북 고위당국자 회담의 8회에 걸친 예비회담에서 북한 측 대표단 가운데 한 사람이었다. 1990년 9월부터 1992년 9월까지의 남북고위급회담에서도 대표를 맡았다. 그 후 2006년 3월부터 2007년 12월까지 인민군 중장으로서 남북 장성급 회담 제3차 회의부터 제7차 회의까지 북측 대표를 맡았다. 그리고 2009년 4월에는 최고인민회의 제12기 대의원에 당선되었다.

북한에서는 2009년 4월의 헌법 개정 시까지 공작기관 재편이 행해졌다. 당 35호실, 당 작전부, 인민무력부 정찰국을 통합하여 정찰총국이 설치되었고, 그 수장 자리에 김영철이 취임했다. 정찰총국은 국방위원회에 소속되었고 강대한 권한을 갖게 되었다. 김영철은 그 강대한 실권을 배경으로 하여 당 중앙군사위원회에도 들어갈 수 있었다.

주규창

주규창(朱奎昌) 당 기계공업부장은 1928년 11월에 함경남도 함주군에서 태어난 북한의 군수공업 전문가이다. 1950년에 인민군에 입대했고 김책공업대학을 나왔으며, 1970년 11월에 당 중앙위원후보, 1983년에 당 기계공업부 부부장, 1988년에 당 중앙위원, 2001 년에 당 군수공업부 제1부부장이 되었다. 최고인민회의 제10기, 제11기, 제12기 대의원이기도 했다.

장성택 당 정치국 위원후보나 최룡해 당 정치국 위원후보도 당 중앙군사위에 들었다. 이와 같은 실력자들을 결집한 당 중앙군사위가 김정은 후계체제의 '산실'이 될 것은 틀림없을 것이다.

그러나 이번 당 대표자회의 인사 결과 오극렬 국방위 부위원장이 정치국에 들지 못했다. 이것이 국방위의 권력 약화를 의미하는 것인지, 국방위가 당 중앙군사위와 서로 보완관계를 형성하면서 권력을 유지하는 것인지, 아직 예단할 수 없다. 리영호 군 총참모장을 리더로 하는 신군부 세력과 김영춘 인민무력부장, 오극렬 국방위 부위원장 두 사람으로 대표되는 구군부로 상징되는 군내 기득권층의 관계가 앞으로 어떻게 될 것인가가 김정은 후계체제 만들기에 커다란 영향을 줄 것이다.

당 중앙군사위 위원이 된 최상려(崔相黎)는 생년월일이나 경력 등 상세한 정보가 없는데, 1992년에 소장, 1997년에 중장, 1998년 7월에는 최고인민회 제10기 대의원이 되었으며, 2010년 4월에 상장으로 승진한 인물이다.

같이 당 중앙군사위원이 된 최경성(崔京星)에 대해서도 인민군 상장이라는 것 외에는 구체적인 정보가 없다.

태자당(太子黨)

이번 당 대표자회의를 통해 급부상한 최룡해(崔龍海)는 빨치산 출신 최현(崔賢) 전 인민무력부장의 아들인데, 북한에서도 유력 간부, 특히 김일성-김정일 부자 체제를 구성하는 데 기여한 빨치산 세력의 자식들이 김정일 총서기의 삼남 김정은 후계체제 만들기에도 관여하고 있는 것이 아닌가 하는 관측이 나오고 있다.

그런 의미에서 주목받은 것이 당 중앙위 부장에 기용된 오일정(吳日晶) 중장이다. 오일정은 김일성으로부터 김정일로의 권력 계승에서 커다란 역할을 수행했던 오진우 인민무력부장의 삼남이다. 오일정 부장의 당내 담당 분야가 무엇인가는 발표되지 않았는데 아마도 당 군사부장일 것이다. 당 군사부장이란, 노농적위대(46세부터 60세까지의 남성으로 구성, 약 570만 명)와 교도대(敎導隊, 17세부터 50세까지의 남성 제대군인과 17세부터 30세까지의 미혼여성으로 구성, 60만 명) 및 붉은청년근위대(중고교생으로 구성된 군사 조직, 약 100만 명) 등 총 700만 명이 넘는 예비역을 총괄하는 부서다. 김정일 총서기가 모습을 보이지 않아 화제가 된 2008년 9월의 건국 60주년 기념 군사 퍼레이드에 등장했던 것은 정규군이 아니라 바로 이 '예비병'들이었다. 그 퍼레이드를 보면 단순한 '예비역'이 아니라 유사시에는 정규군과 다를 바 없는 역할을 하리라는 것을 쉽게 이해할 수 있을 것이다.

조선중앙통신은 2010년 10월 10일 당 창건 65주년 열병식을 보도하는 중에 '노농적위대'를 '노농적위군'으로 보도했다. 또한 2011년 1월 4일 조선중앙TV도 당 간부들이 금수산기념궁전을 참배하는 모습을 전하는 중에 "김정일 동지가 서 계시는 양측에 조선노동당기와 공화국기, 조선인 민군기, 노농적위군기들이 세워져 있었다"고 보도하여, '노농적위대'가 '노농적위군'으로 개칭된 것이 아닌가 하는 의문을 낳았다. 그러나 조선중 앙통신은 2011년 9월 9일에 거행된 건국 63주년을 경축하는 퍼레이드를 보도하면서 '노농적위대 열병식'이라고 보도하여 '노농적위군'을 다시 '노농적위대'로 되돌려 놓았다.

당 군사부장의 전임자는 2010년 8월, 77세의 나이에 폐암으로 사망한 김성규(金成奎) 대장이다. 김성규는 1997년에 대장으로 승진했고, 2009년 1월부터 당 군사부장의 직을 맡았었다. 이것에 비하면 오일정은 2010년 이제 갓 중장이 된 56세의 젊은 나이이니, 그 발탁이 두드러진다.

오일정은 1954년에 태어나 김일성종합대학 경제학부에 입학했는데, 1976년에 '판문점 포플러나무 사건'으로 북한 내부에 긴장이 고조되자 조기 졸업하고 군에 입대했다고 한다. 그 이후 주(駐)이집트대사관 무관, 인민무력부 대외사업부 지도원 등을 거쳐 1992년 소장, 1994년에 제4군단 산하 26사단장이 되었다. 2010년 9월 11일에 행해진 붉은청년근위대 창건 40주년 중앙보고대회에서 '당 부장'의 직함으로 보고를 행했다. 이 기용은 김정은 후계체제 만들기를 위해 오진우 인민무력부장의 아들이라 는 혈통을 활용하려는 의도도 작용했던 것으로 보인다.

당 중앙위원이 된 오금철(吳琴鐵) 상장도 빨치산 출신 오백룡(吳白龍) 전 호위총국장의 아들이다. 오금철은 김책공군대학을 졸업하고 소련 공군 아카데미에 유학했다. 이어 조선인민군에 입대, 파일럿이 되었으며, 1984 년에 공군 제7사단 참모장, 1990년에 공군 제3전단 사령관, 1995년 10월에는 상장으로 승진하면서 공군사령관이 되었는데, 2008년 4월에 리병철 (李炳鐵)로 교체되었다. 그러나 당 대표자회의 다음 날에 개최된 김정일 총서기 추대 기념 육해공 장병들의 경축 집회에서 대표 연설을 하여 다시금 주목을 받았다.

최현, 오진우, 오백룡은 모두 김정일을 후계자로 추대하는 데 적극 지지를 표한 사람들로, 그 자식들이 다시 김정은을 후계자로 추대하는 데 헌신하는 모습을 보여주고 있다. 최고지도자의 위치를 노리는 후계자도, 또 그것을 지지하는 세력들도 다 같이 세습이다. 북한도 중국과 마찬가지로 혁명 1세대의 자손들인 '태자당'이 권력의 중추에 앉게 될 가능성이 높다.

공안기관

국가안전보위부는 북한을 대표하는 방첩·공안기관이다. 기관의 중요성 때문에 아직 부장이 미정인 채 김정일 총서기가 겸임하고 있는 것 같다. 우동측 제1부부장이 사실상의 책임자다.

우동측(禹東則) 제1부부장은 1942년 8월 평안남도 평원군에서 태어나 김일성종합대학을 졸업했다. 북한 측 발표에 의하면 "대학 졸업 후 철학 전문가 자격을 얻었다"고 되어 있어 철학을 전공한 것으로 보인다. 당 중앙위 지도원, 동 부(副)과장을 거쳐 국가안전보위부에 들어갔다. 동 부처에서 해외정보국 국장, 부부장을 거쳐 1992년에 중장이 되었으며, 최고인민회의 제11기, 제12기 대의원에 당선되었다. 2009년 4월에는 국방위원에 취임했고 2010년 4월에 대장으로 승진했다. 그리고 이번 당 대표자회의

우동측

김창섭

에서 당 정치국 위원후보, 당 중앙군사위원에 선출되었다.

당 중앙군사위에 들어가지는 못했으나 당 정치국 위원후보로 발탁된 국가안전보위부 정치국장 김창섭(金昌燮)도 주목하지 않으면 안 될 인물이다. 김창섭은 1946년 1월 평안남도 은산군에서 태어나 김일성고급당학교를 졸업했으며, 당 중앙위 지도원, 책임지도원, 부(副)과장, 국가안전보위부 부부장, 동 정치국 부국장을 거쳐 2009년 8월부터 정치국장을 맡았으며, 이번 당 대표자회의에서 정치국 위원후보로 선출되었다. 2003년에 최고인민회의 제11기 대의원, 2009년에 제12기 대의원에 선출되었으며, 2009년 8월에는 군 상장의 칭호도 부여받았다.

북한의 경찰조직인 인민보안부(人民保安部)도 중요한 공안기관이다. 이 기관은 1998년의 헌법 개정에 의해 정무원이 내각으로 개칭되었을 때에는 인민보안성으로서 내각의 한 부처였는데, 2010년 4월 5일 북한의 조선중앙TV는 평양시의 10만 호 주택 건설 뉴스를 전하는 중에 '인민보안부 건설여단' 소속자와의 인터뷰를 보도, '인민보안성'이 '인민보안부'로 개칭되었다는 것을 드러냈다. 그 이후 소속이 내각에서 국방위로 변경되었다

주상성

는 것도 판명되었다.

인민보안부장이면서 국방위원인 주상성 (朱霜成)은 이번 당 대표자회의에서 당 정치국 위원으로 기용되었다. 주상성은 1933년 8월 강원도에서 태어나 김일성군사대학을 졸업했으며, 군단 작전상급참모, 여단장, 사단장, 지구사령부 참모장, 군단 사령관, 총참모부 검열관을 거쳐 2004년 7월에 인민보안상에 취임했다. 최고인민회의 제9기, 제10기, 제12기 대의원이기도 하다. 2009년 4월의 최고인민회의 제12기 제1차 회의에서 인민보안상으로 재선되었고, 최고인민회의 법제위원장에 취임하기도 했다. 그러나 이번 당 대표자회의에서 당 중앙군사위에 들어가지는 못했다. 그렇기는 하나 주 부장은 당 대표자회의 이후로도 계속 중요한 행사에 참가했고 2011년 2월에는 중국의 멍젠주(孟建柱) 국무위원 겸 공안부장이 방북했을 때 그와 회담했고 또 김정일 총서기가 베푼 환영 만찬에도 동석했다.

그런데 조선중앙통신은 3월 16일 국방위 결정으로 "인민보안부장 주상성이 신변관계로 해임되었다"고 보도했다. 인민보안부는 일본의 경찰조직에 해당되는 것으로 국가안전보위부와 함께 북한의 공안기관이다. 정치국 위원이고 국방위원이기도 한 경찰조직의 총수가 '신변관계'라는 애매한 이유로 해임된 것은 극히 이례적인 사건이다. 북한에서는 죽을 때까지 눌러앉아 있는 경우가 보통이라, 중병(重病)에 의한 사임이라면 몰라도 '해임'이란 것은 이상하다. 주상성이 당 정치국 위원이나 국방위원의 직을 유지하고 있는지는 불분명한데, 그 해임이 김정은 후계체제 만들기를 둘러싼 갈등과 관련되었을 수도 있다.

사로청(社勞靑) 인맥

한편 당 부문에서는 최룡해 정치국 위원후보를 중심으로 한 젊은 김정은 추대세력들이 지도부에 진입했다. 그들은 북한의 청년조직인 '조선사회주의노동청년동맹(사로청, 현재의 김일성사회주의청년동맹)'의 인맥에 속하는 사람들이다. 그것은 김정일의 누이 김경희 당 정치국 위원의 남편인 장성택 당 행정부장에게도 연결되는 인맥이라고도 할 수 있다.

최룡해(崔龍海)는 김일성 주석과 함께 빨치산 투쟁을 전개했고 해방 후 인민무력부장직을 맡기도 했던 최현(崔賢)의 자식이다. 1950년 황해남도 신천군에서 태어나 김일성종합대학을 졸업했고, 졸업 후 사로청에서 활동했다. 동 동맹위원장에 취임했고, 1996년 사로청이 '김일성사회주의청년동맹'으로 개칭되었을 때 그 제1비서에 취임했다. 그러나 1989년 7월에 평양에서 개최된 제13회 세계청년학생축전과 관련하여 사로청 간부가 한국 정보기관의 돈을 받은 사건이 발각되어, 1998년 1월 '김일성사회주의청년동맹' 제1비서직에서 해임되었다. 최현 인민무력부장의 자식이라는 좋은 혈통 때문에 처벌은 면했고, 평양시 상하수도관리소 담당 당 비서로 좌천되었다. 그러나 2006년 4월에 황해북도 당 책임비서로 부활했다. 뿐만 아니라 이번 당 대표자회의를 통해 당 정치국 위원후보, 당 비서, 당 중앙군사위원이 되어, 즉 당 정치국, 당 비서국, 당 군사부문 모두에 자리를 확보함으로써 김정은 후계체제 만들기의 요원으로 권력 중추에 진입한 것으로 보인다.

최룡해

문경덕

또 한 사람 주목의 대상이 된 것이 52세의 젊은 나이로 당 정치국 위원후보, 당 비서, 당 중앙위원이 된 문경덕(文景德) 당 비서 겸 평양시 책임비서다. 수도 평양의 당 책임비서는 2010년 6월에 총리로 기용될 때까지 최영림(崔永林) 당 정치국 상무위원이 맡았던 자리로, 일본으로 말하면 도쿄도(東京都) 지사에 해당하는 자리다.

문경덕은 1957년 10월 평양시 대성구역(大城區域)에서 태어나 1973년 10월에 군에 입대했다. 김일성종합대학을 졸업하고 평양시 당 위원회 지도원, 사로청 중앙위원회 부위원장, 당 중앙위 부부장을 거쳐 평양시 당 위원회 책임비서가 되었다. 특별한 가계의 인물은 아니고, 정성택이 1980년대 후반에 당 청년사업부 부장과 당 청년·3대혁명소조(小組) 부장을 겸하며 청년조직들에 대한 지도를 담당하고 있었던 시기에 사로청의 간부로서 최룡해와 함께 장성택의 측근으로 두각을 나타냈다고 한다. 장성택이 2004년 2월경 '분파 활동'을 이유로 활동정지 처분을 받게 되자 문경덕도 공직에서 배제되었다. 장성택이 복귀하여 당 수도건설 담당 제1부부장을 거쳐 공안문제를 통할하는 당 행정부장의 자리에 오르자 문경덕도 2009년에 당 행정부 부부장에 취임하는 등 장성택과 부침을 함께 해왔다. 문경덕이 평양시 당 책임비서로 기용된 배경에, 장성택이 당 수도건설 담당 제1부부장으로서 평양 주택 10만 호 건설사업 등 수도정비사업을 담당해왔기 때문에 평양에 측근을 배치해야겠다는 생각도 있었을 것이다.

북한은 2002년 10월에 박남기(朴南基) 국가계획위원장(2010년 초 화폐개혁 실패의 책임자로 몰려 숙청됨)을 단장으로 하는 경제사절단을 한국에 보낸 바 있는데, 18명으로 구성된 그 사절단에 장성택과 문경덕도 포함되어 있었다. 당시 문경덕의 직함은 '조선대양회사 총사장'이었다. 그리고 2009년 10월에는 타조 사육장을 현대화한 공로로 '공화국 영웅'의 칭호를 부여받기도 했다.

북한은 당 대표자회의와 당 창건 65주년 기념행사가 끝나자 전국 9개 도(道)와 3개 직할시·특별시(평양직할시, 남포특별시, 나선특별시)의 당 책임비서 12명 전원이 참가한 대표단을 2010년 10월 16일부터 23일까지 중국에 파견했다. 전국의 도와 광역시 당 책임비서가 모두 참가한 대표단의 구성은 사상 처음인데, 그 단장을 문경덕 평양시 당 책임비서가 맡았다. 문경덕은 10월 19일에 중국의 저우융캉(周永康) 정치국 상무위원과의 회담에서 "조선(북한)의 모든 도와 시 당 위원회 책임비서들이 김정일 총서기의 지시로 중국을 방문하여 중국 인민이 발전에 있어 커다란 성과를 올리고 있는 것을 목격했다"라고 중국의 개혁·개방 노선에 긍정적인 발언을 하여 주목을 받았다.

사로청 인맥에서 주목받은 또 하나의 인물이 리영수(李永秀) 당 부장이다. 조선중앙방송은 2010년 8월 22일 강원도에서 개최된 '조선농업근로자동맹' 주최의 집회를 보도하면서 그곳에 참가한 리영수를 '당 부장'으로 불렀다. 원래 당 비서국에서 오랫동안 근로단체들에 대한 지도를 담당해온 김중린(金仲麟) 당 비서 겸 근로단체부장이 2010년 4월 28일 심근경색으로 사망했는데, 이 보도로 리영수가 당 근로단체부장의 직에 취임했다는 것이 거의 확인된 셈이다. 리영수는 9월의 당 대표자회의에서도 당 부장 14명 가운데 한 사람으로 발표되었다. 그는 1946년에 태어나 장성택과 같은 연령이기도 하다. 김일성종합대학을 나와 1972년에 공업기술총연맹 부위원장에 취임했고, 1976년에 사로청 부위원장에 기용되었으며, 1978년에 약관 32세의 나이로 조직 인원 500만 명을 자랑하는 북한 최대의 청년조직 사로청의 위원장에 취임했다. 그리하여 1986년 최룡해 정치국 위원후보에게 위원장직을 넘겨줄 때까지 8년간에 걸쳐 위원장직에 있었다.

리영수도 장성택이 당 청년사업부장을 맡았던 시기에 그와 인연을 맺었던 것으로 보인다. 1985년에는 당 청년·3대혁명소조부(部)) 부부장으로서 부장인 장성택을 보좌했다. 그렇지만 그 이후로는 이렇다 할 만한 활동 이력이 없다. 2004년 장성택이 복권하고 이어서 당 행정부장이 되자 문경덕과 함께 당 행정부 부부장에 취임한 것으로 보인다. 아무튼 북한에는 '조선직업총동맹'(약 160만 명), '조선농업근로자동맹'(약 130만 명) 등의 직업단체들이 있는데, 리영수는 당 근로단체부장으로서 이러한 단체들에 대한 지도를 통해 후계체제 만들기에 일익을 담당하고 있는 것으로 보인다.

조직지도부

조선노동당 조직지도부는 북한 권력의 핵심 가운데 핵심이다. 당, 군, 국가의 인사를 통할하는 부서다. 그렇기 때문에 부장 자리가 공석인 채 김정일 총서기가 겸임하는 상황이 계속되고 있다.

이곳에서는 당 인사를 담당하는 리제강(李濟剛)과 군의 인사를 담당하는 리용철(李容哲) 두 사람이 제1부부장으로서 오랫동안 일해 왔다. 이 리제강-리용철 라인은 장성택 당 행정부장에 대한 대항세력으로 간주되어왔다. 그러나 리용철 제1부부장은 2010년 4월에 심장마비로 사망했고 같은 해 6월에는 리제강 제1부부장이 교통사고로 사망하여 권력에 공백상태가 발생했다. 오랫동안 건강이 좋지 못했던 리용철에 대해서는 병사로 보는 쪽이 많지만 리제강의 교통사고 사망 사건은 아직껏 의문이 풀리지 않은 사건이다.

공석인 이 두 사람의 자리들을 누가 맡을 것인가가 후계체제 만들기에 커다란 영향을 미칠 것으로 간주되어왔다. 그런 가운데 선발된 이가 김경옥과 박정순이다.

김경옥(金京玉)은 연령이나 경력 등이 불분명하지만, 70대가 아닌가 생각된다. 그가 북한 매체에 처음 보도된 것은 2008년 12월 29일 김정일 총서기가 조선국립교향악단을 시찰했을 때의 수행자로서였다. 조선중앙통신은 "조선노동당 중앙위원회 제1부부장인 리용철, 리제강, 김경옥, 리재일" 등으로 보도했다. 리재일(李載佾)은 당 선전선동부 제1부부장인 만큼 이로써 김경옥이 조직지도부 제1부부장이라는 것이 거의 확인된 셈이다. 김경옥은 1990년대에 당 조직지도부 부부장을 맡아, 동부(同部)에서 군을 담당해온 리용철 제1부부장을 보좌해온 것으로 보인다. 리용철 제1부부장의 건강이 좋지 않아 2008년 12월에 동부 제1부부장으로 승진했다. 2009년 3월에는 최고인민회의 제12기 대의원에 당선되었다. 그리고 2010년 9월 27일에 김경희, 김정은, 최룡해 등과 함께 대장의 칭호를 수여받았을 뿐만 아니라 김정은 후계체제 만들기를 추진하는 당 중앙군사위원회에도 들어갔다. 김정은이 당 중앙군사위를 기반으로 하여 당을 장악

박정순

하는 것을 첫 번째 과제로 삼고 있다고 보이는 만큼 김경옥의 역할이 중요해졌다고 할 수 있다.

의문의 죽음을 맞은 리제강의 후임에 내외의 관심이 집중되었다. 당 담당 제1부부장이라는 이 자리는 노동당을 장악하는 데 중요한 자리이기 때문이다. 이 자리를 이어받은 이가 당 대표자회의 인사에서 정치국 위원후보로 기용되었던 박정순(朴正順)이었다.

박정순은 1928년 7월 평안남도 평원군에서 태어난, 이미 80대의 고령자다. 당 간부 양성기관인 중앙당학교를 졸업하고 군 당 부부장, 도당 지도원, 당 중앙위 책임지도원, 함경남도 당 제2비서, 당 중앙위 과장, 동 부부장, 평양시 당 조직비서, 당 중앙위 부부장, 당 중앙위 부장을 거쳐 2010년 9월 당 조직지도부 제1부부장에 취임했다. 경력이 보여주는 바대로 당내 코스를 착실히 밟아온 당 관료다. 1970년대에는 주로 평양시의 당 조직에서 활동했고 1980년대에는 조직지도부에서 부부장으로서 당의 인사를 담당했으며, 그 후 내각의 인사를 담당하는 당 간부부장의 직에 있었던 '인사통'이다.

김정일 총서기는 김정은 후계체제 만들기를 위해 전임자 리제강처럼 강한 개성과 리더십의 소유자로서 장성택과 권력투쟁을 벌일 정도의 인물보다는 거의 반세기에 걸쳐 당 인사에 전념하면서 정치적 야심을 보이지 않은 당의 인사 전문관료를 기용함으로써 후계체제 만들기를 원만하게 진행시키려는 의도가 아닌가 하는 관측을 낳았다. 어떤 의미에서 잠정적인 인사라 하겠다. 그런데 중요한 직책에 기용된 박정순은 2011년 1월 22일

82세의 나이에 폐암으로 사망했다. 당 중앙위 명의의 부고가 발표되었고 김국태 정치국 위원을 위원장으로 한 46명의 국가장의위원회가 구성되었다. 제1부부장으로서의 재직기간은 불과 4개월 정도였는데도 김정일의 조화를 받고 국장으로 치러지는 등 두터운 예우를 받았다. 훨씬 오랫동안 같은 제1부부장의 자리에 있다가 사망한 리제강에 대한 대우와는 눈에 띄게 달랐다.

박정순의 후임자는 이 책을 집필하고 있는 지금까지 미정인데, 당을 담당하는 조직지도부 제1부부장에 누가 기용되느냐는 북한 권력의 추이를 보는 데에서 매우 중요한 포인트다.

각 도당 책임비서 출신들

당 대표자회의에서 또 하나 주목받은 것은 당 정치국 위원후보직을 중심으로 당 지방조직 책임자인 책임비서들이 대량으로 기용되었다는 점이다.

정치국 상무위원으로 기용되고 총리에 취임한 최영림(崔永林)은 그 직전 직책이 평양시 당 책임비서였으며, 정치국 위원으로 기용되고 경제사령탑 역할을 하는 당 계획재정부장에 취임한 홍석형(洪石亨)은 함경북도 당 책임비서였다.

전술한 최룡해(崔龍海) 정치국 위원후보는 황해북도 당 책임비서 출신이다. 또한 김평해(金平海) 정치국 위원후보는 평안북도 당 책임비서 출신이고, 리태남(李泰男) 정치국 위원후보는 평안남도 당 책임비서 출신, 박도춘(朴道春) 정치국 위원후보는 자강도 당 책임비서 출신, 김락희(金洛姬) 정치국 위원후보는 황해남도 당 책임비서 출신, 태종수(太宗秀) 정치국 위원후보는 함경남도 당 책임비서 출신이다.

북한에는 평안북도, 평안남도, 황해북도, 황해남도, 강원도, 자강도, 양강도, 함경북도, 함경남도의 9개 도(道)가 있는데, 강원도와 양강도 당 책임비서를 제외한 일곱 도의 책임비서와 평양시 책임비서가 당 중앙위 정치국에 발탁된 것이다. 이것은 김정일 총서기가 오랜 시간에 걸쳐 지방을 현지지도하는 과정에서, 주민들과 직접 접촉하면서 업무를 수행해온 간부들이 당 중앙에 필요하다는 것을 점차적으로 실감했기 때문이 아닌가 생각된다. 일본으로 말하면 이른바 각 현(縣)의 지사를 당 지도부에 기용한 것으로, 지역 실정에 능통한 실무형 지도자들이 필요해졌다고 표현할 수 있겠다.

화폐개혁 등 경제정책 실패로 인해 경질된 김영일(金英逸) 총리의 후임자 최영림 총리 겸 당 정치국 상무위원은 1930년 11월에 함경북도 경흥군에서 태어나 만경대혁명학원과 김일성종합대학을 졸업한 후 모스크바대학에서 유학한 사람이다. 김일성 시대인 1956년에 당의 중핵인 조직지도부의 책임지도원이 되었고, 1967년에 조직지도부 부부장으로 승진했으며, 1971년에는 당의 경제 부문 부장으로 이동했다. 또한 그는 1973년에 김일성 주석의 책임비서로 기용되어 1980년의 제6차 당 대회에서 당 부장 겸 정치국 위원후보로 될 때까지의 7년간 김일성 주석의 측근에서 근무한 '김일성의 가신'이다. 1982년 10월에는 김일성 주석의 지시로 다시 주석의 책임비서를 맡게 된다. 1984년 2월부터 1985년 10월까지 정무원(政務院)의 제1부총리로 재직했고, 같은 해 10월에 정치국 위원이 되었다. 1990년 5월에 당 정치국 위원후보로 강등되었지만, 정무원 부총리 겸 국가계획위원회 위원장의 직을 맡아 일했고 또 1992년 12월에는 정무원 부총리 겸 금속공업부장의 직을 맡았다.

김정일의 시대가 되면서 그는 경제부문의 일선에서 후퇴하여 1998년 9월부터 2003년 9월까지 중앙검찰소 소장 겸 최고인민회의 법제위원회 위원으로 근무했으나 2009년 8월부터 평양시 당 책임비서로 기용되었다. 한국 언론의 보도에 따르면, 슬하에 자식이 없어 1남 1녀의 양자를 두었는 데, 북미 협의 등에서 통역을 한 북한 외무성에 근무하고 있는 최선희는 최영림 총리의 양녀라고 한다.

최영림은 전형적인 김일성 시대의 당 경제관료이며, 비교적 일하기 쉬운 계획경제의 관리자다. 그런 의미에서 이미 80세에 가까운 그에게 경제의 근본적인 개혁을 맡긴다는 것은 무리다. 따라서 최영림의 기용은 통화개혁의 실패로 와해된 경제를 부랴부랴 원상회복시키는 데 주안점을 둔 인사였다 할 것이다.

화폐개혁 실패로 당 계획재정부장에서 해임되고 공개처형까지 당한 것으로 알려진 박남기의 후임자로 기용된 사람이 홍석형(洪石亨) 당 정치국 위원이다. 그는 1936년 10월 서울에서 태어났다. 유명한 소설『임꺽정(林巨正)』의 저자로 알려진 홍명희(洪命熹)의 손자로, 북한 지도부에서는 드문 남한 출신이다. 모스크바 대학에서 유학한 후 성진제강소에서 근무했고, 금속공업부 제1부부장, 김책제철연합기업소 당 책임비서 등을 지냈다.

제철소 현장에 정통한 데다 소신을 갖고 업무를 처리함으로써 업적을 쌓아 1993년 12월에는 북한 경제계획을 총괄하는 국가계획위원회 위원장 으로 기용되었다. 그러나 그때는 김일성 주석이 1994년 7월 사망하고 구사회주의 경제권이 붕괴하는 등 북한의 경제가 계획 같은 것을 세울 수도 없을 정도의 위기에 직면했던 시기였다. 아마도 누가 그 자리를 맡았더라도 성공할 수 없었던 시기였거니와, 그 역시 경제 재건의 전망을

김평해

세우지 못한 채 1998년에 위원장 자리에서 해임되었다. 그러나 2001년 7월에 함경북도 당 책임비서로 다시 기용되었고, 박남기의 실각으로 2010년 7월에 당 계획재정부장에 취임했다. 지난 해 당 대표자회의에서 당 정치국 위원, 당 비서, 그리고 당 계획재정부장이란 경제 사령탑의 중책을 맡았다. 그러나 홍석형은 2011년 6월 당 정치국 확대회의에서 당 비서직에서 해임된 것이 밝혀졌고, 정치국 위원이나 당 계획재정부장으로부터도 해임된 것으로 추정된다.

어떻든 최영림 총리나 홍석형 당 계획재정부장은 실무자로서 유능하기는 하지만 경제를 개혁·개방으로 이끌 인물은 아니다. 어디까지나 김일성 시대의 계획경제형 실무자들이다. 큰 실패를 가져오지는 않았다 하더라도 북한 경제를 드라마틱하게 바꿔놓는다는 것은 기대할 수 없다 할 것이다.

당 정치국 위원후보 겸 당 간부부장으로 취임한 이는 김평해(金平海) 평안북도 당 책임비서다. 당 간부 담당 부장이란 직책은 당 조직지도부만큼의 권한은 없다 할지라도 내각 차관 이하의 인사 및 중하위급 외교관의 인사, 그리고 최고인민회의 대의원 추천 등의 인사권을 장악하는 중요한 자리다. 이번 당 대표자회의에서 당 검열위원장에 취임한 김국태(金國泰) 당 정치국 위원이 지금까지 이 자리를 맡아왔었다. 김국태는 빨치산 세대의 중진 김책(金策)의 아들로, 김일성-김정일 2대에 걸쳐 북한 지도부에 있었던 간부 가운데 한 사람이다.

김평해는 1941년 자강도 전천군에서 태어나 사범대학을 졸업하고, 1964년에 당 조직지도부 보조지도원, 조직지도부 지도원 겸 과장 등을

거쳐 1989년 2월에 평양시 당 위원회 조직비
서를 맡았다. 1997년 9월에 평안북도 당 책
임비서 겸 인민위원장에 취임한 이래 2010
년까지 실로 13년에 걸쳐 평안북도의 책임
자로 있었다. 이번 당 대표자회의에서 중앙
으로 끌어올려져 당 비서, 당 간부 담당 부장,
당 정치국 위원후보, 당 중앙위원에 기용되
었다.

리태남

　김정일 총서기가 김일성종합대학을 졸업
하고 1964년 6월부터 당 중앙위 조직지도부에서 지도원으로 활동을 시작
했던 때에 김평해도 조직지도부 보조지도원 일을 갓 시작했던 만큼 아마
김정일 총서기 밑에서 업무 보조를 담당했던 것으로 보인다. 김평해의
나이도 김정일과 거의 같다.

　김정일 총서기는 2010년 5월에 중국을 방문했는데 이때 김평해 평안북
도 당 책임비서와 태종수 함경남도 당 책임비서 두 사람만을 수행시켰던
것도 그때부터 중앙으로 끌어올리려는 생각을 했던 것이 아닌가 하는
생각이 든다.

　마찬가지로 정치국 위원후보가 된 리태남(李泰男)은 내각 부총리이기도
하다. 1938년 3월 평안북도 염주군에서 태어나 평양기계대학을 졸업했으
며, 1986년에 천리마제강연합기업소 당 책임비서, 1987년 1월에 남포시
천리마구역 당 책임비서 겸 인민위원장, 1992년 9월부터 1995년 12월까
지 남포시 행정경제위원회 위원장, 그리고 황해제철연합기업소 당 책임비
서를 거쳐 1996년 1월 함경남도 당 책임비서 겸 인민위원장이 되었고,
2003년 9월에 평안남도 당 책임비서로 임명되었다. 2009년 3월에는 승리

박도춘

자동차연합기업소 당 책임비서를 겸직했고, 2010년 6월에 평안남도 당 책임비서 직에서 해임된 다음 내각 부총리로 기용되었다.

이번 당 대표자회의가 끝나 기념사진을 찍었을 때 김정일 총서기 우측에 서 있는 눈에 익지 않은 인물이 있었다. 당 대표자회의에서 당 정치국 위원후보로 기용된 박도춘(朴道春) 전 자강도 당 책임비서다.

박도춘은 1944년 3월 자강도 낭림군에서 태어나 불과 16세이던 1960년 10월에 인민군에 입대했다. 김일성고급당학교를 졸업했고, 당 중앙위에서 지도원, 부(副)과장, 과장 등을 역임한 후 2005년 6월부터 2010년 9월까지 고향인 자강도 당 책임비서로 있었다. 그리고 이번 당 대표자회의에서 당 정치국 위원후보, 당 비서에 취임했다.

박도춘이 급히 당 중앙의 간부로 기용된 배경에는 군수공장이 많은 자강도에서 실적을 쌓은 것 때문으로 보이는데, 당 비서국에서도 군수 부문을 담당하는 것이 아닐까 하고 추정된다. 지금까지 군수산업 부문을 담당해온 주규창 당 기계공업부장(정치국 위원후보)이 82세, 그리고 전병호 내각 정치국 국장(정치국 위원)이 84세로 모두 고령이기 때문에 60대의 박도춘이 기용된 것으로 보인다. 그런 의미에서 후계체제 형성과 관련된 군수산업 책임자 교체의 의미도 있는 것 같다.

조선노동당 정치국에서 김정일 총서기의 누이 김경희 외에 유일한 여성으로서 정치국에 진입한 사람(정치국 위원후보)이 김락희(金洛姬) 전 황해남도 당 책임비서다.

그녀는 1933년 11월 평안남도 개천에서 태어나, 당 대표자회의 당시에

김락희   태종수

이미 76세의 고령이었다. 인민경제대학을 졸업했고, 1953년에 개천군 협동농장 관리위원장을 시작으로 1965년 개천시 당 위원회 위원장, 1971년 양강도 농촌경리위원장, 1977년 황해북도 농촌경리위원장, 1980년에 당 중앙위원후보, 1988년에 평안남도 농촌경리위원장을 거쳐 2005년 6월 황해남도 당 책임비서에 취임했고 2010년 6월에 부총리로 기용되었다. 일관하여 농촌 경리를 담당해온 실무 전문가다.

김정일 총서기의 2010년 5월 방중 시 지방의 당 책임비서로 김평해 전 평안북도 당 책임비서와 함께 동행함으로써 주목 받은 사람이 태종수(太宗秀) 함경남도 당 책임비서로, 이번 당 대표자회의에서 당 정치국 위원후보, 당 비서, 당 총무부장으로 기용되었다.

태종수는 1936년 3월 함경북도 명간군(明澗郡)에서 태어나 한국전쟁이 한창이었던 1950년 9월에 불과 14세의 나이로 인민군에 입대했다고 한다. 혁명 유가족이 다니는 만경대혁명학원을 나와 동유럽에 유학한 경험도 있는 그는 당 중앙위 지도원과 과장을 거쳐 1970년 평안북도 당 비서, 1976년에 희천정밀기계공장 지배인, 1980년에 당 중앙위원후보, 2003년에 대안중기계연합기업소 책임비서, 2007년에 내각 부총리, 2009년 8월에 함경남도 당 책임비서가 되었으며, 2010년 6월에 당 부장으로 기용되었다. 그리고 이번 당 대표자회의에서 당 비서, 당 총무부장, 당 정치국 위원후보로 선출되었다.

함경북도 함흥에 위치하여 오랫동안 가동이 중단되었던 2·8비날론연합기업소를 정상화한 수완이 인정되어 김정일 총서기의 중국 방문에도 동행한 바 있어 이번에 중앙으로 복귀한 것으로 보인다. 2007년부터 2009년까지 3년 동안 김정일 총서기의 현지지도에 두 번밖에 동행하지 않았던 그가 2010년 5월의 방중에 동행한 이래 자주 김정일 총서기의 현지지도에 동행함으로써 세간의 주목을 받았다.

지하자원이 풍부한 함경남도에서 당 책임비서를 맡았고 연합기업소 지배인이나 책임비서 등의 경험을 쌓아 경제통으로 간주되어왔는데 이번에 당 총무부장으로 기용되어 의외란 느낌을 주었다. 김정은 후계체제 만들기 과정에서 경제 부문에 기용될 가능성이 높은 것으로 보인다.

제3장

김정은 후계체제 만들기의 시작

'선군'과 '당의 영도'의 조화

'선군정치'를 표방해온 북한은 2009년 4월 최고인민회의 제12기 제1차 회의에서 헌법을 개정, 선군사상(先軍思想)을 주체사상(主體思想)과 함께 지도이념으로 하는 등 법제도적으로도 '선군체제'라 할 만한 체제로 들어 갔다. 헌법 개정에 의해 국방위원장은 '최고지도자'로 규정되고 국방위원 회의 권한도 이전보다 강화되었다.

한편 조선노동당은 1980년 제6회 당 대회를 개최한 이래 당 대회는커녕 당 중앙위원회 전체회의조차 개최한 적이 없어 중요한 자리들이 공석으로 있는 등 당 조직이 피폐해져 있었다.

그러는 동안 국방위의 권한이 대폭 강화되었다. 김정일 총서기는 국방 위를 권력 장악에, 특히 군(軍) 장악에 활용해왔지만 동 위원회에 하부 조직이 있는 것은 아니다. 중요한 결정을 내려도 그것을 전달하고 실천하 는 것은 노동당 조직에 의존하지 않을 수 없다. 따라서 '선군정치'의 실천을 위해서도 당의 재건이 급선무였다. 나아가 김정일 총서기에게 만일의 사태가 발생하는 경우에 대비하여, 권력의 계승 또는 후계체제 만들기를 위해서도 당을 재건하는 수밖에 없었다. 김정일 총서기라는 절대적인 권력자가 살아 있는 동안에는 '기관'이 필요하지 않으나, 독재자가 부재할 경우 김정은과 같은 20대 후계자가 독재를 펴기는 어려운 일이다. 국가와 당, 그리고 군을 움직이는 '시스템'을 재건하지 않을 수 없었다. 그 중심은 조선노동당이며, 따라서 조선노동당 대표자회의(당 대표자회의)를 개최하여 당을 재건할 수밖에 없었던 것이다.

그러나 군의 우위가 강화되는 와중에 급히 당이 복권되어 당의 힘이 강력해질 경우 '당'과 '군'의 갈등이 격화될 가능성이 있다. 그것은 바꿔 말하면 후계체제 만들기를 군이 주도할 것인가, 당이 주도할 것인가의 다툼이다.

김정일 총서기는 '군'과 '당의 영도'를 양립시켜야 한다고 판단했다. 당 대표자회의는 당초 9월 7일에 개최될 예정이었는데, 그렇게 일정을 잡은 데에는 흥미로운 요인이 있었다. 그로부터 약 2주 전인 8월 25일이 '선군혁명영도(先軍革命領導) 50주년 기념일'이었기 때문이다. 북한의 공식매체들은 8월 25일까지 '선군정치'의 의의를 기리는 캠페인을 계속했다. 다시 말하면 당의 권위 회복 캠페인과 선군 캠페인이 동시에 진행되었던 것이다. 그것은 지나치게 '당'의 권위를 강조함으로써 '군'의 지위와 갈등을 일으켜서는 안 된다는 배려에 의한 것이었을 것이다.

김정일 총서기는 당 대표자회의에서 '선군'과 '당의 영도'를 조화시키기 위해 다음과 같은 세 가지 수법을 구사했다.

첫째, 후계자 및 그 옹립 세력 내부의 민간인들을 군인화하는 것이었다. 김정일 총서기는 당 대표자회의 개최 바로 전날인 9월 27일 인민군 최고사령관의 명령으로 친누이 김경희, 삼남 김정은, 측근 최룡해 3명의 민간인을 포함한 6명에게 '대장'의 군사칭호를 부여했다(<표 3> 참조).

둘째, 군인들을 당 요직에 기용했다. 사회주의 국가에서는 본래 군이 영향력을 확대하더라도 직접 정치에 손을 대는 방식이 아니라 일단 당의 요직에 취임하여 영향력을 행사하는 경우가 많다. 이러한 본래 방식에 따라 다수의 군 간부가 이번에 당 요직에 들어간 것이다(<표 4> 참조).

먼저 당의 중추라 할 당 정치국 상무위원(5명)에 군에서 조명록 군 총정치국장(국방위 제1부위원장)과 리영호 총참모장이 들어갔다. 조명록 총정치국장은 건강이 나쁨에도 불구하고 굳이 상무위원에 기용했다. 김정일 총서기 외 4명의 상무위원을 보면, 당에서 1명(김영남 최고인민회의 상임위원장)과 내각에서 1명(최영림 총리)을 기용하여 군인과 비(非)군인을 2명씩 배열한 모양새가 되었다. 조명록 국방위 부위원장은 건강이 나빠 업무를 수행할 수 없는 상태임에도 굳이 기용한 것은 조명록에게 만일의 사태가 발생한다면 그리고 그 단계에서 김정은이 실적을 쌓고 있다면 김정은을 상무위원으로 기용할 수도 있기 때문인 것으로 보인다. 그런데 조명록 상무위원은 당 대표자회의가 끝나고 얼마 안 된 2010년 11월 6일에 사망했다. 조명록이 갖고 있던 당 정치국 상무위원, 국방위 제1부위원장, 군 총참모장의 직위들을 누가 계승할 것인가가 앞으로의 후계체제 구성에 커다란 영향을 미칠 것이다.

군인들을 당 요직에 기용하는 문제와 관련해서, 상무위원을 제외한 정치국 위원단(12명)에 김영춘, 리용무 두 국방위 부위원장과 주상성 인민보안부장을 기용했다. 또한 정치국 위원후보단(15명)에도 우동측 국방위원(국가안전보위부 제1부부장)과 김정각 국방위원(군 총정치국 제1부부장)을 기용했다. 조선중앙방송 보도에 의하면 이번 당 대표자회의에 모두 1,653

명의 대표자가 참석했는데(4명 결석) 그 가운데 군인이 451명(27.2%)이였다. 한국의 ≪조선일보≫ 보도에 의하면 당 기관지 ≪노동신문≫이 당 대표자회의 직후인 9월 30일자 1면에 당 대표자회의에 참석한 요인들의 사진을 게재했는데 그 사진에 있는 244명 가운데 70명(28.7%)이 군복 차림이었다.

세 번째는 당 중앙군사위원회를 '부활'시킨 것이다. 아래에서 이것의 의미를 좀 더 살펴보겠다.

국방위와 당 중앙군사위

김정일 총서기는 삼남 김정은에게 권력을 계승시키는 방법으로서 김정은을 신설한 당 중앙군사위 부위원장에 기용하는 수법을 사용했다. 이것은 후계체제 구축도 '선군'노선을 관철하여 이뤄내겠다는 의지를 확실히 한 것이라 할 수 있다.

그런데 김정일 총서기는 왜 당 중앙군사위를 후계자의 '산실'로 활용한 것일까? 당 중앙군사위는 개정된 조선노동당 규약에 의하면 "당 중앙군사위원회는 당의 군사노선과 정책을 관철하기 위한 대책을 토의, 결정하고 혁명무력을 강화하며 군수산업 발전을 위한 사업을 비롯하여 국방사업 전반을 당적으로 지도한다"고 되어 있다.

사회주의 국가에서 군은 '당의 군'이다. 따라서 당이 군을 통제하는 기관인 '당내 군사통할기관'을 장악하는 것이 권력자에 필수 과제다. 중국의 덩샤오핑(鄧小平)이 당 총서기직을 내놓으면서도 당 중앙군사위 주석의 자리는 계속 틀어쥐고 있었던 것도 그 때문이다.

북한 군부 기구도

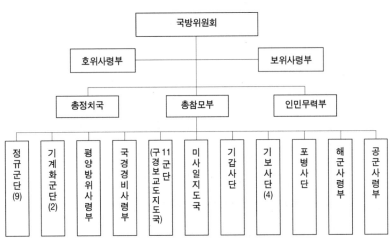

자료: 한국 국방부, 『국방백서』(2010년).

　북한의 조선노동당 내에 군사위가 설치된 것은 1962년 12월의 당 중앙
위 제4기 제5차 전체회의 때이다. 김일성의 '4대 군사노선' 등 국방력
강화책을 토론하는 가운데 이 기구의 설치가 결정되었다. 당내 군사위원회
의 존재가 외부 사회에 확인된 것은 1980년 제6차 당 대회 때였다. 제6차
당 대회에서는 '당 중앙위원회 군사위원회'로 설치되었고, 당 규약에도
그렇게 기술되었다. 당시에 당 군사위는 어디까지나 당 중앙위원회 내부
조직이었다.

　그러나 1980년대에 점차적으로 '당 중앙위원회 군사위원회'가 '당 중앙
군사위원회'로 이름이 바뀌어갔다. 북한의 1980년대 문건들에서는 이
두 개의 표기가 혼재되어 있는데 1990년대 이후로는 명확하게 '당 중앙군
사위원회'로 통일되었으며 당 중앙위로부터 독립된 조직이 되었다. 그런
데 이 당 중앙군사위에 대해서는 1996년 12월 리용철 당 조직지도부

제1부부장(군사 담당)이 위원으로 기용되었다는 보도 이후 주목할 만한 보도가 거의 없었다. 1998년 9월이나 2002년 4월에 장군들에게 차수 칭호를 부여했을 때 '국방위와 당 중앙군사위'의 결정에 의한 것이라는 정도의 보도가 고작이었다. 당 중앙군사위의 활동이 정체된 것은 국방위원회가 전면에 나섰기 때문이다.

김정일 총서기는 당 중앙군사위원회가 아니라 국방위원회를 강화하고 그곳에서 요직을 차지하는 것으로써 후계체제를 굳혀갔다. 그것은 아버지 김일성 주석이 당 중앙군사위원장의 자리에 있었기 때문이기도 하다. 김일성 주석은 '국가주석', '당 총서기', '당 중앙군사위원장', '최고사령관', '국방위원장' 5개의 직위를 갖고 있었다. 그중 '최고사령관'과 '국방위원장' 자리는 헌법상 국가주석이 겸임하도록 되어 있었다. 그런데 김정일은 국가주석이 아닌데도 불구하고 이 자리들을 아버지로부터 탈취해 자기 것으로 만들었던 것이다. 그러나 김일성은 덩샤오핑과 마찬가지로 당 중앙군사위원장의 직책은 김정일에게 넘겨줄 생각이 없었다.

김정일은 사회주의 국가의 여느 지도자들과 마찬가지로 먼저 당에 들어가 권력 장악을 시도했다. 그중에서도 당의 핵심 부문인 조직지도부를 장악하기 위해 노력했다. 그렇게 해서 당을 장악한 김정일이 그 다음 목표로 삼은 것은 군이었다. 그러나 당이 군을 통할하는 기관인 당 중앙위원회 군사위원회는 김일성 주석이 위원장직을 차고 앉아 있었다. 김정일은 그 때문에 국방위원회를 활용하는 방안을 선택했다.

북한의 '국방위원회'는 1972년 12월의 이른바 사회주의헌법에 따라 설치된 것이다. 동 헌법에서 국방위원회는 중앙인민위원회 산하 부문별 위원회 가운데 하나였다. 그러나 1990년 5월 24일의 최고인민회의 제9기 제1회 회의에서 '중앙인민위원회의 국방위원회'가 '공화국 국방위원회'

로 이름이 바뀌면서 중앙인민위원회로부터 독립된 존재가 되었다. 이때 김정일이 국방위원회의 제1부위원장(위원장은 김일성 주석)에 취임했고, 이 국방위원회를 통해 본격적으로 군 장악에 나섰던 것이다.

김정일은 또 1991년 12월 24일에 군 최고사령관에 취임했다. 1972년에 개정된 사회주의헌법에서는 최고사령관은 국가주석이 겸임하는 자리였다. 국가주석이 아닌 김정일이 최고사령관이 되는 것은 헌법 위반이었으나 그는 강행했다. 그리고 김정일은 1993년 4월 9일에 개최된 최고인민회의 제9기 제5차 회의에서 국방위원장으로 선출되었다. 국방위원장도 국가주석이 겸임하는 자리인데 그것을 다시 무시한 것이다. 다시 말해 김일성으로부터 김정일로의 권력 계승은, 김일성이 당 중앙군사위를 내놓지 않았기 때문에 그의 아들 김정일이 국방위원회를 중앙인민위원회로부터 분리시켜 독자 기관으로 만든 다음 그것을 자신의 군권 장악과 후계자 지위 확립에 이용해 나갔던 과정을 포함한다. 부친 김일성이 당의 군권을 장악했고 아들 김정일은 국가기관으로서의 군의 군권을 장악한 양상이었다.

그러다가 2009년 4월 최고인민회의 제12기 제1차 회의에 이르러 헌법을 개정, 선군사상을 주체사상과 함께 지도이념으로 규정하고 국방위원장을 최고지도자로 하는 국가 시스템을 완성시켰다. 그때까지 국방위원장이란 직책은 '국가의 최고 직책'으로 일컬어져 왔으나 법적 근거는 없었다. 그러던 것이 이 헌법 개정에 의해 법적으로도 최고지도자의 지위를 갖게 되었고, 이를 통해 북한은 법제도적으로도 '선군체제'라고 부를 수 있는 체제가 되었던 것이다.

김정일 총서기로부터 김정은으로의 권력 계승에서는 그 반대의 수법이 사용되었다. 김정일 총서기는 일찍이 김일성 주석과 마찬가지로 국가기관으로서의 국방위와 당의 군 지도기관인 당 중앙군사위 두 기구의 수장으로 있으면서 당 중앙군사위 부위원장 자리를 자식에게 만들어준 것이다.

김정일 총서기는 국방위를 통해 군을 장악했지만 김정은은 당 중앙군사위를 통해 군을 장악해갈 것이다. 그 작업을 — 앞서 이야기한 대로 — 당 중앙군사위에 결집한 새 멤버들이 그를 보좌하고 지지하며 수행해 나갈 것이다.

김정일 총서기는 김일성 주석이 사망하고 총서기로 취임한 후에도 '당 중앙군사위원장' 자리에 오르지 않았다. 1998년 9월의 헌법 개정으로 국가주석제가 폐지되어 김일성 주석은 '영원한 국가주석'이 되었지만 한편으로는 '영원한 당 중앙군사위원장'이 되기도 했다. 그러나 김정일 총서기는 김일성 주석 사망 15년 후인 2009년 2월 11일 김영춘 국방위 부위원장을 인민무력부장에, 리영호 평양방위사령관을 군 총참모장에 임명할 때 국방위원장과 당 중앙군사위원장의 직함을 사용, 자신이 당 중앙군사위원장이라는 것을 내외에 천명했다. 당 중앙군사위원장은 당 총서기가 당연히 겸직하는 자리라고 간주되어왔다. 오랫동안 창고에 방치되어 있었던 것을 김정일 총서기가 꺼내 사용함으로써 비로소 이 '당 중앙군사위원장'이란 직함이 복권될 수 있었던 것이다.

김정일 총서기의 후계 준비작업

김정일 총서기는 2008년 여름에 뇌졸중으로 쓰러졌다. 그로 인해 2008년 8월 14일에 보도된 조선인민군 제1319부대 방문 시부터 10월 4일에 보도된 김일성종합대학 창립 62주년 기념 대학생 축구경기 참관 시까지 50일 동안 그의 동정 보도는 완전히 종적을 감췄다.

김정일 총서기에 관한 2008년 가을의 현지지도 등 동정 보도들에는 기묘한 점들이 몇 가지 눈에 띈다. 2008년 11월 11일자로 보도된 조선인민군 821부대 산하 여성포중대(砲中隊) 시찰 사진을 보면 가을인데도 배경에 푸른 풀이 돋아나 있고 김정일 총서기도 예전과 다름없이 건강한 모습이었다. 북한 매체들은 그 이후로 김정일 총서기의 현지지도를 예전보다 더 자주 보도했다. 2009년 1월 1일 《노동신문》 등의 신년 공동사설에는 김정일 동지가 전국 각지에서 '쉼 없이' 현지지도를 계속하여 "력사에 유례없는 애국헌신의 장정이었다"라고 강조했다. 그러나 2009년 3월 20일 김일성종합대학을 현지지도하는 김정일 총서기에 대한 보도를 보면 그는 매우 야윈 얼굴이었고 청색 점퍼가 헐렁하게 걸쳐 있는 모습이었다.

북한 주민들 사이에서도 김정일 총서기의 건강 악화는 엄연한 사실로 받아들여지고 있었다. 2009년 4월 9일 최고인민회의 제12기 제1회 회의에 출석한 김정일 총서기의 모습이나 여타 모습들도 이전과는 확연하게 달라 건강이 악화된 것은 명백했다.

김정일 총서기는 그때까지 권력의 세습에 오히려 비판적인 입장이었다고 생각된다. 《교도통신》은 2004년 7월 7일에 북한에 정통한 복수의 소식통을 인용, 김정일 총서기는 약 2년 전부터 후계 문제로 세간에 말들이 도는 세 자식에 대해 권력 승계를 의식한 행동을 삼가라고 경고하면서 "권력이 계승된다고 생각하지 말라", "특권을 행사하는 것 같은 짓은 하지 말라"고 단단히 주의를 주었다고 보도했다. 또한 《연합뉴스》는 2005년 12월 21일 소식통을 인용, 김정일 총서기가 당이나 군의 간부들에 대해 후계자 문제의 언급을 중단하도록 특별 지시를 내렸다고 보도했다. 김정일 총서기는 권력세습이 자식의 대까지 계속된다면 국제사회의 '웃음거리'가 된다고 지적했고, 군 내부에서 한때 진행되었던, 부인 고영희(高英

姬)를 '평양의 어머니'로 부르는 것도 절대 금지시켰다는 보도도 있었다. 김정일의 장남 김정남은 2011년 1월에 ≪도쿄신문≫과의 인터뷰에서 "3대 세습은 사회주의 이념과 부합하지 않는다고 나는 전에도 지적했다. 아버지도 그와 같이 반대하셨다"고 말하여 김정일도 세습에 반대하고 있음을 밝혔었다.

김정일 총서기는 일반적으로는 김일성 주석으로부터 권력을 '세습'했다고 여겨졌다. 그러나 그는 사실상 김일성 주석의 친동생 김영주(金英柱), 계모 김성애(金聖愛) 및 김성애의 자식으로 이복형제인 김평일(金平日) 등과의 권력투쟁에서 승리함으로써 후계 권력을 '쟁취'한 인물이다. 따라서 아무런 실적도 없는 자식에게 권력을 준다는 것에 거부감을 느낀다고 해서 이상한 일은 아니다. 아니, 자식들에게 단지 권력을 넘기는 것 같은 '세습'에는 오히려 반대하는 입장이었을 것이다.

그러나 2008년의 건강 악화로 인해 북한은 체제 유지를 위해서라도 만일의 사태에 대한 대비책을 마련할 필요가 절실해졌다. 북한에서는 2009년 초 삼남 김정은을 후계자로 한다고 내부적으로 결정되었으며, 같은 해 5월에 그 사실이 노동당 각 부서 등 주요 부문에 내부 통고되었다.

그 이후 후계체제 만들기가 단숨에 활발해졌다. 2009년 6월에는 당 기관지 ≪노동신문≫ 등에 후계자 문제와 관련된 논평들이 잇달아 게재되었다. 김정은 후계를 시사하는 「발걸음」이란 노래가 불렸고 김정은이 '청년대장'이란 표현으로 주민들 속에 다가가기 시작했다. 그러나 같은 해 7월 이와 같은 움직임이 일시에 억제되었다. 북한 당국이 6월 말 해외 공관에 "우리 령도의 중심은 어디까지나 김정일 장군"이라는 전통을 돌리는 등의 상황 전개와 함께 김정은 후계체제 캠페인이 일시적으로 물밑으로 가라앉았다. 이것은 후계체제 만들기가 한꺼번에 진행될 경우 권력이 급속히 이원화할 것을 두려워한 김정일 총서기가 제동을 걸었던 때문이 아닌가 생각된다. 김정은 후계의 움직임은 2010년 들어 다시 활발해졌다. 김정은의 생일인 1월 8일에는 군이나 일부 기관에서 휴일 또는 오전 근무만으로 끝냈는데 주민 대부분은 그것이 '청년대장 휴일' 때문이란 것을 알았다고 한다.

　김정일 총서기는 자신의 만일의 사태를 대비한 체제 정비에 들어갔다. 2009년 4월 최고인민회의 제12기 제1차 회의에서 헌법을 개정, 선군사상을 주체사상과 함께 지도이념으로 규정하고 국방위원장을 최고지도자로 함으로써 법제도상으로도 '선군체제'라 불러도 좋게 체제를 정비했다. 아울러 국방위원회를 전면 개편했는데, 그 새로운 구성은 다음과 같았다.

위원장	김정일 (당 총서기)
제1부위원장	조명록 (군 총정치국장)
부위원장	김영춘 (인민무력부장)
	오극렬 (전 총참모장)
	리용무 (차수)
위원	전병호 (당 정치국 위원)
	김일철 (인민무력부 제1부부장)
	백세봉 (최고인민회의 대의원)
	장성택 (당 행정부장)
	주상성 (인민보안상)
	우동측 (국가안전보위부 제1부부장)
	주규창 (당 군수공업부 제1부부장)
	김정각 (군 총정치국 제1부국장)

북한은 2010년 4월 최고인민회의 제12기 제2차 회의를 개최, 예산결산과 함께 헌법의 일부를 개정했다. 그로부터 불과 2개월 후인 6월 7일에 이례적으로 최고인민회의 제12기 제3차 회의를 개최, 장성택 당 행정부장을 국방위원에서 국방위 부위원장으로 승진시켰다. 그리고 전년 말의 화폐개혁 등 경제정책 실패 책임을 물어 김영일 총리를 경질했다. 후임 총리로 최영림 평양시 당 책임비서(79세)를 기용했고, 부총리로 강능수(康能洙) 전 문화상(86세), 김락희 황해도 당 책임비서(76세), 리태남 평안남도 당 책임비서(72세), 전하철(全河哲) 당 중앙위 계획재정부 부부장(86세) 등을 선출했으며, 조병주(趙炳柱) 기계공업상(연령 미상)과 한광복(韓光復) 전자공업상(64세) 두 사람은 부총리를 겸직하게 했다. 그리고 안정수(安正洙) 최고인민회의 대의원을 경공업상에, 조영철(趙英哲) 식료일용공업성 국장을 식료일용공업상에, 박명철(朴明哲) 국방위 참사(전 체육상)를 다시 체육상에 기용했다. 총리에 임명된 최영림을 위시하여 새 부총리들의 얼굴 사진이 당 기관지 ≪노동신문≫에 게재되었는데 누구랄 것 없이 모두들 고령자였다. 아무리 봐도 후계체제를 준비하는 면면들이라 할 수 없는, 김일성 시대부터 경제나 당의 실무를 담당해온 인물들이었다. 북한의 주민들 사이에서는 "김일성 시대 때는 지내기가 그렇게 나쁘지 않았다"는 의식이 남아 있다고 하는데, 후계 준비를 위해 그런 의미에서 안심이 가는 김일성 시대의 인재들을 기용한 것으로 보인다.

김정일 총서기는 2009년 4월에 헌법을 개정하여 '선군체제'라고 할 지도체제를 만들었고, 2010년 4월에는 장성택을 국방위 부위원장으로 승진시키면서 내각의 경제 부문에 대폭적인 물갈이 인사를 단행했다. 이제 남은 것은 조선노동당이었다.

앞에서 설명한 바와 같이, 조선노동당은 1980년 제6차 당 대회 이래 당 대회나 당 중앙위원회 전원회의 그 어느 것도 개최한 바 없었기 때문에 당의 요직들에 공식이 많아 제대로 기능하지 못하는 상태에 있었다.

김정일 총서기는 헌법 체제와 내각에 이어 당을 정비, 자신에게 무슨 일이 발생하더라도 큰 혼란 없이 국가가 운영될 수 있게 만들기 위해 안간힘을 썼다. 그리고 그것은 김정일 총서기의 측근들이 바라는 바이기도 했을 것이다.

선택지는 한정되어 있었다. 북한이 '수령'을 받들어 운영되는 나라인 이상 스스로 '세습'에 거부감을 갖고 있다 하더라도 자기 자식들 중에서 후계자를 택하고 또 그 후계자의 지지기반인 '당'을 정비하는 수 외에 다른 방법이 없었다. 김정일 총서기는 삼남 김정은을 '후계자'로 택했다. 그 과정에 대해서는 후술하겠거니와, 김정일 총서기로서는 스스로 세습에 대해 좋지 않게 생각했다 하더라도 자신이 만들어낸 '유일 지도체계'를 유지하기 위해서는 아버지 김일성과 이어지는 '백두산 혈통'으로부터 후계자를 선택하는 것 외에 다른 길은 없었다. 그리하여 아무런 실적도 없는 불과 27살의 청년이 북한의 후계자로서 김일성광장 주석단에 서게 된 것이다. 앞서 말한 바와 같이, 김정일 총서기는 사실상 권력을 '세습'한 것이 아니라 격렬한 권력투쟁을 통해 탈취한 것이었다고 생각하지만 형식적으로는 아버지로부터 자식에게로의 세습이었다.

그리고 2010년, 김정일 총서기 스스로 "모든 문제를 새로운 관점과 새로운 높이에서 보고 풀어 나가야 합니다"(2001년 1월 4일자 당 기관지 《노동신문》에 보도된 김정일 총서기의 말)[1]라고 강조했던 21세기에 들어와

---

1) "21세기는 거창한 전변의 세기, 창조의 세기이다: 위대한 령도자 김정일 동지의 말씀 중에서", 《노동신문》, 2001년 1월 4일, 2면. 또한 같은 기사에서 이와 비슷한 맥락으로 김정일 국방위원장은 "지난 시기에 마련한 터전에서 그 모양대로 살아

봉건시대 제왕의 권력 계승과 똑같은 '세습'을 다시 보게 된 것이다.

우리는 여기서 시계 바늘을 뒤로 돌려 북한이 건국되던 시기로 되돌아가 보자. 김일성 주석 시대와 김정일 총서기 시대에 북한의 지도체제가 어떠한 것이었으며, 각각 어떤 인물들이 북한의 지도부를 형성했는가를 살펴봄으로써, 세계에서 그 유례를 찾아볼 수 없는 '권력 세습'이 가져온 문제점들이 무엇인가를 찾아보기로 하자.

나갈 것이 아니라 새로운 시대의 요구에 맞게 그 면모를 끊임없이 일신시켜 나가야 합니다"라고 강조하기도 했다.

제4장

김일성 시대의 지도부 변천

조선공산당 북조선분국(北朝鮮分局)

북한은 2010년 10월 10일 조선노동당 창건 65주년을 맞이하여 평양 시내에서 군사 퍼레이드를 거행하는 등 대대적인 행사를 벌였다. 북한은 조선노동당 창건의 기원을 1945년 10월 10일로 삼고 있는데, 이 날은 조선노동당의 결성 대회가 개최된 날이 아니라 '서북 5도 당 책임자 및 열성자 연합대회'가 시작된 날이다. 현재 북한에서는 1945년 10월 5일 평양에서 당 창건을 위한 예비회의가 개최되었고, 이어서 같은 달 10일부터 13일까지 '북조선공산당 중앙조직위원회'의 창립 대회가 개최되었다고 알려져 있다.

그때 이미 서울에서는 박헌영(朴憲永)의 주도하에 1945년 9월 11일 조선공산당이 재건되었고 박헌영이 책임비서로 선출되어 있었다. 그리고 국내 공산주의자들은 박헌영을 지지했다.

하바롭스크 부근의 88특별여단에 속해 있었던 김일성(金日成)은 김일(金

一), 김책(金策), 박성철(朴成哲), 오진우(吳振宇), 최현(崔賢) 등 구(舊)만주에서 항일 빨치산 투쟁을 전개했던 약 60명의 빨치산파와 유성철(兪成哲) 등 십여 명의 소련 국적 조선인들과 함께 소련 함정 '푸가초프호'를 타고 북한으로 출발, 9월 19일에 원산항에 도착했다.

소련 점령군 사령부는 한반도 북반부에 독자적인 권력기구를 구축할 방침을 굳히고 있었다. 1945년 10월 8일 조만식(曺晩植)을 위원장으로 하는 '북조선 5도 임시인민위원회'가 평양에서 창설되었는데 같은 달 28일에 '북조선 5도 행정국'으로 재편되었다. 이것은 북한 단독의 행정조직 수립을 목표로 한 움직임이었다.

소련은 정당 차원에서도 북한 지역만을 대상으로 하는 당의 창건을 목표로 했다. 그러나 북한에 별도의 정당을 만든다는 것은 일국일당(一國一黨)의 원칙에 반하는 것이어서 국내파 공산주의자들이 반대하고 있었다.

김일성은 10월 10일부터 열릴 예정인 회의에 앞서 서울의 박헌영 및 서울의 당 중앙에 종속하는 형태로 북한에 '분국'을 만드는 데 합의하고 있었던 것으로 보인다. 당초 김일성은 '북조선 중앙국'의 설치를 주장했었다. 그러나 국내 공산주의자들이 강력히 반대했고, 그래서 박헌영과의 합의대로 '분국' 설치를 제안했던 것이다. 국내 공산주의자들은 처음에는 '분국' 설치조차 반대했으나 김일성과 합의를 본 박헌영의 입장을 고려하여 '분국' 설치를 받아들였다.

10월 13일에 '조선공산당 북조선분국'이 결성되었고, 책임비서에 김용범(金鎔範), 제2비서에 오기섭(吳淇燮) 등 북한 지역에서 활동한 국내 공산주의자들이 선출되었다. 김일성은 17명으로 구성된 집행위원의 한 사람으로 선출되었다.

1945년 12월에는 소련 점령군이 북한을 운영하기 위해 불러들인 소련계 조선인들이 도착했다. 그 가운데는 허가이(許哥而), 방학세(方學世), 박의완(朴義琓), 김재욱(金載旭), 강상호(姜尙鎬), 김렬(金烈), 김승화(金承化) 등이 있었다. 허가이는 연해주 포시에트 조선민족구 전(前) 콤소몰 제1비서와 당 제2비서를 지냈으며, 소련계 조선인으로서는 최고 간부였다. 방학세도 소련에서 검사를 했던 인물로서 정보를 담당했다.

같은 무렵, 중국에서도 김두봉(金枓奉), 한빈(韓斌), 최창익(崔昌益), 김무정(金武亭), 김창만(金昌滿), 허정숙(許貞淑) 등이 귀국했다. 조선독립동맹을 만들었던 김두봉, 원로 공산주의자 최창익, 팔로군 포병연대 지휘관이었던 김무정 등 연안파(延安派) 공산주의자들이었다. 당시 북한의 주요 지도자들의 계통을 정리하면 아래와 같다.

빨치산파

김일성(金日成), 최용건(崔庸健), 김책(金策), 강건(姜健), 김일(金一), 박성철(朴成哲), 최현(崔賢), 오진우(吳振宇), 서철(徐哲), 안길(安吉), 류경수(柳京洙), 림춘추(林春秋), 김동규(金東奎), 한익수(韓益洙), 오백룡(吳白龍), 리을설(李乙雪), 전문섭(全文燮), 강위룡(姜渭龍), 리두익(李斗益), 김경석(金京錫) 등

연안파

김두봉(金枓奉), 최창익(崔昌益), 김무정(金武亭), 한빈(韓斌), 김창만(金昌滿), 허정숙(許貞淑), 박일우(朴一禹) 등

소련파

허가이(許哥而), 박창옥(朴昌玉), 박의완(朴義琓), 김승화(金承化), 박영빈

(朴永彬), 김렬(金烈), 남일(南日); 방학세(方學世), 태성수(太成洙), 한일무
(韓一武) 등

남로당파

박헌영(朴憲永), 허헌(許憲), 리승엽(李承燁), 리원조(李源朝), 리강국(李康
國), 조일명(趙一明) 등

함경도계

오기섭(吳淇燮), 리순근(李舜根), 리주하(李舟河), 정달헌(鄭達憲), 주영하
(朱寧河) 등

평안도계

김용범(金鎔範), 장시우(張時雨), 현준혁(玄俊赫) 등

갑산파

박금철(朴金喆), 김도만(金道滿), 리효순(李孝淳) 등

해방 직후 북한에는 이렇게 국내, 국외의 다양한 경력과 경험을 가진
인물들이 새 나라를 건설하려고 모색하고 있었다. 소련도 북한에서 소련형
사회주의 국가 건설이 아니라 공산당을 중심으로 한 통일전선형 국가
건설을 목표로 하고 있었던 것으로 보인다.

새로 결성된 조선공산당 북조선분국에서는 1945년 12월 17일과 18일
양일간 제3차 확대집행위원회를 개최, 김일성이 국내파를 누르고 책임비
서로 선출되어 보고를 했다. 상황이 그렇게 변한 것은 소련과 중국으로부

터 귀국한 공산주의자들이 조직에 가입함으로써 세력상 국내파보다 우월하게 된 해외파가 김일성의 손을 들어줬기 때문이다. 그 결과 연안파의 김무정이 간부부장, 소련파의 허가이가 조직부부장으로 취임하여 통일전선 형태의 조직 색채를 띠게 되었다. 그리고 처음으로 김일성이 당 조직의 수장으로 등장했고, 조선공산당 북조선분국을 북조선공산당으로 개칭하고 개편해 나갔다.

북조선노동당

1945년 12월 23일부터 27일까지 모스크바에서 개최된 미·영·소 3국 외상회담에서 채택된 것이 모스크바협정으로, 이 협정의 내용은 조선에 임시정부를 설치하고 5년을 기한으로 한반도를 미국·영국·중국·소련이 신탁통치를 한다는 것이었다. 미국 군정 아래에 있었던 남반부에서는 민족주의자들을 중심으로 조선의 즉시 완전 독립을 요구하는, 즉 신탁통치에 반대하는 목소리를 드높였다. 그에 비해 북반부에서는 조만식을 중심으로 한 조선민주당을 제외하고는 모두 모스크바협정을 지지했다.

공산주의자들은 민족주의 세력을 반동분자들로 규정하고 통일전선으로부터 배제해갔다. 북조선공산당은 모스크바협정을 따른 조선정부 수립을 지향했다. 1946년 2월 8일 '북조선 각 정당·사회단체·각 행정국 및 각 도시군(道市郡) 인민위원회 대표 확대협의회'가 개최되어 북조선 임시인민위원회를 세우기로 정식 결정되었다. 그 다음 날인 9일에 임시인민위원회 위원 23명이 선출되었다. 그 내역을 보면 행정국장 9명, 정당 대표 6명, 사회단체 대표 6명, 도(道) 인민위원회 대표 2명이었고, 위원장에 공산당의 김일성, 부위원장에 독립동맹의 김두봉, 비서에 민주당의 강양욱(康良煜)이 선출되었다. 김일성은 북조선공산당의 책임비서와 북조선임시인민위원회의 위원장이라는, 당과 행정의 수장 자리를 확보함으로써 장래 조선정부 최고지도자 자리에 가장 가까이 다가갔다는 것을 내외에 과시했다.

1946년 3월에는 임시인민위원회가 토지개혁에 착수, 일본인이나 조선인 대지주의 토지들을 몰수하여 농민들에게 무상으로 나누어주었다. 임시인민위원회는 1946년 8월 주요 산업의 국유화를 실시, 기업, 광산, 발전소, 철도, 체신, 은행 등을 무상으로 몰수하여 국영화했다.

1946년 7월 22일에는 북조선공산당, 조선신민당, 조선민주당이 중심이 되고 북조선직업총동맹, 북조선농민총동맹 등 각 사회단체가 참가하여 '북조선민주주의민족전선'이 결성되었다. 이것은 북한의 공산주의자들이 민족주의자들을 배제하면서 남한에 대해 독립적인 공산주의 세력이 되었음을 의미한다.

1946년 7월 28일부터 30일까지 북조선공산당과 조선신민당이 '양당 연석 중앙확대위원회'를 열어 합당에 합의했고, 같은 해 8월 28일부터 30일까지 '조선노동당' 창건 대회가 개최되었다. 창건 대회에서 중앙위원 43명이 선출되었는데, 서동만(徐東晩)의 『북조선 사회주의 체제 성립사 1945~1961』에 의하면 이 43명을 출신·경력별로 분류할 때, 빨치산파 4명(김일성, 김책, 안길, 김일), 연안파 15명, 소련파 8명, 국내파 10명, 기타 5명으로, 김일성의 빨치산파는 소수였다(서동만은 명확한 지도자를 갖지 못한 사람은 '파벌'에 넣지 않고 각각 연안계, 소련계, 국내계로 분류했다). 조선노동당의 초대 위원장에는 신민당 위원장 김두봉, 부위원장에는 빨치산파 김일성과 국내파 주영하가 선출되었다. 정치국 위원으로는 김두봉, 김일성, 주영하, 최창익, 허가이 등 5명이 선출되었다.

북조선노동당은 1948년 3월 27일부터 30일까지 제2회 당 대회를 개최했다. 당원 수는 75만 명을 돌파했다. 보고는 부위원장이면서 실질적 대표자인 김일성이 행했다. 김일성은 이 보고에서 "1945년 10월 중순에 '조선공산당 북조선중앙국'을 결성했다"고 하면서 "일부 종파주의자와 개인숭배주의자가 조선의 정치정세를 제대로 보지 못하고 이른바 '서울 중앙을 지지한다'는 간판하에 여기에 반대했다"고 비난했다. 이것은 오기섭을 비롯한 함경도계에 대한 공격이었다. 해외파들은 속속 국내파 오기섭, 정달헌, 리순근, 장시우, 리강국 등을 비판했다.

서동만에 의하면 제2회 당 대회에서 선출된 중앙위원 67명을 출신·경력별로 분류할 때 다음과 같았다. 빨치산파 6명(김일성, 김책, 김일, 강건, 김광협金光俠, 김경섭), 연안파 17명, 소련파 16명, 국내파 13명, 갑산계 2명, 테크노크라트 2명, 모범 노동자·농민 8명, 기타 3명. 위원장 김두봉, 부위원장 김일성, 주영하는 유임되었고, 최고결정기관인 정치위원회는 7명으로 증원되었는데 김두봉, 김일성, 허가이, 김책, 최창익, 박일우, 주영하로 구성되었다. 한편 소련파는 허가이가 조직부장의 자리를 계속 장악하면서 선전선동부장, 당 기관지 ≪노동신문≫ 주필 등을 차지했다.

전술한 해외파의 국내파에 대한 공격은, 북조선노동당과 남조선노동당의 합당에 앞서 향후 북조선노동당 내의 국내파와 남조선노동당이 제휴할 것을 해외파가 두려워하여 선수를 친 것이라 할 수 있다. 김일성의 '유일지도체제'를 향한 '피의 숙청'의 첫걸음은 함경도 그룹을 비롯한 국내파에 대한 공격이었다.

조선노동당

1946년 당시 한반도에는 두 개의 노동당이 존재했다. 전술한 대로 북쪽에는 조선공산당 북조선분국이 1945년 10월에 결성되었고, 1946년 8월에 북조선공산당과 조선신민당이 합당하여 북조선노동당이 결성되었다.

한편 남쪽에서는 1946년 11월 조선공산당, 조선신민당, 조선인민당이 합당하여 남조선노동당(남로당)이 결성되었다. 그러나 남쪽에서 빨치산투쟁 등을 계속하던 남로당은 1946년 말 불법화되어 공개활동이 불가능해졌고, 박헌영 등 지도부는 북한으로 이동하지 않을 수 없었다. 남과 북의 노동당은 1949년 6월 30일에 조선노동당으로 통합되었고, 위원장에 김일성, 부위원장에 박헌영과 허가이가 선출되었다. 당시 남북 노동당의 합당은 비밀에 부쳐져 공표되지 않았다가 1950년 7월에야 공표되었다.

남로당과의 합당으로 조선노동당 내부의 권력구조는 한층 복잡해졌다. 당 정치위원회는 김일성, 박헌영, 김책, 박일우, 허가이, 리승엽, 김삼룡(金三龍), 김두봉, 허헌 등 9명으로 구성되었다.

한편 1945년 11월에 출범한 '북조선5도행정국'은 1946년 2월 '북조선임시인민위원회'로 개칭되었다가 1947년 3월에 '북조선인민위원회'로 개칭되었다. 그리고 1948년 8월 15일 남반부에 대한민국이 건국되었고, 북반부에서는 9월 9일 조선민주주의인민공화국이 건국되었다.

조선민주주의인민공화국의 내각에는, 총리에 김일성, 부총리 겸 외상(外相)에 박헌영, 부총리 홍명희, 부총리 겸 산업상에 김책, 국가계획위원장에 정준택(鄭準澤), 민족보위상에 최용건, 국가검열상에 김원봉(金元鳳), 내무상에 박일우, 농업상에 박문규(朴文圭), 상업상에 장시우, 교통상에 주영하, 재정상에 최창익, 교육상에 백남운(白南雲), 체신상에 김연주(金延柱), 사법상에 리승엽, 문화선전상에 허정숙, 노동상에 허성택(許成澤), 보건상에 리병남(李炳南), 도시경영상에 리용(李鏞), 무임소상에 리극로(李克魯)가 각각 선임되었다.

내각 발족 시점에서는 아직 남·북 노동당의 통합이 실현되지 않은 상황이었으나 20명의 각료 가운데 북조선민주주의민족통일전선(북민전 北民戰)과 남조선민주주의민족통일전선(남민전 南民戰)의 구성비가 10대 10이었다. 북민전 10명 가운데 8명이 북조선노동당 소속이고 남민전 10명 가운데는 5명이 남조선노동당 소속이었다. 북민전 출신자의 경우 명목상 민주당 몫으로 분류된 최용건이 실제로는 빨치산파였다는 점, 또한 남민전 출신자의 경우 남조선노동당 이외의 각료는 모두 남조선노동당과는 거리를 두었던 인물들이었다는 점을 감안할 때, 전체적으로 보아 북조선노동당이 실질적으로 권력을 장악한 것이었다.

다만 특기할 것은, 현재의 북한 내각과는 달리 당의 실력자들이 내각에 배치되었다는 것이다. 북조선노동당 소속 각료 8명은 모두 중앙위원이고 그중 6명이 상무위원, 4명이 정치위원이었다.

한국전쟁과 김무정, 허가이의 숙청

1950년 6월 25일 북한 인민군이 38도선 전역에서 대남 공격을 개시, '한국전쟁'이 발발했다. 북한 최고인민회의는 6월 26일 정령(政令)을 내어 김일성을 위원장으로 하는 군사위원회를 조직했다. 위원장에 김일성, 위원에 박헌영 부총리 겸 외상, 홍명희 부총리, 김책 전선사령관, 최용건 민족보위상, 박일우 내무상, 정준택 국가계획상 등 7명으로 구성된 전시

비상조직으로, 전쟁 중에 행정권과 군사권을 도맡았다.

북한은 개전 4일째인 6월 28일에 서울을 점령했다. 미군은 27일에 참전을 결정했고, 7월 7일에 유엔(UN) 사령부가 설치되었다. 유엔군은 9월 15일에 인천상륙작전을 성공시키고 9월 28일에는 서울을 탈환했다. 한국군과 유엔군은 38선을 넘어 북한으로 진군했다.

김일성과 박헌영은 10월 1일에 소련과 중국에 지원을 요청했고, 중국은 10월 25일에 한국전쟁에 참가했다. 12월 초 중·북 연합군이 평양을 탈환했다. 북한의 무력 통일은 실패했고 유엔군의 참전으로 패주했다가 중국군의 참전으로 겨우 태세를 정비한 그러한 상황이었다.

1950년 12월 당 중앙위원회 제3회 총회가 개최되었다. 김일성은 총회에서 미군 북진 시 조선인민군을 재편하면서 무단 처벌 등 전투력에 많은 손실을 입힌 책임을 물어 연안파 실력자인 제2군단장 김무정을 해임했다고 밝혔다. 그 밖에 소련파 김렬이나 빨치산파 김일, 림춘추 같은 간부들도 처분을 받았다. 그러나 김일이나 림춘추는 후에 복권되었다. 이것은 김일성과 박헌영이라는 최고지도부에 대한 비판을 회피하고 각 파벌의 간부와 전선 책임자들을 조치함으로써 사태를 헤쳐 나가려 한 것이었다. 특히 김일성은 전쟁의 혼란 속에서 정적이기도 한 연안파 실력자 김무정을 제거하는 데 성공했다.

한국전쟁은 1951년 중반에 교착상태에 빠졌고 7월 10일에 휴전회담이 시작되었다. 1951년 11월에 개최된 당 중앙위 제4회 총회에서 김일성은 유엔군으로부터 탈환한 지역에서 적에게 점령당해 있는 동안 당원증 등을 폐기했던 당원들을 무더기로 처벌한 소련계 실력자이자 조직부문 책임자 허가이를 '징벌주의'로 비판했다. 허가이는 당 부위원장과 조직부장의 자리를 내놓아야 했고, 부총리의 지위는 유지했으나 영향력이 현저히 약화되었다. 허가이는 스파이 혐의가 있는 박헌영과 제휴했다는 추궁을 받다가 1953년에 자살한 것으로 알려져 있다. 김일성은 한국전쟁 기간 중에 전쟁 실패의 책임을 연안파의 김무정, 소련계의 허가이라는 자신의 라이벌이 될 수 있는 인물들에게 전가함으로써 정적들을 제거하는 데 성공했다.

남로당파의 숙청

휴전 회담이 계속되는 중이던 1952년 12월 개최된 당 중앙위 제5회 총회에서 김일성은 당내 '종파분자'들을 격렬히 비판했다. 김일성은 「노동당의 조직적·사상적 강화는 우리 승리의 기초」라는 제목의 보고를 통해 자유주의적 경향과 종파주의적 잔재를 공격했다. 1953년 1월부터 '제5회 총회 문건 토의사업'이 전개되면서 자유주의와 종파주의 잔재들에 대한 대대적인 적발이 행해져 박헌영, 리승엽을 비롯해, 조일명(趙一明), 림화(林和), 박승원(朴勝源), 리강국 등이 차례로 체포되고 남로당파에 대한 숙청이 행해졌다. 연안파 김두봉이 상임위원장으로 있는 최고인민회의 상임위원회는 1953년 2월 7일 김일성에게 원수(元帥)의 칭호를 부여했다. 이것은 김일성에 대해 한국전쟁의 책임을 면제해준 것이면서 동시에 남로당파에 대한 탄압을 연안파가 묵인한다는 것을 의미했다. 김일성은 1953년 6월 4일 '문건 토의사업'이 불충분하다고 비판, 박헌영, 리승엽의 제거로 끝낼 문제가 아니라면서 당의 하부조직에 이르기까지 남로당파에 대한 철저한 숙청을 요구했다.

휴전협정 성립 직후인 1953년 7월 30일, 박헌영을 제외한 리승엽 등 12명이 정부 전복 음모 및 반국가 테러 등의 혐의로 기소되었고 8월

6일에 판결이 언도되었다. 그들은 미국 스파이들로서 정부를 전복하고 박헌영을 중심으로 괴뢰 정권을 수립하려 했다고 하여 리승엽, 조일명, 림화, 박승원, 리강국 등 10명에게 사형이, 2명에게 징역 15년과 징역 12년이 선고되었다. 박헌영은 혐의를 부정했지만 1955년 12월에 사형이 선고되었다.

당 중앙위 제6회 총회가 1953년 8월에 개최되어 남로당파에 대한 숙청이 일단락 지어졌다. 이 회의에서 소련파 실력자 허가이가 1953년 7월에 자살했다고 보고되었는바, "자살은 조국과 인민을 배반한 변절행위"라고 비난받았다.

이 남로당파의 숙청으로 빈 공간을 메운 것이 국내파인 갑산파(甲山派)였다. 갑산파란 일본 식민지 시대에 중·북 국경에 가까운 북한의 함경남도(현재는 양강도) 갑산군을 거점으로 하여 김일성의 지시하에서 항일운동을 했던 그룹이다. 그들은 김일성의 공적으로 높이 평가받는 1937년 6월의 보천보(普天堡) 전투에 김일성의 연합군으로 가담했다고 한다. 1948년 2월 제2회 당 대회 때 갑산파는 중앙위원회의 하위 서열 몇 자리를 차지하는 데 불과했는데, 남로당파 숙청에 수반하여 당 연락부장도 겸직하게 되었다. 박금철(朴金喆)은 1954년 3월의 당 중앙위 전원회의에서 당 정치위원회의 일원이 되었고, 1954년 11월의 당 중앙위 전원회의에서는 당의 핵심 부서인 조직지도부장이 되었다.

8월 종파 사건

1953년 3월에 소련의 스탈린이 사망했고, 1956년 2월의 소련공산당 제20차 당 대회에서 흐루시초프가 스탈린 비판을 감행했다. 그의 개인숭배 비판은 당연히 중국의 마오쩌둥(毛澤東), 북한의 김일성에게도 심각한 영향을 미쳤다.

북한에서는 1955년 4월의 당 중앙위 전원회의에서 당원들의 계급사상 교육이 강조되었고 마르크스·레닌주의를 북한의 현실에 맞게 창조적으로 적용해야 한다는 요구가 제기되었다. 김일성은 1955년 12월 「사상사업에서 교주주의와 형식주의를 퇴치하고 주체를 확립할 데 대하여」라는 제하의 연설에서 "우리는 어떤 다른 나라의 혁명도 아닌 바로 조선혁명을 하고 있는 것입니다",[2] "맑스·레닌주의적 진리를 체득하는 것이 중요하며 그 진리를 우리나라의 실정에 맞게 적용하는 것이 중요합니다. 꼭 쏘련식과 같이 해야만 한다는 원칙은 있을 수 없습니다. 어떤 사람들은 쏘련식이 좋으니, 중국식이 좋으니 하지만 이제는 우리 식을 만들 때가 되지 않았습니까"[3]라고 목소리를 높였다. 이것은 직접적으로는 김일성과 대립하는 것처럼 되어 있었던 소련파이자 전 선전선동부장 박창옥(朴昌玉)을 공격 대상으로 한 것이었지만, 향후 '주체사상'이나 '우리식'의 발원점이었다고도 말할 수 있는 것이다.

1956년 4월에 조선노동당 제3차 당 대회가 개최되었다. 당원 수는 116만여 명에 달했다. 이 당 대회는 한국전쟁 이후 첫 번째 당 대회이자 소련파, 연안파, 남로당파의 많은 정적을 숙청한 후의 대회라는 점에서 중요했다. 또한 스탈린 비판 직후의 대회이기도 했다.

김일성은 사업총화보고에서 "종파분자들이 반당적 책동을 감행할 수

2) 『김일성 전집 18』(조선로동당출판사, 1997), 378쪽.

3) 『김일성 전집 18』, 387쪽.

있었던 또 하나의 원인은 개인에 대한 무원칙한 환상으로 말미암아 종파분자들과의 투쟁을 힘 있게 벌이지 못한 데 있습니다"[4]라고 하면서 "박헌영, 리승엽 도당과 종파분자들이 폭로청산되었지만은 그들의 사상적 영향은 아직 완전히 청산되지 않았다"[5]고 지적했다. 김일성의 입에서 '개인숭배사상'이라는 비판이 나온 것은 스탈린 비판의 영향으로 보이는데, 여기서의 '개인숭배사상'은 김일성 자신에 대한 것이 아니라 박헌영에 대한 공격의 도구였다.

당 지도부에는 위원장에 김일성, 부위원장에 최용건과 박정애(朴正愛), 박금철, 정일룡(鄭一龍), 김창만이 선출되었다. 당 상무위원으로 김일성, 김두봉, 최용건, 박정애, 김일, 박금철, 림해(林海), 최창익, 정일룡, 김광협, 남일 등 11명이 선출되었는데, 빨치산파가 상무위원회 12명 가운데 4명을 확보하여 최대 계파가 되었다. 앞의 서동만의 분석에 의하면, 제3회 당 대회에서 선출된 중앙위원 71명은 출신·경력별로 빨치산파 8명, 갑산파 3명, 연안파 19명, 소련파 9명, 이북 출신 국내파 13명, 이남 출신 국내파 7명, 테크노크라트 7명, 기타 5명이었다. 빨치산파가 수적으로 다수파를 점하지는 않았지만 당 지도부나 당 조직위원회 등을 차지하면서 힘을 강화했다. 그러나 소련에서 시작된 개인숭배 비판은 북한에도 파급 효과를 미쳐, 김일성의 라이벌이었던 박헌영이나 허가이는 숙청되었다 하더라도 연안파, 소련파의 상당한 세력이 온존하고 있는 상황이었다.

제3차 당 대회에서는 김일성 지도부의 중공업 우선 노선에 대한 비판도 있었고 제안된 제1차 5개년계획(1957~1961년)이 채택되지도 못했다. 김

---

4) 김일성, 「조선로동당 제3차대회에서 한 중앙위원회사업총화보고」(1956년 4월 23일), 『김일성 전집 19』(조선로동당출판사, 1998), 191쪽.
5) 같은 글.

일성은 동 계획의 수행을 위해 소련과 동유럽에 지원을 구하러 다니지 않으면 안 되었다.

김일성은 1956년 6월부터 1개월 이상에 걸쳐 소련과 동유럽을 방문했는데, 그 시기 북한에 남은 소련파와 연안파는 김일성에 대한 비판을 준비했다. 김일성의 소련·동유럽 방문 보고를 위해 개최된 1956년 8월의 당 중앙위 전원회의에서 소련파 박창옥과 연안파 최창익 등이 김일성 비판에 도전했다. 그러나 그들은 빨치산파의 반격에 의해 패배했다. 이것이 '8월 종파(宗派) 사건'이다. 연안파 윤공흠(尹公欽), 서휘(徐輝), 리필규(李弼圭), 김강(金剛) 등 4명이 신변 안전을 위해 총회 첫날 북한을 탈출하여 중국으로 도주했다. 8월 총회는 중국으로 도주한 4명을 제명하고, 박창옥과 최창익의 중앙위원 자격을 박탈했다. 이러한 사태를 지켜본 소련과 중국은 각각 코민테른 제1부총리와 펑더화이(彭德懷)를 북한에 보내 소련파와 연안파에 대한 처분을 철회시켰다. 그러나 김일성은 1956년 말부터 당원증 교환 사업을 실시, 소련파, 연안파, 남로당파 반대분자들을 하나하나 밝혀내 그들을 일소했다. 1958년 3월에 개최된 조선노동당 대표자회의에서는 박금철이 「당의 단결을 일층 강화하는 것에 대하여」라는 보고를 통해 최창익을 규탄했다.

김일성은 제3회 당 대회, 8월 총회를 통해 당내 반대파를 숙청하는데 성공했고 빨치산파에 의한 당 지배를 거의 완성시켰다.

갑산파 숙청

1961년 9월 11일부터 18일까지 개최된 제4차 당 대회에서 지도부를 구성한 것은 김일성 등으로 구성된 빨치산파와 갑산파였다. 9월 11일자 당 기관지 ≪노동신문≫ 사설은 이 대회를 '영광스런 승리자들의 대회'라고 묘사했다. 동 사설은 "(그것은 또한) 우리나라 로동운동에서 처음으로 종파의 뿌리를 뽑아버리고 혁명 대렬의 완전한 통일을 이룩한 기초 우에서 진행된 대회"라고 규정했다.

당 위원장은 김일성, 부위원장은 최용건, 김일, 박금철, 김창만, 리효순 등 5명, 그리고 당 정치국 위원은 김일성, 최용건, 김일, 박금철, 김창만, 김정애(金正愛), 김광협(金光俠), 정일룡(鄭一龍), 남일(南日), 리종옥(李鐘玉) 등 11명이었다. 빨치산파는 김일성, 최용건, 김일 등 3명, 갑산파는 박금철, 리효순 등 2명이었는데, 국내파 박정애, 연안파 김창만, 소련파 남일은 모두 김일성을 추종했던 인물들이며, 정일룡과 리종옥은 테크노크라트 출신이었다.

당 중앙위원과 중앙위원후보들에 대한 서동만의 계파 분류에 의하면, 빨치산파 30명, 빨치산파 친족 1명(김영주), 갑산파 6명, 연안파 3명, 소련파 1명, 국내파 13명으로, 빨치산파와 갑산파의 지배가 확실해졌고, 소련파와 연안파는 정치세력으로서는 소멸하고 김일성을 따르는 개인들만 남은 것이었다. 국내파도 테크노크라트가 대두했을 뿐, 분명한 대항 세력은 없어졌다.

1962년 10월 8일 제3기 최고인민회의 대의원 선거가 실시되었고, 10월 22일에는 최고인민회의 제3기 제1회 회의가 개최되었으며, 김일성을 총리로 하는 새 내각도 출범했다. 이로써 당, 내각, 최고인민회의의 어느 쪽 권력이든 빨치산파에 의해 장악되는 일체화(一體化)가 이루어졌다.

김일성은 연안파 등을 숙청하여 생긴 공백을 국내파이면서 자신과 가까운 갑산파(甲山派)를 끌어들여 메우면서 다수파 형성을 꾀했다. 그러나

1963년에 촬영된 김정일, 김일성, 김경희(왼쪽부터)

남로당파, 소련파, 연안파라는 대항 세력들을 거의 숙청하여 빨치산파에 대항할 세력이 없어지자 이제는 갑산파가 '남은 문제'가 되었다.

1960년대 들어 중·소 논쟁이 일어나자 북한은 소련의 수정주의와 중국의 교조주의를 비판하면서 점차 자주노선을 취하기 시작했다. 김일성은 자주국방을 위해서도 중공업 우선 노선을 취했는데, 갑산파는 인민경제를 우선시할 것을 요구했다.

제2차 당 대표자회의가 1966년 10월 5일부터 10일까지 개최되고 그것을 이어받는 형태로 같은 달 12일에 당 중앙위 제4기 제14차 전원회의가 개최되어 당 중앙 지도기관의 개편이 행해졌다. 당 중앙위원장, 부위원장제가 폐지되고 정치위원회에 상무위원회가 설치되었으며 총서기와 비서제가 도입되었다. 김일성의 친동생 김영주가 정치위원회 후보위원과 당 조직비서 겸 조직지도부장이 되면서 권한이 크게 강화되었다. 당시 갑산파의 박금철 조직담당 부위원장은 김일성, 최용건, 김일에 이어 서열 4위였는데, 갑산파는 김영주에게 권력이 집중되는 것에 반대했다.

1967년 5월 4일부터 8일까지 당 중앙위 제4기 제15회 총회가 비밀리에 개최되어 박금철 당 정치위원회 상무위원, 리효순 당 정치위원회 상무위원, 김도만(金道滿) 당 비서 겸 선전선동부장 등 '갑산파'들을 '부르주아 분자, 수정주의 분자'들이라고 하여 탄핵했다.

이 제15회 총회는 갑산파라는 김일성 유일지도체계의 장애를 제거한 것과 함께 처음으로 '유일사상체계'의 확립이 결정되었다는 점에서도 중요한 의미를 갖는다.

1967년 6월 28일부터 7월 3일까지 개최된 당 중앙위 제4기 제16회 총회에서는 제15회 비밀 총회에서 처음으로 결정된 '유일사상체계'의 확립이 정식 공표되었고, 이로써 주체사상이 북한의 지도이념이 되었다.

제5차 당 대회

1970년 11월 2일부터 13일까지 제5차 당 대회가 개최되었다. 해방 이후 통일전선 형태의 조직으로 출범한 조선노동당은 앞에서 설명한 바와 같이 1967년 5월 당 중앙위 제4기 제15차 전원회의에서 갑산파를 숙청하고 주체사상에 의한 '유일사상체계'를 확립함으로써 당내에 반(反)김일성파는 뚜렷한 세력으로서는 존재하지 않게 되었고 빨치산 세력에 의한 지배가 거의 확립되었다.

1970년의 당 대회에서 선출된 중앙위원과 중앙위원후보들을 보면 117

명의 중앙위원 가운데 86명(73.5%)이, 그리고 중앙위원후보 55명 가운데 48명(87.2%)이 신인이었다. 대폭적인 세대교체가 이루어진 것이다.

제2차 당 대표자회의 때 설치된 정치위원회 상무위원회가 폐지되었고 11명의 정치위원과 5명의 정치위원후보가 선출되었다. 정치국 위원은 김일성, 최용건, 김일, 박성철, 최현, 김영주, 오진우, 김동규(金東奎), 김중린(金仲麟), 서철(徐哲), 한익수(韓益洙) 등 11명이었는데, 재선된 정치위원은 김일성, 최용건, 김일, 최현 등 4명뿐이었고 나머지 7명은 모두 새로 기용된 인물들이었다. 정치위원후보는 현무광(玄武光), 정준택(鄭準澤), 양형섭(楊亨燮), 김만금(金滿金), 리근모(李根模) 등 5명이었다. 이들은 대부분이 빨치산파나 동파(同派)가 끌어들인 당이나 행정의 테크노크라트와 김일성의 친족(김영주)이었다.

당 대회의 당 중앙위 총괄보고에서는 "우리 당의 유일사상체계는 주체의 사상체계다"라고 하여, 주체사상에 의한 유일사상체계가 당 대회에서 확립되었다. 이로써 북한은 주체사상을 유일의 지도이념으로 하는 사상체계와 '당의 통일과 단결'을 확립하게 되었다.

이 대회의 또 하나의 중요한 과제는 경제문제였다. 1961년의 제4차 당 대회에서 제1차 7개년계획(1961~1967년)이 발표된 바 있으나 중국의 1950년대 말 대약진운동의 실패 및 당시 북한의 친중 노선에 대한 소련의 불만과 중·소 대립이라는 국제정세도 있었기 때문에 순조롭게 진행되지 못했다. 결국 제1차 7개년계획은 1966년 개최된 조선노동당 제2차 당 대표자회의에서 3년간 연장되었다.

1970년에 개최된 제5차 당 대회에서는 3년 연장된 제1차 7개년계획이 그 해에 가까스로 달성된 것을 확인했다. 김일(金一)은 보고에서 "사회주의 공업화가 실현되어 우리나라가 공업·농업국으로부터 사회주의 공업국으로 변했다"고 승리를 선언했다. 그러나 군사비가 소비재 생산을 크게 압박하여 실제로는 3년을 연장했음에도 목표를 달성치 못한 산업 분야가 많았다.

제5차 당 대회는 인민경제발전 6개년계획(1971~1976년) 결정서를 채택했다. 그것은 제1차 7개년계획에 의해 달성된 공업화의 성과를 더욱 발전시켜 노동자를 중노동으로부터 해방시키고 공업과 농업 생산을 급속히 발전시키는 데 목표를 두고 있었다. 그렇지만 전 인민의 무장화, 전 지역의 요새화, 전군의 간부화, 전군의 현대화라는 4대 군사노선을 계속 견지하고 자주국방의 원칙을 더욱 철저히 관철하려 함으로써 국민경제가 커다란 압박을 받는 상황이 계속되었다.

사회주의헌법과 국가주석

1972년 7월 4일, 역사적인 '7·4 공동성명'이 서울과 평양에서 전격적으로 발표되었다. 이 공동성명은 조국통일에 관한 7개 항목의 원칙을 담고 있었는데, 그중에서도 첫 번째 항목에 명문화된 "자주, 평화, 민족적 대단결"의 세 원칙은 남북 간 통일에 관한 대원칙으로서 특히 주목받았다.

7·4 공동성명에는 당시의 국제정세가 커다란 영향을 미쳤다. 1971년 7월 15일에 미국 닉슨 대통령의 중국 방문 계획이 발표되어 세계를 놀라게 했다. 이미 미국은 소련과의 긴장완화를 위해 움직였고 그것은 또 중국과의 관계 개선을 초래했으며, 아시아에서도 냉전에서 긴장완화로 확실하게 바뀌기 시작하고 있었다. 미국, 소련, 중국이라는 주변 강대국의 의도는 어떤 의미에서는 남북 간의 분단을 고착화하는 측면을 갖고 있었지만,

1972년 5월 말, 서울을 비밀 방문한 북한의 박성철 부총리(왼쪽)와 악수
하는 박정희 대통령(UPI=共同)

어떻든 한반도의 긴장완화를 촉구한다는 방향성을 갖는다는 것은 뚜렷했
다. 중국은 1971년 가을 유엔에 대표권을 획득했고 중화민국(대만)은 유엔
으로부터 추방되었다.

남북은 1971년 8월부터 다섯 차례의 걸쳐 접촉했고, 같은 해 9월 20일에
는 제1차 남북적십자 예비회담이 개최되었다. 한국전쟁 이래 남북 간에
처음으로 행해진 공식 남북협의였다. 10월의 제3회 예비회담에서는 본회
담을 서울과 평양에서 상호 개최한다는 것이 결정되었는데, 그 후 의제
등의 문제로 대립하여 예비회담이 공전했다. 남북 예비회담의 대표는
1971년 11월 20일부터 판문점에서 비밀리에 접촉했는데, 이 접촉은 한국
중앙정보부의 이후락 부장과 북한의 김영주 조직지도부장이라는 당시

사실상 정권의 '2인자'들에 의한 비밀 협의로 발전했다. 이후락 부장은 1972년 5월 2일부터 5일 동안 평양을 방문하여 김일성 주석과도 회담했다. 이어 북한의 박성철 당 정치위원이 5월 29일부터 6월 1일까지 서울을 비밀 방문하여 박정희 대통령과 회담했다.

그 후 7·4 공동성명이 발표되어, 해외 동포를 포함하여 남북 모두 이 성명을 대환영했다. 남과 북의 국민들은 이 성명에 감격했고, 당시 양 국민들은 마치 통일이 눈앞에 오고 있는 것 같은 뜨거운 감정에 사로잡혔다. 그러나 남북한의 국민들이 통일을 향한 뜨거운 민족적 감정에 사로잡혀 있는 동안 남북 두 정권 상층부의 마음은 전혀 다른 방향으로 움직이고 있었다.

한국에서는 박정희 대통령이 1972년 10월 17일 전국에 비상계엄령을 선포하고 특별선언을 발표했다. 박정희 정권은 11월 21일 헌법개정안에 대한 국민투표를 실시했고, 같은 해 12월 23일에는 새로 만들어진 통일주체국민회의가 박정희를 대통령으로 선출했다. 박정희 대통령은 12월 27일 제8대 대통령에 취임하고 '유신헌법'을 공표했다.

북한에서도 상황은 비슷하게 흘러갔다. 남북 대화와는 역으로, 아니 그것을 구실로 북한 당국도 내부에 대한 통제를 강화하기 시작했다.

한국에서는 '한국적 민주주의'라는 명목하에 박정희 대통령의 개인 독재가 극한까지 강화된 '유신헌법'이 만들어졌고, 북한에서는 마르크스·레닌주의를 북한의 현실에 창조적으로 적용시켰다는 '주체사상'을 지도이념으로 하고 국가주석의 권한을 역시 극한까지 강화시킨 '사회주의헌법'이 만들어졌다. 북이나 남이나 동·서 양 진영의 이데올로기를 각각 '토착화' 또는 '코리아화'하는 것을 통해 집권자의 독재 체제를 더욱 강화시켰다. 7·4 공동성명을 향한 남북 민중의 열의와 기대가 남북 독재체제 강화에 보기 좋게 이용당한 것이다.

북한에서는 1972년 10월 23일부터 26일까지 당 중앙위 제5기 제5차 전원회의가 개최되어 신헌법 초안이 토의되었고, 같은 해 12월 22일에 당 중앙위 제5기 제6차 전원회의에서 사회주의헌법 채택이 토의되었다. 12월 12일에 최고인민회의 대의원 선거가 실시되고, 12월 25일에 최고인민회의 제5기 제1차 회의가 개최되었는데, 같은 달 27일에 헌법이 전면 개정되어 이른바 '사회주의헌법'이 채택되었다. 새로운 헌법은 개정이라기보다 새로운 헌법을 기초한 것과 사실상 똑같은 대폭적인 개정이었다. 김일성은 총리직을 사임하고 국가주석에 취임했다.

북한은 1948년 9월 9일에 건국되어 그때 헌법이 채택되었다. 이른바 '1948년 헌법'으로, 일부 수정이 있긴 했으나 1972년까지 계속 효력을 유지해왔다. 1948년 헌법에서는 수도가 서울이었으나 사회주의헌법에서는 수도가 평양으로 바뀌었다. 1948년 헌법에서는 제1조에 "우리나라는 조선민주주의인민공화국이다", 제2조에 "조선민주주의인민공화국의 주권은 인민에게 있다"고 규정되어 있을 뿐 그 이상의 규정은 없었다. 그러나 1972년의 사회주의헌법에서는 북한을 명확히 사회주의 국가로 규정하면서 마르크스·레인주의를 창조적으로 적용한 '주체사상'을 지도이념으로 했다. 동 헌법은 국가의 존재방식이나 지도이념뿐만 아니라 국가통치기구를 대폭적으로 개편했다.

1948년 헌법에서는 국가의 '최고주권기관'을 입법부인 '최고인민회의'로 하고 '국가중앙집행기관'을 '내각'으로 했었다. 1972년 사회주의헌법에서는 국회에 해당하는 '최고인민회의'(제5장), 내각에 해당하는 '정무원(政務院)' 외에 새로 '최고지도기관'으로서 '중앙인민위원회'(제7장)가 설치되었다. 그리고 국가주석의 역할을 규정한 '조선민주주의인민공화국주석'

의 장(제6장)이 신설되었다. 김일성이 총리직을 사임하고 취임한 '국가주석'은 상상을 초월하는 절대적 권한을 갖게 되었다. 이 헌법에서 국가주석은 '국가의 수반'으로서 "국가주권을 대표한다"(제89조)고 되어 있다. 그리고 "중앙인민위원회의 수위(首位)"(101조)이고, "중앙인민위원회를 직접 지도한다"(제91조)고 했다.

1972년 헌법에서 신설된 중앙인민위원회(中央人民委員會)의 권한에 대해서는 후술할 것인데, 외교에서부터 내정, 사법에 이르기까지 광범위한 권한을 갖고 있는 이 기관을 '직접지도'할 권한이 보장된 국가주석이 가진 힘은 가히 절대적이고 또한 한없이 광범위한 것이었다.

국가주석은 또 "전반적 무력의 최고사령관, 국방위원장이며, 국가의 일체의 무력을 지휘·통솔한다"(제93조)고 되어 있어 군사적으로도 최고 권력자였다. 그것에 더해 "법령, 정령(政令), 결정의 공포"와 "명령"(제94조)을 발할 권한, 특별사면의 권한(제95조), "조약의 비준과 폐기"(제96조), "외국 사절의 신임장, 소환장의 수리"(제97조) 등과 같은 광범위한 권한이 국가주석에게 부여되었다.

이것은 김일성이 자신에게 반대하는 세력들을 지금까지 거의 완전하게 숙청함으로써 북한을 '수령에 의한 유일영도체계'의 국가로 만든 것의 반영이었다고도 말할 수 있을 것이다. 그리고 이것은 지금까지 조선노동당 내부에서 '종파분자'로서 숙청의 대상이 되었던 반(反)김일성 세력의 대부분은 고전적인 마르크스·레닌주의에 기초하여 공산주의 사상을 신봉한 세력이었다는 것과도 밀접한 관계에 있다고 보인다.

김일성에게 마르크스·레닌주의는 '수령에 의한 유일영도체계'에 반기를 들게 하는 기반일 수 있었다. 이 시점에서는 그렇게까지 명확하지 않았지만, 1972년의 사회주의헌법은 '사회주의'라는 명칭을 붙이기는 했으나 후에 명확해지는 것처럼 이는 북한을 '김일성주의'로 물들이기 위한 법적인 기반이었다.

이것을 반영하여 1972년 헌법에는 '주체사상'뿐만 아니라 김일성이 제창한 지도방식인 '청산리 정신'이나 총동원 운동인 '천리마 운동', 김일성의 경제관리체계라고 하는 '대안(大安)의 사업체계' 등이 헌법에 포함되어 북한의 기본적인 지도이념, 정치방식 또는 경제방식으로 명문화되었다. 북한은 일반적인 사회주의 국가가 아니라 극히 특수한, 토착화된 김일성 국가로 변모하는 길을 걷기 시작했다.

또 한 가지 새롭게 신설된 것이 '중앙인민위원회'였다. 중앙인민위원회는 ① 국가의 내외 정책 수립, ② 정무원, 지방인민회의 및 인민위원회의 활동지도, ③ 사법·검찰기관의 활동지도, ④ 국방 및 국가정치보위 활동의 지도, ⑤ 헌법, 법령, 명령, 정령, 결정, 지시의 집행상황 감독, ⑥ 정무원의 부(部)의 설치, ⑦ 부총리, 정무원 각 부장, 기타 정무원 멤버의 임명, ⑧ 대사, 공사의 임명·소환, ⑨ 중요 군사간부의 임면, 군사칭호의 수여, ⑩ 훈장, 명예칭호, 군사칭호의 수여, ⑪ 대사면의 실시, ⑫ 행정구역의 신설·변경, ⑬ 유사시 전시상태와 동원령의 선포 등의 광범위한 임무와 권한을 부여받았다.

중앙인민위원회는 또 ① 국내정책위원회, ② 대외정책위원회, ③ 국방위원회, ④ 사법·안전위원회 등 부문별 위원회를 설치했다.

지금까지의 내각은 정무원이 되었고 거기에 더해 중앙인민위원회라는 국가기관이 신설되었는바, 그럼으로써 정무원(내각)의 권한은 약화되고 국가기관이 2중화되는 현실이 초래되었다.

국가주석은 전술한 중앙인민위원회를 직접적으로 지도할 수 있는 권한을 갖게 됨으로써 외교, 내정뿐만 아니라 군사, 사법·검찰에 이르기까지 거의 전지전능한 존재가 되었다.

북한은 건국 당시인 1948년부터 이 헌법이 개정된 1972년까지 김일성이 총리를 맡았다. 그런 의미에서 김일성은 외교, 안보뿐만 아니라 국민의 생활에 직접 관련된 경제 등에서도 책임을 지지 않을 수 없었다. 그러나 1972년 사회주의헌법에 의해 국가주석이란 자리가 신설되자 김일성은 경제를 포함한 정책 실패에 대해 직접적인 책임을 지지 않는, 독재적인 권한을 갖고 군림하기만 하면 되는 그런 존재가 되었다. 최고 권력자가 국민의 생활에 책임을 지지 않고 군림만 하는 존재로 전화했고, 국민의 생활에 책임을 지는 내각에게는 권한이 주어지지 않았다. 이것이 오늘날 북한 국민의 혹독한 생활을 낳았다고도 말할 수 있다.

이 국가주석제가 시작된 1972년 12월 최고인민회의 제5기 제1차 회의에서의 인사는 다음과 같다.

국가주석   김일성
국가부주석   최용건, 강양욱

【중앙인민위원회】
중앙인민위원회 위원장 김일성
비서장 림춘추
위원 김일성(당 정치국 위원), 최용건(〃), 강양욱, 김일(당 정치국 위원), 박성철(〃), 최현(〃), 오진우(〃), 김동규(〃), 김영주(〃), 김중린(〃), 현무광 玄武光(당 정치국 위원후보), 양형섭(〃), 정준택(〃), 김만금(〃), 리근모(〃), 최재우 崔載羽, 리종옥, 림춘추, 연형묵 延亨默, 오태봉 吳泰鳳, 남일, 홍원길 洪元吉, 류장식 柳章植, 허담 許錟, 김병하 金炳河

【정무원】

총리 김일

부총리 박성철, 정준택, 김만금, 최재우, 남일, 홍원길

국가계획위원회 위원장 최재우

인민무력부장 최현

외교부장 허담

(이하 생략)

중앙인민위원회가 신설됨으로써 정무원(내각)의 권한은 약화되었다. 이것은 국가기관이 정무원과 중앙인민위원회로 이원화되었다는 뜻이기도 한데, 중앙인민위원회의 구성 멤버들을 보면 노동당 정치국 멤버들과 중첩된다는 것을 알 수 있다. 중앙인민위원회를 구성하는 25명 가운데 9명은 당 정치국 위원, 5명은 정치국 위원후보들이었다. 1970년의 제5차 당 대회에서 선출된 정치국 위원 11명 가운데 서철과 한익수 두 사람을 제외한 전원과 정치국 위원후보 5명 전원이 중앙인민위원회 위원으로 취임했다. 따라서 더 엄밀히 말하자면 국가기관의 이원화라기보다 당이 중앙인민위원회를 통해 국가기관을 장악하는 구조로 국가조직을 개편했다고도 말할 수 있다.

이것이 의미하는 것은 무엇인가? 김일성의 장남 김정일은 1964년 봄에 김일성종합대학을 졸업하고 같은 해 4월 21일에 노동당 중앙위원회에 배속되어 6월 19일부터 활동을 시작했다. 처음에는 숙부인 김영주가 부장으로 있는 당 조직지도부 지도원으로서 일을 했다.

김정일은 1965년 4월에 김일성의 인도네시아 방문에 동행했다. 그리고 1967년 5월 4일부터 8일까지의 당 중앙위 제4기 제15회 총회에서 김정일

이 김도만 당 선전선동부장을 부르주아 사상, 수정주의 사상을 퍼뜨렸다고 비난하면서 갑산파 숙청의 불씨를 당겼다고 한다.

김정일은 1960년대 후반에는 당 조직지도부에서 당 선전선동부로 이동, 영화나 가극을 지도하여 김일성의 '유일지도체계' 확립에 기여해 나갔다. 그리하여 1972년에는 당 선전선동부장이 되었다. 숙부 김영주는 1971년 11월부터 김일성을 대리하여 마찬가지로 박정희 대통령의 대리인이었던 한국의 이후락 중앙정보부장과의 남북 비밀접촉을 계속했는데, 7·4 공동성명을 마무리 짓는 단계인 1972년 5월의 상호 방문에서 한국을 방문한 것은 김영주가 아니라 박성철이었다. 김영주는 이 무렵부터 건강이 악화된 것으로 판단된다. 당시 김일성의 후계자로 가장 유력했던 것은 김영주였는데, 김영주가 건강을 해친 것과는 대조적으로 김정일은 당 조직지도부, 당 선전선동부에서 권력을 확대해가고 있었다.

김정일 후계로의 길

1972년 4월 15일은 김일성이 환갑(60세)이 되는 날이었다. 환갑을 맞은 김일성은 건강하기는 했으나 이제 차츰 자신의 후계 문제에 대해 고민하는 것이 이상할 것은 없었다.

김일성은 환갑을 맞이하기 약 10개월 전에 있었던 '사로청(조선사회주의노동청년동맹)' 제6차 대회에서 「청년들은 대를 이어 혁명을 계속하지 않으면 안 된다」라는 제하의 연설에서 "우리나라 사로청 구성원과 청년들이 금후 우리 혁명의 계승자로서 자신에게 부과된 영광스런 혁명 임무를 훌륭히 수행하여 믿음직스럽게 우리 혁명의 대를 계속 이어갈 것으로 확신합니다"라고 호소했다.

1972년의 헌법 체제는 김일성이 자신은 '국가주석'이라는 절대자의 자리에 앉고 당의 실권은 김정일에게 이양해간다는 생각에서 체제를 정비한 것이었을 가능성이 있다. 김일성은 1973년 5월에 경찰기구인 사회안전부 소속이었던 정치보위부를 독립시켜 독립된 공안기관인 국가정치보위부를 설치, 국가 통제를 강화했다.

1973년 9월의 당 중앙위 제5기 제7차 전원회의에서는 김정일이 지도한 3대혁명(사상·기술·문화 세 분야에서의 혁명)의 수행 상황이 토의되었고, 이어 김정일이 조직과 선전선동을 담당하는 당 중앙위 비서로 선출되었다. 그러나 이 시점에서도 아직은 후계자 추대가 실현되지 않았다.

마침내 1974년 2월 11일부터 13일까지 개최된 당 중앙위 제5기 제8차 전원회의에서 김정일이 당 정치위원으로 선출되었고 동시에 "경애하는 수령 김일성 동지의 유일한 후계자, 주체 위업의 위대한 계승자, 당과 혁명의 영명한 지도자"로 "높이 추대"되었다.

후계자의 지위를 획득한 김정일이 착수한 것은 '사회 전체의 김일성주의화'였다. 김정일은 1974년 3월 '생산도 학습도 생활도 유격대식으로'란 슬로건을 제창했고, 김일성 탄생일 전날인 같은 해 4월 14일에 '당의 유일사상체제 확립을 위한 10대 원칙'을 발표하여 사회 전체를 김일성주의화하기 위한 지침을 제시했다. 이 '10대 원칙'은 현재도 북한 주민을 엄격하게 규율하고 있다. 김정일은 6개년계획을 당 창건 30주년인 1975년 10월 10일까지 달성하기 위해 1974년 10월 하순부터 12월 말에 걸치는 '70일 전투'라는 경제 분야에서의 '속도전'을 전개, 경제 분야에서도 지도력을 발휘했다.

한편, 김정일은 '곁가지 치기'라고 불린 운동을 전개하여 정치적 라이벌인 숙부 김영주, 계모 김성애, 이복동생 김평일 및 그들과 연결된 인맥들에 대해 철저한 탄압을 가했다. 그는 "곁가지를 쳐내지 않으면 줄기가 자랄 수 없다"는 논리로서 김씨 로열패밀리의 '곁가지' 제거를 목표로 한 사회운동을 전개했다.

1970년 11월에 개최된 노동당 제5차 당 대회에서는 인민경제발전 6개년계획(1971~1976년)이 채택되었다. 이 6개년계획은 1976년에 달성된 것으로 되어 있으나 무역 대금의 미불 문제나 산업 간 불균형 등의 문제들이 발생하여 1977년을 '완충의 해'로 설정하기에 이르렀다. 그리고 1977년 12월 개최된 당 중앙위 제5기 제15차 전원회의에서 제2차 7개년계획(1978~1984년)이 논의되고 같은 달 16일의 최고인민회의 제6기 제1차 회의에서 이 계획이 채택되었다.

본래대로라면 경제계획이 일단락된 1976년이나 '완충의 해'가 끝나는 1977년에 제6차 당 대회가 개최될 예정이었다. 그러나 이 시기에 당 대회는 개최되지 않았다. 그렇게 된 배경에 1976년 8월 18일 판문점에서 발생한 '포플러나무 사건'이 있었던 것으로 보인다.

비무장지대인 판문점 공동경비 구역 내의 포플러나무를 베어 없애려 한 미국 공정부대에 대해 북한군이 공격을 감행, 2명의 미군이 살해되었다. 유엔군은 이 사태를 중시하고, 한반도 주변에 항공모함 미드웨이호를 비롯해 공군·해군을 배치했고, 상공에는 다수의 무장 헬리콥터와 전투기 등을 띄운 채 포플러나무 자르기를 강행했다. 북한은 자동소총으로 무장한 병사 약 150명을 파견했지만 나무 자르기 작업 자체에 대해서는 조용히 지켜만 보았다. 이 사건은 제2차 한국전쟁으로 비화될 수도 있었던 사건이었다. 북한 측은 극도로 긴장하여 주민을 피난시키기도 했다. 탈북자의 증언에 의하면 수도 평양에서는 소개 명목으로 '성분'이 나쁜 주민들을 이주시키기까지 했다고 한다.

또한 1976년의 시점에서는 노동당 내부에 아직 김정일 후계체제에 대한 반발 세력이 존재했기 때문에 당 대회가 개최되기 어려웠다는 점도 있었다. 빨치산 시대 김일성의 부하였던 김동규 부주석은 1976년 6월의 당 정치위원회 석상에서 "후계자의 부상이 지나치게 성급하다. 인민들이 납득할 만한 시간을 두고 교육을 강화하지 않으면 안 된다"고 주장하여, 김정일 후계체제 만들기를 비판했다. 김동규는 결국 1977년 10월에 숙청되었지만, 1976년부터 1977년까지는 이와 같은 정세였기 때문에 당 대회를 개최할 수 있는 상황이 아니었던 것으로 보인다.

1980년에는 이미 제2차 7개년계획이 실시되고 있었고 경제정책이나 당 노선상의 문제로 당 대회를 개최하지 않으면 안 될 구체적인 과제는 없었다. 있다고 한다면 김정일 후계체제를 공식화하는 것이었다.

제6차 당 대회는 1980년 10월 10일부터 14일까지의 5일간 개최되었다. 이 대회에서 지금까지의 당 정치위원회가 당 정치국으로 개편되었다. 정치국내에 상무위원회가 설치되어 김일성, 김일, 오진우, 김정일, 이종옥 등 5명이 상무위원에 선임되었다.

정치국 위원으로는 김일성, 김일, 오진우, 김정일, 리종옥, 박성철, 최현, 림춘추, 서철, 오백룡, 김중린, 김영남, 전문섭, 김환(金煥), 연형묵, 오극렬, 계응태(桂應泰), 강성산(姜成山), 백학림(白鶴林) 등 19명이 선출되었다.

정치국 위원후보로는 허담(許錟), 윤기복(尹基福), 최광(崔光), 조세웅(趙世雄), 최재우(崔載羽), 공진태(孔鎭泰), 정준기(鄭浚基), 김철만(金鐵萬), 정경희(鄭敬姬), 최영림(崔永林), 서윤석(徐允錫), 리근모(李根模), 현무광(玄武光), 김강환(金江煥), 리선실(李善實) 등 15명이 선출되었다.

당 비서국은 총서기 김일성을 수장으로 하여 김정일, 김중린, 김영남,

김환, 연형묵, 윤기복, 홍시학(洪時學), 황장엽(黃長燁), 박수동(朴壽東) 등 10명으로 구성되었다.

당 중앙위원회 군사위원회는 김일성을 위원장으로 하고 위원에 오진우, 김정일, 최현, 오백룡, 전문섭, 오극렬, 백학림, 김만철, 김강환, 리을설, 주도일(朱道日), 리두익, 조명록, 김일철, 최상욱(崔相旭), 리봉원(李奉遠), 오룡방(吳龍芳) 등 19명이 선임되었다.

김일성은 당 총서기, 당 정치국 상무위원, 당 중앙위원회 군사위원장으로서, 당 비서국, 당 정치국, 당 군사부문의 세 부문에 모두 최고 직위를 차지했다. 김정일은 정치국에서는 서열 4위, 당 비서국에서는 서열 2위, 당 중앙위원회 군사위원회에서는 서열 3위를 차지했다. 세 부문 모두에 직위를 확보한 것은 김일성과 김정일 두 사람뿐이었는바, 김정일은 명실공이 '2인자'의 자리를 확보했던 것이다.

한국의 정치학자 김학준(金學俊)의『북한 50년사』에 의하면, 정치국 34명 가운데 10명, 중앙위원과 중앙위원후보 248명 가운데 42명이 군인이었다. 또한, 김일성이 장래를 대비하여 만든 만경대혁명학원 출신자들이 대거 당 지도부에 진출했다. 정치국 34명 가운데 10명, 군사위원회 19명 가운데 6명, 당 중앙위원과 중앙위원후보 248명 가운데 49명이 만경대혁명학원 출신이었다. 이것은 '제2인자'의 지위를 확보한 김정일이 1980년대에 김일성과의 '이원집권제'를 시작하는 데 있어 군(軍) 계통과 자신도 다녔던 만경대혁명학원 출신자들을 자신의 주요 지지기반으로 삼았다는 것을 의미한다.

공동통치로부터 김정일 통치로

김일성이 70세를 맞은 1982년 4월에는 '혁명의 수도 평양'에 '주체사상탑'이나 '개선문', '김일성경기장,' '인민대학습당', '아이스 스케이트장', '창광원(蒼光院) 헬스센터', '평양 제일백화점' 등 기념비적인 건조물들이 차차 완성되어 김일성-김정일 부자의 권위를 내외에 과시했다.

1982년 2월 16일은 김정일의 40세 생일이었는데 이 날부터 김정일의 생일이 휴일로 되었다. 그 하루 전날인 15일에는 김정일에게 '공화국 영웅' 칭호가 수여되었다. 1982년 4월 초에는 노작(勞作)「주체사상에 대하여」를 발표, 김정일은 주체사상의 해석권까지 독점함으로써 자신의 권위를 높였다. 그리고 1983년 6월에는 비밀리에 중국을 비공식 방문, 중국과의 관계 개선을 도모했다.

김정일이 45세가 된 1987년 2월에는 김정일이 출생한 것으로 되어 있는 백두산 밀영(密營)이 복원, 공개되었다. 김정일은 구(舊)소련 연해주 지역의 88특별여단 야영지에서 태어난 것으로 보이는데, 이 무렵부터 그의 출생지가 백두산 밀영이라는 주장이 준비되었다. 이 무렵에는 북한 사람들이 김정일의 출생지에 대한 언급을 삼가고 있었다. 그러다가 1988년 11월에 밀영 곁에 있는 봉우리가 '정일봉(正日峰)'으로 명명되고 그곳에 "정일봉"이라는 커다란 문자가 새겨졌다. 그리고 1989년 말부터 빨치산들의 투쟁 슬로건이 발견되었다는 '신화'가 만들어져 갔다.

김정일은 1990년대 들어 국방위원회를 매개로 한 군 장악에 힘을 집중했다. 1990년 5월 24일에 최고인민회의 제9기 제1차 회의가 개최되었는데, 중앙인민위원회에 소속되었던 국방위원회가 '공화국 국방위원회'로 격상되었다. 이때 김일성 주석이 국방위원장에 취임했고, 김정일 당 비서

(당시)는 제1부위원장에 취임함으로써 비로소 국가기관의 직책을 얻었다.

더 나아가 1991년 12월 24일에 개최된 당 중앙위 제6기 제19차 전원회의는 김정일을 '조선인민군 최고사령관'에 추대했다. 북한의 당시 헌법에 의하면, 국방위원장과 최고사령관은 국가주석의 겸임 직책이었다. 아무리 '당의 국가'일지라도 이것을 당 중앙위에서 결정하는 것은 절차적으로도 문제가 있었다. 최소한 국가주석을 선출하는 권한을 가진 최고인민위원회에서 선출해야 했다. 그러나 그러한 법적 절차를 무시하고 김정일은 최고사령관에 취임하여 기어이 조선인민군의 수장 자리를 확보했다. 북한은 김일성과 김정일의 '공동통치'를 거쳐 이제 '군림하는 김일성, 통치하는 김정일'의 시대로 들어갔다.

1992년 헌법

1992년은 김일성이 80세, 김정일이 50세가 되는 해였다. 1992년 4월 8일과 9일 양일간 최고인민회의 제9기 제3차 회의가 개최되어 1972년에 제정된 사회주의헌법이 처음으로 개정되었다. 1992년의 헌법 개정은 아주 미묘하여, 1992년 4월에 개정되었으나 북한은 개정된 헌법을 공식적으로 발표하지 않았다. 그런 것을, 같은 해 11월 한국의 정보기관이 그 내용을 공표함으로써 가까스로 전체 내용이 밝혀졌다.

개정 내용은 첫째, 국가주석이 국방위원장과 최고사령관을 겸직한다는 조항이 삭제되었다. 최고사령관에 취임해 있었던 김정일이 이로써 위헌 상태를 해소했다. 제4장에 '국방'에 관한 조항이 신설되어 1962년에 제창되었던 4대 군사노선(전 인민의 무장화, 전국의 요새화, 전군의 간부화, 전군의 현대화)의 관철이 헌법상으로 명문화되었다. 그리고 제6장의 '국가기구' 가운데 '공화국 국방위원회'에 관한 조항이 신설되어 '국방위원회 위원장' 이 "일체의 무력을 지휘, 통솔한다"고 했다. 그때까지 중앙인민위원회에 있었던 '중요 군 간부의 임면', '군사칭호의 제정·수여', '유사시 전시상태 와 동원령의 선포' 등의 권한이 국방위원회로 이관되었다.

둘째, '당의 지도'를 명문화했다. 1972년 사회주의헌법에서는 당의 영 도에 관한 특별한 조항이 없었는데 1992년 헌법에서는 제11조에서 "조선 민주주의인민공화국은 조선노동당의 령도하에 일체의 활동을 행한다"고 규정했다.

셋째, '마르크스·레닌주의'를 삭제했다. 1972년 헌법에서는 북한의 지 도이념에 대해 제4조에서 "조선민주주의인민공화국은 마르크스·레닌주 의를 우리나라 현실에 창조적으로 적용한 조선노동당의 주체사상을 그 활동의 지도지침으로 한다"고 규정했는데, 1992년 헌법에서는 제3조에서 "조선민주주의인민공화국은 인간 중심의 세계관이며 인민대중의 자주성 을 실현하기 위한 혁명사상인 주체사상을 자기 활동의 지도적 지침으로 한다"고 규정했다. 이 헌법은 대외 노선 등에서 언급해왔던 '마르크스·레 닌주의'를 삭제, 독자노선을 강화했다.

개정 헌법은 김정일 최고사령관의 지위에 관한 위헌 상태를 해소했을 뿐 아니라, 국방위원회를 통한 김정일 후계체제 만들기를 위해, 국가주석 과 중앙인민위원회 등에 부여되었던 직책이나 권한을 국방위원장이나 국방위원회로 이관했다. 또한 소련 등 사회주의 국가의 추락이라는 국제 환경의 와중에 '마르크스·레닌주의'가 아니라 '주체사상'을 지도이념으로 한다는 것을 명백히 함으로써 북한의 독자 노선을 선명히 했다고 할 수 있다.

당 중앙위, 당 중앙군사위, 국방위원회, 중앙인민위원회는 1992년 4월 13일 김일성 주석에게 '대원수'의 칭호를 봉정했고, 같은 달 20일에는 김정일과 오진우에게 '원수' 칭호를 수여하고, 최광, 리을설, 주도일(朱道日), 최인덕(崔仁德), 백학림, 리두익, 김봉률(金奉律), 김광진(金光鎭) 등 8명에게 차수 칭호를 수여했다.

나아가 1993년 4월 7일에는 최고인민회의 제9기 제5회 회의가 개최되어 김정일을 '공화국 국방위원장'에 선출했다. 김일성은 당 총서기, 당 중앙군사위원장, 국가주석, 국방위원장, 최고사령관의 5개의 직책을 보지하면서 아들 김정일에게 그 가운데 국방위원장, 최고사령관 2개 직책을 생전에 주어, 김정일 후계체제 만들기가 최후 단계에 들어갔다.

제5장

김정일 시대의 지도부 변천

이 장에서는 김일성 주석이 사망한 이후의 북한 지도부 변천에 대해, 북한의 발표나 보도 등에 표현된 정치서열을 토대로 검증하고자 한다. 이는 김일성의 사후 조선노동당 대회(당 대회)나 당 중앙위원회(당 중앙위)가 개최되지 않고, 김정일의 개인독재가 강화됨에 따라 최고인민회의와 관련한 인사 이외는 기관결정을 거친 인사가 거의 행해지지 않았기 때문이기도 하다. 사회주의 국가에서는 중요 행사시기에 주석단에 함께 서는 서열이나 명부 발표 순서상의 서열이 정치적인 권력서열인 경우가 많다. 좀 더 정확히는 공식적인 정치서열이며, 정치권력의 '실세'와는 약간의 차이가 있는 것이 현실이다. 그러나 이는 정치권력의 큰 흐름을 파악하는 유력한 분석 소재가 될 수 있다.

김일성 주석 사망 시의 국가장의위원회 서열(1994년 7월 9일)

북한의 조선노동당 중앙위, 당 중앙군사위원회(당 중앙군사위), 조선민주주의인민공화국 국방위원회(국방위), 중앙인민위원회, 정무원 등 5개 단체는 1994년 7월 9일 정오, 연명(連名)으로 '부고'를 발표하고, 김일성 국가주석이 7월 8일 오전 2시에 급병으로 사망했다고 발표했다. 동시에 김일성 주석의 국가장의위원회 273명의 명부가 공표되었다(<표 9>).

김일성 사후 34시간 만에 발표된 국가장의위원회 명부는 사실상 김일성 주석 사망 시 북한의 '정치서열'이었다. 명부는 '상주'에 해당하는 김정일을 별격(別格)으로 다루고, 인민무력부장 오진우 당 정치국 상무위원 이하 합계 273명의 이름을 올렸다.

이 명부의 상위는 당 우위의 사회주의 국가의 상황을 반영하여 당 정치국 상무위원, 당 정치국 위원, 당 정치국 위원후보, 당 비서, 부총리 순으로 어느 정도 직위에 따른 서열이 되었다. 이 명부의 143위까지에 있는 이들 가운데 조선사회민주당 위원장으로 국가부주석인 김병식(7위), 소속이 명확하지 않은 김철수(23위), 천도교 청우회 위원장 유미영(39위) 등 3명을 제외한 140명이 이 시점에서 당 중앙위원이었다고 추정된다. 또한 203위 여연구 조국통일민주주의전선 중앙위원장 등 몇 명을 제외하고 144위 이성대 대외경제위원장(당시)부터 236위 곽영호까지가 당 중앙위원후보였다고 여겨진다.

김정일은 1970년대에 권력 계승으로 스스로의 라이벌이 될 가능성이 있는 숙부 김영주 당 조직지도부장, 김일성의 처 김성애, 김일성과 김성애의 사이에서 출생한 김평일을 '곁가지'라고 공격했다. 줄기가 크게 성장하기 위해서는 '곁가지'를 잘라야 한다는 논리였다.

〈표 9〉 김일성 사망 시 국가장의원회 서열 (1994년 7월 9일)

1	김정일	당 정치국 상무위원
2	오진우	당 정치국 상무위원, 인민무력부장
3	강성산	당 정치국 위원, 총리
4	리종옥	당 정치국 위원, 국가부주석
5	박성철	당 정치국 위원, 국가부주석
6	김영주	당 정치국 위원, 국가부주석
7	김병식	국가부주석, 조선사회민주당 위원장
8	김영남	당 정치국 위원, 부총리 겸 외상
9	최광	당 정치국 위원, 군 총참모장
10	계응태	당 정치국 위원, 비서
11	전병호	당 정치국 위원, 비서
12	한성룡	당 정치국 위원, 비서
13	서윤석	당 정치국 위원, 평안남도 당 책임비서
14	김철만	당 정치국 위원후보
15	최태복	당 정치국 위원후보, 비서
16	최영림	당 정치국 위원후보, 부총리
17	홍성남	당 정치국 위원후보, 부총리
18	강희원	당 정치국 위원후보, 부총리
19	양형섭	당 정치국 위원후보, 최고인민회의 의장
20	홍석형	당 정치국 위원후보, 국가계획위원장
21	연형묵	당 정치국 위원후보, 자강도 당 책임비서
22	리선실	당 정치국 위원후보
23	김철수	미상
24	김기남	당 비서
25	김국태	당 비서
26	황장엽	당 비서
27	김중린	당 비서
28	서관희	당 비서
29	김용순	당 비서, 최고인민회의 통일정책위원장
30	김 환	부총리
31	김복신	부총리
32	김창주	부총리
33	김윤혁	부총리
34	장 철	부총리
35	공진태	부총리

36	윤기복	중앙인민위 경제정책위원장
37	박남기	평양시 행정경제위원장
38	전문섭	중앙인민위 국가검열위원장
39	류미영	천도교청우회 위원장

김영주는 권력의 중추인 조직지도부장으로서 김일성의 후계자로 가장 가능성이 높은 것으로 보였는데, 김정일이 1974년 2월의 당 중앙위 제5기 제8차 총회에서 후계자로 추대되자 1974년 2월에 정무원 부총리로 사실상 강등되었고, 1975년에 남북공동성명 3주년 성명을 발표한 이후 소식이 끊겼다. 그러나 1993년 7월 26일 한국전쟁 휴전 40주년 때에 '조국해방전쟁 승리기념탑' 완공식에 출석하여, 18년 만에 '전(前) 부총리'의 직책으로 모습을 드러냈다. 그는 1993년 12월 당 중앙위 제6기 제21차 총회에서 당 정치국 위원에 선출되었고, 같은 달 최고인민회의 제9기 제6차 회의에서 국가부주석에 선출되었다. 국가장의위원회 서열에서는 제6위에 랭크되었다.

한편, 김일성의 처인 김성애는 줄곧 하위인 104위에 올랐는데, 김일성 주석의 차남인 김평일 핀란드 대사(당시)는 국가장의위 274명 가운데 없었다. 재외 공관의 대사로는 손성필 주러시아 대사가 122위, 주창준 주중국 대사가 123위, 김여순 주루마니아 대사가 189위, 김재봉 주덴마크 대사가 190위에 올랐다. 김일성의 장녀이자 김정일의 여동생인 김경희는 47번째에 올랐다.

당시 주목받았던 것은 23위에 올랐던 '김철수'였다. 이 서열은 당 정치국 위원후보와 당 비서 사이에 위치한 것으로 정치국 위원후보와 동격의 취급이었다. 1997년에 한국으로 망명한 황장엽 전 당 비서는 독일 주재

정치학자 송두율 교수가 '김철수'라는 가명을 지닌 당의 비밀 정치국 후보라고 밝혔다. 그러나 송두율 교수는 1973년 방북했을 때 조선노동당에 입당하고, 북한으로부터 금전을 제공받은 적은 있지만 정치국 위원후보는 아니었다고 이를 부정했다.

김일성 주석 중앙추도대회(1994년 7월 20일)

1994년 7월 20일 평양의 김일성광장에서 김일성 주석을 추모하는 중앙추도대회가 개최되었다. 김정일이 출석하고, 김영남 부총리가 추도사를 했으며, 군을 대표하여 최광진 차수, 해외동포를 대표하여 허종만 조선총련 책임부의장이 연설을 했다(<표 10>).

이 서열에서는 미망인인 김성애 조선민주여성동맹 위원장이 국가장의위원회 명부 때의 104위에서 대폭 상승하여 정치국 위원과 정치국 위원후보 사이인 14위에 랭크되었다.

가장 주목해야 할 것은 리을설, 최인덕, 백학림, 김봉률, 김광진, 김익현 등 6명의 인민군 차수가 정치국 위원후보와 당 비서 사이에 지명된 것이었다. 이들은 이른바 김일성 주석과 함께 항일 빨치산 투쟁을 치렀던 세대였고, 이는 김정일의 군 중시 흐름을 최초로 시사해주는 징후이기도 했다.

1994년 10월 16일에 평양의 금수산 의사당에서 행해진 김일성 주석 사망 100일 중앙추모대회에서는 김정일도 출석했고, 의사당 앞에 약 10만 명의 시민들이 참가했다(<표 11>). 김기남 당 비서가 '위대한 영도자 김정일 동지의 위임'에 의해 연설을 했다. 지방의 추도대회에 출석한 서윤석 정치국 위원(평안남도 당 책임비서)나 연형묵 정치국 위원후보(자강도

〈표 10〉 김일성 주석 중앙추도대회 서열 (1994년 7월 20일)

1	김정일	당 정치국 상무위원
2	오진우	당 정치국 상무위원, 인민무력부장
3	강성산	당 정치국 위원, 총리
4	리종옥	당 정치국 위원, 국가부주석
5	박성철	당 정치국 위원, 국가부주석
6	김영주	당 정치국 위원, 국가부주석
7	김병식	국가부주석, 조선사회민주당위원장
8	김영남	당 정치국 위원, 부총리 겸 외상
9	최광	당 정치국 위원, 군 총참모장
10	계응태	당 정치국 위원, 비서
11	전병호	당 정치국 위원, 비서
12	한성룡	당 정치국 위원, 비서
13	서윤석	당 정치국 위원, 평안남도 당 책임비서
14	김성애	미망인
15	김철만	당 정치국 위원후보
16	최태복	당 정치국 위원후보, 비서
17	최영림	당 정치국 위원후보, 부총리
18	홍성남	당 정치국 위원후보, 부총리
19	양형섭	당 정치국 위원후보, 최고인민회의 의장
20	홍석형	당 정치국 위원후보, 국가계획위원장
21	연형묵	당 정치국 위원후보, 자강도 당 책임비서
22	리을설	인민군 차수
23	최인덕	인민군 차수
24	백학림	인민군 차수
25	김봉률	인민군 차수
26	김광진	인민군 차수
27	김익현	인민군 차수
28	김기남	당 비서
29	김국태	당 비서
30	황장엽	당 비서
31	김중린	당 비서
32	서관희	당 비서
33	김용순	당 비서, 최고인민회의 통일정책위원장
34	김환	부총리
35	김복신	부총리

36	김창주	부총리
37	김윤혁	부총리
38	장철	부총리
39	공진태	부총리
40	윤기복	중앙인민위 경제정책위원장
41	박남기	평양시 행정경제위원장
42	전문섭	중앙인민위 국가검열위원장
43	류미영	천도교청우회 위원장

〈표 11〉 중앙추모대회 서열 (1994년 10월 16일)

1	김정일	21	백학림
2	오진우	22	김봉률
3	강성산	23	김광진
4	리종옥	24	김익현
5	박성철	25	김기남
6	김영주	26	김국태
7	김병식	27	황장엽
8	김영남	28	김중린
9	최광	29	서관희
10	계응태	30	김용순
11	전병호	31	김환
12	한성룡	32	김복신
13	김성애	33	김창주
14	김철만	34	김윤혁
15	최태복	35	장철
16	최영림	36	공진태
17	홍성남	37	윤기복
18	양형섭	38	박남기
19	홍석형	39	전문섭
20	리을설	40	류미영

당 책임비서), 고령의 최인덕 차수가 결석했을 뿐, 서열의 변동은 거의
없었다.

오진우 인민무력부장 국가장의위원회 서열(1995년 2월 25일)

김일성 주석 사망 이후에 김정일 다음으로 '2인자' 지위에 있던 오진우 인민무력부장(당 정치국 상무위원, 국방위 제1부위원장, 원수)이 1995년 2월 25일 77세 나이에 암으로 사망하자, 오진우의 국가장의위원회를 구성하는 240명의 명부가 발표되었다. 이는 김일성 주석의 국가장의위원회 273명에 버금가는 규모였다. 김일성 주석의 명부에는 없었는데 오진우의 명부에 등장한 사람은 93위 강영호 중장, 94위 김형룡 소장, 196위 변영립 국가과학원 부원장 세 명뿐이었다(<표 12>).

김일성의 국가장의위원회 서열과 비교해보았을 때 서열이 크게 변동한 이들로, 김병식 국가부주석이 7위에서 21위로 하락하고, 유미영 천도교청우회 위원장이 39위에서 22위로, 리두익 차수가 143위에서 76위로 상승했을 뿐 큰 변동은 없었다.

오진우의 죽음은 빨치산 세대 군인의 사망으로는 김일성 주석이 죽기 직전인 1994년 7월 1일에 사망한 주도일 차수에 이은 것이었다. 김정일은 1995년 2월에 리하일 대장(현재는 차수), 김영국 대장을, 3월에는 김광진 차수(1997년 2월 사망), 김봉률 차수(1995년 7월 사망)와 박기서 대장(2010년 1월 사망)을 당 중앙군사위원에 기용했다. 나아가 1996년 12월에 리용철 당 조직지도부 군사담당 제1부부장(2010년 4월 사망)을 당 중앙군사위원에 기용했다. 북한은 1997년 7월에 '3년 상복'을 거둔다고 선언하는데, 이 당 중앙군사위원 인사는 김정일이 상복 기간 중에 행한 중요 인사 가운데 하나였다.

김광진, 김봉률 두 차수는 혁명 1세대에 속하는 군인이고, 리하일, 김명국, 박기서 대장은 혁명 2세대라고 할 수 있는 군인으로, 김정일이 당

〈표 12〉 오진우 인민무력부장 국가장의위원회 서열 (1995년 2월 25일)

1	김정일	20	김철수(미상)
2	강성산	21	김병식
3	리종옥	22	류미영
4	박성철	23	김기남
5	김영주	24	김국태
6	김영남	25	황장엽
7	최광	26	김중린
8	계응태	27	서관희
9	전병호	28	김용순
10	한성룡	29	김환
11	서윤석	30	김복신
12	김철만	31	김창주
13	최태복	32	김윤혁
14	최영림	33	장철
15	홍성남	34	공진태
16	양형섭	35	윤기복
17	홍석형	36	복남기
18	연형묵	37	전문섭
19	리선실		

중앙군사위를 빨치산 세대와 혁명 2세대로 구성하여 안정적인 세대교체를 기도했다고 여겨진다.

　김정일이 권력기반의 형성에 활용한 국방위원회는 1972년의 이른바 사회주의헌법을 통해 설치된 중앙인민위원회 내의 조직이었다. 그러나 전술한 바와 같이, 1990년 5월 24일 최고인민회의 제9기 제1차 회의에서 국방위는 중앙인민위원회로부터 독립한 기관이 되어 김정일이 국방위 제1부위원장으로 선출되었다.

　김일성 주석이 사망한 후인 1995년 2월부터 1996년 12월까지의 사이에 김정일이 당 중앙군사위원을 기용하는 일련의 인사를 행한 것은 이 시기에 김정일이 당 중앙군사위를 통해 군을 장악하고자 생각했을 가능성을 시사한다. 당 중앙군사위는 본래 당 중앙위원회 군사위원회로서 당 중앙위의 하부 기구였으며 그 위원의 선출은 당 중앙위의 권한이었다. 그러나 1990년대 이래 당 중앙위원회 군사위원회가 당 중앙군사위로서 당 중앙위로부터 독립한 기관이 되었다. 김일성 주석의 사후에는 당 중앙위 총회가 개최되지 않았다. 이 때문에 김일성 주석 사후에 당 중앙군사위원 임명이 어떤 형태의 기관결정에 의한 것이었는가는 불명확하다. 그러다 1998년 9월 5일 최고인민회의 제10기 제1차 회의에서 헌법을 개정하여, 국방위원장을 '국가의 최고직책'으로 만듦으로써 국방위가 국가운영의 중핵기관이 되고, 당 중앙군사위의 역할은 쇠퇴했다. 그 결과, 1996년 12월 리용철을 당 중앙군사위원으로 선출한 이후의 인사는 2010년 9월 당 대표자대회까지 공표된 것이 없다.

오진우는 김정일을 후계자로 결정하는 데에 큰 영향력을 발휘한 빨치산 세대의 군인이었던 것만으로 김정일의 두터운 대우를 받았다. 오진우는 1994년 10월 25일 암 치료를 위해 특별기로 파리로 가서 병원에 입원했는데 이미 손을 쓸 수 없게 되어 12월 5일 특별기로 귀국했다. 김정일은 오진우가 사망하기 전날인 1995년 2월 24일, 입원해 있던 병원을 방문하여 의료진으로부터 치료 상황을 보고받기도 했는데, 평양방송은 "수령에 대한 숭고한 의협심을 품고, 수령에 끝이 없는 충성심을 다한 오진우 동지의 투쟁의 길을 감개무량하게 회고했다. 김정일 동지가 스스로 병원을 방문하여 위로한 것에 대해서 오진우 동지는 뜨거운 눈물을 흘렸다"고 보도했다.

김정일은 나아가 사망 후인 2월 25일, 오진우의 영구를 방문하여 애도의 뜻을 표했다. 이때에는 최광, 리을설, 백학림, 김광진, 김봉률 각 차수,

리하일, 조명록, 김일철, 박기서, 리봉원, 김명국 각 대장이 동행했는데, 이들은 모두 당 중앙군사위 소속이었다. 김정일이 오진우 인민무력부장의 사망에 대해서 군이 당 중앙군사위 인사만을 이끌고 방문했던 것은 이 시기 당 중앙군사위의 역할을 강화하려는 구상을 품고 있었던 것을 시사해 주는 것이다.

김일성 주석 사망 1주년 중앙추모대회(1995년 7월 7일)

김일성 주석 사망 1주년을 맞이하여, 북한에서는 1995년 7월 7일 평양 체육관에서 '우리 당과 인민의 위대한 수령 김일성 동지 사망 1주년 중앙 추모대회'가 개최되었다. 대회에는 김정일을 비롯하여 당이나 국가의 지도부가 출석했다. 출석자로 보고된 이들은 김정일 이하 38명으로, 미망인 김성애가 1994년 10월 16일 사망 100일 중앙추모회 이래 약 9개월 만에 서열 12위로 모습을 보였다. 또한 김일성 주석의 친동생 김영주 부주석도 4월 25일 이래 약 2개월 반 만에 서열 5위로 모습을 보였다(<표 13>).

정치국 인사로 서윤석 평안남도 당 책임비서와 연형묵 자강도 당 책임비서는 결석했는데, 각자 지방의 추도대회에 출석했다. 군의 차수들은 이때에도 정치국 인사와 비서국 인사 사이에 랭크되었다. 김봉률 차수의 이름이 없었는데, 직후인 7월 19일 '불치의 병(암으로 추정됨)'으로 사망했다.

당 기관지 ≪노동신문≫은 8일자로 추모대회 주석단의 사진을 보도했는데, 김정일의 친여동생으로 서열 보도에는 없었던 김경희가 김용순 비서와 김기남 비서 사이에 앉았다.

〈표 13〉 김일성 주석 사망 1주년 중앙추모대회 서열 (1995년 7월 7일)

1	김정일	20	백학림
2	강성산	21	김광진
3	리종옥	22	김익현
4	박성철	23	김기남
5	김영주	24	김국태
6	김병식	25	황장엽
7	김영남	26	김중린
8	최광	27	서관희
9	계응태	28	김용순
10	전병호	29	김환
11	한성룡	30	김복신
12	김성애	31	김창주
13	김철만	32	김윤혁
14	최태복	33	장철
15	최영림	34	공진태
16	홍성남	35	윤기복
17	양형섭	36	박남기
18	홍석형	37	전문섭
19	리을설	38	류미영

조선노동당 창건 50주년 기념행사(1995년 10월 10일)

김일성 주석이 사망한 지 1년 이상이 경과한 무렵 북한은 당 창건 50주년이라는 기념일을 맞이했는데, 김정일은 여전히 당 총서기에 취임하지 않았고, '복상(服喪)'이 계속되었다. 북한은 경제위기나 사회주의 진영의 붕괴, 외교적인 고립 등 내외의 위기 가운데에서 점차 군사적 색채를 강화했다.

김정일 국방위원장은 조선노동당 창건 50주년 기념일 이틀 전인 1995년 10월 8일, 오진우 사후에 공석이던 인민무력부장에 최광 총참모장을 임명했다. 당 중앙군사위와 국방위는 같은 날 최광, 리을설 두 차수에게 원수의 칭호를 부여하고, 조명록(공군사령관), 리하일, 김영춘 각 대장에게 차수의 칭호를 부여했다. 또한 김정일 조선인민군 최고사령관 명령 0065호 '조선인민군 지휘 멤버들의 군사칭호를 올리는 것에 대해서'를 통해 김하규, 현철해, 김병률 등 3명에게 대장, 김기련 등 5명에게 상장, 김형룡 등 4명에게 중장, 다른 2명에게 소장의 칭호를 부여했다.

조선중앙통신은 10월 13일 김영춘이 군 참모총장에, 김광진 인민무력부 부부장이 동 제1부부장에, 조명록 공군사령관이 군 총정치국장에 취임했다고 밝혔다. 군 총정치국장은 2월에 사망한 오진우 인민무력부장이 겸직하고 있었기 때문에 공석이 계속되는 상태였다.

북한에서는 앞에서 말한 바와 같이, 김정일이 1991년 12월에 최고사령관에 추대되고, 1992년 4월에 김일성에게 대원수, 김정일과 오진우에게 원수, 최광 등 8명에게 차수의 칭호가 부여되었다. 그러나 1994년 7월에 김일성 주석이 사망하고, 이어서 1995년 2월에는 오진우 인민무력부장이 사망했다. 김정일 인민군 최고사령관은 이러한 상황 속에서 당 창건 50주년을 앞두고 일련의 군 인사를 단행하여 새로운 질서를 확립했다.

김일성 시대의 북한군은 오진우 인민무력상이 군을 통제하는 총정치국장을 겸임하는 등 강력한 권한을 가졌다. 그런 의미에서 인민무력부의 일원적인 권력구조가 형성되었다. 그러나 이번 인사에서는 빨치산 출신의 혁명 1세대인 최광을 인민무력부장에, 혁명 1세대 가운데 최고 연배인 김광진을 인민무력부 제1부부장으로 기용하고, 군을 통제하는 강대한 권한을 갖는 군 총정치국장에 혁명 1.5세대인 공군사령관 조명록을, 군의 실천부문을 지휘하는 총참모장에 같은 1.5세대인 김영춘을 기용했다.

이것은 이제까지 오진우를 수장으로 일원화되었던 군 지도부를 인민무력부장, 군 총정치국장, 총참모장으로 3원화하여 김정일이 그 위에 1인자로 군림하는 구조로의 전환을 의미했다. 김정일은 군내 '2인자'의 존재를 용납하지 않는 친정체제를 구축했다. 군 지도부나 차수에 빨치산 세대와 혁명 1.5세대를, 대장급에 혁명 2세대를 잘 배치한 인사라고 할 수 있다. 이 시점에서 군부 최고위층의 계급 서열은 아래와 같다.

원수

김정일	국방위원장, 최고사령관
최광	인민무력부장
리을설	호위총국장

차수

최인덕	김일성종합군사대학 총장
김광진	제1인민무력부 부부장
김영춘	군 총참모장
조명록	군 총정치국장
백학림	사회안전부장
리두익	당 중앙군사위원
김익현	당 중앙위 인민호위부장
리하일	당 중앙군사부장

조선노동당 창건 50주년인 10월 10일, 평양의 김일성광장에서는 '조선노동당 창건 50주년 경축 열병식'과 100만인 대중 집회가 열렸다. '우리 당과 우리 인민의 위대한 지도자'인 '김정일 공화국 국방위원회 위원장,

〈표 14〉 조선노동당 창건 50주년 행사 서열 (1995년 10월 10일)

1 김정일	22 김광진
2 리종옥	23 김익현
3 박성철	24 조명록
4 김영주	25 리하일
5 강성산	26 김영춘
6 최광	27 김기남
7 김영남	28 김국태
8 계응태	29 황장엽
9 전병호	30 김중린
10 한성룡	31 서관희
11 서윤석	32 김용순
12 김철만	33 김복신
13 최대복	34 김창주
14 최영림	35 김윤혁
15 홍성남	36 장철
16 양형섭	37 공진태
17 홍석형	38 윤기복
18 연형묵	39 박남기
19 리을설	40 전문섭
20 백학림	41 김병식
21 리두익	42 류미영

조선인민군 최고사령관'도 출석했고, 최광 인민무력부장(당 정치국 위원)이 김정일 최고사령관의 위임에 의해 경축 연설을 했다. 열병 사령관은 김정일의 매제인 장성택 당 부장의 형 장성우가 맡았다.

조선노동당 창건 50주년 행사는 당의 행사임에도 불구하고, 군사 퍼레이드를 펼치고 군인인 최광 인민무력부장이 경축 연설을 하는 등 대단히 군사적인 색채를 띠었다(<표 14>).

이 사이에 강성산 총리는 김정일, 오진우에 이어서 서열상 '3인자'(오진우의 사후는 2인자)의 지위를 차지했는데, 1995년 9월 2일에 다른 간부들과 영화 <민족과 운명 제30부>를 관람한 이후 9월 9일 건국일 기념행사에 모습을 보이지 않았고, 10월 9일 대성산 혁명열사릉에 헌화할 때까지 공식보도에서 그 모습을 볼 수 없었다. 강성산 총리는 김일성 주석이 사망하기 전까지는 중요행사에서 기조연설 등을 맡았는데, 김일성 주석의 사후에는 그러한 중요연설을 맡는 일이 거의 없었다. 그리고 김정일이 출석하지 않은 10월 9일의 열사릉 헌화나 조선노동당 창건기념탑 완공식에서는 첫 번째로 보도되었지만, 10월 10일의 열병식과 100만인 대중집회의 주석단 출석자 보도에서는 김정일, 리종옥, 박성철, 김영주에 이은 다섯 번째로 보도되었다. 이로써 '2인자'에서 부주석들의 뒤로 서열이 내려간 것이 확인되었다.

이제까지 서열 8위였던 최광이 인민무력부장에 취임한 후 김영남 부총리 겸 외상을 제치고 서열 6위로 올랐다. 리을설 원수나 최인덕 차수 등 군인 그룹의 서열은 이전과 같이 정치국 위원후보와 당 비서 사이에 있었다.

김일성 주석 사망 2주년 중앙추모대회(1996년 7월 8일)

1996년 1월 1일 당 기관지 ≪노동신문≫ 등의 '신년공동 사설'에서 "붉은기를 높게 들고 새해의 진군을 힘차게 다그쳐나가자"라는 제목하에 '고난의 행군'이라는 말이 등장했다. 그리고 ≪노동신문≫은 1996년 1월 9일자 논설 "붉은기는 조선혁명의 백전백승의 기치이다"에서 "경애하는 김정일 장군님께서는 붉은기 정신으로 백전백승하여온 조선혁명의 력사를 과학적으로 분석총화하시고 혁명의 먼 미래를 내다보시면서 붉은기에 담겨진 심원한 혁명철학을 밝히시였다. 이리하여 력사상 처음으로 붉은기 철학이라는 뜻 깊은 말이 나오게 되었다"고 지적했다.

1996년 1월 17일에는 평양의 4·25문화회관에서 '조선사회주의 노동청년동맹(사로청)' 대표자회의가 개최되었고, 19일의 폐막식에는 김정일도 참가했다. 이 동맹은 '김일성 사회주의 청년동맹'으로 개칭되었다. 사로청은 김정일이 3대혁명소조 운동을 전개했을 때 중심적인 역할을 수행했던 김정일의 친위대적 성격을 지닌 청년조직이다. 김정일은 그 조직에 '김일성'의 이름을 붙여서 개칭하고, "동맹 내에 김정일 장군의 유일지도체계를 확고하게 세워서 …… 혁명군대와 같은 규율과 질서를 세워야 할 것이다"라고 함으로써 자신에 대한 충성을 강화하기 위한 조직 개편이라는 것을 명확히 했다.

1996년 7월 8일에는 '김일성 동지 사망 2주년 중앙추모대회'가 금수산기념궁전 앞 광장에서 열렸다. 김정일 등 지도부가 출석하고, 최태복 당정치국 위원후보·비서가 김정일 동지의 위임으로 추도사를 했다.

조선중앙방송은 출석자 중 34인의 간부 이름을 직책과 함께 호명했다(<표 15>). 이 서열에서는 1995년 10월 당 창건 50주년에서 서열 5위까지 내려갔던 강성산 총리가 결석하고, 명부에서 **빠졌다**.

군부에서는 리을설 원수, 조명록 군 총정치국장(차수), 김영춘 총참모장(차수) 3명이 11위, 12위, 13위로 정치국 위원과 정치국 위원후보 사이에 랭크되어 크게 서열이 올랐다. 리을설의 상위 랭크는 빨치산 세대로서 원수라는 계급에 대한 배려로 보이는데, 김정일의 측근세력을 형성하는 군인으로서 조명록, 김영춘 두 차수가 급속하게 권력의 핵심세력으로 부상했다. 한편으로 김광진, 백학림, 김익현, 리하일 각 차수는 29위에서 31위까지에 랭크되어 상위 3인과의 차이가 두드러졌다. 미망인 김성애는 조선

〈표 15〉 김일성 주석 사망 2주년 중앙추모대회 서열 (1996년 7월 8일)

1	김정일	국방위원장, 최고사령관
2	리종옥	당 정치국 위원, 부주석
3	박성철	당 정치국 위원, 부주석
4	김영주	당 정치국 위원, 부주석
5	김병식	사회민주당위원장, 부주석
6	최광	당 정치국 위원, 인민무력부장
7	김영남	당 정치국 위원, 부총리
8	계응태	당 정치국 위원, 당 비서
9	전병호	당 정치국 위원, 당 비서
10	한성룡	당 정치국 위원, 당 비서
11	리을설	원수
12	조명록	군 총정치국장, 차수
13	김영춘	군 총참모장, 차수
14	김철만	당 정치국 위원후보
15	최태복	당 정치국 위원후보, 당 비서
16	양형섭	당 정치국 위원후보, 최고인민회의의장
17	홍성남	당 정치국 위원후보, 부총리
18	최영림	당 정치국 위원후보, 부총리
19	홍석형	당 정치국 위원후보, 국가계획위원장
20	김기남	당 비서
21	황장엽	당 비서
22	김중린	당 비서
23	김용순	당 비서
24	김복신	부총리
25	김윤혁	부총리
26	장철	부총리
27	전문섭	중앙인민위 국가검열위원장
28	윤기복	중앙인민위 경제정책위원장
29	김광진	차수
30	백학림	차수
31	김익현	차수
32	리하일	차수
33	류미영	천도교청우당 위원장
34	김성애	동지

민주여성동맹 위원장 등의 직책 호명 없이 다만 '동지'라고만 했고, 발표 명부에서도 최하위인 34위로 냉대가 가시화되었다.

결석자는 강성산 총리, 서윤석 평안남도 당 책임비서, 연형묵 자강도 당 책임비서, 리선실 정치국 위원후보, 서관희 당 비서, 김환 부총리, 김창주 부총리, 공진태 부총리, 최인덕 차수 등이었다. 연형묵 자강도 당 책임비서는 지방 책임자이며, 최인덕 차수는 고령이고, 리선실 정치국 위원후보는 대남공작 담당자라는 점을 고려해야 하는데, 다른 결석자의 대다수는 김일성 시대에서 김정일 시대로 이행하는 때에 권력중추로부터 배척될 운명이 기다리고 있었다.

조선중앙방송은 1996년 10월 30일, 장성택이 당 중앙위 제1부부장에 취임했다는 것을 확인했다. 장성택은 1993년 3월에 당 중앙위 부장의 직책으로 보도된 이래 동정 보도가 없었다. 한국의 보도는 당 청년·3대혁명소조 부장에서 당 조직지도부 제1부부장에 취임했다고 보고 있다. 형식적으로는 부장에서 제1부부장으로의 강등이지만, 당 조직지도부는 노동당의 인사를 장악한 핵심부서이며, 부장은 김정일이 겸임하고 있어서 이곳으로의 제1부부장 기용은 실질적인 승진이라고 말할 수 있다.

김정일이 1996년 11월 24일 인민군 판문점 대표부를 방문했을 때 보도나 같은 해 12월 1일 '근위서울 류경수 제105 탱크사단' 시찰 보도에서 리용철이 당 중앙위 제1부부장, 당 중앙군사위원에 취임한 것이 판명되었다. 제1부부장이란 당 조직지도부 제1부부장으로, 군사부문의 인사를 담당한다. 따라서 이 시기의 당 조직지도부는 당 인사를 리제강 제1부부장, 군 인사를 리용철 제1부부장, 청년조직 등 당 외곽 부문을 장성택 제1부부장이 담당하는 체제가 되었다고 보인다.

최광 국가장의위원회(1997년 2월 22일)

1997년에도 아직 '복상' 중이었는데, 북한의 홍수피해 대책위원회는 2월 3일, 전년도 여름의 큰비로 인한 수해 등으로 식량생산은 250만 톤(필요량 784만 톤, 그 가운데 식량용 482만 톤), 식량의 재고는 24만 6,000톤밖에 없다고 발표했다. 1997년 1월, 황해남도, 황해북도, 평안남도, 양강도, 함경북도, 개성시 등 전국의 9도·4직할시 13개 지역 가운데 6개소의 농촌 경리위원장이 경질되었다는 것이 드러났다.

김정일은 2월 9일 최고사령관 명령으로 김격식, 주성상, 김성규, 박재경을 대장으로, 리창한, 박영하를 중장으로 승진시켰다. 모두 김정일의 군 시찰에 동행하고 김정일이 최고사령관이 된 이후에 두각을 나타낸 군인들이었다.

그러한 고난 가운데 있던 2월 12일, 한국 정부는 황장엽 당 비서가 베이징에서 한국으로의 망명을 신청했다고 발표했다. 북한에서 '주체사상'을 체계화한 황장엽 비서의 망명은 내외에 큰 충격을 주었다.

2월 21일에는 덩샤오핑(鄧小平) 사망을 맞아, 홍성남 부총리가 '총리대리'의 직책으로 중국의 리펑(李鵬) 총리에게 조전을 보낸 것이 보도로 확인되었다. 강성산 총리는 1년 이상에 걸쳐 동정 보도가 없었다.

같은 날인 2월 21일 최광 인민무력부장이 심장마비로, 같은 달 28일에는 김광진 제1인민무력부 부부장이 '불치의 병'으로 사망하여, 북한군의 중핵 멤버가 연이어 사망했다. 2월 22일 최광 부장의 사망에 따른 85명으로 구성된 국가장의위원회가 발표되었다(<표 16>).

이 서열에서 강성산 총리는 탈락했고, 리을설 원수 6위, 조명록 군 총정치국장 7위, 김영춘 군 총참모장 8위로 이 셋의 서열이 더 올라간

〈표 16〉 최광 국가장의위원회 서열 (1997년 2월 22일)

1	김정일	16	홍성남
2	리종옥	17	홍석형
3	박성철	18	김국태
4	김영주	19	김기남
5	김영남	20	김중린
6	리을설	21	김용순
7	조명록	22	윤기복
8	김영춘	23	김광진
9	계응태	24	백학림
10	전병호	25	김익현
11	한성룡	26	리두익
12	김철만	27	최인덕
13	최태복	28	황순희[a]
14	양형섭	29	최성숙[b]
15	전문섭	30	김룡연[c]

a) 조선혁명박물관 관장
b) 조선농업근로자동맹 위원장
c) 조선반제투사노병위원회 부위원장

것이 가장 주목된다. 1996년 7월 김일성 주석 사망 2주년 중앙추모대회 서열에서 이 3명은 정치국 위원과 정치국 위원후보의 사이에 랭크되었는데, 여기에서는 국가부주석 다음에 랭크되어 정치국 위원보다 높은 서열이 되었다.

조선인민군 창건 65주년 열병식(1997년 4월 25일)

김정일 최고사령관은 조선인민군 창건 65주년을 앞둔 1997년 4월 13일,

<표 17> 조선인민군 창건 65주년 서열 (1997년 4월 25일)

1 김정일	20 최영림
2 리종옥	21 홍석형
3 박성철	22 김국태
4 김영주	23 김기남
5 리을설	24 김중린
6 조명록	25 김용순
7 김영춘	26 백학림
8 강성산	27 전문섭
9 김병식	28 김일철
10 김영남	29 리하일
11 계응태	30 전재선
12 서윤석	31 박기서
13 전병호	32 리종산
14 한성룡	33 김복신
15 양형섭	34 김윤혁
16 최태복	35 장철
17 김철만	36 공진태
18 연형묵	37 류미영[a]
19 홍성남	

a) 천도교청우당 위원장

김일철, 전재선, 박기서, 리종산 등 4명의 대장을 차수로, 정창렬 상장을 대장으로 각각 승진시키고, 동시에 새롭게 상장에 7명, 중장에 37명, 소장에 73명 합계 122명의 군인을 승진시켰다. 차수로 승진한 김일철 해군사령관은 같은 달 14일의 보도에서 사망한 김광진 인민무력부 제1부부장의 후임으로 취임했다는 것이 밝혀졌다.

같은 해 4월 25일 평양의 김일성광장에서 경축 열병식이 열렸다. 김정일은 연설 없이 열병만 하고, 김영춘 군 총참모장이 경축 연설을 했다(<표 17>). 조선중앙방송은 37명의 열병식 참가자를 소개했는데, 1996년 1월

1일 이래 동정 보도가 없던 강성산 총리가 1년 4개월 만에 공식적인 행사장에 모습을 보였다. 서열은 8위였다. 리을설, 조명록, 김영춘은 서열 5위에서 7위를 차지하여 더욱 서열을 올렸다.

김일성 사망 3주년 중앙추모대회(1997년 7월 8일)

김일성 주석 사망 3주년인 1997년 7월 8일, 김일성의 시신이 안치된 평양시의 금수산기념궁전 앞에서 중앙추모대회가 개최되었다. 김영남 당 정치국 위원(부총리 겸 외상)이 추도사를 하면서, "위대한 수령 김일성 동지의 사망 3주년 상을 거행하여, 상이 끝나게 되는 장엄한 이 장에서 어버이 수령에게 재차 마음으로부터의 맹세를 엄숙히 굳게 한다"고 하여, 김일성 주석에 대한 복상이 끝난 것을 공식적으로 선언했다. 추도사에서는 "위대한 수령 김일성 동지를 우리 당과 혁명의 수령으로서 영원히 높게 받들고, 수령의 불멸의 혁명사상과 업적을 단호하게 옹호, 고수하고 대를 이어 끝없이 빛나게" 하자고 호소했다.

김정일을 비롯하여 당, 국가의 지도자가 금수산기념궁전을 방문하여, 고 김일성 주석에게 경의를 표했고, 참가한 38명의 명부가 발표되었다 (<표 18>). 김영주 부주석과 강성산 총리는 4월 25일 조선인민군 창건 65주년 열병식 이래 약 2개월 반 만에 모습을 드러냈다. 김성애는 전년도 7월의 2주기 이래로 미망인이라는 호칭도 없이 명부의 최하위로 보도되었다. 7월 9일자 당 기관지 ≪노동신문≫에 게재된 사진에서 김성애는 김영주 국가부주석의 옆에 서고, 김정일의 친여동생 김경희도 김용순 당 비서의 옆에 서서, 1주기, 2주기와 마찬가지로 친족에 대한 배려를 보였다.

〈표 18〉 김일성 주석 사망 3주년 중앙추모대회 서열 (1997년 7월 8일)

1	김정일	20	김국태
2	리종옥	21	김기남
3	박성철	22	김중린
4	김영주	23	김용순
5	김병식	24	백학림
6	강성산	25	전문섭
7	김영남	26	김복신
8	계응태	27	김윤혁
9	전병호	28	장철
10	리을설	29	공진태
11	조명록	30	윤기복
12	김영춘	31	리하일
13	한성룡	32	김일철
14	양형섭	33	김익현
15	최태복	34	전재선
16	김철만	35	박기서
17	홍성남	36	리종산
18	최영림	37	류미영
19	홍석형	38	김성애

군 창건 65주년 열병식 서열에서 리을설 원수, 조명록 군 총정치국장, 김영춘 군 총참모장은 국가부주석 뒤의 서열이었는데, 이번에는 정치국 위원 다음인 종래의 직위로 되돌아왔다.

당 중앙위, 당 중앙군사위, 국방위, 중앙인민위원회, 정무원 등 다섯 기관에 의한 7월 8일자 '결정서'가 1997년 7월 9일에 발표되어, 김일성 주석이 출생한 1912년을 원년으로 하는 '주체 연호'의 사용과 김일성 주석의 생일인 4월 15일의 '태양절' 지정을 결정했다.

김정일의 당 총서기 추대(1997년 10월 8일)

당 중앙위와 당 중앙군사위는 1997년 10월 8일 '특별보도'를 통해 "김정일 동지는 우리 당이 공인한 총서기로서 높게 추대되었다"고 발표했다. 북한에서는 1997년 9월 21일 평안남도 당 대표회의에서 김정일을 총서기로 추대하는 결정서를 채택한 것을 계기로, 각 도나 평양특별시 등에서 추대결정이 계속되어 10월 3일 개성시 당 대표회의까지 전국 도·직할시에서 대표회의가 개최되었다. 나아가 9월 22일의 인민군 대표회의에 이어 정무원 사무국이나 사회안전부 등 각 기관의 대표회의가 개최되어 김정일의 당 총서기 추대결정서가 채택되었다.

당초 당 총서기는 당 대회나 당 대표자회의, 적어도 당 중앙위에서 결정하는 것이었다. 노동당 규약에는 당 총서기의 선출을 당 중앙위에서 하는 것으로 되어 있다. 그러나 10월 10일자 당 기관지 ≪노동신문≫은 사설에서 "그 어떤 실무적 절차에 의해서가 아니라 전당적인 일대 정치적 사업으로 당의 최고령도자를 추대한 것은 로동계급의 당 건설 력사에 일찍이 없었던 사변이다"라고 강조하고, 당 규약에 따르지 않는 방법으로 당 총서기를 추대한 것에 대한 의의를 호소했다. 선출된 직명(職名)은 '노동당 총서기'로, '노동당 중앙위 총서기'가 아닌 것은 이러한 추대 절차의 반영이 아닌가 하는 지적도 나왔다.

최고인민회의 제10기 대의원 선거(1998년 7월 26일)

최고인민회의 상설회의는 1998년 5월 20일자 결정으로, 북한의 국회에 해당하는 최고인민회의 제10기 대의원 선거를 7월 26일에 치른다고 발표했다. 북한에서 최고인민회의 선거가 치러진 것은 김일성 시대인 1990년 4월 22일 이래 약 8년 만이며, 이는 1994년 7월에 김일성이 사망하고 김정일 시대에 들어선 이후 최초의 국가기관 선거였다.

북한에서는 6월 28일 제666 선거구에서 김정일을 최고인민회의 대의원 후보자로 추대한 것을 계기로 다음날인 29일에는 제1 선거구(평양시 만경대 선거구)에서 김정일을 후보자로 추대하는 등 687개소 모든 선거구에서 김정일을 후보자로 추대했다. 중앙선거관리위원회는 7월 14일 김정일 총서기가 7월 7일 제666 선거구에 대의원 후보로서 등록했다고 발표했다.

이 선거를 통해 대의원 678명 중 408명(59.4%)이 신인으로 대폭적인 세대교체가 실시되었고, 라디오프레스의 조사로는 군인도 이전 대회에 비해 45명에서 88명으로 대폭 증가했다. 강성산(姜成山) 총리, 서윤석(徐允錫) 당 정치국 위원, 서관희(徐寬熙) 당 비서, 김달현(金達玄) 전 부총리, 현준극(玄峻極) 전임 당 중앙위 국제부장, 김환(金渙) 부총리 겸 화학공업부장, 리두익(李斗益) 차수, 리봉원(金奉遠) 대장, 김성애, 최룡해 전 김일성사회주의청년동맹 제1비서 등이 대의원으로 선출되지 못했다. 강성산 총리 등 대부분은 고 김일성 주석과 연결된 인맥이었다.

서관희 당 비서는 농업정책 실패의 책임을 지는 형태로, 1997년에 스파이 혐의로 처형되었다. 한국의 ≪조선일보≫는 1997년 10월 7일자로 리봉원 대장 등 군인 3명도 서관희 비서와 함께 공개 처형되었다고 보도했다. 리봉원 대장 등의 처형은 별도였다는 보도도 있었다.

'김일성사회주의청년동맹'의 전신은 '사회주의노동청년동맹(사로청)'인데, 이 간부들이 한국의 정보기관으로부터 수뢰나 접대를 받았던 것이 발각되어 최룡해 등이 실각했다.

강성산, 김달현 등은 당시의 개혁적인 경제관료로서 이러한 개혁파의 경제인맥이 배제되어 북한은 경제 분야에서도 개혁에너지를 상실했다. 경제 각료로는 김환 부총리 겸 화학공업부장, 김응상(金應相) 국가건설위원장, 김리룡(金利龍) 석탄공업부장, 리지찬(李志燦) 전력공업부장, 리재윤(李載胤) 노동행정부장 등이 대의원에서 탈락했다.

당 중앙에서는 현준극 국제부장, 김형우(金亨宇)·길재경(吉在京) 국제부 부부장, 권희경(權熙京) 대외정보조사부장, 리창선(李昌善) 사회문화부장, 최수길(崔秀吉) 조선대성은행 이사장 등 공안기관이나 김정일의 금고 지킴이라고 불린 인물들도 모습이 사라졌다.

한국의 언론보도에 의하면, 1997년부터 2000년에 걸쳐 '심화조(深化組)' 사건이라고 불리는 대대적인 숙청이 행해졌다. 각 공안기관이 지니고 있는 '주민등록 요해문헌'을 조사(심화)하여 철저한 검사가 실시되었고, 이로써 김일성 시대 간부 대다수가 권력구조로부터 배제되었다. 이에 따라 서관희 당 비서 등 고참 간부가 '스파이' 등의 혐의를 받고 숙청되었다.

다른 한편으로, 김익현 차수, 김정각 인민무력부 부부장(당시, 현 군총정치국 제1부부장), 김영철 인민무력부 부부장(당시, 현 군정찰총국장), 현철해 해군 총후근국장(당시, 현 국방위원장), 박재경 대장(현 인민무력부 부부장) 등 현재의 북한 군부의 핵심 인사가 최고인민회의 대의원에 선출되었다.

김정일 '최고직책'의 국방위원장에(1998년 9월 5일)

1998년 8월 31일, 북한은 탄도미사일 발사실험을 실시하고 같은 해 9월 4일이 되어 그것은 인공위성 '광명성 1호'의 발사였다고 발표했다.

북한은 인공위성 발사에 성공했다고 했지만, 위성의 존재 등은 확인되지 않고 국제사회는 인공위성 발사에 실패했다고 판단했다. 서방 측에서는 이 인공위성 발사에 사용된 중거리 탄도미사일을 '대포동'(북한은 '백두산 1호'라고 명명)이라고 불렀다. 액체연료를 사용한 2단계 미사일로 1단계는 동해에 2단계는 일본열도를 넘어 태평양에 낙하함으로써, 북한의 미사일 기술이 일본을 사정권 내에 두는 단계에 도달했음을 보여주었다. 이는 곧 개최된 최고인민회의에서 발표되는 북한의 신체제 시작을 향한 군사력 과시이기도 했다.

1998년 9월 5일 최고인민회의 제10기 제1차 회의가 개최되어, 1992년 이래 첫 헌법 개정이 이루어졌다. 국가주석 제도가 폐지되고, 김정일 총서기는 '국가의 최고직책'으로 규정된 '국방위원장'에 취임했다. 주석제 폐지로 김일성 주석은 '영원한 국가주석'이 되었다.

최고인민회의에서는 김영남 당 정치국 위원·부총리 겸 외상이 김정일을 국방위원장으로 추대하는 연설을 통해 "국방위원장의 직무는 국가의 정치·군사·경제력 전체를 건설, 지휘하고 사회주의 조국의 국가이익과 인민의 운명을 수호하며, 국가의 방위력과 전반적 국력을 강화, 발전시키는 사업을 조직, 령도하는 국가의 최고직책"이라고 언명했다. 그러나 개정된 헌법에서 국방위원장은 "모든 무력을 지휘, 통솔하고 국방사업 전반을 지도한다"로 규정되어 권한이 국방에 한정되고 있고, 국가원수적인 직책으로는 명기되어 있지 않았다.

1998년의 개정 헌법에서 '원수'에 대한 명확한 규정은 없었지만, 제111조에서 최고인민회의 상임위원장은 "국가를 대표하여 외국 사절의 신임장, 소환장을 받는다"고 규정하여 동 위원장이 대외적으로 원수의 역할을 하는 형태가 되었다. 그러나 실제적인 권한은 '국가의 최고직책'인 국방위

〈표 19〉 최고인민회의 제10기 제1차 회의 서열 (1998년 9월 5일)

1	김정일	국방위원장
2	김영남	최고인민회의 상임위원장
3	홍성남	총리
4	리종옥	최고인민회의 상임위 명예부위원장
5	박성철	최고인민회의 상임위 명예부위원장
6	김영주	최고인민회의 상임위 명예부위원장
7	조명록	국방위 제1부위원장
8	리을설	국방위원
9	김일철	국방위 부위원장
10	리용무	국방위 부위원장
11	계응태	당 비서
12	전병호	당 비서, 국방위원
13	한성룡	당 비서, 최고인민회의 예산위원장
14	김영춘	국방위원, 군 총참모장
15	양형섭	최고인민회의, 상임위부위원장
16	최태복	당 비서
17	김철만	국방위원
18	연형묵	당 정치국 위원후보
19	백학림	국방위원
20	전문섭	최고인민회의 상임위 명예부위원장
21	최영림	당 정치국 위원후보
22	홍석형	당 정치국 위원후보

원장에 있고, 국가원수를 내외에서 사용하는 형태가 되었다.

　중앙인민위원회는 폐지되고, 정무원은 '내각'으로 개칭되었다. 정무원은 1992년 헌법에서는 "최고주권 기관의 행정적 집행기관이다"(제124조)라고 규정되어 있었으나, 1998년 헌법에서는 "최고주권의 행정적 집행기관이며, 전반적인 국가관리 기관이다"(제117조)로 규정되고, 다소 권한이 강화되었다. 이에 따라 정무원의 각 '부'가 '성(省)'이 되고, '부장'은 '상(相)'이 되었다. 국방상에 해당하는 인민무력부장은 종래는 내각에 속하지 않았으나 이 헌법 개정 직후 인민무력성이 되어 내각에 소속되었다. 그러나 조선중앙통신은 2000년 9월 11일, 건국기념일인 9월 9일부터 인민무력성이 '국방위원회 인민무력부' 또는 '인민무력부'로 개칭된 것을 보도했다. 인민무력부는 다시 내각이 아니라 국방위원회에 소속되어 명칭도 인민무력부로 돌아왔다. 새로운 총리에는 홍성남이 선출되었다.

그 이후 김정일은 외국에 대한 축전의 송부나 해외사절단과의 회견, 대사의 신임장 수취 등을 모두 김영남 최고인민회의 상임위원장에게 위임하고, 자신은 '최고의 직책'이지만 경제의 실적 등에 책임은 지지 않는 최고권력자의 지위인 '국방위원장'으로서 활동했다. 일본에서는 김정일의 호칭을 통상 '김정일 총서기'로 하지만, 국가적인 권한이 사실상 국방위원장으로 이행한 것을 수용하여 한국 등에서는 정부나 언론 모두 '김정일 국방위원장'을 주된 호칭으로 사용했다.

이 제1기 국방위의 구성은 아래와 같다.

위원장	김정일 (당 총서기)
제1부위원장	조명록 (군 총정치국장)
부위원장	김일철 (차수)
	리용무 (차수)
위원	김영춘 (군 총참모장)
	연형묵 (당 정치국 위원후보)
	리을설 (원수)
	백학림 (사회안전상)
	전병호 (당 정치국 위원)
	김철만 (당 정치국 위원후보)

조선중앙방송은 1998년 9월 5일에 개최된 최고인민회의 제10기 제1차 회의에 출석한 지도부 간부의 주석단에서의 서열을 보도했다. 김영남 최고인민회의 상임위원장이 김정일 총서기에 이어 '2인자'가 되었다. 정무원이 내각으로 개편된 것을 배경으로 홍성남 총리가 3위가 되었다. 이제까지 총리의 서열은 5위였다. 국방위 제1부위원장으로 기용된 조명록 차수가 13위에서 7위로 대폭 서열을 올려 '국방위원회' 시대의 개막을 보여주었다(<표 19>).

개혁적 지향

　김정일 총서기는 새로운 헌법체계를 기초로, 국방위원장을 수장으로 하는 선군정치를 추진하면서도, 새로운 체제 만들기를 추진했다. 북한경제는 1990년대에 전년 대비 마이너스 3.7%(한국은행 추정)가 된 이래, 줄곧 마이너스 성장을 지속했는데 1999년이 되어 결국 플러스 6.2%로 전환했다.

　정권 기반을 확립한 김정일 총서기는 '고난의 행군' 시기의 혼란 수습을 결국 단행했다. 1999년 2월 19일 '주체사상화 강령선포 25주년 중앙보고회'에서 김기남 당 비서는 "주체 농법을 농민대중 자신의 농법으로 확고하게 전환했다"고 하여 김일성 시대 농업정책의 전환을 선언했다. 이에 따라 감자 재배, 이모작 실시, 종자 개량, 재배지에 알맞은 농사(適地適作)·재배시기에 알맞은 농사(適時適作) 등의 정책을 추진했다.

　김정일 총서기는 1999년 1월 1일에 당 중앙위 간부에 대한 담화 가운데, "지난해에 국가기구체계를 정비하였는데 내각이 경제사령부로서 내각책임제, 내각중심제를 옳게 실현해 나가도록 하여야 합니다. 그래야 경제사업에 대한 중앙집권적, 통일적 지도를 보장할 수 있습니다. 경제사업과 관련한 문제들은 일체 내각에 집중시켜 내각의 결심과 주관 밑에 풀어 나가도록 하여야 합니다. 그 어떤 단위든지 경제사업과 관련한 문제들을 내각을 제쳐 놓고 자의대로 처리하는 일이 없도록 하여야 합니다"[1]고 말하고, 경제정책을 내각책임제로 실시하는 방침을 제시했다.

2000년 1월 4일에 이탈리아와의 국교를 정상화한 것을 계기로 서방 측 국가들과의 외교관계를 점차 수립해가는 적극외교도 전개했다. 악화되고 있는 중국과의 관계도 김영남 최고인민회의 위원장이 1999년 6월에 공식 방문하여 관계개선의 토대를 구축했고, 김정일 총서기가 2000년 5월 말 비공식 방문을 하고, 2001년 1월에도 재차 방중했다.

나아가 2000년 6월에는 한국의 김대중 대통령과 역사상 최초의 남북 정상회담을 실현하여 '남북공동선언'을 발표했다. 2000년 10월에는 측근인 조명록 국방위 제1부부장이 김정일 총서기의 특사로 미국을 방문하여 클린턴 대통령과 회담했다. 이후 올브라이트 국무장관이 같은 달 10월에 북한을 방문하여 김정일 총서기와 회담, 북·미관계가 크게 진전하는 듯이 보였으나, 클린턴 정권의 임기가 끝나고 공화당 부시 대통령의 등장으로 관계개선은 좌절되었다.

북한은 2000년 10월 10일 당 창건 55주년을 기점으로 결국 '고난의 행군', '사회주의 강행군'이 종료되었다는 것을 선언했다.

21세기를 맞이한 2001년이 되자, 김정일 총서기는 '사고 혁신'을 호소

---

1) 김정일, 「올해를 강성대국건설의 위대한 전환의 해로 빛내이자」, 조선로동당 중앙위원회 책임일군들과 한 담화(1999년 1월 1일), 『김정일 선집 14』(조선로동당출판사, 2000), 461쪽.

했다. 당 기관지 ≪노동신문≫은 2001년 1월 4일자로 김정일 총서기의 어록을 게재하고, 김정일 총서기는 "모든 문제를 새로운 관점과 새로운 높이에서 보고 풀어 나가야 합니다"라고 호소했다.

2001년 7월부터 8월에 걸쳐서 김정일 총서기는 특별열차로 시베리아를 횡단하여 모스크바를 방문, 푸틴 대통령과 회담하고 '북·러 모스크바 선언' 에 조인했다. 2002년 8월에는 러시아 극동에서 재차 푸틴 대통령과 회담했다. 2002년 9월 17일에는 고이즈미 준이치로 총리가 방북하여 북·일 정상회담을 하고 '북·일 평양선언'이 조인되었다.

김정일 총서기는 2001년 10월 3일 당, 국가의 경제기관 책임활동가들에게 「강성대국 건설에 맞추어 사회주의 경제관리를 개선·강화하는 것에 대하여」라는 주제로 획기적인 내용을 포함한 담화를 발표했다. 이 담화는 경제노선에서는 실리를 추구하지만 서방 측 국가들이 말하는 것과 같은 개혁·개방이 아니라 '우리식'으로 행해야 한다고 하며, 나쁜 평등주의의 철폐, 장래 배급제도의 철폐, 권한을 하부나 지방으로 이양, 사회주의 물자교류시장 구상의 제시, 은행 기능의 강화, 기업의 독립채산제 강화 등 획기적인 내용을 담은 것이었다. 이 담화를 실천하는 형태로 2002년 7월 1일에 '7·1경제관리 개선조치'라고 불리는 경제개혁 조치가 전격적으로 발표되었다. 이 조치로 물가는 10배에서 20배로 인상되고, 임금도 십여 배 인상되었다. 기업의 독립채산제를 강화하고, 태환 지폐 폐지, 통화 일원화 등 과감한 경제개혁 조치가 뒤따랐다. 전국 각지에 '시장'이 만들어져 점차로 당국이 공인한 공설시장인 '종합시장'으로 발전하는 등 북한에 초기적인 시장경제주의적 요소가 생기게 되었다.

제2기 국방위원회

2002년 4월 25일, 평양의 김일성광장에서 군 창건 70주년을 기념하는 노농적위대 열병식이 행해져, 김정일 총서기 이하 북한의 지도부가 거의 총집결했다(<표 20>). 이 서열에서는 조명록 국방위 제1부위원장이 '3인 자'의 위치로 한 단계 서열이 오르고, 김영춘 국방위 부위원장, 김일철 국방위 부위원장, 리을설 국방위 위원(원수)이 홍성남 총리 아래 7, 8, 9위에 올라 국방위 구성원의 서열 향상이 두드러졌다.

2003년 8월 3일에는 최고인민회의 제11기 대의원 선거가 치러졌다.

〈표 20〉 조선인민군 창건 70주년 서열 (2002년 4월 25일)

1	김정일	19	정하철
2	김영남	20	김중린
3	조명록	21	김기남
4	박성철	22	김용순
5	김영주	23	리용무
6	홍성남	24	김익현
7	김영춘	25	리하일
8	김일철	26	조창덕
9	리을설	27	곽범기
10	전병호	28	김윤혁
11	연형묵	29	전재선
12	한성룡	30	장성우
13	계응태	31	박기서
14	김철만	32	리종산
15	최태복	33	김룡연
16	양형섭	34	김영대
17	최영림	35	류미영
18	김국태		

대의원 687명 중 제10기에서 재선한 대의원이 347명, 제9기 대의원에서 다시 복귀한 대의원이 9명, 신인이 331명(48.2%)이었다. 이 제11기 선거에서는 최영림 정치국 위원후보·중앙검찰소장(현 총리), 리근한 전 총리, 김창주 전 부총리, 공진태 전 부총리, 리성대 전 대외경제위원장, 정성택 전조선중앙은행 총재 등이 대의원으로 선발되지 못했다. 군인으로는 최인덕, 전재선, 박기서, 리하일 등 4명의 차수, 리병욱, 김격식, 김성규, 김하규, 김명국, 주성상 등 6명의 대장이 대의원으로 선출되지 못해 주목을 끌었다. 이 선거를 통해 2003년 9월 3일 최고인민회의 제11기 제1차 회의가 개최되어, 제2기 국방위 인사를 행하고, 홍성남 총리를 대신하여 박봉주 전화학공업상을 총리로 기용했다.

제2기 국방위원회 구성은 아래와 같다.

위원장	김정일 (당 총서기)
제1부위원장	조명록 (군 총정치국장)
부위원장	연형묵 (당 정치국 위원후보)
	리용무 (차수)
위원	김영춘 (군 총참모장, 차수)
	김일철 (인민무력부장, 차수)
	전병호 (당 정치국 위원)
	최룡수 (신인, 인민보안상)
	백세봉 (신인)

국방위 인사로 처음 등장한 백세봉이 이제까지 북한의 공식보도에 별로 등장하지 않던 인물이라는 점만으로 관심이 모였으나, 그는 군수공업에

〈표 21〉 건국 55주년 서열 (2003년 9월 9일)

1	김정일	18	정하철
2	김영남	19	김중린
3	조명록	20	장성우
4	박성철	21	곽범기
5	김영주	22	로두철
6	박봉주	23	전승훈
7	김영춘	24	김윤혁
8	김일철	25	리을설
9	연형묵	26	백학림
10	리용무	27	김익현
11	전병호	28	리종산
12	한성룡	29	김룡연
13	계응태	30	리하일
14	김철만	31	박기서
15	최태복	32	전재선
16	양형섭	33	김영대
17	김국태	34	류미영

장기간 관여한 인물로 보인다. 새로 총리에 기용된 박봉주는 1939년(1940년설도 있음) 출생으로, 덕천공업대학 졸업 이후 1962년 평안북도 룡천(龍川)식료공장 지배인, 1980년 당 중앙위원후보, 1983년 남흥청년화학연합기업소 당 책임비서, 1993년 5월 당경공업부 부부장, 1994년 3월 당 경제정책검열부 부부장, 1998년 9월부터 화학공업상을 맡아오다 총리로 선발되었다. 2002년 10월에는 경제사절단의 일원으로 한국을 방문한 바 있다.

이후 2003년 9월 9일에 평양의 김일성광장에서 건국 55주년을 기념하는 열병식과 대중 집회가 거행되었다. 조선중앙통신 등은 주석단에 출석한 지도부의 서열을 보도했다(<표 21>).

특징적이었던 점은 국방위원을 사퇴한 리을설 원수가 25위로 서열이 크게 낮아졌다는 점이다. 새로 총리가 된 박봉수는 홍성남 전 총리와 같은 총리의 서열인 최고인민회의 상임위 명예부위원장들 다음으로 6위에 랭크되었다. 또한 이 열병식의 출석자 명부에 김용순 당 비서와 김기남 당 비서의 이름이 없었다. 김용순 당 비서는, 김정일 총서기가 2003년 6월 13일에 황해북도 봉산군 은정리 산양(山羊) 종축장(種畜場)을 현지지도 했다고 하는 6월 14일자 조선중앙통신의 보도에서 동행자 중 한 사람으로서 보도된 이래 동정 보도가 두절되었다. 당 중앙위와 최고인민회의 상임위원회는 2003년 10월 26일에 '부고'를 발표하여, 김용순 당 비서가 2003년 6월 16일 교통사고를 당해 입원치료를 받았으나 10월 26일 오전 5시에 사망했다고 밝혔다. 교통사고 현장이 어디인가는 밝혀지는 않았다.

김기남 당 비서도 6월 13일의 현지지도에 동행했다. 김정일 총서기는 6월 17일에 황해남도 신원군 계남 지구에 새롭게 건설된 '계남 목장'을 현지지도했다. 이때에는 당 중앙위 조직지도부의 리용철, 리제강 두 제1부부장이 동행하여, 김용순 당 비서, 김기남 당 비서의 이름은 동행자에 없었다. 김기남 당 비서도 이 이후, 장기간 공식보도에 등장하지 않았는데, 2004년 1월 17일 중국공산당 중앙위원회 대외연락부 대표단과 회견하여 약 반년 만에 모습을 드러냈다. 한국에서는 김용순 비서와 김기남 비서가 같은 차량에 탑승하여 사고를 당한 것은 아닌가 하는 견해도 나왔다.

박봉주 신임 총리는 2004년부터 '신경제 관리체계'를 실시하여, 기업 생산액의 일정 부분을 기업경영 자금으로 남기는 것을 인정하고, 기업의 재량권을 대폭적으로 확대했다. 농업 분야에서도 소수가 경작지를 담당하는 '호별 영농'을 도입했다. 북한에서는 1996년경부터 십수 세대로 구성된 '분조(分組)'를 만들어, 농산물 수확의 일정 부분을 국가에 납부하면 남은 것은 농민이 자유롭게 매매할 수 있는 제도가 시작되었는데, 이것을 더욱 세분화하는 '호별 영농'을 추진했다.

전국 각지에서 시장이 운영되고, 시장경제의 초기적인 단계가 북한에도 만들어지기 시작했다. 한국의 동국대학교 북한학과 일상생활연구센터에 의하면, 8개의 도매 시장을 중심으로 전국에서 약 300개에서 350개의 시장이 만들어졌다.

수구노선으로의 회귀와 선군체제

1998년의 헌법 개정에 따른 정무원의 내각으로의 개편은 전술한 김정일 총서기의 발언에도 있는 것처럼, 경제 분야에서 '내각'의 권한을 강화하고자 했던 것이었는데, 2005년경부터 조선노동당으로부터 반발이 발생하기 시작했다. 김정일 총서기가 2001년 10월에 행한 담화에서도 언급되었던, 주민의 손쉬운 노동 동원을 금지하고자 했던 내각에 대해서 노동당 측이 위기감을 더욱 갖게 되었다. 내각이 추진하는 경제개혁이나 농업예산의 분배 등을 둘러싼 당의 반발이 강해진 것이다.

한국 국가정보원의 한기범 제3차장이 2009년에 제출한 박사논문에 의하면, 노동당은 2005년부터 2009년까지 권력층 업무의 오류나 수뢰에 대해 대대적인 내부 감사를 실시하여, 박봉주 총리는 2006년 6월 자금전용의 혐의로 40일간의 직무 정치처분을 받고, 2007년 4월에 해임되었다. 2005년 10월에는 식량의 판매를 국가가 지정하는 상점이나 배급소로 한정하는 '식량전매제'가 실시되어, 전국으로 확대된 시장에 대한 통제가 점차 강화되었다.

2005년 10월 10일, 조선노동당은 창건 60주년을 맞았다. 전날인 10월

<표 22> 조선노동당 창건 60주년 서열 (2005년 10월 10일)

1 김정일	11 양형섭
2 김영남	12 최영림
3 조명록	13 김철만
4 박봉주	14 김국태
5 김영춘	15 김기남
6 김일철	16 정하철
7 연형묵	17 김중린
8 전병호	18 홍성남
9 리용무	19 홍석형
10 최태복	

9일에 경축 중앙보고대회가 개최되어 김정일 총서기도 출석했다. 김영남 최고인민회의 상임위원장은 "우리들은 그 어떤 환경이나 조건 아래에 있어도, 우리 혁명승리의 만능의 보검인 당의 선군정치를 철저하게 구현한 다"며 선군정치를 강조했다. 다음날 10월 10일 김일성광장에서 경축 열병식이 행해져, 김정일 이하 지도부가 출석했다. 열병식에서는 김일철 인민무력부장이 연설을 통해 "우리 인민군대는 수령의 군대, 당의 군대로서의 혁명적 본성을 바꾸는 일 없이 고수한다"고 강조했다(<표 22>).

북한은 선군정치가 상징하는 바와 같이, 2006년 7월 5일에는 '대포동 2호'를 포함한 7발의 탄도미사일 발사실험을 실시하고, 같은 해 10월 9일에는 함경북도 길주군 풍계리에서 지하 핵실험을 실시했다.

2007년 4월 11일, 최고인민회의 제11기 제5차 회의가 개최되어 박봉주 총리가 해임되고, 김영일 육해운상(陸海運相)이 후임 총리로 선출되었다. 연형묵 부위원장이 2005년 10월에 사망하여 공석이었던 국방위 부위원장에는 김영춘 군 총참모장이 국방위원에서 승격했다. 2007년 4월 22일에는 김격식 대장이 군 총참모장에 취임했다는 것이 판명되었다.

〈표 23〉 조선인민군 창건 75주년 서열 (2007년 4월 25일)

1 김정일	11 전병호
2 김영남	12 최태복
3 조명록	13 김국태
4 김영일	14 김중린
5 김격식	15 김기남
6 김영춘	16 곽범기
7 리용무	17 로두철
8 김일철	18 김영대
9 양형섭	19 류미영
10 최영림	

2002년 7월에 시작된 북한의 경제개혁은 2007년 4월 박봉주 총리의 해임을 계기로 점차 기존의 사회주의 통제경제로 회귀하고자 하는 수구적인 움직임이 강화되었다. 그것은 김영춘 총참모장의 국방위 부위원장 승격이 상징하고 있는 바와 같이, 선군정치 강화를 위한 움직임이기도 했다.

2007년 4월 25일, 조선인민군 창건 75주년의 열병식이 김일성광장에서 행해져, 김정일 총서기 이하 건강불안설이 나돌던 조명록 국방위 제1부위원장을 포함한 북한 지도부가 주석단에 모습을 드러냈다(<표 23>). 이 열병식에서는 후에 당 중앙군사위원회의 부위원장이 된 리영호 상장이 열병지휘관으로서 열병식전의 준비가 완료된 것을 보고하고, 김격식 총참모장이 김정일에게 열병식의 준비가 종료된 것을 보고한 후 주석단에 올라가 연설을 행했다. 군 총참모장에 취임했을 뿐인 김격식은 연설자였기 때문이었는지 조선중앙통신 등의 보도에서는 열병식 주석단 출석자 중에 이름이 없었는데, 연설 이후 주석단의 전면에 등장하여 김영춘, 리용무 두 국방위 부위원장이나 김일철 인민무력부장보다 상위인 5위에 랭크되어 주목받았다.

김정일의 건강 악화

2008년 9월 9일, 평양의 김일성광장에서 건국 60주년 경축 노농적위대 열병식이 행해졌는데, 김정일의 모습이 보이지 않아 그의 건강 악화가 단번에 표면화되었다. 김정일은 1992년 4월 조선인민군 창건 60주년을 경축하는 열병식 이래 모든 열병식에 참가했기 때문에 이 결석은 소문으로 전해지던 그의 건강 악화를 확인하는 것이 되었다.

열병식에는 2007년 4월 인민군 창건 75주년 경축 행사 이래 모습을 보이지 않아 건강불안설이 나왔던 조명록 국방위 제1부위원장이 오랜만에 등장하고, 항일 빨치산 세대의 장로 리을설 원수도 모습을 보였다. 결석한 김정일을 포함한 서열 4위에 랭크된 김영춘 국방위 부위원장이 김정일의 위임을 받아 축하연설을 행했다(<표 24>).

이후 조선중앙통신은 2008년 10월 4일에 김정일 총서기가 김일성종합대학 창립 62주년을 맞아 대학생의 축구 시합을 참관했다며 51일 만에 김정일의 동정을 보도했다.

김정일 총서기는 2009년 2월 11일에 국방위원장과 당 중앙군사위원장 명의로 된 '결정'을 통해 김영춘 국방위 부위원장을 인민무력부장으로, 리영호 평양방위사령관을 군 총참모장으로 임명했다. 김정일이 '당 중앙군사위원장'의 직책을 표명한 것은 처음으로, 이것이 2010년 9월 당 대표자회의에서의 당 중앙군사위 재편으로 연결된다. 또한 김정일은 2009년 11월 19일에 국방위원장과 당 중앙군사위원장 명의에 의한 '결정'을 통해, 국방위 부위원장에 오극렬 당 작전부장을 임명했다. 오극렬 대장은 1967년 10월에 공군사령관, 1979년에 40대의 젊은 나이로 군 총참모장 겸 당정치국 위원후보, 1980년 10월 당정치국 위원, 당 중앙군사위원에 오른

〈표 24〉 건국 60주년 서열 (2008년 9월 9일)

1	김정일(불참)	13	김국태
2	김영남	14	김중린
3	조명록	15	김기남
4	김영일	16	최영림
5	김영춘	17	리을설
6	리용무	18	김익현
7	전병호	19	리종산
8	김격식	20	김정각
9	김일철	21	리하일
10	김철만	22	장성우
11	최태복	23	김영대
12	양형섭	24	류미영

엘리트 군인으로 북한 인민군의 근대화를 추진했다. 그러나 당시 오진우 인민무력부장과 대립하여, 1988년 2월에 총참모장에서 전격적으로 해임되었다. 그 이후 1988년 9월에 당 민방위부장, 1989년 7월부터 당 작전부장을 맡아왔는데, 북한 군부에 영향력을 유지하면서 공작기관인 당 작전부 부대를 통솔해왔다. 그 오극렬 대장이 선군정치를 표방하고 국방위의 권한이 강화되는 가운데 국방위 부위원장이라는 무대 중앙으로 복귀한 것은 크게 주목을 받았다.

2009년 3월 8일에는 최고인민회의 제12기 대의원 선거가 행해졌다. 제11기 선거는 2003년 8월 3일이었다. 최고인민회의의 임기는 5년으로, 제11기의 임기는 2008년 8월에 끝났지만 어떤 설명도 없는 상태로 약 반년 늦은 2009년 3월에 행해졌다. 제12기에서는 신인이 296명(43.0%), 제10기 이전에서 되돌아온 사람이 20명(2.9%), 재선은 371명(54.0%)이었다. 후계자 문제와 관련하여 3명의 자식(김정남, 김정철, 김정은)이 대의원에 포함되어 있는가의 여부가 주목받았는데 이들의 이름은 없었다.

　노동당 간부에서는 김경옥 당 조직지도부 제1부부장, 리재일 당 선전선동부 제1부부장이 새롭게 대의원이 되었다. 군인 중에서는 제10기 대의원이지만 제11기에서 배제된 김명국 대장, 김성규 대장이 돌아왔다. 2008년 4월에 공군사령관 취임이 확인된 리병철 대장, 2007년 12월에 해군사령관 취임이 확인된 정명도 상장은 모두 재선되었다.

　대의원에서 탈락한 이들은, 노동당에서는 고령의 한성룡 정치국 위원, 실각설이 나돌던 정하철 당 비서, 당 대외연락부장을 맡고 있던 강관주 당 중앙위원, 박경선 당 국제부 부부장, 지재룡 당 국제부 부부장, 역시 실각설이 나왔던 최승철 당 통일전선부 부부장 등이 있다. 강관주, 박경선, 지재룡 등은 그 이후에도 활동을 계속했고, 이 때문에 대의원에서 탈락된 것이 반드시 실각을 의미하는 것은 아니라고 여겨졌다. 군인 가운데는 장성택의 친형인 장성우 차수(2009년 8월 사망), 김정일의 현지지도에 빈번하게 동행하고 있는 리명수 대장, 김윤심 전 해군사령관, 오금철 전 공군사령관 등이 대의원에 선발되지 못했다. 리명수 대장은 그 이후에도 현지지도에 동행했고, 이것도 실각이라고 말하기 어렵다. 제10기 대의원이었지만 제11기에서는 탈락했던 김격식 대장이 2009년 2월에 돌연 군 총참모장에서 해임되었는데, 제12기 대의원에도 선발되지 못했다.

　북한은 2009년 4월 5일 통신위성 '광명성 2호'를 3단식 로켓 '은하 2호'로 쏘아 올렸다고 발표했다. 인공위성 발사에는 실패했지만, 이 운반로켓은 장거리 탄도미사일 '대포동 2호'로 제2단째 부스터의 낙하지점이 약 3,200km가 되어 탄도미사일의 사정을 연장하는 것에는 진전이 있었다는 것을 보여주었다.

선군체제

　그로부터 4일 후인 2009년 4월 9일 최고인민회의 제12기 제1차 회의가 개최되어 헌법이 개정되고, 제3기 국방위의 구성원이 새롭게 선출되었다. 북한은 당초 헌법의 개정 내용을 공표하지 않았으나, 후에 밝혀지게 된 내용으로는 '선군사상'을 '주체사상'과 함께 지도이념으로 삼고, 국방위원장을 '최고영도자(최고지도자)'로 규정했다. 국방위원장의 권한이 대폭 강화되고, 선군사상 등을 헌법에 명기함으로써 북한은 법제적으로는 '선군체제'라고도 할 수 있는 체제에 진입했다.

　개정된 헌법에서는 국방위원장의 권한을 '국가 전반의 사업을 지도'한다고 규정하는 등 대폭 확대, 강화하여, 1972년 사회주의헌법에서의 '국가주석'에 필적하는 혹은 그것을 상회하는 권한이 부여되었다.

　제3기 국방위의 구성은 아래와 같다.

위원장	김정일 (당 총서기)
제1부위원장	조명록 (군 총정치국장)
부위원장	김영춘 (인민무력부장)
	리용무 (차수)
	오극렬 (전임 당 작전부장)
위원	전병호 (당 정치국 위원)
	김일철 (인민무력부 제1부부장)
	백세봉 (최고인민회의 대의원)
	장성택 (당 행정부장)
	주상성 (인민보안상)

우동측 (국가안전보위부 제1부부장)

주규창 (당 군수공업부 제1부부장)

김정각 (군 총정치국 제1부부장)

　김영춘, 오극렬의 국방위 부위원장 기용은 이미 2009년의 인사에서 결정된 것이었다. 조명록 제1부위원장의 건강이 좋지 않은 가운데 북한 군부는 김영춘, 오극렬 부위원장을 축으로 움직이는 것으로 보였다.

　주목된 것은 같은 시기에 행해진 북한 공작기관의 통폐합이었다. 북한 의 대표적인 공작기관으로는 ① 노동당 35호실, ② 노동당 작전부, ③ 인민무력부 정찰국, ④ 대외연락부, ⑤ 당 통일전선부 등 5개 부문이 있었다. 한국 정부에서는 ① 노동당 35호실은 대외정보조사부를 명칭 변경한 것으로 국내외의 정보수집이나 해외를 통한 대남 침투 등을 담당, ②의 당 작전부는 대남공작원의 교육이나 대남 침투의 호송안내 등을 담당, ③의 인민무력부 정찰국은 무장공작원의 한국 파견, 대남 군사정보 의 수집 등을 담당, ④의 대외연락부는 사회문화부를 명칭 변경한 것으로 한국 내 지하당의 건설이나 공작원 교육을 담당, ⑤ 당 통일전선부는 통일전선의 구축이나 대남 심리전을 담당하고 있는 것으로 보고 있다.

　이 밖에 정보공안기관으로서 국가안전보위부가 있는데, 반당분자나 스 파이 용의자의 적발이나 정보수집을 담당하고, 인민보안부가 경찰기구와 유사한 역할을 하고 있다.

　북한은 2009년 봄, ① 노동당 35호실, ② 노동당 작전부, ③ 인민무력부 정찰국을 정찰총국으로 통합하여 국방위 산하에 두었다. 정찰총국장에는 김영철 상장이 취임했다. 당 대외연락부는 폐지하고, 동 부서가 담당하고 있던 조선총련에 대한 지도 등은 내각에 새로운 조직을 만들어 거기에서

<표 25> 김일성 주석 사망 15주년 중앙추도대회 서열 (2009년 7월 8일)

1 김정일	13 김중린
2 김영남	14 김기남
3 김영일	15 김경희
4 김영춘	16 양형섭
5 전병호	17 최영림
6 리용무	18 김철만
7 오극렬	19 리을설
8 최태복	20 리하일
9 김일철	21 장성우
10 리영호	22 김영대
11 김정각	23 류미영
12 김국태	

담당하고, 당 통일전선부는 공작 부문에서 손을 떼게 되었다고 한다.

북한에 '정찰총국'이라는 강력한 공작기관이 탄생하여, 국가안전보위부, 인민보안부와 같이 국방위에 소속하고, 국방위는 공작·공안기관에 대한 강대한 지도권한을 갖게 되었다.

북한은 2009년 5월 25일에 함경북도 길주군 풍계리에서 두 번째 핵실험을 행하고, 그 이후 미사일 실험발사를 계속했다.

2009년 7월 8일은 김일성 주석이 사망한 지 15주년이 되는 기일이었다. 평양체육관에서 김일성 주석 사망 15주년 중앙추도대회가 개최되었다. 김영남 최고인민회의 상임위원장은 추도사에서 4월 5일의 '인공위성 발사'와 5월 25일의 두 번째 핵실험에 대해 "경애하는 (김정일) 장군의 자주적 신념과 의지, 비할 수 없는 담력과 기백이 가져온 민족사적 승리이며, 강성대국의 대문을 연 특기할 일이었다"고 강조했다. 주석단의 서열에서는 리영호 총참모장이 10위, 김정각 군 총정치국 제1부부장(국방위원)이

11위에 올라와 주목되었다(<표 25>).

북한은 11월 30일을 기해 돌연 화폐개혁을 행했다. 북한에서는 2005년 10월 식량의 판매를 국가가 지정한 상점이나 배급소에서만 하는 '식량전매제'를 실시하여 시장의 통제에 들어간 것을 시작으로 종래의 통제경제로 회귀하고자 하는 자세가 강해졌다. 2007년 4월 최고인민회의에서 박봉주 총리가 해임되자 개혁주도 세력은 급속하게 힘을 상실했다.

화폐개혁에서는 구지폐를 100 대 1의 비율로 신지폐로 교환하고, 구지폐는 폐기했는데 교환할 수 있는 한도액을 설정했다. 당초 교환할 수 있는 액수는 1세대당 10만 원까지였는데, 이를 넘어서 보유하고 있던 지폐는 '휴지조각'이 되어 주민으로부터 큰 반발이 있었다. 임금은 종래의 액수로 동결되었다. 이 때문에 원리적으로는 소득이 100배의 가치를 갖는 것이 되었다. 당국은 각지에 있는 종합시장을 폐쇄하고, 시장은 농민시장만 인정하는 것으로 했다. 그러나 식료품이나 일상품의 공급이 충분하지 않기 때문에 상품을 갖고 있던 상인은 가격을 설정할 수 없었고, 상품을 팔지 않는 현상이 일어났다. 당연히 물가는 폭등하고, 자산이 휴지조각이 된 중간층 시민의 강한 반발이 일어났다. 나아가 북한 당국은 2010년 1월 1일부터 외화의 사용을 금지했다. 이러한 조치로 북한의 '원'의 가치가 급속하게 하락하고 물가 상승에 더욱 박차를 가했다.

이러한 화폐개혁 등의 경제정책이 완전히 실패로 끝나게 되자, 김영일 총리는 2월 초 평양의 인민문화궁전에서 인민반장을 모아 "인민의 생활에 혼란과 불안정을 초래했다"며 사죄했다. 당국은 외화의 사용을 인정하고, 시장은 다시 절반 이상 재개되었다. 북한 당국이 국가의 정책을 시행 약 2개월 만에 철폐하고, 사죄한 것은 전례가 없는 사태로 그것만으로도 주민들의 강한 반발을 짐작케 한다.

2010년 4월 9일에는 최고인민회의 제12기 제2차 회의를 개최하여 헌법의 일부를 수정하고, 2009년 결산과 2010년 예산을 심의했다.

김정일은 김일성 주석의 탄생일을 앞둔 2010년 4월 14일에 군 최고사령관 명령으로 우동측 국방위원, 정명도 해군사령관, 리병철 공군사령관, 정호균 전 포병사령관 등 4명의 상장을 대장으로 승진시켰다.

2010년 6월 7일, 전회의의 개최일로부터 약 2개월이라는 이례적으로 짧은 시기에 최고인민회의 제12기 제2차 회의가 개최되어 김영일 총리와 6명의 각료가 경질되고, 최영림 평양시 당 책임비서가 후임 총리로 선출되었다. 또한 장성택 국방위원을 국방위 부위원장으로 선출했다. 이것으로 국방위는 조명록 제1부위원장, 김영춘, 오극렬, 리용무, 장성택 각 부위원장 등 5명의 부위원장 체제가 되었다. 그러나 조명록 제1부위원장은 건강이 좋지 않고, 리용무 부위원장도 고령으로, 실질적인 영향력을 갖는 인물은 김영춘, 오극렬, 장성택 이 3명의 부위원장으로 보였다.

조선노동당은 2010년 9월 28일에 당 대표자회의를 개최하고, 당 중앙위원, 중앙위원후보를 다시 선출하고, 당 정치국 상무위원, 정치국 위원, 정치국 위원후보, 당 비서, 당 부장 등 당 지도부를 재편했다.

전술한 바와 같이, 이 대표자회의에서 발표된 당 중앙위원, 당 중앙위원후보 리스트는 김정일 제외하고는 가나다순으로 발표되어, 이제까지와 같은 정치서열로의 발표가 아니었다. 이것은 30년 만의 당 대회 수준의 회의에서 인사결정이 최후까지 옥신각신했던 것을 반영하는 것으로 보인다. 또한 선군정치의 중핵기관인 국방위 부위원장인 장성택 당 행정부장이 정치국 위원이 되지 못한 채 정치국 위원후보에 만족해야 했고, 같은 국방위 부위원장인 오극렬 부위원장이 정치국이나 당 중앙군사위로부터 배제되는 등, 어떤 기관에서는 상위에 있지만 어떤 기관에서는 하위에

1	김정일	국방위원장, 당 총서기	18	김양건	당 정치국 위원후보
2	김영남	당 정치국 상무위원	19	김영일	당 정치국 위원후보
3	최영림	당 정치국 상무위원	20	박도춘	당 정치국 위원후보
4	리영호	당 정치국 상무위원	21	최룡해	당 정치국 위원후보
5	김정은	당 중앙군사위 부위원장	22	장성택	당 정치국 위원후보
6	김영춘	당 정치국 위원	23	주규창	당 정치국 위원후보
7	전병호	당 정치국 위원	24	리태남	당 정치국 위원후보
8	김국태	당 정치국 위원	25	김락희	당 정치국 위원후보
9	김기남	당 정치국 위원	26	태종수	당 정치국 위원후보
10	최태복	당 정치국 위원	27	김평해	당 정치국 위원후보
11	양형섭	당 정치국 위원	28	김정각	당 정치국 위원후보
12	강석주	당 정치국 위원	29	박정순	당 정치국 위원후보
13	변영립	당 정치국 위원	30	문경덕	당 정치국 위원후보
14	리용무	당 정치국 위원	31	오극렬	국방위 부위원장
15	주상성	당 정치국 위원	32	리을설	항일혁명 원로투사
16	홍석형	당 정치국 위원	33	김철만	항일혁명 원로투사
17	김경희	당 정치국 위원	34	김영대	조선사회민주당 위원장

위치하게 되어, 정치서열을 결정하기 어려운 사정이 있었던 것은 아닌가
여겨진다.

조선중앙방송은 2010년 10월 10일 당 창건 65주년 경축 열병식을 전하
는 가운데 출석한 간부의 이름을 보도했다(<표 26>). 여기에서는 후계자
로 등장한 김정일 총서기의 삼남 김정은 당 중앙군사위 부위원장이 다섯
번째에 랭크되었다. 병환으로 출석하지 못했던 조명록 당 정치국 상무위원
을 넣으면 서열 6위로, 김정은의 서열은 정치국 상무위원과 정치국 위원
사이에 거의 정착되었다. 30위까지는 정치국 상무위원, 정치국 위원,
정치국 위원후보의 서열로, 그 이후 31위에 오극렬 국방위 부위원장, 32위
에 리을설 항일혁명 원로투사(원수), 33위에 김철만 항일 혁명투사, 34위에

조선사회민주당 위원장 김영대가 랭크되었다. 주목되는 것은 오극렬 부위원장이 31위라는 낮은 서열이면서도 지도부의 일각을 차지하고, 실각이 아니라는 것이 밝혀졌다는 것이다. 그러나 이것이 리을설 원수 등과 같이 사실상 일선에서 물러난 것을 의미하는 것인가 여부는 여전히 확실치 않다.

서열 4위였던 조명록 당 정치국 상무위원(국방위 제1부위원장, 군 총정치국장)이 2010년 11월 6일 심장병으로 사망하자, 조선노동당 중앙위원회, 당 중앙군사위원회, 국방위원회, 최고인민위원회 상임위원회가 '부고'를 발표하고, 김정일 총서기를 위원장으로 하는 171명으로 구성된 국가장의위원회의 명부가 발표되었다. 이 책의 집필 단계에서는 이 국가장의위원회 서열이 북한 정치서열의 최신판이라고 할 수 있다(<자료 3>).[2]

이 명부에서는 김정은이 김정일에 이어서 2위에 올랐는데, 조선중앙통신이 11월 28일자로 전한 김정일 총서기의 국립교향악단 공연관람 보도에서는 김정은이 당 정치국 상무위원인 리영호 총참모장에 이어 보도되어 종래의 상무위원 뒤의 서열로 돌아왔다. 국가장의위원회 서열에서 오극렬 국방위 부위원장은 당 중앙군사위 인사들 뒤인 43위에 랭크되었다.

---

2) 김정일 사망 이후 일본 조총련의 기관지 《민주신보》는 2011년 12월 19일 김정일 국가장의위원회 232명의 명단을 공개했다. 자세한 사항은 <자료 5>를 참고하기 바란다.

제6장

김일성-김정일 부자의 통치 스타일

김일성, 김정일 부자는 개인 독재체제를 강화하기 위해 독특한 통치 스타일을 보였다. 세계에서도 유례를 찾을 수 없는 이 개인 독재체제에는 대단히 특이한 수법이 사용되고 있다. 이 장에서는 그 독특한 통치 스타일에 대해서 검증해보고자 한다. 이는 김정은 후계체제에도 큰 영향을 주게 될 것이다.

만경대혁명학원

김일성은 만주에서 항일 빨치산 투쟁을 한 세력을 기반으로 권력형성을 도모했는데, 장래 북한의 지도층 육성에 대해서도 대책을 강구했다. 빨치산파는 정규교육을 받은 자도 적었고, 국가지도자를 육성하는 데에는 특별한 대책이 필요하다고 생각했다.

와다 하루키는 『북한: 유격대 국가의 현재』에서 김일성과 함께 북한 공작이 예정되어 있던 88특별여단 제81대대 60인 가운데 중앙교육을 받은 사람은 김일성 등 5명이며, 초등교육을 받은 사람이 14명이었고 그 외 41명은 3년 이하의 교육밖에 받지 않은 '교육 수준이 대단히 낮은 집단'이라고 지적하고 있다. 김일성은 이러한 상황을 인식하고, 빨치산 출신자의 자식들을 간부로 육성하기 위해서는 특별한 시스템이 필요하다고 생각했다.

김일성은 1946년부터 1947년에 걸쳐서 림춘추(林春秋) 등 빨치산파 간부들에게 중국의 동북지방이나 북한 국내에서 전사한 빨치산의 유가족과 유아를 수색하여 데려오게 하고, 1947년 10월 자신의 고향인 만경대에 '혁명 유자녀학원'을 설립했다. 그들을 각지로부터 데려온 림춘추는 유자녀들의 존경을 한 몸에 받았다고 한다.

이 학교는 '만경대혁명학원'이 되어 초등학교부터 고등학교까지 일관적으로 과학, 정치, 군사 등을 교육하고, 한국전쟁 후에는 학생들을 소련이나 동유럽 등에 유학시켜 김일성종합대학에 우선적으로 입학하게 해주는 우대조치를 취했다. 김정일도 한국전쟁 중에 잠시 여기에서 배웠다. 혁명 자녀들은 김일성, 김정일에 대한 충성심뿐 아니라 높은 학력과 열의를 가진 엘리트층을 형성하여 후에 김일성, 김정일 부자체제를 지탱하는 간부가 되었다.

만경대혁명학원 출신자로는 강성산, 김국태, 연형묵, 오극렬, 현철규, 현철해, 최영림, 김병률, 김시학, 김환, 리길송 등이 있다.

현지지도

북한에서는 김일성 주석과 김정일 총서기의 시찰을 '현지지도'라고 하는데, 이 말은 두 사람에게만 한정하여 사용되는 용어이다. 북한만의 특유한 정치지도방식으로서 북한에서는 이것을 '영도예술'이라고 한다.

북한에서는 "수령은 사회정치적 생명체의 '최고 뇌수'이며, 당이 중추가 되어 일반 대중을 지도한다"고 하여 '수령-당-인민'을 하나의 사회정치적 생명체로 파악하고 뇌수로 규정되는 수령에 대한 절대적인 복종을 요구한다. 그리고 뇌수인 수령이 일반 인민과 접하는 기회가 '현지지도'이다. 수령은 현지지도라는 독특한 통치수법을 통해서 일반 인민과 접촉하고 정책지도를 행한다.

북한에서는 원래 현지지도라는 용어를 김일성에게만 사용하고, 김정일에게는 '실무지도'라는 말을 사용함으로써 김일성과 구별해왔다. 그러나 김정일의 후계자 지위가 굳어진 1980년대 중반에 일시적으로 김정일한테도 현지지도라는 말을 사용했다. 그리고 1990년 1월 7일에 당 기관지 ≪노동신문≫이 김정일에 대해서 '현지지도'라는 말을 사용한 이래로 김정일에게도 김일성과 마찬가지로 '현지지도'라는 말을 사용하게 된다.

현지지도는 김일성-김정일 부자에 대한 우상화 작업의 일환이기도 하며, 두 사람이 현지지도를 한 장소는 '현지지도 사적(史蹟)'이 되어 일종의 명승지로 기록된다. 사업소나 군부대에서는 김일성, 김정일 부자가 몇 차례나 현지지도로 방문했는지가 그 사업소나 부대의 명성이 되기도 한다.

조선중앙방송은 1998년 2월 16일 방송에서 김정일이 1964년 6월부터 현지지도를 시작하여 1998년 2월까지 34년간 3,693일, 2,100여 건의 현지지도를 행했다고 전했다.

조선중앙통신은 2010년 10월 5일 김정일 총서기가 조선인민군 제851 부대의 군사훈련을 시찰했으며, 동행자 중에 김정은 당 중앙군사위 부위원 장이 포함되어 있다는 것을 보도했다. 김정은의 공식적인 시찰에 대한 보도는 이것이 처음으로, 이는 바로 김정일이 1964년 6월에 김일성의 현지지도에 동행했던 것과 똑같은 시작이기도 하다.

북한의 공식 보도기관이 언제 김정은에 대해서 '현지지도'라는 말을 사용할지도 후계자로서의 지위와 관련하여 주목된다.

제3경제

북한에서는 일반적인 경제권 외에, 군수산업을 담당하는 제2경제위원 회가 전담하는 제2경제가 존재한다는 사실이 광범위하게 알려져 있다. 그러나 이것 외에도 김일성-김정일 부자를 위한 제3경제가 존재한다. 김일 성-김정일 부자가 자신의 권한으로 임의로 사용할 수 있는 자금을 위해 움직이는 국가경제 틀 밖의 경제 시스템이다.

김정일 총서기가 1974년에 후계자로 결정된 후 당의 지도권을 장악하는 과정에서 김일성에 대한 유일지도체계를 확립하기 위한 우상화 사업이나 그것을 위한 시설, 기념비 등을 만들기 위해서는 막대한 자금이 필요했다.

김정일은 우선 당 중앙의 경리부를 재정경리부로 개편하고, 당 중앙위 원회(당 중앙위) 수준만이 아니라 전 당의 재정을 담당하도록 권한을 확대 했다. 그러나 당의 활동을 보장하는 재원은 그때까지의 국가예산 지출이나 당비만으로는 부족하게 되어 자주재원의 확보가 필요하게 되었다.

이를 위해 무역성 산하에 상사를 설치하고 그 수익을 당 재정경리부에 상납시켰다. 또한 주로 기업소로부터도 자금을 모아, 노동당 경제는 일반 경제, 군수경제와 함께 '제3경제'를 향해 발전했다.

김정일은 1978년에 재정경리부의 외화획득부문을 분리하여 '39호실'을 설치하고, 무역성 산하에 둔 상사를 '조선대성연합 상사'로 개편하여 39호실에 편입시켰다. 이 상사는 마카오나 홍콩, 베이징 등지에 지점을 개설하고, 대성은행 등도 만들어 자체적인 경제 시스템을 형성하고 있다.

또한 당 재정경리부나 39호실의 권한을 확대해가는 중에, 중요한 외화벌이 품목인 송이버섯이나 전복, 오징어 등의 거래를 39호실의 산하에 두었다. 평양의 외화상점 등도 산하에 편입시켜, 외국인 여행자나 해외교포의 외화를 수중에 거두어들였다.

한편 김일성 주석이나 김정일 총서기가 공장의 현지지도를 하면서 공작기계를 '증정물'로 건넬 경우, 그 공작기계의 비용을 마련하는 시스템이 필요하기도 했다. 당초에는 김일성 주석의 현지지도를 유익하게 하기 위해서였지만, 이러한 '수령'의 은혜나 권위를 구체적으로 보여주는 데에 재원이 필요해진 것도 제3경제가 생기게 된 큰 이유이다.

탈북자들은 이것을 '주석 펀드'라고도 부른다. 북한 주민들이 '펀드'라는 대단히 자본주의적인 용어를 사용하는 것이 매우 흥미롭다.

'종파'의 배제

조선노동당은 성립과정부터 무엇보다 통일전선적인 성격을 갖고 있었다. 소련에서 귀국한 김일성은 소련의 힘을 배경으로 권력을 장악했는데, 빨치산파는 오히려 소수파였다. 그랬던 만큼 1960년대 중반까지 김일성의 최대 과제는 남노동파, 소련파, 연안파 등 당내의 적대세력을 숙청하는 것이었다. 1967년 6월에 개최된 당 중앙위 제4기 제16차 총회에서 '당 유일사상체계의 확립'이 결정되었다. 이후 수령의 사상, 즉 주체사상만을 유일한 지도이념으로 하는 사회운동이 전개된다.

이것은 당내에 '종파(파벌)'의 존재를 허락하지 않는 방침으로 구현된다. 김정일은 이를 유일지도체계, 수령절대주의 체계로 발전시켜 자신의 후계 체제 만들기에 원용했다. 김정일은 1974년 4월 14일 '당의 유일사상체계 확립의 10대 원칙'1)을 발표했다. 이 10대 원칙의 제9조 제7항에는 "위대한 수령 김일성동지에 대한 충실성을 기본 척도로 하여 간부들을 평가하고, 선발배치하여야 하며, 친척, 친우, 동향, 동창, 사제 관계와 같은 정실, 안면 관계에 의하여 간부 문제를 처리하거나 개별적 간부들이 제멋대로 간부들을 떼고 등용하는 행동에 대하여서는 묵과하지 말고 강하게 투쟁하며 간부사업에서 제정된 질서와 당적규률을 철저히 지켜야 한다"2)고 규정되었다. 친족이나 지우(知友) 관계, 동향·동창·사제 관계에 의한 '파벌'을 모두 허락하지 않는다는 방침이었다.

함경도는 빨치산 활동이 전개된 만주와 인접한 곳이며 권력으로부터도 먼 지역이었기 때문에 부패도 적고 정권발족 당시 북한 지도부에 많은 인재를 배출했다. 그러나 전술한 바와 같이 국내파 가운데에서도 함경도

---

1) 김일성 영도체계의 '신격화, 절대화, 신조화, 무조건화'라는 4대 원칙을 중심으로 모두 10개조 64개항으로 구성되어 있다.
2) 김정일, 「전당과 온 사회에 유일사상체계를 더욱 튼튼히 세우자」, 중앙당 및 국가, 경제기관, 근로단체, 인민무력, 사회안전, 과학, 교육, 문화예술, 출판보도 부문 일군들 앞에서 한 연설(1974년 4월 14일), 『주체혁명위업의 완성을 위하여(3)』(평양: 조선로동당출판사, 1987), 116쪽.

그룹이 최초의 숙청대상이 되었다. 나아가 노동당 내부의 최후 '종파'로서 1960년대 후반에 숙청된 갑산파가 함경도를 지역 기반으로 하기도 해서 함경도 출신자가 냉대 받는 경향이 남았다.

일본이나 한국처럼 '학벌'도 북한에서는 공연한 이익집단이 되기 어렵다. 김일성 주석에 의해 만들어진 혁명 유자녀 학교인 '만경대혁명학원'의 경우는, 졸업생들이 양친을 여읜 후의 집단생활이나 동유럽에서의 유학 체험 등으로 견고한 단결력이 형성되기 쉬운 환경에 있었다. 그러나 북한의 이러한 '반(反)종파' 환경으로 인해 당사자들이 오히려 결속을 피하는 분위기가 형성되고 있다고 한다.

이러한 경향이 연장되어, 북한 지도부에서는 형제라고 해도 같은 부서에 들어가지 않고 다른 과정을 거치는 경향이 강하다. 예를 들면, 김영남 최고인민회의 상임위원장은 당 국제부에서부터 당 관료 과정을 지냈지만, 동생인 김두남은 군인 과정을 걷고 있는 것처럼 말이다.

정년제가 없는 지도부

김정일 총서기는 1995년 12월 25일 당 기관지 ≪노동신문≫에 「혁명선배를 존대하는 것은 혁명가들의 숭고한 도덕의리이다」라는 논문을 발표한 것에 표현되듯이 빨치산 세대를 존중했다.

이는 김정일 자신의 후계체제 만들기와도 밀접하게 관련된 것이었다. 김정일은 김일성의 '유일사상체계', '유일지도체계'를 확립함으로써 자신의 후계체제를 만들었다. 즉, 후계체제 만들기가 앞선 세대를 부정 혹은 비판하며 새로운 가치관을 갖고 구축하는 작업이 아니라 김일성의 위대함을 칭찬하면서 '주체혁명 위업의 계승'을 지향하는 것 자체가 최대의 과제라고 하는 가운데 진행되었다고 말할 수 있다. 그 때문에 김일성의 동지들, 김일성의 유일지도체계에 진력했던 세력, 즉 김정일 후계체제 만들기를 지원했던 세력을 배제하는 것이 불가능했다.

북한 외교관 출신의 북한연구자 현성일은 『북한의 국가전략과 파워 엘리트』에서 1985년 당시 강성산 총리가 정무원(내각) 회의를 주재하면서 회의 참가자를 앞에 두고 원로 간부들을 면전에서 비판했는데, 김정일이 이 보고를 받고 강성산 총리의 행동을 '방약무인'한 작태라 하며 같은 혁명가 유자녀 출신의 간부들에게 적극적으로 '동지적 비판'을 하도록 지시했던 일이 있다고 소개하고 있다.

김정일에게 빨치산 세대는 부친 김일성 주석의 동지이고, 유일지도체계 확립의 동지이며, 자신의 후계체제 만들기의 지원자이기도 했다. 그 때문에 빨치산이나 원로 간부들은 북한 지도부에 줄곧 잔존했고, 사망하기 전까지 직책을 유지하는 현상이 발생하여 지도부의 세대교체가 늦어졌다. 중국과 같이 '정년제'를 채택하지 못하여 공식 직책에 70, 80대의 원로 간부가 현직에 계속 남아 있는 현상이 발생한 것이다.

2010년 9월의 당 대표자회의에서 새롭게 재편된 당 정치국은 정치국 상무위원의 평균연령이 75.8세, 정치국 위원이 77.6세여서 종래와 마찬가지로 고령집단이었다. 그러나 정치국 위원후보에 52세의 문경덕 평양시 당 책임비서를 기용한 것을 시작으로 60대 9명을 기용하여, 정치국 위원후보의 평균연령은 68.6세로 60대가 되었다. 원로 간부를 정치국 위원으로 대우하고 실무 간부는 정치국 위원후보나 당 부장 등 다소 젊은 사람으로 구분하는 역할분담이라고도 한다.

그러나 '유일지도체계'의 신화가 만들어져간다면, 김정은 후계체제가 되어도 그 후계체제 만들기에 기여한 원로 간부들을 배제하는 것이 어려우므로 북한 지도부의 고령화 현상이 단번에 해결된다고 말하기가 어렵다. 다시 말하자면, 지도부의 세대교체는 김정은 시대가 되어도 단번에 진행될 것이라고 말할 수 없다.

부친은 내각 배려, 아들은 당 우선에서 군 우선으로

그러나 김일성 주석과 김정일 총서기는 통치 스타일에 차이가 있었다.

김일성은 1948년 9월 북한이 건국되자 총리에 취임했는데, 1972년 사회주의헌법에 의해 국가주석으로 취임하기 전까지 행정의 수장인 총리 자리에 있었다. 물론 다른 사회주의 국가와 마찬가지로 '당 우위'이기는 했지만 총리로서의 역할도 중시했다. 그로 인해 내각의 권한이나 경제부문의 전문성 등을 어느 정도 보장했다. 김일성은 총리로서 경제에 책임을 지지 않을 수 없는 입장에도 있었기 때문이다.

그러나 김일성이 1972년부터 국가주석이라는 직책으로 옮기고 김정일이 1974년에 후계자로서의 지위를 획득하여 당의 조직지도부, 선전선동부를 중심으로 한 당 활동을 전개해가자, 내각의 권한이 약해지고 '당'의 권력이 점차로 확대되었다. 김정일은 당의 조직지도부와 선전선동부를 중심으로 김일성 주석에 의한 유일지도체계의 확립을 향하여 돌진해갔다. 당과 내각이라는 이륜구조가 붕괴되고 강력한 당 우위의 권력구조가 형성되어갔다. 경제에 책임을 지는 지도자가 사라졌고, 총리 등 내각의 멤버는 어지럽게 변화하며 교체되었다. 이것이 북한 경제가 침몰해간 한 가지 요인이기도 했다.

노동당에서 활동했던 탈북자의 증언으로는, 김정일 총서기의 이러한 당 우위 정치의 영향으로 인해 당 중앙 본부의 근무자 수가 김일성 시대에는 약 2,000명이었지만 김정일 시대인 2001년에는 10배인 2만 명이 넘는 규모로 비대화되었다고 한다.

김일성은 '내각 배려 정치'였지만 김정일은 '당 우선 정치'를 실천했고, 김정일이 실권을 잡게 되자 김일성 유일체제라고 하는 생산성과는 관계가 먼 사상성(思想性) 중시의 정권 운영이 이루어졌다. 독재체제를 유지하는 시스템은 강화되었지만, 체제를 진정한 의미에서 지탱하는 경제 기반이나 행정능력 등은 비생산적인 사상통제에 의해 약체화되었다.

또한 김일성은 독재체제를 강화했지만 최종적인 결정은 어쨌거나 조직의 결의에 따라 행하는 '기관주의(機關主義)'를 최후까지 고수했다. 당 대회나 당 중앙위는 정기적으로 행해졌는데, 최고인민회의 전에 당 중앙위원회가 개최되어 최고인민회의에서 결의할 내용을 사전에 당에서 토의하는 절차가 취해졌다.

그러나 김일성 주석이 사망하자 김정일은 당 대회뿐 아니라 당 중앙위마저 한 차례도 개최하지 않았다. 자신의 당 총서기 선출이나 국방위원장으로의 취임 절차도 기관의 정식 선출이 아니라 '추대'라고 하는 초법규적 수법을 동원했다. 김정일의 개인 독재체제가 강화되어 기관결정 시스템은 거의 형해화되었다.

당 대회는 1980년의 제6차 당 대회를 마지막으로 열리지 않았고, 당 지도부를 형성했던 수많은 인재가 사망했으며, 중요한 자리가 공석인 경우도 증가했다. 김정일은 후계체제를 준비하는 데에도 2010년 9월 28일 당 대표자회의를 개최하여 당 정치국 위원, 당 정치국 위원후보, 당 비서국이나 당 부장, 당 중앙위원, 당 중앙위원후보 등을 선출함으로써 당을 재정비했다.

김정일 총서기는 자신의 체제를 출범시킨 1998년의 헌법 개정에서 그때까지의 정무원을 내각으로 개편했다. 내각은 1992년에 제정된 헌법의 '최고주권의 행정적 집행기관'에서 '최고주권의 행정적 집행기관이며 전반적인 국가관리기관'이 되었다. 김정일 총서기는 실제로 권력을 장악하고 '고난의 행군'으로 최저 수준까지 추락한 경제의 재건 등을 위해서 젊은 경제관료 등을 기용하여 실리적인 행정을 행할 것으로 기대되었다. 그러나 실제로는 실적을 거두지 못한 각료를 차례로 교대시키는 상황이 계속되었고, 경제 재건은 성과를 거두지 못했다.

이것은 김정일 총서기가 실리우선주의를 내세우면서도 현실의 정치 시스템 위에서는 여전히 비생산적인 통제체제를 계속하여 실리를 추구할 수 있는 행정 시스템이 가동되지 못했기 때문이라고 할 수 있다.

또한 김정일은 권력을 장악한 전반기에는 당을 중심으로 한 권력 강화를 도모했지만, 1990년 5월 국방위원장(국방위) 제1부위원장이 되어 1991년 12월에 군 최고사령관으로 추대되자 군을 중시하는 자세를 강화했다. 김일성 주석이 1994년 7월에 사망하자 전술한 바와 같이 당 대회나 당 중앙위도 개최하지 않고 선군정치를 주장하는 '군 중시'를 선명하게 했다.

2009년 4월의 최고인민회의 12기 제1차 회의에서는 헌법을 개정하여 선군사상을 주체사상과 함께 지도이념으로 삼았고, 법제도적으로는 '선군체제'라고도 할 수 있는 군 중시노선을 걸었다.

부장 공석은 직접통치 때문

김정일 총서기는 독재체제를 유지하기 위해 당의 각 부문의 책임자를 공석으로 하고 자신이 실질적인 부장직을 겸임하는 '부장 공백하의 직접통치제도'를 마련했다.

당 대표자회의가 개최되고 노동당의 재편이 행해진 2010년 10월 단계에서도 노동당의 핵심 부문인 조직지도부, 공안기관인 국가안전보위부 등의 부장은 공석으로 보이며, 김정일 총서기가 실질적으로 겸임한 것으로 보인다. 이로 인해 각 부문의 실질적인 책임자는 '제1부부장'에게 위임되지만 각 부의 최종 결정은 김정일 총서기가 행하는 변칙적인 당 조직체제가 밑바탕에 있게 된다. 거기에서 북한의 개인 독재체제에서만 보이는 특이한 권력현상이 발생하게 된다.

또한 북한에서는 '부장'이 있어도 실권은 '제1부부장'에게 있는 경우가 있다. 흔히 '장(長)'은 대외적인 이미지만 갖는 '얼굴 마담'이며, 실권은 '부(副)'에 있다고 말한다. 조직의 수장은 실무적인 권한이 없고 아랫사람이 만들어낸 시나리오대로 움직이는 경우가 많다. 남북의 각종 회담 등에서도 협의 과정의 수장으로 근무하는 '수석대표'는 어디까지나 만들어진 시나리오에 기초하여 발언하고 움직일 뿐, 협의의 진전에 따라 재량권을 발휘할 수 있는 권한을 부여받지 못한 사례가 많다. 따라서 남북 협의는 '휴식'을 중간에 두지 않으면 '진전'할 수 없다. '휴식'할 동안 상부의 판단과 지시를 들어야 하기 때문이다. 협의에서는 오히려 협의 회의장의 외부와 연락을 취하는 사람에게 실질적인 권한이 부여되는 경우가 많다.

이러한 방법은 당뿐 아니라 정부 등에서 행해지기도 한다. 1998년에 백남순이 외상으로 임명되었을 때에는 깜짝 놀랐던 기억이 있다. 새로운 외상의 얼굴 사진을 보니 남북대화에 자주 등장했던 백남준이었기 때문이다. 백남준은 조선기자동맹 부위원장 등을 거쳐 1991년에는 조국평화통일위원회의 비서국장, 1992년에는 남북고위급 회담(남북총리회담) 정치분과위원회 북측위원장을 역임하는 등, 주로 당의 통일전선부문에서 활약해온인물이다. 그가 69세가 된 1998년에 돌연 이름마저 '백남준'에서 '백남순'으로 바꾸고 외상으로서 등장했던 것이다. '백남준'은 가짜 이름이며 본명이 '백남순'이라고 한다.

백남순 외상은 '얼굴 마담'이었다. 풍채가 좋고, 박력이 있고, 회담 때 발언하는 모습도 당당하게 보였다. 북미 외상 접촉이 이루어지는 아세안(ASEAN) 지역포럼(ARF) 등에 출석하여 주목을 끌었다. 그러나 재임 기간 동안 정말로 중요한 정치판단에 박차를 가하는 활동은 없었다. 북한 외무성의 실권은 현재 정치국 위원으로서 부총리이지만 당시 제1외무차관이었던 강석주가 장악하고 있었기 때문이다.

북한에서는 각 부문의 부장에게 권한을 이양하고 그것을 중앙집권화하는 통상적인 방식이 취해지지 않기 때문에 실질적으로 부장을 겸임하는 김정일 총서기의 개인 결재가 방대한 양으로 팽창하게 된다. 또한 김정일 총서기라고 해도 인간인 이상 시간은 한정되어 있으며 직무능력에도 한계가 있다. 북한이 정세에 신속하게 대응할 수 없는 이유 중 한 가지는 여기에 있다. 조직이 기관결정으로 움직이는 것이 아니라, 모든 것이 김정일 총서기의 '결재'를 거치지 않으면 결정되지 않기 때문이다. 탈북자 등의 증언에 의하면, 이 '결재'가 북한에서는 '비준'이라고 불리는 모양이다. 김정일 총서기가 '비준'하지 않으면 그 어떤 것도 움직이지 않는 것이다.

당 조직지도부로의 집권(集權) 시스템

김정일 총서기는 '당 유일지도체계'의 확립을 추진하고, 그 중핵 조직으로서 당 조직지도부의 권한을 극도로 강화시켰다. 노동당 내부의 각 부문의 결정을 조직지도부에서 '비준'하는 시스템을 구축하고, 당의 행정권과 인사권을 조직지도부에 집약시켰다. 조직지도부는 노동당의 '두뇌'라고 볼 수 있다.

또 하나의 중요 부문은 당 선전선동부이다. 김정일은 당 조직지도부를 의사, 당 선전선동부를 약사로 비유했던 적이 있다. 조직지도부가 당을 장악하고 인사를 통할함으로써 당의 문제점이나 원인을 해명하고, 선전선동부는 그 처방전을 기초로 당의 결함을 시정하는 사상교육을 실시하고 당을 바른 노선으로 유도한다는 이유 때문이다.

김정일은 1973년에 당 비서가 되었을 때, 조직지도와 선전선동을 담당하는 비서가 되어 노동당을 장악했다. 조직지도부는 김정일이 부장을 겸임했기 때문에 제1부부장의 권한이 다른 부의 부장을 능가하게 되었다.

당 대표자회의 직전까지는 조직지도부 리제강 제1부부장(2010년 6월 교통사고로 사망)이 노동당을, 리용철 제1부부장(같은 해 4월 심장마비로 사망)이 군을 담당했고, 두 사람은 노동당 내에서 절대적인 권력을 과시했다.

선군정치를 표방하는 북한에서는 군부가 강대한 힘을 갖고 있지만, 군 제복을 착용한 군부 내 1인자는 조명록 군총정치국장(당 정치국 상무위원, 국방위 제1부부장)이었다. 그 뒤를 김영춘 국방위 부위원장(인민무력부장) 등이 이었다. 그러나 당 중앙위에서 근무했던 경험이 있는 탈북자 등의 증언에 의하면, 실무에서 리용철 당 조직지도부 제1부부장의 권한이 조명록 총정치국장을 능가했다고 한다. 리용철 제1부부장이 실질적으로 군의 인사권이나 사찰권을 장악했기 때문이다.

노동당의 인사에서도 리제강 당 조직지도부 제1부부장의 권한이 절대적이었다. 김정일 총서기의 매제인 장성택이 잠시 실각한 것은 김정일 총서기의 지시에 기초했는데, 리제강 제1부부장과의 다툼도 한 가지 요인이라는 견해가 강하다.

2010년 9월의 당 대표자회의 인사에서는 후계자 추대의 모체로서 부상한 당 중앙군사위원회(당 중앙군사위) 위원에 김경옥 당 조직지도부 제1부부장이 선임되었다. 그 전날인 9월 27일 김정일 최고사령관은 6명에게 '대장', 1명에게 '상장', 6명에게 '중장', 27명에게 '소장'의 칭호를 수여했는데, 김경옥 제1부부장도 후계자로서 김정은과 함께 대장이 되었으며 황병서 당 조직지도부 부부장도 '중장'이 되었다(<표 3> 참조).

조직지도부에서는 오랫동안 리용철이 제1부부장으로서 군의 인사를 통할해왔는데, 이후에는 김경옥 제1부부장, 황병서 부부장이 군 인사를 통할할 것으로 보인다. 김경옥 제1부부장이 처음으로 북한의 공식보도에 등장한 것은 김정일 총서기가 2008년 12월 28일 조선 국립교향악단 공연을 관람했을 때 동행했던 간부로서 보도된 때였다.

조직지도부에서 당의 인사를 장악해온 리제강 제1부주장이 2010년 6월 교통사고로 사망했는데, 이 자리에 누가 취임할 것인가가 북한 지도부의 동향, 후계체제의 방향에도 큰 영향을 미친다. 리제강 제1부주장의 후임자는 단순한 제1부부장이 아니라, 일반적인 당 부장보다 더욱 강대한 권력을 갖는 당의 '실세'가 되기 때문이다.

당 대표자회의에서 당 정치국 위원후보로 선출된 박정순 당 조직지도부 제1부부장이 후임이 된 것으로 보였다. 나이도 많고 개성도 있어서 원포인트 릴리프라는 견해가 강했는데, 박정순은 2011년 1월 22일 폐암으로 사망했다.

김정일 총서기는 이 조직지도부와 자신을 보좌하는 조직인 김정일 비서실의 두 조직을 통해서 노동당을 통제했다. 관계자에 의하면, 노동당 각 부의 보고는 김정일 비서실에 제출되고, 그것이 취합·선택되어 김정일 총서기에게 제출된다고 한다. 한편, 보고의 요지는 조직지도부에도 제출된다. 따라서 김정일 비서실과 조직지도부가 노동당 전체의 사령탑이 되는 것이다.

결재는 화·수·목요일에 집중

당 중앙위에서 근무한 경험이 있는 어느 관계자에 의하면, 자신이 근무했던 시기는 김정일 총서기가 건강했을 때로서 김정일 총서기가 당 업무의 '비준'을 행하는 것은 원칙적으로 화요일, 수요일, 목요일의 3일간이었다고 한다. 화요일은 경제부문과 선전선동부문, 수요일은 군관계, 목요일은 대남관계, 외교관계라는 기본 스타일이 있었다.

김정일 비서실에서는 각 부 보고의 일람과 요약을 작성하여 김정일 총서기에게 제출하고, 김정일 총서기는 그 일람표를 보고 자신이 우선순위를 결정하여 결재한다. 각 부의 부장 등은 김정일 비서실을 통해서 김정일 총서기의 심기를 가늠하며 보고를 제출하고, 결재를 받는다. 심기가 나쁠 때에는 필요 최소한으로 하고, 심기가 좋을 때 단번에 결재를 받고자 제출보고를 조정한다. 일인 독재체제의 폐해이다.

김정일 총서기가 야간형 인간이라는 사실은 유명하다. 자신이 담당한 부문의 결재가 예정된 날인 경우, 당 간부는 밤에도 안심하고 잠을 잘

수 없는 상황이 된다고 한다. 김정일 총서기로부터 언제 질문 등이 들어올지 모르기 때문이다.

또한 김정일 총서기의 '비준(결재)'에는 3단계가 있다고 한다. 가장 우선 순위가 높고 무조건 실시되어야 하는 안건에 대해서는 김정일 총서기가 날짜와 사인을 직접 쓴다. 바로 '친필' 결재이다. 이는 보고 내용을 김정일 총서기가 직접 읽었으며, 보고의 방향대로 무조건 실시하는 것을 승인하는 것이다. 다음 순위의 결재는 김정일 총서기가 보고서의 제목에 동그라미만 그린 것으로, 이것은 비서실에서 김정일 총서기의 이름을 붙여 '비준(결재)' 한 것이 된다. 마지막은 김정일 총서기가 날짜만 기입한 것으로, 이는 김정일 총서기가 보고서를 읽기만 했음을 의미한다.

북한의 당 관료들도 김정일 총서기의 심기나 건강 상태를 살펴보면서 업무를 행하는 것이다.

간부의 '혁명화'와 '재기용'

김정일 총서기의 일인 독재체제의 특징은 간부를 돌연 '숙청', '경질'하고 간부에 대한 '혁명화 교육'을 실시하는 한편, 혁명화 교육의 대상이 되었던 인물을 '재기용'하기도 함으로써 공포적인 지배구조를 확립하는 것이다.

북한에서는 자주 '측근'이라고 간주되었던 인물이 어느 시기부터 갑자기 공적 장소에 모습을 보이지 않게 된다. 끝까지 사라져버린 인물이 있는가 하면, 김정일 총서기에 의해 재기용되어 이전보다 중용된 경우도 자주 있다.

정하철 전 당 비서는 김정일 총서기의 현지지도에도 자주 동행하여 측근 중의 측근이라고 불려졌다. 김정일 총서기는 김일성 주석이 1994년 7월에 사망한 이래, 당 대회나 당 중앙위 총회도 개최하지 않았기 때문에 2010년 9월의 당 대표자회 전까지 당 정치국이나 당 비서의 구성이 거의 변하지 않았지만, 정하철은 김일성 주석의 사후 유일하게 당 비서로 발탁된 인물이었다. 1933년 출생으로 당 기관지 ≪노동신문≫ 논설원실 실장(1973년), 중앙방송위원회 위원장(1990년), 당 중앙위원(1992년) 등을 거쳐, 김일성 주석 사후인 2000년에 당 선전선동부장, 2001년에는 선전선동담당 당 비서까지 되어 가히 날아다니는 새를 떨어뜨릴 만한 위세였다. 그러나 2005년 10월의 당 창건 60주년 관련 행사에 출석한 이래 공식석상에서 모습이 사라졌다.

한국의 ≪연합뉴스≫(2005년 12월 7일)는 정하철 비서가 조직지도부 등의 조사를 받고 평안남도 북창군의 득장 관리소에 수감되었다고 보도했다. 득장 관리소는 정치범 수용소라고 한다. 뉴스에 의하면, 조선중앙방송위원회의 부위원장 등 간부가 2005년 5월부터 6월의 '농촌 총동원 기간'에 대낮부터 음주를 했던 것이 밝혀졌고 이를 조사하는 과정에서 정하철이 중앙방송위원장을 할 때의 부정이 드러나 결국은 정치범 수용소로 보내졌다고 한다. 이 뉴스에서는 "정하철 비서의 과오가 정치범 수용소까지 갈 정도의 것은 아니었다고 알고 있다. 노동당을 장악하고 있는 리제강 조직지도부 제1부부장과의 갈등이 영향을 준 모양이다"라는 소식통의 말을 인용하여 보도했다.

2003년 10월에 사망한 김용순 비서(당 통일전선부장)는 김정일 총서기가 높게 평가했던 측근이었는데, '혁명화' 교육을 받았다. 황장엽 전 비서의 회고록에 의하면, 김영남 당 국제담당비서(당시)가 1983년 12월 부총리 겸 외상에 취임하자, 김용순 당 국제부 부부장이 국제부장 겸 국제담당 당 비서로 승격했다. 김정일 총서기의 친누이동생인 김경희가 당시 당 국제부 과장이었는데, 김용순 부부장과 사이가 좋았다. 김용순과 김경희의 관계는 1980년대부터 구축되어온 것이다. 그러나 김용순 비서는 당 국제담당 비서가 되자 국제부 직원의 부인들도 외국의 손님을 접대하기 위해 댄스를 몰라서는 안 된다고 하며 당 청사에 댄스장을 설치했다. 이것이 비판의 대상이 되어 김경희도 비호할 수 없게 되자, 이미 김정일이 실권을 장악하고 있던 1984년에 김용순은 당 비서에서 해임되었고 평안남도의 탄광 노동자가 되어 '혁명화' 교육을 받게 되었다. 그러나 김경희의 도움도 받아서 김용순은 약 1년 반 만에 국제부 부부장으로 돌아온다.

황장엽 전 비서의 회고록에서는 김일성 주석이 김용순을 '아첨쟁이'라고 하며 높게 평가하지 않았다고 소개하는데, 김정일 총서기는 측근으로서 중용했다. 친동생 김경희의 영향이 있었기 때문이기도 하다. 김용순은 2000년 김정일 총서기의 현지지도 등에 46회나 동행하며 측근으로서의 존재감을 보였는데, 2001년이 되자 김정일 총서기와의 동행은 물론 보도되는 공식 활동도 격감했고 한국에서는 실각설도 나왔다. 이 시기에 '혁명화'가 있었는지의 여부는 명확하지 않다. 하지만 김정일 총서기가 2001년 9월 21일 평양의 인민대궁전에서 행해진 문화예술부문 창작가·예술인의 모범문답식 학습 콩쿠르에 참관할 때 당 비서 전원이 동행했는데 김용순 비서만 모습을 보이지 않자 한국에서는 그가 금강산 관광의 송금 정체(停滯) 등으로 비판을 받았다는 보도도 나왔다. 그러나 김정일 총서기가 2001년 10월 15일 안드레이 카를로스 주북한 러시아 대사와 회견할 때 동석한 이후로는 다시 김정일 총서기의 측근으로서 활발한 활동을 전개한다.

잠비아 주재 북한 대사관에 근무 중이었던 1996년 1월에 한국으로 망명한 외교관 출신인 현성일 한국국가안보통일정책연구소 책임연구위원(당시)의 증언에 의하면, 김정일 총서기의 최측근인 강석주 제1외무 차관도 1992년에 당 국제부의 '당적 지도'를 비판하여 1개월간 혁명화 교육을 받았고, 최수헌 주시리아 대사도 1980년대 후반에 김정일 총서기에 대한 보고에 오류가 있다고 하여 1년 반에 걸쳐 혁명화 교육을 받았다고 한다.

또한 현재 김정일 총서기의 최측근 가운데 한 명으로 여겨지는 김양건 당 통일전선부장(당 정치국 위원후보)도 2001년 2월 14일 평양 주재 쿠바 임시대사가 주최한 연회에 출석했을 때를 마지막으로 공식보도에서 모습이 사라졌다. 소식통은 2002년 1월에 '국제부장의 직책을 유지하고 있지만 재교육을 받고 있다. 당 국제부장직은 지재룡 부부장(현 베이징 주재 북한 대사)이 대행하고 있다'고 밝힌 일이 있다. 김양건은 2005년 7월 국방위 참사로서 부활했고, 2007년 3월에는 림동옥(林東玉) 당 통일전선부장의 사망으로 공석이 된 당 통일전선부장에 취임하여 김정일 총서기의 측근으로서 활약한다. 김양건 통일전선부장의 사례 등은 '재교육'이 간부로서 더욱 지위를 높이는 계기가 아닌가 하는 분위기마저 풍긴다.

한편, 남북정상회담 준비협의에서 북한 측 수석대표 등을 지냈던 당 통일전선부의 최승철 부부장은 남북경제협력사업과 관련한 오직(汚職) 사건으로 직위를 박탈당했다. 한국의 언론에서는 방북한 소식통의 말을 인용하여 그가 황해도의 닭 가공공장에서 노역을 하고 있다고 보도했다. 한국의 ≪연합뉴스≫는 2009년 5월 18일 최승철 부부장이 그 전년도에 대한 국정책의 '실패'에 대한 책임을 추궁 받아 처형되었다고 보도했는데, 한국 정부 당국은 확인하고 있지 않다.

탈북자의 증언에 의하면 '혁명화'의 내용은 다양하다. 강등 인사, 당으로부터의 제명, 정치범 수용소 행, 노동 단련, 자격 정지, 자택 연금, 재산

몰수, 당 학교에서의 재교육 등 여러 가지이다. 김정일 총서기는 당 내에 간부의 부정 등에 관한 제보를 받는 처리부를 설치하고, 당 조직지도부에 검열4과를 설치하여 간부의 감시나 처벌을 강화했다고 한다.

북한에서는 간부의 길을 걷는 것도 시련의 길이다. 일반 주민도 '생활총화'라는 미명 아래 상호 비판을 하는 것이 일상화되어 있는 사회적 풍토에서 간부라고 해도 어느 곳에 있을지 모를 적대세력이 언제 자신에 대한 비판을 가할지 도무지 알 수가 없다.

김정일 총서기는 '혁명화'와 '재기용'을 자의적으로 사용함으로써 전제적인 지위를 더욱 강화했다. 간부는 숙청의 공포의 속에서 생활해야 했으며, 이러한 환경 속에서 개혁이나 도전이라는 새로운 조류가 발생하는 것은 대단히 어려웠다.

파티 정치

전술한 현성일 위원은 2006년에 발표한 논문에서 "(김정일 총서기의) 측근들과의 연회는 단순한 피로연이 아니라 실질적인 정책결정기구의 역할을 하는 밀실정치의 성격을 갖고 있다"며 "여기에서는 전반적인 대내외 정세와 중요 국가정책과 인사 문제 등 각종 현안이 주제로서 제기되고, 비교적 정직하게 진실이 반영된 견해가 직접 혹은 의견교환 형식으로 논의된다"고 지적했다.

김정일 총서기가 주최하는 저녁만찬회, 연회, 파티가 측근세력의 형성과 의견교환의 장이 된 것은 사실로 보인다. 황장엽 전 비서는 회상록에서 "바쁜 가운데에서도 나는 김정일이 주최한 만찬회와 파티에 몇 차례인가 참가했다. 그러나 체질적으로 술을 마실 수 없어 약간만 마시는 것으로도 피로해졌다. 내가 진정으로 술을 마시지 않는 것을 안 김정일은 그 이상 술자리에 부르지 않았다"고 술회하면서 이 파티에서 다른 측근들로부터 술을 강요받아 곤혹스러웠던 일화를 소개하고 있다. 또한 이러한 연회에서 김정일 총서기가 남북대화 준비를 하고 있던 연형묵 총리를 몹시 야단쳤던 에피소드 등을 소개하고 있다.

'김정일의 요리사'였던 후지모토 겐지(藤本健二)는 그의 저서『북한의 후계자 왜 김정은인가(北の後繼者, キムジョンウン)』에서 자신이 북한에 체재하는 동안 김정일 총서기가 주재하는 파티에 참가했던 단골손님으로 김용순, 강관주, 강석주, 권희경, 김국태, 김기남, 계응태, 최대복, 연형묵 등이 있었고, 군에서는 오진우, 조명록, 김영춘, 오극렬, 현철해 등이, 가끔 은 김양건, 리제강, 리용철, 리용무, 전병호 등이 얼굴을 비추었다고 한다.

이런 사적인 파티가 대단히 탈선하는 경우도 있겠지만, 김정일 총서기의 측근 형성이나 사적인 의견교환의 장이 되고 있는 것은 사실인 모양이다.

제7장

김정일 총서기의 측근들

북한은 2010년 9월 28일 조선노동당 대표자회의(당 대표자회의)를 44년 만에 개최하고 당 지도부를 재편했다. 새롭게 선출된 정치국은 구성원 32명 전체의 평균연령이 73.4세나 되는 고령화된 집단이다. 이러한 당 대표자회의가 개최된 목적 가운데 하나는 김정은 후계체제 만들기였는데, 세대교체로 보기에는 아직 먼 상황이다.

정치국 위원후보에는 도당(道黨) 책임비서 등 지방 간부의 실무가를 다수 기용했는데, 정치국 구성원의 대다수는 김일성 시대의 후반부터 김정일 시대에 걸쳐서 김일성-김정일 체제를 지탱해온 가신이라고도 할 수 있는 간부들이다. 당 대표자회는 김정은 후계체제 구축을 향한 당의 재편 이었는데, 여전히 김정일의 가신들이 큰 역할을 수행하고 있다.

앞에서 언급한 바와 같이 북한 지도부에는 정년제가 없기 때문에 사망하기 전까지 중요 직책에 계속 머물게 되어 지도부의 고령화가 진행되었다. 그 때문에 2000년대에 들어서자 김정일 체제를 지탱해온 간부들이 하나둘씩 사망하고, 당 요직에 공석이 두드러지게 되었다. 특히 2009년경부터 북한의 핵심 간부가 차례로 사망했다. 그런 의미에서 당 지도부의 재편을 단행하지 않으면 안 되는 시기에 이르렀다고 말할 수 있다.

당 지도부의 재편이라는 의미에서, 2010년 당 대표자회는 1980년에 열린 제6차 당 대회 이래 30년 만에 개최된 회의였다. 김일성 주석이 생존했을 때는 당 중앙위원회(당 중앙위) 전원회의를 적어도 1년에 1~3회 씩 개최하여 당 지도부의 교체와 보충을 행했다. 그러나 1993년 12월의 당 중앙위 제6기 제21차 전원회의를 마지막으로 당 중앙위 전원회의는 열리지 않았고, 인사도 공식적으로는 행해지지 않았다. 다만 김정일의 자의적인 임명에 의해 부분적인 인사가 행해졌을 뿐이다.

북한의 세대 구성은 일본의 식민지 시대를 경험하고 항일 빨치산 투쟁을 전개했던 김일성 주석으로 대표되는 혁명 제1세대, 일본의 제국주의는 거의 알지 못하지만 한국전쟁(1950~1953년) 전후에 유년기를 보내고 한국전쟁 후의 천리마 운동 시대에 자아가 형성된 계층을 중심으로 하는 김정일 총서기 등의 혁명 제2세대, 그리고 3대혁명소조 운동을 경험한 혁명 제3세대, 나아가 현재는 구(舊)사회주의권의 붕괴나 김일성 주석이 사망한 이후 '고난의 행군'에서 극도의 경제위기를 유년기에 경험한 혁명 제4세대까지 등장하고 있다고 할 수 있다.

북한 지도부의 당과 군은 여전히 혁명 제1세대, 제2세대가 장악하고 있는데, 그 하부에서는 40대와 50대의 혁명 제3세대가 실무를 담당하고 있다. 이러한 경향은 내각에서 현저하게 나타나고 있는데, 경제관료를 중심으로 하여 급속한 세대교체가 진행되고 있다. 내각에서는 1953년 출생의 김용진(金勇進) 교육위원장 등 혁명 제3세대가 확인되고 있다.

그런데 이러한 상황은 세대 간의 의식 격차도 만들어내고 있으며, 제1세대와 제2세대가 식민지 지배나 한국전쟁을 알지 못하는 혁명 제3세대나 제4세대와의 의식 격차를 어떻게 극복할 것인가 하는 것이 북한 사회에서도 커다란 문제로 떠오르고 있는 중이다.

김정일은 1995년 12월 25일에 담화 「혁명선배를 존대하는 것은 혁명가들의 숭고한 도덕의리이다」를 발표하여 혁명 제1세대를 존경해야 한다고 했다. 김정일은 "지난 시기 사회주의를 건설하던 일부 나라들에서 당과 국가의 지도적 지위를 차지한 기회주의자들에 의하여 혁명선배들을 모독하고 그들의 업적을 말살하는 배신행위가 감행됨으로써 공산주의자들의 명예가 훼손되고 사회주의의 영상이 흐려졌으며 끝내는 사회주의제도 자체가 허물어지게 되였습니다"라고 지적했다. 김정일은 혁명 제1세대에 대한 존경을 '현대 수정주의자와 사회주의 배신자'에 대한 비난과 관련하여 강조했다.

당 기관지 ≪노동신문≫은 2008년 10월 21일자 기사에서 "백두의 혁명전통은 새 세기 진군의 보검이다"라는 논평을 게재하고 "혁명의 1세들이 개척하고 2세들이 굳건히 고수하여온 주체혁명위업의 성패는 이들[1]의 준비정도와 역할에 달려 있다"고 호소했다. 논평은 혁명의 1세대들을 몰라보고 그들의 공적을 무시하려 하는 사람들, 환경의 변화와 시대의 추세를 운운하면서 혁명선배들이 목숨 바쳐 개척한 투쟁의 길에서 탈선하려는 사람들[2]을 '배신자', '변절자'로 비난하고 혁명 제3세대, 제4세대의 각성을 호소했다.

이러한 논평이 나오는 것 자체가 북한 내부에서 세대 간의 의식 격차가 심각해졌고, 제3세대, 제4세대가 제1세대, 제2세대를 무시, 경시하는 풍조

---

1) 3세대, 4세대를 일컫는다.
2) 이 문단에 이어지는 문장은 "목전의 리익을 위해서라면 선배들의 업적에 먹칠을 하는 것도 서슴치 않는 사람들을 도대체 혁명가라고 말할 수 없다"이다.

가 확대되고 있는 상황의 반영일 것이다. 이 논평을 '후계자 문제'와 관련하여 해석하는 것도 가능한데, 1995년 담화의 연장선상에 있는 북한 나름의 세대 간 의식계승 문제로 보는 것도 자연스러운 해석으로 여겨진다.

김정일의 현지지도와 측근

김정일 총서기와 측근 사이의 거리를 측정하는 기준으로 김정일 총서기의 현지지도나 시찰 등에 동행하는 횟수에 주목하는 방법이 있다. 김정일 총서기의 측근에 대한 호감도를 측정하는 하나의 척도이기는 하지만, 이 수치가 모든 것을 말해주지는 않을 것이다. 측근들의 직무에 따라서는 담당 구역을 장기간 떠나 있는 것이 부정적인 영향을 주는 경우도 있다.

탈북자 가운데에서는 현지지도 등으로 측근의 중요도를 추정하는 방법에 의문을 제기하는 사람도 있다. 당 본부에서 근무했던 경험이 있는 한 탈북자는 "동행자는 김정일 총서기가 그 시점에 주목한 자를 데리고 가는 것뿐이며 그것이 반드시 권력자 곁의 '2인자'로서의 측근, '3인자'로서의 측근을 의미하지는 않는다"라고 지적한다.

이 견해는 어떤 의미에서는 맞다. 예를 들면, 박재경 대장은 2005년 1년 동안 43회 동행했는데 측근 중에서도 동행 횟수가 가장 많았고, 2006년에도 리명수, 현철해 두 대장이나 조선노동당에서 군을 담당하는 황병서 부부장과 나란히 42회로 최다였다. 그러나 박재경 대장은 2007년 4월경 인민무력부장에 취임하자 2007년의 동행 횟수가 3회로 격감했다. 이는 박재경 대장이 실각한 것이 아니라 인민무력부에서 맡은 새로운 직책이 근무지를 떠나기 어렵게 했기 때문으로 보인다.

그렇지만 동행 횟수는 김정일 총서기와 측근과의 거리를 추정하는 한 가지 기준이라는 점 역시 사실일 것이다.

<표 27>은 라디오프레스가 집계한 것으로, 김정일 총서기의 공개활동에 수행한 상위 20명 측근들의 연도별 동행 상황이다. 김일성 주석이 사망한 이듬해인 1995년부터 2010년까지 김정일 총서기의 공개활동에 수행한 측근들의 동행 횟수를 정리했다. 고딕체의 인물들은 군인이다. 군수산업 관계자나 군 경력이나 군 계급이 있어도 전문 군인이라고 말하기 어려운 인물은 군인의 범주에서 제외시켰다. 이 동행자의 추이를 살펴봄으로써 북한 지도부를 주도하는 리더들의 부침을 어느 정도 억측(臆測)하는 것이 가능하다.

김정일의 현지지도가 '선군정치'를 반영하여 군부대나 군 관련 시설에 대한 현지지도가 많은 점도 있기 때문에 동행 측근에서 차지하는 군인의 비율이 대단히 높다. 노동당에서는 정치국 위원인 김기남, 김국태, 최태복 등이 계속적으로 동행하고 있다.

김기남 정치국 위원은 당 기관지 ≪노동신문≫ 책임주필 등을 거친 슬로건 만들기의 명수로서, 김일성 시대인 1992년 12월 선전선동을 담당하는 당 비서에 취임한 이후 선전선동부문을 계속 담당하고 있다. 김일성 주석이 사망한 이래 줄곧 현지지도 등에 동행하고 있다. 2000년에만 동행 횟수가 2회로 유별나게 적은 것 이외에는 정력적으로 활동하여 고령임에도 2009년에는 111회나 동행하는 경이적인 모습을 보인다.

김국태 정치국 위원은 김책 전 부총리의 아들로, 당 선전선동부장, 당 간부부장 등을 거쳐 1992년 12월에 간부담당 당 비서가 되어 인사 면에서 김정일 총서기를 지원했다. 1995년 이래의 동행 상황을 보면 지속적으로 10위권 안에 있으며 1999년 31회로 5위, 2000년 44회로 2위, 2001년

〈표 27〉 김정일 총서기 동행자 리스트 (1995~2010년)

	1995년	1996년	1997년	1998년	1999년	2000년	2001년	2002년
1	김기남(12)	박재경(30)	조명록(42)	현철해(50)	현철해(43)	김용순(46)	현철해(52)	김국태(62)
2	리하일(12)	조명록(30)	김영춘(41)	박재경(47)	박재경(40)	김국태(44)	박재경(51)	김기남(59)
3	박재경(11)	현철해(28)	김기남(36)	조명록(41)	조명록(34)	조명록(41)	김국태(49)	정하철(47)
4	계응태(11)	김기남(28)	현철해(31)	김하규(40)	김영춘(33)	김영춘(40)	리용철(37)	현철해(39)
5	조명록(8)	계응태(26)	박재경(30)	김영춘(37)	김국태(31)	김일철(36)	정하철(36)	박재경(38)
6	리을설(8)	김하규(25)	김용순(30)	김국태(35)	장성택(27)	현철해(30)	장성택(35)	김용순(38)
7	전병호(7)	최태복(24)	김국태(28)	김기남(29)	김용순(23)	박재경(30)	리명수(33)	장성택(31)
8	김국태(6)	김용순(23)	최태복(28)	김용순(23)	리용무(22)	장성택(25)	김영춘(26)	리용철(29)
9	김하규(6)	김국태(18)	계응태(23)	장성택(23)	리용철(22)	박송봉(20)	김일철(22)	김영춘(28)
10	백학주(6)	리하일(15)	김하규(21)	리용철(20)	김일철(22)	최태복(17)	최태복(19)	리명수(26)
11	김용순(5)	리을설(8)	장성택(14)	리명수(18)	리명수(21)	김영남(16)	조명록(16)	김일철(25)
12	최태복(5)	김중린(8)	리용철(14)	김일철(16)	김기남(20)	리명수(15)	김기남(16)	조명록(21)
13	김영남(5)	리용철(8)	김일철(13)	계응태(14)	박송봉(20)	리용무(15)	강석주(15)	강석주(19)
14	한성룡(5)	장성택(4)	정하철(11)	박송봉(14)	최춘황(20)	연형묵(13)	연형묵(12)	연형묵(16)
15	박기서(4)	리명수(3)	리하일(10)	리용무(10)	전재선(12)	김중린(11)	계응태(8)	최태복(14)
16	김일철(4)	한성룡(3)	리명수(9)	최태복(10)	리을설(11)	리용철(9)	리용무(8)	리용무(13)
17	연형묵(2)	김일철(2)	김중린(9)	김중린(11)	박기서(11)	최춘황(9)	김영남(9)	전병호(10)
18	김중린(2)	박송봉(2)	전재선(9)	전재선(11)	연형묵(9)	정하철(8)	한성룡(8)	최춘황(10)
19	현철해(1)	전재선(2)	박기서(9)	정하철(9)	전병호(7)	리을설(8)	양형섭(7)	김중린(9)
20	전재선(1)	백학림(2)	백학림(8)	연형묵(9)	리하일(6)	전병호(8)	김중린(7)	리을설(7)
21	양형섭(1)			리을설(8)	백학림(6)	전재선(8)	전병호(6)	

	2003년	2004년	2005년	2006년	2007년	2008년	2009년	2010년
1	현철해(36)	현철해(55)	박재경(43)	현철해(42)	현철해(32)	현철해(52)	김기남(111)	장성택(115)
2	박재경(32)	박재경(51)	현철해(42)	박재경(42)	김기남(29)	리명수(47)	장성택(85)	김경희(111)
3	리명수(31)	리명수(47)	리명수(42)	리명수(42)	리명수(28)	김기남(21)	박남기(77)	김기남(90)
4	김영춘(27)	리용철(35)	박봉주(35)	황병서(42)	박남기(21)	장성택(14)	현철해(56)	태종수(59)
5	김기남(20)	김영춘(22)	김기남(34)	김기남(34)	김일철(14)	김정각(12)	김정각(48)	최태복(55)
6	김국태(19)	김기남(17)	황병서(31)	리용철(17)	리용철(11)	김명국(11)	김영춘(32)	현철해(47)
7	리용철(19)	김국태(10)	최태복(27)	김기남(15)	리재일(10)	박남기(11)	김정각(32)	홍석형(47)
8	김용순(17)	연형묵(8)	김일철(26)	김영춘(9)	강석주(10)	박도춘(10)	최태복(25)	주규창(45)
9	김일철(15)	강석주(8)	김영춘(24)	장성택(8)	김영일(9)	김격식(9)	리영호(24)	리명수(41)
10	최춘황(14)	김일철(6)	리재일(24)	리제강(8)	김격식(9)	리제강(9)	강석주(21)	김영춘(38)
11	장성택(13)	박봉주(6)	김국태(23)	김일철(7)	홍석형(9)	리재일(9)	리제강(18)	박도춘(38)
12	조명록(6)	박남기(4)	리용철(20)	최태복(7)	최태복(9)	김양건(8)	리재일(18)	김정각(37)
13	리용무(6)	홍석형(3)	강석주(19)	박남기(6)	김정각(7)	강석주(8)	김경희(16)	김양건(37)
14	연형묵(6)	주규창(3)	김영남(13)	박봉주(6)	김양건(7)	주규창(7)	김명국(16)	리영호(35)
15	강석주(5)	리재일(3)	전병호(12)	강석주(5)	양형섭(7)	김풍해(5)	김양건(16)	김영일(33)
16	최태복(4)	최태복(3)	양형섭(11)	김국태(4)	김영남(5)	황병서(5)	김원홍(15)	김평해(30)
17	정하철(4)	전병호(2)	연형묵(10)	김풍기(4)	김국태(5)	리용철(4)	주규창(13)	최룡해(29)
18	계응태(4)	리광호(2)	김양건(9)	홍성남(4)	김중린(5)	최태복(4)	김평해(11)	김정은(27)
19	리을설(4)	김경호(2)	박남기(3)	김양건(3)	홍성남(5)	김일철(3)	홍석형(11)	강석주(26)
20	전병호(4)	차승수(1)	조명록(9)	리광호(3)	박경선(5)	홍석형(3)	최익규(11)	리재일(23)
21	김영남(4)	박수길(1)	김중린(8)	로두철(3)	박도춘(5)	차승수(3)		
22	한성룡(4)	박민균(1)	홍성남(8)			최룡해(3)		
23	양형섭(4)		리용무(8)					

주: 라디오프레스 집계, 괄호 안은 동행 횟수, 고딕체는 군인

49회로 3위, 2002년에는 62회로 1위를 차지했다. 고령 때문인지 2006년 경부터 동행하는 횟수가 감소하고 있다.

최태복 정치국 위원은 일본의 국회의장에 해당하는 최고인민회의 의장도 겸하는데, 그전에는 당 비서국에서 교육이나 국제부문을 담당하는 당 비서로 활동했다. 동행 상황을 보아도 지속적으로 현장에 동행하고 있다. 2010년 말로 80세가 되었지만 2009년에는 25회로 8위, 2010년은 55회로 5위의 활발한 활동을 계속하고 있다.

군에서는 현철해, 박재경, 리명수의 3인 대장이 눈에 띄게 동행 횟수가 많은 트리오이다. 현철해 대장은 1996년에 3위, 1997년 4위, 1998년 1위, 1999년 1위, 2000년 6위, 2001년 1위, 2002년 4위, 2003년 1위, 2004년 1위, 2005년 2위, 2006년 1위, 2007년 1위, 2008년 1위, 2009년 4위, 2010년 6위로 동행 횟수로 본다면 실로 측근 중의 측근이다.

박재경 대장은 1994년 9월에 인민군 총정치국 선전부 총국장으로 취임했다. 동행 상황을 보면 1995년에 3위, 1996년 1위, 1997년 5위, 1998년 2위, 1999년 2위, 2000년 6위, 2001년 2위, 2002년 5위, 2003년 2위, 2004년 2위, 2005년 1위, 2006년 1위로 김정일에게 바싹 달라붙은 것처럼 빈번한 동행이 계속되었으나 2007년 인민무력부 부부장에 취임하자 같은 해에는 3회로 37위였고, 2008년 이후부터는 공식보도를 통한 동행 여부가 확인되지 않고 있다.

리명수 대장은 1996년 11월 군 총참모부 부총참모장에 취임하여 같은 해 동행은 3회로 15위였고, 1997년 4월 총참모부 작전국장에 취임했는데 그해 9회로 16위였다. 1998년에는 18회로 1위, 1999년 21회 11위, 2004년 15회 12위, 2001년 33회 7위, 2002년 26회 10위, 2003년 31회 3위, 2004년 47회 3위, 2005년 42회 2위, 2006년 42회 1위, 2007년 28회

3위, 2008년 47회 2위, 2009년 48회 5위, 2010년 41회 9위가 되었다. 리명수 대장은 2007년에 국방위원회(국방위)의 행정국장으로 취임했는데, 이 직책에 있으면서도 빈번하게 동행을 계속하고 있다.

2003년부터 2006년의 4년간은 현철해, 박재경, 리명수가 1위에서 3위까지 독점하는 현상까지 보인다. 이 세 명은 김정일 총서기의 활동에 가장 지속적으로 빈번하게 동행한 측근이지만 2010년 9월의 당 대표자회의에서 당 정치국에도, 김정은 후계체제를 담당하는 것으로 간주되는 당 중앙군사위원회(당 중앙군사위)에도 들어가지 못했다. 2010년 말로 현철해 대장이 76세, 박재경 대장이 77세, 리명수 대장이 73세로 고령이기 때문에 후계체제의 틀에서 배제되었을 가능성이 높지만, 빈번한 동행을 계속한 것을 고려하면 다소 의외의 감이 없지 않다.

김정일이 중요 직책에 정식으로 기용한 것을 전후하여 동행이 증가하는 추세도 살펴볼 수 있다. 예를 들면, 정하철(鄭夏哲) 전 당 선전선동 담당비서는 1997년에 11회 동행하여 14위로 등장한다. 1998년은 6회로 19위, 1999년에는 불분명한 이유로 모습이 사라졌지만 2000년에는 8회로 18위였고, 같은 해 8월 당 선전선동부장에 취임했다. 그리고 2001년에는 36회 동행하여 5위로 크게 부상했으며, 같은 해 9월 선전선동 담당 당 비서에 취임한 것이 확인되었다. 2002년에는 47회로 3위가 되어 절정기를 맞이했지만 2003년에는 4회로 16위가 되었으며, 2004년에는 한 차례의 동행도 확인되지 않았고 2005년에 실각된 것이 판명되었다.

2002년의 경제개혁 이후 이를 주도한 박봉주(朴奉珠) 전 총리의 경우, 2003년 9월 총리로 기용된 후 2004년에 6회로서 10위, 2005년에는 35회로서 4위였는데, 경제정책이 보수노선으로 회귀하는 2006년에는 6회로 13위가 되었고, 2007년에는 1회뿐이었으며 같은 해 4월에 해임되었다.

2010년 9월의 당 대표자회의에서 김정은과 함께 당 중앙군사위 부위원장으로 선출된 리영호(李英鎬) 차수의 경우, 2007년 4월에 거행된 인민군 창건 75주년의 열병식 지휘관을 도맡아 주목을 받았고, 2009년 2월 전격적으로 총참모장에 취임했다. 김정일과의 동행을 살펴보면 2008년까지는 공식보도가 없었고, 2009년에 24회로 9위에 등장했으며, 2010년에도 35회로 14위가 되었다.

2010년 9월의 당 대표자회의에서는 최룡해 전 황해북도 당 책임비서, 김평해 전 평안북도 당 책임비서, 리태남 전 평안남도 당 책임비서, 박도춘 전 자강도 당 책임비서, 태종수 전 함경남도 당 책임비서 등, 일본의 지사에 해당하는 도의 당 책임비서가 대거 당 정치국 위원후보로 기용되었다. 이러한 간부들은 김정일이 지방의 현지지도에 임할 때, 거기에 동행하여 현장에 대한 설명이나 지방의 실정 보고 등을 행한 사람들이다. 말하자면 김정일 총서기의 지방 시찰 때 눈에 들어 당 정치국에 기용되었다고 할 수 있다.

최룡해 전 황해북도 당 책임비서는 과거에 '조선사회주의노동청년동맹(사로청)' 위원장을 지내기도 했으며, 김정일 총서기와 오랫동안 서로 알고 지내온 관계로 각별한 사이일 것이다. 박도춘 전 자강도 당 책임비서는 2007년에 동행 5회로 17위, 2008년은 10회로 8위, 김정일의 건강 악화 이후인 2009년에는 8회로 22위, 2010년은 38회로 10위였다. 태종수 전 함경남도 당 책임비서는 2009년에 5회 26위로, 2010년에는 59회 4위로 동행이 급증했다.

김정일 총서기의 건강이 악화된 2008년에는 1위가 현철해 대장으로 52회, 2위는 리명수 대장으로 47회, 3위는 김기남 당 비서로 21회, 4위는 장성택 당 행정부장으로 14위, 5위는 김정각 군총정치국 제1부부장, 김명국 대장, 박남기 당 부장으로 각각 11회, 8위는 박도춘 자강도 당 책임비서로 10회, 9위는 김격식 총참모장과 리제강 당 조직지도부 제1부부장으로 9회였다.

그러나 2008년 김정일 총서기의 건강이 악화된 시기를 전후로 하여 동행 멤버에 커다란 변화가 일어났다. 2008년 1월부터 건강 문제가 발생하기 전인 8월 14일까지의 수행 상황을 보면, 1위는 현철해 대장으로 32회, 2위는 리명수 대장으로 29회, 3위는 김기남 비서로 20회, 4위는 박남기 부장으로 8회, 5위는 김격식 총참모장으로 7회였다.

그런데 김정일 총서기의 건강이 악화된 이후, 2008년 10월 4일 김일성종합대학 창립 62주년의 대학생 축구대회를 참관하면서부터 같은 해 12월 28일에 국립 교향악단의 공연을 관람하기까지 총 21번의 공개활동에 동행한 사람을 보면 큰 변화를 알 수 있다.

1위는 현철해 대장으로 20회, 2위는 리명수 대장으로 18회, 3위는 장성택 당 행정부장과 리재일 당 선전선동부 제1부부장으로 9회, 5위는 리제강 당 조직지도부 제1부부장으로 8회, 6위는 주규창 당 군수공업부 제1부부장이 각각 6회로 나타났다.

현철해, 리명수 두 대장의 동행이 1년을 통틀어 대단히 많은 것처럼, 건강 악화 이후에 당의 실력자인 장성택 당 행정부장, 리제강 조직지도부 제1부부장, 주규창 당 군수공업부 제1부부장의 수행 횟수가 급증하고 있다. 장성택 부장은 연간 14회 중 9회, 리제강 제1부부장은 동 연간 9회 중 8회, 주규창 제1부부장은 7회 중 6회가 건강 악화 이후의 수행이다.

건강 악화 이후 장성택 행정부장의 수행이 급증하면서 포스트 김정일 체제의 행방은 김정일 총서기의 여동생 김경희 당 경공업부장의 남편인 장성택 부장이 쥐고 있다는 견해도 나왔다. 그러나 김정일 총서기가 이러한 견해를 불식시키기 위해서라도 장성택 부장의 라이벌인 리제강 제1부부장을 동일한 빈도로 수행시켜 균형을 맞추려 한 것으로도 볼 수 있다. 리제강 제1부부장은 고령인데다 당 조직지도부의 업무로 분주하여 본래 김정일 총서기의 공개활동에 동행할 수 있는 여유가 별로 없다. 건강 악화 이후에는 공개활동에 동행하는 경우가 별로 없던 강석주 제1외무차관도 3회나 동행했다.

2008년 후반 김정일 총서기의 건강 악화 이후에 나타난 수행자 리스트는 김정일 총서기의 건강이 악화되었다는 소문이 북한 국내에서도 급속히 확산되는 가운데, 그 건재함을 북한 주민에게 과시하고 정권의 실력자들을 제대로 장악하고 있음을 전하려는 뒷배경이 있었던 것으로 보인다.

김정일의 건강 악화가 표면화된 이래, 김정일의 공개활동에 나타난 큰 변화 중 하나는 김정일의 여동생, 김경희의 등장이다. 김경희는 1994년 7월에 김일성 주석이 사망했을 때 추도행사 등에 참석한 모습이 TV 영상에 나타났지만, 장기간 북한의 공식 언론에 모습을 드러내는 일이 없었다. 그러나 2008년 8월 김정일의 건강이 악화된 이후인 2009년 6월 7일에 김정일이 함경남도 함주군의 한 협동농장을 현지지도했을 때, 좌우에 농업 관계자를 거느린 김정일 총서기와 김경희 부장의 사진을 조선중앙TV가 영상으로 소개했다. 김경희가 북한의 공식보도에 등장한 것은 약 15년 만의 일로, 김정일 총서기의 현지지도에 동행하는 모습을 보도한 것은 처음으로 보인다.

나아가 조선중앙통신은 같은 날(보도는 8일 미명)에 김정일 총서기가 평양음악대학에서 러시아 가극의 무대 연습을 지도했다고 전하며, 여기에 김경희, 장성택, 최익규 당 부장이 동행했다고 보도하면서 김경희 부장을 장성택 부장보다 먼저 언급했다.

그 이후로 김정일의 현지지도에 김경희가 동행하는 사례가 급격히 증가했다. 라디오프레스의 집계로는, 2010년에 김정일 총서기의 활동 보도는 161회가 있었는데, 동행자 가운데 장성택이 115회로 최다이고, 2위는 김경희로 111회여서 장성택, 김경희 부부가 김정일 총서기를 지원하고 보좌하는 형태를 보여준다.

김일성 주석의 사후 거의 공공장소에 모습을 보이지 않았던 김경희 부장이 2009년 6월 이래 이 정도로 빈번하게 동행하고, 또한 이것을 북한 언론이 공식적으로 보도하는 배경에는 김정일 정권을 '김일성 패밀리'가 일치단결하여 떠받치고 있는 모습을 연출하려는 노림수로 보인다. 특히 김경희는 김일성 주석의 외동딸로서 당장은 오빠인 김정일을 지지하고, 장래에는 3대째인 김정은 당 중앙군사위 부위원장을 지원한다는 메시지를 국민에게 전하고 있는 모양새이다.

두 사람의 사망

2010년 9월의 당 대표자회의에서 선출된 조선노동당 지도부는 김정일 체제를 지지하는 '가신 그룹', 외교나 남북관계 및 지방정치를 지탱하고 있는 '실무가 그룹'과 새롭게 김정은을 지지하고 있는 '후계 추대세력'의 삼자가 결합한 정치집단의 모습으로 볼 수 있다.

리영호 총참모장을 중핵으로 한 '신군부'나 최룡해 당 정치국 위원후보를 중심으로 한 '구(舊)사로청 그룹' 등으로 구성된 '후계 추대세력'에 대해서는 제3장에서 논했으므로, 이 장에서는 여전히 세력을 유지하고 있는 김정일 시대의 '가신 그룹'과 '실무가 그룹'에 대해서 살펴보고자 한다.

한국어에는 '실세'라는 용어가 있는데, 이는 직책이나 표면적인 지위보다 실질적인 권력을 갖고 있는 인물에게 사용하는 말이다. 새로운 체제에서 거의 정치국 위원으로서의 직책을 획득한 '가신 그룹'을 검증하기 전에 2010년 9월 당 대표자회의의 개최를 목전에 두고 사망한 두 사람의 '실세'에 대해서 언급하지 않을 수 없다.

왜냐하면 이 두 사람은 북한 권력의 핵심부인 당 조직지도부에서 장기간에 걸쳐 체제를 지탱해온 인물이기 때문이다. 이 두 사람이란 리제강 제1부부장, 리용철 제1부부장이다. 리용철 제1부부장은 2010년 4월에, 리제강 제1부부장은 2010년 6월에 각각 사망했다. 두 사람은 단순한 예스맨이 아니라, 김정일 총서기에게 자신의 의견을 피력할 수 있는 능력과 권한을 갖추고 있었다.

리제강 당 조직지도부 제1부부장은 조직지도부 한 계통에서 활동했으므로 간부의 인사에 대해서는 구석구석까지 모두 알고 있는 인물이었다. 당 중앙위와 최고인민회의 상임위원회는 2010년 6월 2일에 리제강의 사망과 관련하여 '부고'를 발표하고 "리제강은 조국해방전쟁의 시기에 지방 당 조직에서 전쟁의 승리를 위해서 적극적으로 투쟁하고, 전쟁 이후부터 장기간 당 중앙위의 책임적인 위치에서 정력적으로 활동해왔다. 그는 위대한 영도자 김정일 동지의 충실한 전우로서, 주체혁명 위업의 계승 완성을 위한 당의 조직사상적 기초를 구축하고 전 사회를 주체사상화하기 위한 역사적 위업 수행에 큰 공적을 올렸다"며 찬양했다.

부고는 리제강을 김정일의 '충신'이 아니라 '충실한 전우'로 표현했다. 그는 1930년 출생으로 가족관계나 인적사항 등에 대한 상세한 정보는 명확하지 않다. 김정일과의 관계가 깊고, 대단히 두터운 신뢰를 받고 있었던 것으로 보인다. 김정일이 1964년 6월에 조직지도부의 지도원으로서 당 활동을 개시할 무렵 조직지도부에서 활동하던 중에 서로 알고 지낸 때로부터 40년 이상 된 관계였다.

리제강은 그 이후 조직지도부 내에서 지도원, 과장, 본부장으로 승진했다. 특히 1982년에는 조직지도부 부부장과 김정일 비서실 비서를 겸임하여 노동당 2대 권력 부문의 실무를 담당하며 김정일 총서기를 보좌했다. 조직지도부 내부에서도 정치국 위원과 위원후보, 비서 등을 포함하여 당, 군, 정부의 고위 간부 임명이나 해임 등을 통괄하는 인사담당 부부장을 장기간 도맡았고, 권력 중추에서 권력을 강화시켰다. 그리고 2001년 7월에 문성술(文成術) 제1부장의 후임으로서 제1부부장에 취임했다.

2004년에 사망한 고영희의 신뢰도 두터웠는데, 같은 해 장성택의 실각은 리제강에 의한 것으로 보는 견해가 매우 강하다. 장성택은 2005년 12월경 복권되어 당 행정부장으로 취임했고, 2009년 4월 최고인민회의에서 국방위원으로 선출되었으며, 2010년 6월에는 국방위 부위원장으로 승격되었다. 그전에 리용철 제1부부장이나 리제강 제1부부장이 차례로 사망함으로써 장성택 당 행정부장을 견제하는 세력이 없어졌고 영향력이 더욱 강화되었다.

부고에서는 리제강이 2010년 6월 2일 오전 0시 45분, 교통사고로 사망했다고 발표되었다. 조선중앙통신은 같은 해 6월 2일 오후 2시 17분에 김정일 총서기가 조선인민군 제963부대 예술선전대의 공연을 관람했다고 보도하며, 동행자로서 윤정린 대장, 김성덕 상장, 김경희 당 부장, 김경옥, 리제강, 리재일 당 제1부부장 등의 이름을 들었다. 북한의 공식 언론은 김정일 총서기의 동정에 대해서 구체적인 일시나 장소를 보도하지 않는데, 거의 하루 이틀 전의 일이 많다. 김정일 총서기가 다른 장소로 이동하여 안전이 확보된 후에 보도하는 것으로 보인다. 그러한 사정을 감안한다면 이 공연 관람은 6월 1일 밤일 가능성이 높다.

리제강 제1부부장의 사망 일시는 2일 오전 0시 45분이기 때문에 이 공연을 관람하고 만찬회 등 어떤 행사에 참가한 후 귀가하는 도중에 교통사고를 당했을 가능성이 높은 것으로 보인다. 북한의 고관이 연회석을 나와 귀가하는 길에 음주운전을 하여 사고를 일으키는 일은 때때로 있을 수 있지만, 리제강은 80세의 고령이며 스스로 운전을 했다고는 생각되지 않는다. 운전사가 있었을 텐데 교통사고가 일어났다는 것은 불가사의한 일이다. 또한 당 중앙위와 최고인민회의 상임위원회의 '부고'는 나왔지만, 이러한 높은 직책의 간부가 사망할 경우 통상적으로 국가장의위원회가 구성되는데 그러한 일이 없었으며, 애국열사릉 등으로 이장되었다는 등의 관련 보도도 없었다.

리제강 제1부부장이 장성택 국방위 부위원장과 라이벌 관계였던 이상, 다양한 억측을 불러일으킨 사망이었다. 아직까지도 의혹이 남아 있는 상태이다.

리용철 당 조직지도부 제1부부장은 1928년 출생으로, 1994년에 김일성 주석이 사망했을 때 국가장의위원회의 서열에서 273명 중 109위였다. 110위는 김정일 총서기의 의제 장성택 현 당 행정부장이었다. 이와 같이 표면적인 정치서열에서는 전면에 부각되지 않았지만, 리용철 제1부부장은 북한 군부의 인사를 한 손에 장악하고 있었다. 일부 탈북자들은 리용철 제1부부장이 실질적으로는 김영춘 국방위 부위원장(인민무력부장)이나 김일철 인민무력부 제1부부장보다 강한 권한을 갖고 있었다고 지적할 정도였다.

그의 출신지나 가족관계 등 인적사항은 명확하지 않지만, 한국의 《중앙일보≫가 탈북자 등의 증언을 통해 전하는 바에 따르면 군인 출신으로서 1960년대 후반에 대좌로 퇴역하고, 당 조사부로 옮겨 대남 담당을 맡아 당 부부장까지 승진했다. 그러나 1975, 1976년경 김정일 후계체제 확립의 일환으로 행해진 대남부문에 대한 대대적인 조사에서 비판을 받아 당 직속의 농장으로 배속되어 2년간 '사상 단련'을 받았다고 하는데 상세한 것은 명확하지 않다. 1980년의 제6차 당 대회 개최를 전후로 하여 다시 군에 복귀했고, 약 5년간 인민무력부 작전국장(중장)으로 근무했다. 1980년대 중반 무렵에 다시 당으로 돌아와 대남 담당이 되어 1986년에 당 조사부장, 1992년에는 남북연락사무소 북측 대표로 근무했다.

리용철은 1993년 6월에 당 조직지도부의 부부장으로, 1994년에 군 담당의 제1부부장으로 취임하여 그 이후로 계속 군의 인사를 담당했다. 김일성 주석 사후인 1996년 12월에는 당 중앙군사위 위원, 1998년에는 최고인민회의 대의원도 되었다.

리용철이 국제사회의 주목을 받게 된 것은 1999년 5월에 미국의 페리 북한정책조정관(전 미국 국방장관)이 방북했을 때 강석주 제1외무차관과 나란히 군사 문제협의에 응했던 시기였다. 전체적인 상대역은 강석주였지만, 미사일 문제 등 군사 문제의 협의를 조명록 군 총정치국장이나 김영춘 군 총참모장(당시, 현 인민무력부장 겸 국방위 부위원장), 김일철 인민무력부장(당시)이 아니라 당에 있는 리용철 제1부부장이 담당해서 주목을 받았다.

그러나 이 두 사람이 사망하게 됨으로써 조직지도부의 중심에 커다란 틈이 생겼다. 리용철의 후임은 2010년 9월 27일 김정은과 함께 대장이라는 군사 칭호를 부여받은 김경옥 당 조직지도부 제1부부장이 되었다. 전술한 바와 같이 김경옥 제1부부장은 당 중앙군사위 위원도 되어 김정은 후계세력의 한 부분을 맡고 있다.

리제강 제1부부장의 후임은 명확하지 않지만 박정순 당 조직지도부 제1부부장이 업무를 인계 중인 것으로 보였는데, 2011년 1월 22일에 폐암으로 사망했다. 당 인사 전체를 통괄하는 중요한 직책인데, 박정순은 이미 80세를 넘었었고 리제강 정도로 강렬한 개성을 갖고 있던 인물은 아니었다. 김정일 총서기는 사무를 착실히 처리하는 스타일의 박정순을 '원 포인트 릴리프'로서 기용했던 것이 아닌가 보이는데, 누가 그의 후임이 될 것인가는 김정은 후계체제 만들기에도 영향을 줄 것이다.

김정일 시대의 가신들

2010년 9월의 당 대표자회의에서 정치국 위원으로 선출된 구성원의 대다수는 김정일 총서기에 대한 충성과 착실한 집무능력으로 측근을 형성하고 있는 가신들이다.

필두는 북한의 대외적인 원수의 지위에 있는 김영남(金永南) 최고인민회의 위원장이라고 볼 수 있다. 그는 1928년 평양시에서 출생하여 1952년 모스크바 대학에 유학했고, 외교학을 전공한 이후 당 국제부에 들어가 외교 계통을 걸어온 인물이다.

1960년에 당 국제부 부부장, 1972년에 당 국제부 제1부부장, 1974년에 당 정치국 위원후보, 1975년에 당 비서, 1978년에 당 정치국 위원, 1980년에 당 정치국 위원 겸 비서, 1983년에 부총리 겸 외상이라는 엘리트 코스를 순조롭게 밟아왔다. 1994년 김일성 주석의 국가장의위원회에서는 서열 8위에 올랐고, 1998년의 헌법 개정으로 '대외적 원수'의 역할을 수행하는 최고인민회의 상임위원장에 취임했다. 2010년 9월의 당 대표자회의에서

김영남

는 당 정치국 상무위원에 선출되었다.

나는 1991년에 미국 뉴욕의 한 호텔에서 김영남 부총리 겸 외상의 인터뷰를 했던 적이 있다. 유엔(UN) 대표부의 허종(許鐘) 차석 대사가 동석했다. 온화한 인품을 가졌으며, 질문 하나 하나에 친절하게 답변하는 성실한 인물이었다. 차기 당 대회가 곧 개최될 것인가에 대해서 집요하게 묻자 "내년에는 당 대회보다 김일성 주석의 80세 축하행사가 성대하게 행해지지 않겠습니까"라고 말하여, 사실상 당 대회가 개최되지 않을 것임일 인정했다. 허풍은 없는 듯한 좋은 인품을 느꼈다.

탈북자들의 증언도 신사적이며 권력욕이 없다는 점 정도에서 공통되고 있다. 권력욕이 없기 때문에 역으로 권력 제2위의 자리에까지 올라갈 수 있었던 인물이다. 그러나 자신의 말을 강하게 주장하거나 김정일 총서기를 억제하려는 에너지는 없다고 해야 할 것이다. 결정된 노선을 무난하게 걷는 타입이기도 하다.

이미 80세를 넘었으므로 현재와 같은 활발한 활동이 언제까지 가능할 것인가. 김영남처럼 소프트한 대외활동이 가능한, 앞으로의 북한의 '얼굴'이 될 만한 인재가 있는가는 북한의 과제가 될 것이다.

북한의 원로 측근 그룹으로서는 양형섭 최고인민회의 상임위원회 부위원장, 최태복 최고인민회의 의장이 있다.

양형섭은 1925년 함경남도 출생으로, 이미 80세를 넘었지만 활발한 활동을 계속하고 있다. 그는 김일성종합대학을 졸업하고 모스크바 대학 경제학부에서 유학했다. 1962년 당 마르크스·레닌주의연구소 소장, 1970

년 당 정치국 위원후보, 당 비서가 되어 당 중앙의 핵심 멤버에 들어갔다. 여기에는 당시 권세를 떨치고 있었던 김일성 주석의 친동생 김영주의 지원이 있었다고 한다. 김정일이 후계자로 결정되자 김영주 계파의 세력은 '곁가지'로서 타도 대상이 되었기 때문인지, 그는 잠시 사회과학원장 등으로 좌천되었다. 그러나 사상 분야에서 김정일 후계체제의 확립에 기여하여 다시 돌아오게 된다. 1983년에는 최고인민회의 상설회의 의장이 되고, 1991년에는 평양에서 개최된 국제의원연맹(IPU) 제85차 총회 의장을 맡았다. 1993년에는 정치국 위원후보, 1998년에는 최고인민회의 상임위 부위원장으로 취임했다. 2010년 9월의 당 대표자회의에서는 정치국 위원으로 선출되었다.

양형섭

최태복

　최태복 당 정치국 위원(최고인민회의 의장)은 말하자면 국회의장인데, 장기간 당 중앙위 비서국에서 교육부문을 담당했고 그 이후에는 국제부문도 담당한 인물이다. 그는 1930년 남포시에서 출생했으며, 김일성종합대학과 라이프치히 공대를 졸업하고 1959년에 당 교육부 지도원으로서 본격적인 당 활동을 시작했다. 1976년에 당 교육부 부부장, 1980년에 정무원(내각)의 교육위원장(교육상)을 맡았으며, 1986년에 당의 교육담당 비서, 1990년에 당 정치국 위원후보, 1992년에 당 과학교육부장, 1992년 12월에 당 국제담당 비서, 당 국제부장으로 취임하

전병호

여 국제문제 담당이 되었으며, 1993년 12월에 다시 당 교육담당 비서와 당 과학교육부장으로 돌아와 1998년에 최고인민회의 의장으로 취임했다. 2010년 9월의 당 대표자회의에서는 당 정치국 위원, 당 비서로 선출되었다.

장기간에 걸쳐 북한 군수산업부문의 책임자를 맡고 있는 사람은 전병호 국방위원(당 정치국 위원)이다. 그는 1926년 자강도 전천군 출생으로, 만경대 혁명학원, 김일성종합대학을 거쳐 모스크바 대학에서 유학했고, 1956년에 당 조직지도부 지도원으로서 당 활동을 시작했다. 1970년 당 중앙위 위원후보, 1971년 당 경공업부 겸 상업부 부장을 거쳐 1982년에 제2경제위원회 위원장이 되었다. 1986년 당 비서, 1988년 당 정치국 위원으로 승진을 거듭하여, 김정일 체제의 출범 시기인 1998년에 국방위 위원으로 취임했다. 2010년 9월의 당 대표자회의에서도 당 정치국 위원으로 선출되었다.

다음으로 김정일 체제를 지탱한 측근 그룹으로서 당 중앙비서국의 비서 그룹이 있다. 김일성 주석의 생존 때부터 2대에 걸쳐 당 비서국에서 각 분야를 담당하고 있는 김국태, 김기남 두 비서이다.

김국태 당 정치국 위원은 항일 빨치산 출신인 김책 전 부총리의 장남으로서 1924년 함경북도 김책시에서 출생했으며, 만경대혁명학원, 김일성종합대학을 졸업한 후 모스크바 대학에서 유학했고, 1962년에 중앙당학교 부부장, 1963년에 군 총정치국 부국장, 1968년에 당 선전선동부장이 되었다. 당의 문헌 작성 등에도 참가하여 김일성 유일사상체계의 확립에 큰 역할을 수행했다. 1970년에는 당 중앙위 위원이 되었고, 1985년에 당 간부 부부장에 취임하여 1992년부터 당 중앙의 간부담당 비서가 된다.

2010년 9월의 당 대표자회의에서는 당 비서를 사임하고 당 중앙위 검열위원장으로 전출되었으며, 정치국 위원에 선출되었다. 86세의 고령을 고려하여 일상 업무를 경감한 조치로 보인다.

김국태

김기남 비서도 1929년 함경남도 금야군 출생의 고령 측근이다. 당 기관지 ≪노동신문≫ 책임주필 등을 맡았던 문필가로서 당의 슬로건 작성에 뛰어났으며, 장기간 당의 선전선동부문 담당 비서로서 활약해왔다.

그는 만경대혁명학원, 김일성종합대학을 나와 모스크바 국제대학에서 유학했고, 1961년 당 과학교육부 부부장, 1966년 당 선전선동부 부부장, 1974년 당 이론지 ≪근로자≫ 책임주필, 1976년 당 기관지 ≪노동신문≫

김기남

책임주필, 1976년 조선기자동맹 위원장, 1989년 당 선전선동부장, 1992년 당 선전선동 담당 비서, 2003년부터 당 역사연구소장을 맡았다. 2003년 8월부터 2004년 1월까지는 동정이 공식보도로 전해지지 않아 교통사고를 당했다는 견해도 있다. 그 이후 활발한 활동을 재개하여, 2005년 9월에는 해방 60주년을 기념하는 남북기념행사에 참가하기 위해 한국을 방문했다. 2008년에도 김정일 총서기의 공개활동에 총 21회를 수행하여 세 번째로 횟수가 많았고, 군인을 제외하면 가장 많은 수치였다. 2009년은 갑자기

강석주

111회나 동행하여 1위가 되었다. 한국의 김대중 전 대통령이 2009년 8월에 사망했을 때, 김정일 총서기의 명을 받아 조문을 위해 한국을 방문하여 이명박 대통령과 면담하고 김정일 총서기의 구두 메시지를 전달했다. 2010년 9월의 당 대표자회의에서는 당 정치국 위원, 당 부장, 당 비서에 선출되었다.

북한 외교의 사령탑은 강석주 당 정치국 위원(부총리)이다. 장기간 제1외무차관으로서 외교를 통괄해왔는데, 당 대표자회 직전인 2010년 9월 23일에 부총리로 승격되었고, 당 대표자회의에서 당 정치국 위원의 지위를 얻었다.

1939년 평안남도 평원군 출생으로 평양외국어대학교에서 영어를, 국제관계대학에서 프랑스어를 배웠다고 한다. 1980년에는 당 국제부 과장으로 근무했고, 1981년에는 파리의 유네스코 대표부 3등비서관으로서 활동했으며, 1984년에는 외무성 부부장, 1987년에는 제1외무 부부장(제1외무차관)에 취임했다.

강석주 제1차관(당시)의 존재를 국제사회에 알린 것은 1990년대의 제1차 핵 위기였다. 북한 측 수석대표로서 미국의 갈루치 국무차관보와 약 1년 3개월이 걸린 강도 높은 교섭을 전개하여 그 수완을 선보였다.

나는 북한이 한국과 유엔에 동시 가입한 1991년 9월 17일경 미국 뉴욕에서 강석주 차관과 인터뷰를 했던 적이 있다. 강석주 차관은 북한의 유엔 가입에 따라 유엔 사무총장에게 인사하러 가는 사전 방문 스케줄을 취소했기 때문에, 그와 인터뷰를 하기 위해서는 반드시 통과할 수밖에 없는 유엔 안의 통로에서 그가 오기만을 기다려야 했다. 혼자서 인터뷰를 요청할 경우 이에 응하지 않을 가능성이 있기 때문에 서울에서 파견되어 출장 중이었던 ≪도쿄신문≫의 서울 특파원과 함께 어느 엘리베이터 앞에서 강석주 차관을 기다렸다. 강석주 차관은 사무총장에 대한 방문 인사를 마치자 예상했던 대로 그 엘리베이터 앞에 모습을 보였다. 나는 농담도 나누면서 양팔을 벌려 길을 가로막으며 한국어로 "일본의 교도통신사(共同通信社) 기자인데, 잠시 얘기 좀 나누시지 않겠습니까?"라고 요청했다. 강석주 차관은 바로 승낙을 했고, 유엔 건물 안의 커피숍에서 인터뷰에 응하여 "남과 북이 각각 가입하고 있는 상황이 고정되어서는 안 되며, 어디까지나 대화를 추진하여 하나의 의석으로 만들고자 하는 것이 우리들의 목적이다. 남북이 연방제를 형성하기 위한 준비작업으로서 필요한 것이다"라며 동시 가입의 의도 등을 설명했다.

나는 인터뷰를 마친 후 "일본인 기자도 많이 왔습니다. 공화국(북한)의 유엔 가입 의도나 금후의 방침에 대해 일본 기자단에게 말을 해주시지 않겠습니까?"라고 부탁했다. 응하지 않을 것이라고 생각하면서 한 의뢰였는데, 다음 날 "유엔 안에서 일본인 기자와의 간담을 하겠습니다"라는 회신이 왔다. 강석주 차관은 뉴욕에 모여 있던 한반도 문제를 담당하는 일본인 기자단과의 간담에 응했다. 그때 "나는 전날 유엔 건물 안에서 저 사람에게 납치되어 이 간담을 강요받았다"는 농담으로 말을 시작하여, 남북 외무장관회담에도 응할 생각이 있는 것 등을 밝혔다. 나아가 "우리나라(북한)가 유엔에 가입함으로써 일본이 우리들을 인정하는 데에도 편하게 된 것이 아니겠는가. 이번의 가입에 일본은 공동제안국으로서 열심히 협력해주었다"고 말해, 유엔 가입이 북일 국교정상화 교섭의 진전에도 크게 기여할 것이라는 견해를 제시했다.

내가 그 당시 강석주 차관에게 품었던 생각은 대단히 정력이 넘치며

실무적인 외교관이라는 인상이었다. 머리 회전도 빨랐다.

강석주 차관은 제1차 핵 위기 이후에도 1999년 5월 페리 북한정책조사관의 방북 때 상대역으로서 역할을 했고, 2000년 10월 조명록 군 총정치국장의 방미에도 동행했다. 2001년 1월 김정일 총서기의 방중 동행, 같은 해 8월 김정일 총서기의 방러 당시 푸틴 대통령과의 정상회담 동석, 같은 해 9월 중국 장쩌민(江澤民) 당 총서기(국가주석)와의 정상회담 동석, 2002년 5월 김정일 총서기의 방중 때 중국지도부와의 회담 동석, 같은 해 8월 김정일 총서기의 러시아 극동방문 동행, 같은 해 9월 고이즈미 준이치로(小泉純一郞) 총리와의 정상회담 동석, 2004년 9월의 방중 동행, 2005년 10월 후진타오(胡錦濤) 국가주석과의 정상회담 동석 등 북한 외교의 중요한 현장에는 항상 강석주 차관이 있었다.

강석주는 앞으로도 북한 외교의 실질적인 사령탑 역할을 수행하게 될 실세 중의 실세이다. 이번에 당 정치국 위원이라는 직책을 얻게 됨으로써 외교를 통할하는 권한은 더욱 강화되었다.

2007년에 백남순 외상이 사망했을 때, 강석주 차관의 외상 승격이 거론되었는데 그는 '얼굴 마담'(실력이 없는 대외용 인물)이 되는 것을 두려워하여 "건강이 좋지 않아 해외 출장이 많은 외상은 무리"라며 고사했다고 한다. 외상이 될 경우 형식적인 사무로 인해 분주해져버려 실질적인 권한이 약화될 것을 두려워한 처세로 보이는데, 이 역시 북한에서만 볼 수 있는 처세술일 것이다.

최근 수년간, 갑자기 주목받고 있는 측근이 김양건 당 정치국 위원후보(당 통일전선부장)이다. 2007년 10월의 김정일 총서기와 노무현 대통령의 남북정상회담에 혼자서 동석했다. 나아가 같은 해 11월에는 남북정상회담의 합의사항 이행 문제협의를 위해서 한국을 방문했다.

김양건 부장은 원래 남북문제 담당이 아
니라 장기간 당 국제부에서 근무해온 당 부
문의 외교관료이다. 1942년 평안남도 안주
시 출생으로 김일성종합대학의 프랑스어과
를 졸업하고 당 국제부에 배치되어, 1986년
에 당 국제부 부부장, 1997년에 당 국제부장
으로 승진했다. 국제부장일 때는 2000년 5월
과 2001년 1월 김정일 총서기의 비공식 중국

김양건

방문을 위해 사전에 방중하여 중국 측과 의
제나 일정을 협의하는 등의 준비를 하여 실적을 올렸다. 나는 2000년
12월 14일, 우연히 김양건 국제부장이 베이징의 서우두(首都) 국제공항에
도착한 것을 확인하여 북중 간 정상 방문이 협의 중인 것을 알 수 있었다.

그러나 전술한 바와 같이 김양건 부장은 2001년 2월 쿠바의 임시대사가
주최한 연회에 출석했다는 보도 이래 2005년까지 소식이 끊겼다. 중국
측은 '교육'을 받았다고 설명하지만 2005년에 국방위 참사, 당 통일전선부
장으로서 부활했다. 김정일 총서기의 방중을 성공시켰는데 왜 '교육'을
받았는가, 또한 왜 이와 같이 부활했는가에 대해서 현재까지도 그 배경이
불명확한 상태이다.

그러나 북한의 요직에 있었던 탈북자 등의 증언으로는 2002년 고이즈
미 준이치로 총리와의 북·일 정상회담에 동석한 강석주 제1외무차관과
달리, 김양건 부장은 자신의 의견을 건의하려는 타입이 아니라 위로부터의
명령을 충실하게 실행하는 전형적인 행정관료라고 한다.

북한의 외교 담당자로서 최근 주목을 모으고 있는 사람이 김영일(金永日)
당 정치국 위원후보(당 비서 겸 당 국제부장)이다. 1947년 출생으로 고향은

김영일

김양건과 같은 평안남도 안주시이다. 국제관계대학을 졸업한 후 당 국제부에 들어가 1985년에 주알제리 대사관 참사관 등을 거쳐 1990년 외교부 국장, 1993년 외교부 부부장, 1996년 주리비아 대사, 2000년 외무성 차관이 되었고, 2010년 1월 당 국제부장에 취임하여 같은 해 9월의 당 대표자회의에서 당 정치국 위원후보, 당 비서로 기용되었다.

북한의 외교에는 세 가지 통로가 있다. 첫째는 외무성 통로이며, 둘째는 당 국제부 통로이고, 셋째는 당 통일전선부 통로이다. 일반적으로 외교는 외무성 통로보다 당 사이의 통로가 우선되며, 중국의 당 대외중앙연락부와 북한의 당 국제부 간 통로가 기본 창구이다. 한국과 북한의 남북대화는 일반적인 외교관계와 다르며, 북한의 창구는 당 통일전선부이다.

북한의 외교사를 보면 외무성과 당 국제부의 주도권 싸움이 격렬한데, 그때그때의 국내정세나 대외정세에 의해 외무성 우위의 시대도 있으며 당 국제부 우위의 시대도 있었다. 최근에는 북한도 대(對)중국 외교 등을 제외하면 외무성의 권한이 강화되고 있다. 당 국제부는 외무성에 비해서 상대적으로 권한이 약화되어가는 인상이 있는데 당 정치국 위원후보, 당 국제담당 비서를 겸임하는 김영일의 국제부장 취임으로 복권의 징후가 보인다.

김영일은 원래 중동 지역 담당이었는데 2000년에 외무차관으로 취임하면서 아시아·태평양을 담당했으며, 특히 대중국 외교에서 중요한 역할을 수행해왔다. 북한에 대한 중국의 역할이 커지는 가운데, 당 외교의 주축인

북·중 관계에서 김영일 국제부장의 역할이 중요해졌다. 이후에는 대일본 외교에서도 일정한 역할을 수행할 가능성이 높다.

리종혁(李種革) 당 부부장(조선 아시아태평양평화위원회 부위원장)은 한국에서 북한으로 넘어간 프롤레타리아 작가 리기영(李箕永)의 아들이다. 1936년 출생으로, 김일성종합대학 역사학부, 국제관계대학 프랑스어과를 졸업했으며 1974년에 대외문화연락위원회 과장을 거쳐 1976년에는 주프랑스 유니세프 연락부 과장으로 근무했다. 1985년에는 로마의 국제연합 식량농업기구(FAO) 대표부 대표가 되어 장기간 유럽에 주재했고, 1994년부터 조선 아시아태평양평화위원회 부위원장으로서 서방 측과의 관계 개선을 위한 창구 역할이나 남북관계도 담당하고 있다. 1997년부터는 조국통일연구원장을 맡고 있다.

김정일 총서기가 1994년 7월에 서방 측 사람으로서 처음으로 이탈리아의 실업가 장 카를로 에리아 바로리와의 회담에 응했던 것도 리종혁 부위원장의 중개로 보인다. 1995년에는 일본을 방문하여 일본의 쌀 지원 등에 대해서 협의를 했다. 금강산 개발 등에 대해서도 한국 측과의 창구가 되고 있다. 그러나 리종혁은 2010년 9월의 당 대표자회의에서 당 중앙위원, 당 중앙위원후보에도 들어가지 못했다.

당 기관지 ≪노동신문≫은 2008년 11월 17일자의 "참된 혁명가, 실력가들을 키워내는 위대한 품: 당 중앙위원회 비서였던 김용순 동지의 성장의 나날을 더듬어"이라는 제목의 기사를 통해 김정일 총서기가 2003년 10월에 사망한 김용순(金容淳) 비서를 잊지 못하면서 "그는 팔방미인이었다고, 키도 크고 잘생겼으며 박식하고 능란하였다고, 외교관으로서 그만큼 능숙한 사람은 찾아보기 힘들다고 말씀하시었다. 그러시면서 그가 사망하지 않았더라면 지금 한몫 단단히 할 것"이라며 애석해했다고 소개했다.

이 신문은 김정일 총서기가 "뜻밖의 일로 사망한 후 오늘까지도 그를 잊지 못하시며 주자 회고하신다"고 지적하며 김정일 총서기의 김용순 비서에 대한 사려를 전했다. 김정일 총서기의 심정을 잘 표현해주고 있는 것으로 생각된다.

북한에서는 개인 독재가 대단히 강하여 김정일 총서기 앞에서 자신의 의견을 논하고 제언하는 간부들이 적어지는 반면, 김용순 비서는 대단히 적극적인 성격이어서 자신이 담당하는 통일전선부 이외의 대일본 정책이나 어느 시기에는 대미국 정책에까지 관여하려 했는데, 한편으로는 김정일 총서기의 사적인 파티에 단골로 참가하며 김정일 총서기와 함께 술과 댄스를 함께 즐기는 측근이기도 했다.

김정일 총서기로서는 자신에게 장단을 맞추면서도 다른 한편에서 적극적으로 제언을 해주는 측근이 자신의 주변에 별로 없기 때문에 그가 사망하자 그 공백이 매우 크게 느껴졌다는 측면이 있는 것은 아닌가 추측된다.

김정일 시대의 군부 측근들

김정일 체제를 지지하는 군부지도부는 원로급의 혁명 제1세대, 조직적으로 김정일 체제를 지원하는 차수급 인사들, 실무적으로 보좌하는 대장급을 중심으로 한 측근세력의 세 가지 그룹으로 분류할 수 있다.

혁명 제1세대의 원로들로는 현재는 상징적인 존재이지만 항일 빨치산 출신의 리을설 원수나 김철만 전 당 중앙군사위원 등이 있다. 리을설 원수는 2008년 9월 9일의 건국 60주년 열병식에서 오랜만에 모습을 드러냈다. 건강 문제로 약 1년 반에 걸쳐 공식적인 자리에서 모습을 보이지 않았던 조명록 국방위 제1부부장의 등장과 함께 북한 주민에게 군부의 건재를 보여 심리적인 안도감을 주고자 한 것으로 보인다.

리을설 원수는 1921년 함경북도 출생으로 김일성 주석과 함께 항일 빨치산 투쟁을 전개했던 얼마 남지 않은 빨치산 세대의 한 사람이다. 북한 건국 당시에는 인민군 연대장으로 시작하여, 한국전쟁에서는 제4사단 참모장이나 제15사단 제3연대장으로서 참전했다. 1962년에 중장, 1970년에 당 중앙위, 1979년에 제5군단장, 1983년에 평양방어사령관, 1984년에 호위총국 총국장, 1985년에 대장, 1990년에는 국방위원, 1995년에는 원수까지 되었으며 1996년에는 호위사령관에 취임했다. 2003년 국방위에서 해임되었지만 군의 원로 격이라고 할 수 있다.

한 차례도 '혁명화 교육'이나 지위, 강등 등을 경험하지 않고 승진을 계속한 배경에는 김일성 주석의 두터운 신임과 김일성-김정일 체제에 대한 충성심이 있다고 한다.

김철만(金鐵萬)도 1918년 평안남도(중국의 동북지방 출생설도 있음) 출생으로, 김일성 주석과 함께 만주에서 항일 빨치산 투쟁에 참가한 세대이다. 건국 시인 1948년에 제10사단 25연대장(대좌)로서 시작했다. 1965년에 제2군단장, 1970년에 당 중앙위, 1980년에 당 중앙군사위원, 당 정치국 위원후보까지 되었으나 1981년에 해임되었다.

그러나 1990년 5월의 당 중앙위원회 제6기 제18차 전원회의에서 정치국 위원후보로 귀환했다. 이전에 북한의 군수산업을 총괄하는 제1경제위원장에 취임한 것으로 보인다. 1998년 9월 김정일 신체제의 시작 시기에 국방위원에 취임했으나 2003년 9월 국방위원에서 해임되고 후진에게 그 자리를 물려주었다.

2009년 1월에는 빨치산 세대인 김익현(金益賢) 차수가 사망했는데, 북한

조명록

에서도 빨치산 세대는 점차 모습이 사라지고 있다. 김정일 총서기는 혁명정신을 계승하는 의미에서도 빨치산 세대를 우대하는 측면이 있다.

다음은 차수급인데, 군의 서열로는 김정일 총서기 다음으로 '2인자'이자 군 제복을 착용한 군 내부 1인자였던 조명록 국방위 제1부위원장은 2010년 9월 당 대표자회의 에서 당 정치국 상무위원으로 선출되었지만 2010년 11월 6일에 심장병으로 82세의 인생을 마감했다. 그는 2000년에 김정일 총서기의 특사로서 미국을 방문하여 클린턴 대통령과 회담하는 등 김정일 총서기의 두터운 신임을 얻었다.

조명록은 1928년 8월 함경북도 연사군의 빈농 가정에서 출생했다. 한국 에서는 조명록 차수가 항일 빨치산 시대에 김일성 주석 휘하에서 소년 전령병을 했고, 김일성 주석이 88여단에 속하여 구소련에 있던 시대에는 어린 김정일을 보살폈으며, 1945년에 북한으로 돌아갈 때는 어린 김정일 과 함께 갔다고 말하고 있다.

그러나 사망할 때 발표된 약력에서는 조명록 차수가 김일성, 김정일 부자와 관계했던 것은 1945년의 해방 후로 "유능한 군사정치 활동가로서 육성되어 당과 국가, 군대의 중요 직책에서 장기간 사업을 했다"고 하여 빨치산 시대의 전령병과 관련된 소문을 부정했다.

1950년부터 1952년까지 구소련의 공군학교에서 유학했고, 1977년에 오극렬 사령관의 후임으로서 공군사령관에 취임한 이래 약 18년간 공군의 최고 자리에 있었다. 1992년에 대장이 되었고, 1995년 10월에 공군을 떠나 군의 인사 등을 통괄하는 군 총정치국장으로 전출하여 차수로 승진하며 일약 각광을 받았다.

군 총정치국장에 취임하자 군의 사상무장을 강력하게 추진하여 '김정일 동지를 수반하는 혁명의 수뇌부를 사수'하는 체제를 굳혔다. 김정일 총서기의 선군사상을 군의 핵심사상으로 하여 '김정일 동지의 군'으로 조직화했다. 1998년의 김정일 체제 출범 시에는 국방위 제1부위원장에 취임하여 군 서열로 김정일 총서기 다음 가는 지위를 확보했다.

2000년 10월에는 김정일 총서기의 특사로서 미국을 방문했다. 나는 이 시기에 미국에서 취재를 했는데, 조명록 제1부위원장의 군인다운 생생한 진면목이 인상적이었다. 조명록 제1위원장은 10월 8일 샌프란시스코에 도착했을 때부터 신사복 차림의 부드러운 분위기였다. 워싱턴으로 이동하여 노동당 창건 기념일인 10일에 올브라이트 국무장관과 회담했을 때도 신사복 차림이었다. 그러나 약 1시간 후 백악관에 마련된 클린턴 대통령과의 회담 자리에는 좀처럼 모습을 나타나지 않았다. 수많은 훈장을 붙인 카키색의 군복으로 의복을 갈아입은 조명록 제1부위원장은 예정보다 약 25분 늦게 군인으로서의 정장을 하고 백악관에 나타난 것이다. 회담 전에는 긴장했지만, 회담 후에는 차 안에서 보도진에게 손을 흔드는 등 기분이 좋아 보였다.

김정일 총서기의 '사자(使者)'로서 김정일 총서기의 친서를 클린턴에게 직접 건넸을 뿐이다. 북미의 관계정상화는 실현되지 못했지만, 백악관의 군복 모습은 조명록 제1부위원장이 이 회담에 임하는 결의가 표현된 것이었다고 생각된다.

이날 밤 행해진 올브라이트 국무장관과의 만찬회는 기자들의 취재도 허가되었는데, 조명록 제1부위원장은 긴장한 표정으로 "김정일 최고사령

오극렬

관의 특사로서 왔습니다"라고 말하며 직립 부동의 자세로 연설을 마친 것을 지금도 기억하고 있다.

그러나 조명록 제1부위원장의 건강 상태는 좋지 않았고, 중국의 병원에서 입원치료 등도 받았다. 2007년 4월의 인민군 창건 75주년 열병식 이래 공식 활동에 모습을 드러내지 않았는데, 김정일 총서기가 결석한 2008년 9월의 건국 60주년 열병식에서 1년 반만에 모습을 보였다. 그러나 건강 상태가 나빠져 2010년 11월에 사망했다.

군의 실력자로서 주목하지 않으면 안 되는 사람이 오극렬 국방위 부위원장이다. 오극렬 부장은 중국의 지린성(吉林省)에서 1931년에 출생했다고 하며, 김정일 총서기보다 11세 연상이지만 혁명공로자의 자녀들이 다니는 만경대혁명학원 1기생으로서 김정일 총서기와 동기생이 되어 당시부터 친교를 맺었다. 과거 한국에서는 항일 빨치산의 오중흡의 아들이라는 정보가 있었는데, 이는 사실이 아닌 것으로 보인다.

1962년 구소련의 프룬제 군사대학에서 유학했으며 1967년에 공군사령관으로 부임했다. 공군 등 근대적인 군사기술에도 정통한 엘리트 군인이었다. 1970년 당 중앙위원, 1977년 군 부총참모장으로 고속 승진했으며 1970년대 군 내부의 반(反)김정일 세력을 배제하는 데에 힘을 쏟아 김정일 후계체제 만들기에 공헌하여 김정일로부터 더욱 두터운 신임을 얻었다. 1979년 9월에 당 정치국 위원후보, 군 총참모장에 취임하여 군의 유망주로 기대를 모았다. 1980년에는 당 정치국 위원, 당 중앙군사위원이 되었다.

그러나 당시 김일성 주석 다음의 '2인자'로서 군 내부 1인자였던 오진우 인민무력부장과 대립했다. 오진우는 김정일의 신임을 배경으로 자신을 무시하는 오극렬에게 반감을 품었다. 오진우는 1988년 1월 오극렬에 대한 비판서를 김일성 주석에게 제출했고, 오극렬은 1988년 2월에 총참모장에서 돌연 해임되어 내외에 충격을 주었다.

오극렬은 위기에 직면했지만, 김정일 총서기의 지지를 배경으로 1988년 9월에 당 민간방위위원회 부장이 되었으며 1989년 7월부터는 당 작전부장으로 취임했다. 오진우 인민무력부장이 사망하면 군의 핵심에 복귀하는 것으로 여겨졌으나, 1998년에 오진우가 사망한 이후에도 당 작전부장의 직위에 남았다. 그러나 당 작전부는 대남(한국)공작을 중심으로 한 대외공작기관이며, 군에 뒤쳐지지 않는 전투요원과 장비를 보유하고 있다. 북한군의 장교가 일정 기간마다 이동하는 것에 비해, 오극렬 부장은 동일 직책에 약 20년간 머무르게 되어서 그 배하의 요원에 대한 영향력이 군 간부에 뒤지지 않았다. 그래서 총참모장을 사직한 후에도 인사 등에서 군에 대한 영향력을 유지하고 있는 것으로 알려져 있다.

김정일 총서기는 2009년 2월에 오극렬을 국방위 부위원장으로 기용했으며, 같은 해 4월 최고인민회의 제11기 제1차회의에서 정식으로 선출되었다. 조명록 국방위 제1부위원장의 건강이 좋지 않았기 때문에 실질적으로는 김영춘 국방위 부위원장과 오극렬 국방위 부위원장이 중핵적인 역할을 수행하는 것으로 보인다.

그러나 2010년 9월의 당 대표자회의에서 오극렬은 당 중앙위원에 선출되었지만 정치국에는 들어가지 못했고, 김정은 후계체제의 '산실'이 될 것으로 여겨지는 당 중앙군사위의 구성원도 되지 못했다. 김정은 후계체제 만들기에서 오극렬을 어떻게 처우할 것인가, 오극렬이 냉대 받은 상태로 영향력이 저하될 것인가의 여부가 주목된다.

김영춘

조명록 제1부위원장이 사망함으로써 김정일 총서기의 측근이었던 '구(舊)군부'에서 오극렬과 함께 주목해야 하는 사람은 김영춘 국방위 부위원장(인민무력부장, 차수, 당 정치국 위원, 당 중앙군사위원)이다.

김영춘 국방위 부위원장은 2008년 9월 9일의 건국 60주년 열병식에 결석한 김정일 총서기의 위임을 받아 연설을 행했다. 특히 주목되는 것은 주석단에서 홀로 신사복도 아니고 군복도 아닌 인민복을 입은 점이다. 북한 간부가 이러한 장소에서 인민복을 입는 것은 이례적인 일로, 김영춘 부위원장이 건강이 몹시 악화된 김정일 총서기의 대리인적인 역할을 수행하고 있다는 견해도 나왔다.

김영춘은 1936년 량강도 보천군 출생으로, 만경대혁명학원, 김일성군사종합대학을 졸업했다. 한국 ≪중앙일보≫의 북한 관련 인터넷 기사에 의하면, 김정일 총서기의 모친 김정숙이 중국 동북부로 이주했을 때 같은 지역에서 거주했다고 한다. 그의 부친이 김일성 주석의 항일 빨치산에 참가하여 탄압을 받아 방랑생활을 할 수밖에 없었으나, 해방 후 김정숙이 중국 동북지방에 사람을 보내어 그를 귀국시켜 만경대혁명학원에 입학하도록 했다고 한다. 구소련의 군사대학에서 유학하고, 귀국 후 1960년에 평안북도 당 책임비서를 맡았으며, 그 이후 군에 들어가 1986년에 군 작전국장이 되었다.

한국의 북한 전문 뉴스기관이었던 ≪내외통신≫에 의하면, 작전국장 시절이었던 1988년에 오진우 인민무력부장과 오극렬 총참모장의 대립이 격화되었다. 결국 오극렬 계파의 군인들이 다수 제대 등을 당하는 가운데 김영춘 중장은 대좌로 강등되어 여단의 상급 참모가 되었는데, 그 이후에 곧바로 재기했다. 1992년에 대장, 1993년에 군수동원총국장, 1994년에 제6군단장, 1995년에 차수, 군수참모장으로 취임했다.

1990년대 중반, 청진에 본부가 있는 제6군단에서 쿠데타 미수사건이 발생했었다는 정보가 있었다. 실제로 쿠데타 미수였는지의 여부는 불명확하지만, 대대적인 숙청이 있었던 것은 사실인 모양이다. 1996년 한국으로 망명한 북한 군인인 리철수 대좌의 증언에 의하면, 1994년 12월 김영춘 대장(당시)이 제6군단장으로 부임하여 군 내부에 대대적인 검열을 행하며 군 간부의 외화 착복이나 군사정보의 해외 누설 등을 적발했다고 한다. 이로 인해 1995년 3월부터 국가안전보위부와 당 군사부에 의한 집중적인 검열이 실시되었고, 십여 명의 군단 정치위원이나 보병 부대장이 가족과 함께 처형되었다고 한다. 나아가 대대장 이상의 간부를 모두 다른 부대로 이동시켜 제6군단 전체 병력을 제5군단이나 제7군단의 병력으로 교체시켰다. 김영춘 인민무력상은 이렇게 대단히 강경한 처리방식으로 제6군단을 해체, 재편함으로써 김정일 총서기의 더욱 두터운 신뢰를 받았다고 한다.

그 이후 김정일 총서기의 군부대 시찰 등에 빈번하게 수행했고 1997년에는 조명록에 이어 서열 제2위가 되었다. 1998년의 김정일 체제 출범 시기에는 총참모장인 상태로 국방위원에 취임했다. 2007년 4월의 최고인민회의 제11기 제5차 회의에서는 사망한 연형묵 국방위 부위원장의 후임으로서 국방위원에서 국방위 부위원장으로 승격하여 총참모장의 직책을 김격식 대장에게 물려주었다. 이 인사에서 주목되었던 것은 김영춘 차수가 총참모장을 사임하고 국방위 부위원장을 전임(專任)한 점이다. 그때까지의 국방위는 거의 다른 직책과 겸임했기 때문에 2007년 4월의 인사는 국방위

리용무

의 강화를 의미한다고 보였다.

그러나 2009년 2월에는 인민무력부장으로 임명되어 군 본대(本隊)의 1인자 자리에 올랐다. 국방위 부위원장을 겸임하며 김정일 총서기에 가장 가까운 측근으로서 부각되었다. 2010년 9월 당 대표자회의에서도 정치국 위원, 당 중앙군사위원에 취임했다. 이른바 '구군부'와 '신군부'의 가교적인 역할을 수행하는 것으로 보인다.

같은 국방위 부위원장인 리용무(李勇武) 차수는 수수께끼로 가득한 인물이다. 처가 김일성 주석의 사촌누이라고 하며, 배짱이 세고 업무 추진력이 뛰어나다고 한다.

1998년에 리용무가 국방위 부위원장에 기용되었을 때, 북한 전문가들은 예상치 못했던 일이라 놀랐다. 3일 후에는 차수의 계급도 주어졌다. 1994년 김일성 주석의 사망 시에 국가장의위원회 서열이 55위였던 인물이 국방위의 '3인자'로 기용되었기 때문이다. 그것도 1925년 평안남도 평성군에서 출생하여 1998년 당시에 이미 70대 중반의 고령이었다.

그는 해방 이후 북한 최초의 군 간부학교였던 평양학원에 입학하여, 졸업 후에 김일성 주석의 사촌누이와 결혼함으로써 김일성 패밀리와 관계를 맺을 수 있었다고 한다. 1964년에 중장, 민족보위성 총정치국 제1부국장에 취임했다. 1960년대에 인민군 연대장, 사단장, 군단 정치위원 등을 거쳐 베이징 주재의 무관으로도 근무했다고 하는 다채로운 경력을 갖고 있다. 1973년에는 상장, 인민군 총정치국장에 취임하는 등 초고속 출세를 했다. 그러나 오진우 인민무력부장과 대립하여 1977년에 총정치국장에서 해임되고, 량강도 조선인삼사업소의 지배인으로 좌천되었다. 1988년에 드디어 당 중앙 위원후보가 되어 재기의 길을 걸어나갔고, 1991년에 각료 직인 교통위원장이 되었다. 1998년 국방위 부위원장에 취임하여 2003년 에 재임, 2009년에도 유임되었다.

김일철(金鎰喆)은 북한 군부에서 보기 드문 해군사령관 출신이다. 1930 년 평양 출생으로, 만경대혁명학원을 졸업하고 1947년에 보안간부 훈련소 에 입교하여 해군 교육을 받았다. 1948년에 원산 기지 해군항청의 부(副)중 대장이 되었고 한국전쟁에도 참전했다. 1958년에 해군대학을 졸업하고 1962년에 구소련 해군대학에서 유학했다. 귀국 후인 1968년 해군사령부 부참모장, 1971년 해군사령부 참모장, 1974년 해군사령부 부사령관이 되며 해군에서 승진을 계속했다. 근대적인 함정이나 대형 잠수함, 수중 지하터널을 사용한 해군기지 건설 추진 등의 공적이 평가받았다고 한다. 1980년에 당 중앙위원이 되고, 1982년에는 해군사령관이 되었다. 1997년 에 인민무력부 제1부부장, 차수가 되었으며 1998년 9월 최광 인민무력부 장의 사망으로 인해 공석이었던 인민무력부장에 취임했고, 국방위 부위원 장도 되었다.

2000년 9월에는 최초의 남북 국방장관회담에 출석하기 위해 한국의 제주도를 방문했다. 2003년에는 국방위 부위원장에서 국방위원으로 강등 되었지만 조명록 군 총정치국장, 김영춘 국방위원장과 함께 북한 군부를 지탱해온 세 개의 기둥이었다. 2009년 2월 김영춘 국방위 부위원장이 인민 무력부장에 임명되어 형태상으로는 국방위 제1부부장으로 격하되었다.

그러나 2010년 5월 13일 국방위원회는 '고령'을 이유로 김일철을 국방 위원, 인민무력부 제1부부장에서 해임했다. 이때 김일철의 연령은 80세였 는데, 북한 지도부에 80세 이상의 고령자는 드물지 않다. '고령'을 이유로 한 해임은 이해하기 어려운 인사였다. 리제강 당 조직지도부 제1부부장의 교통사고 사망과 함께 2010년 9월의 당 대표자회의를 앞에 두고 일어난 의문 사건이었다.

대장급의 측근 그룹으로 특히 눈길을 끄는 것은 김정일의 현지지도에 빈번하게 동행하는 군인들이다. 라디오프레스의 조사에 의하면, 2008년의 수행에서는 1위가 현철해 대장으로 52회, 2위가 리명수 대장으로 47회가 되어 군인이 1위, 2위를 차지했다. 군인으로는 5위의 김정각 군 총정치국 제1부국장이 11회, 같은 5위의 김명국 대장이 11회, 제9위의 김격식 총참모장이 9회였다.

현철해 대장은 2007년 32회, 2006년 42회를 수행하여 2년 연속 수행 횟수가 최고였다. 항일 빨치산에 참가하여 1938년에 전사한 현용택의 아들이라고 한다. 1934년 출생한 현철규(玄哲奎) 전 함경북도 당 책임비서의 동생이다. 항일 빨치산의 혁명 자녀가 다니는 만경대혁명학원 출신인데, 한국전쟁을 위해 앞당겨 졸업했다. 유소년 때 김정일 총서기와 함께 보냈던 시기가 있으며, 한국전쟁에서는 김일성 주석의 호위병으로 근무했다. 말 그대로 원리원칙주의자여서 사리사욕이 없는 자세를 견지했으며, 김정일 총서기에 대한 충성심이 더할 나위 없이 두텁다고 한다.

1996년에 형 현철규의 아들 현성일(玄成日) 주잠비아 북한 대사관 비서관이 한국으로 망명했기 때문에 그 영향이 주목되었는데, 김정일 총서기의 두터운 신임 때문인지 그 지위에 특별한 변화는 없었다. 군 총정치국 상무부국장을 거쳐 현재는 국방위 국장의 직위에 있다.

현철해 대장과 나란히 동행 횟수가 많은 것은 리명수 대장이다. 리명수 대장은 1937년 출생으로 1992년에 중장, 1993년에 제3군단 참모장, 1996년에 군 총참모부 부참모장, 1997년에 군 작전국장, 2000년에 대장으로 승격했다. 주로 야전군을 걸어왔다. 그는 1997년부터 약 10년간 근무했던 군 작전국장에서 2007년에 국방위 강화를 위해 국방위 행정국장으로 기용되었다. 행정국은 군 내부의 감찰·정보활동을 지휘하는 것으로 여겨진다.

북한 군부에서 야전군의 핵심 멤버는 김명국(金明國) 군 작전국장이다. 그는 1940년 출생으로 김일성군사종합대학 출신이다. 1992년에 상장, 1994년 4월에 대장, 1994년 7월부터 1997년까지 작전국장을 맡았고, 같은 해 9월 제5군단장, 1998년 4월 108기계화군단장을 역임했는데, 리명수 대장이 국방위 행정국장으로 전출되면서 2007년 4월에 다시 작전국장으로 복귀했다.

김명국 대장은 김정일 총서기의 현지지도에도 자주 동행하던 측근 군인이다. 조선중앙TV는 2010년 1월 17일 김정일 총서기가 육해군 합동훈련을 참관하는 사진을 보도했는데, 김정일 총서기의 뒤에 있던 김명국의 군복 계급장이 대장이 아니라 상장이어서, 대장에서 상장으로의 강등이 확인되었다.

그러나 조선중앙TV는 약 3개월 후인 4월 25일에 김정일 총서기가 제115부대의 군사훈련을 참관한 사진을 보도했는데, 여기에 찍힌 김명국의 계급장은 대장으로 돌아와 있었다. 군인이 계급장을 착각했을 리는 없으므로 어떤 이유로 강등되었으며, 또한 어떻게 해서 대장으로 돌아왔는가는 여전히 불명확하다. 2010년 9월의 당 대표자회의에서는 당 중앙위, 당 중앙군사위원에 선출되었다. 김영춘과 함께 김정일 측근의 구군부와 김정은 측근의 신군부를 연결하는 역할을 수행하는 것으로 보인다.

2007년 초까지 김정일 총서기의 현지지도에 현철해, 리명수 두 대장과 나란히 빈번하게 수행했던 군인 3인조 중 한 사람인 박재경 대장은 2007년에 군 총정치국 선전 부국장에서 인민무력부 부부장으로 기용되어 현지지도 수행이 격감했다. 머리 회전이 날카로우며 폭넓은 지식을 갖고 있어서 김정일 총서기의 좋은 말상대가 되었다. 군을 당과 수령의 군으로 하자는 선전선동부문에서 활발한 활동을 전개했다. 동행은 하지 않게 되었지만 공식 활동에는 모습을 보이고 있어서 실각한 것은 아니며, 김정일 총서기의 측근 그룹이라고 말할 수 있다. 그는 1933년 출생으로 1985년에 군 총정치국 선전부장, 1989년에 제4군단 정치위원, 1993년에 중장, 1994년에 상장, 같은 해 9월에 군 총정치국 선전부 총국장, 1997년에 대장, 2007년에 인민무력부 부부장으로 전출되었다.

김정일의 현지지도에 가장 빈번하게 동행했던 현철해, 리명수, 박재경 대장은 2010년 9월의 당 대표자회의에서 노동당 정치국이나 당 중앙군사위 등의 직책에 취임하지 못했다. 이른바 '구군부'로서 후계체제로부터 소외된 형태이다. 정치국에 들어가지 못한 오극렬 국방위 부위원장을 포함하여 이러한 '구군부' 세력의 영향력이 서서히 약화되면서 김정은 후계체제 만들기가 진행되고 있는가의 여부, 그리고 이것이 향후 김정은 후계체제 구축에 있어서 갈등 요인이 되지 않겠는가의 여부를 주목하지 않을 수 없다.

2007년 4월에 총참모장에 기용되었지만 2009년 2월에 해임된 김격식 대장은 1940년(1944년 설도 있음) 출생으로, 1971년부터 시리아 주재 북한 대사관의 무관으로 근무한 이래, 계속하여 야전군 계통을 걸어온 군인이다. 1994년부터 휴전선의 서울 쪽에 면한 최전선을 담당하는 제2군단장을 맡았고, 1997년의 인민군 창설 65주년 열병식에서는 열병부대의 총지휘관을 맡았다. 총참모장에서 해임되어 황해의 한국과의 경계수역 등을 관할하는 제4군단장에 취임한 것으로 보인다.

국방위원회의 수수께끼와 같은 인물이었던 백세봉(白世鳳) 국방위원도 주목해야 할 인물이다. 2003년 9월의 최고인민회의에서 김철만 차수가 국방위원에서 물러나 백세봉이 후임으로 임명되었는데, 북한의 공식보도에서 그의 이름이 나타난 것은 2003년 8월 최고인민회의의 대의원이 되었을 때가 최초로, 그전에는 한 차례도 보도되지 않았던 인물이었기 때문에 많은 논의를 불러일으켰다.

북한에서는 후계 문제와 관련하여 백두산의 혁명전통이 강조되는 일이 많다. '백세봉'의 한자 표기는 백두산의 세 봉우리를 의미하는 '백삼봉(白三峰)'이며, 김정일 총서기의 차남인 김정철의 코드 네임이 아닌가 하는 억측을 만들어냈다. 그러나 백세봉은 김정철이 아니라 군수산업 등을 통괄하는 제2경제위원회 책임자라는 견해가 강했다. 2003년부터 김철만 제2경제위원장의 후임으로서 활동했다고 한다. ≪연합뉴스≫는 2008년 1월에, 백세봉이 2007년 말 북한 간부 등이 잘 이용하는 러시아의 병원에서 암 수술을 받았다는 소식통의 발언을 보도했다. 2009년 4월 10일 당 기관지 ≪노동신문≫은 국방위 멤버 전원의 얼굴 사진을 실었으며, 백세봉 국방위원은 김정철이 아닌 다른 인물로 밝혀졌다.

제8장

김씨 로열패밀리

북한의 권력이 김일성 주석에서 장남인 김정일 총서기로 계승되며 '백두산의 혈통', '만경대의 가문'이 강조되어왔기 때문에, 북한의 권력승계를 고려할 때 김일성 주석, 김정일 총서기 일족의 계보는 무시할 수 없다.

북한은 2010년 9월 28일의 조선노동당 대표자회(당 대표자회)에서 김정일 총서기의 삼남 김정은을 당 중앙위로 선출했고, 김정은은 당 중앙군사위원회(당 중앙군사위) 부위원장에 취임했다. 김정일 총서기는 전날인 9월 27일 최고사령관 명령으로 김정은에게 '대장'의 군사칭호를 수여했다.

당 대표자회의 이래로 김정일 총서기는 현지지도를 포함한 다양한 행사에 김정은을 수행시켜 북한의 공식 언론에서는 기사뿐 아니라 사진이나 영상을 방송하기 시작했다. '후계자'로서의 지위를 공연화(公然化)하려는 의도가 보인다.

권력 계승을 향한 작업이 진행 중인 과정에서 김정일 총서기, 김정은 당 중앙군사위 부위원장을 둘러싼 '백두산 혈통(로열패밀리)'의 상황이 어떤가를 살펴보는 것은 의미가 있다.

김일성의 가계도

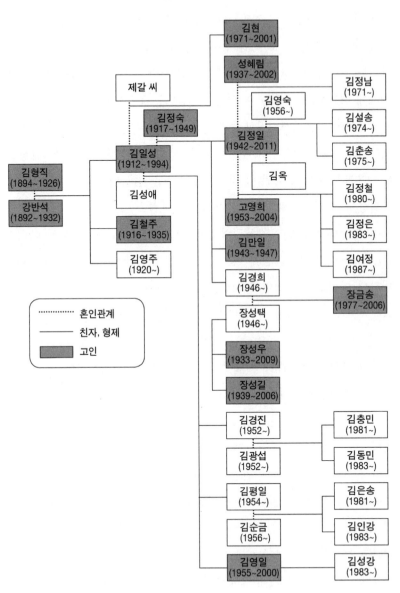

김정일 총서기의 첫 번째 처인 성혜림(成蕙琳)은 서울에서 출생하여 한국 전쟁 때 혁명가인 모친 김원주(金源珠)에게 이끌려 언니 성혜랑(成蕙琅)과 함께 북한으로 왔다. 미모의 성혜림은 예술학교에 들어가 같은 학교를 졸업한 조선작가동맹 위원장이었던 저명한 작가 리기영(李箕永)의 장남과 19세에 결혼했다. 결혼한 후 연극영화대학에 들어가 졸업하는 해에 영화 <분계선의 마을에서>에서 주연을 맡았고, 이것을 김일성 총리가 높게 평가하여 일약 스타의 지위를 얻었다. 성혜림과 결혼한 사람은 김정일 총서기의 친구의 형이었다. 김정일 총서기는 친구의 형수를 처음 보고, 김일성 주석도 모르게 자신보다 연상인 성혜림을 이혼시켜 동거를 시작했으며, 김정남을 낳았다. 성혜림의 언니 성혜랑은『북한 저 멀리(北朝鮮はるかなり)』에서 "나는 나중에 식탁 구석에서 혜림이 목덜미의 귀밑머리를 멍하니 바라보는 김정일의 시선을 몇 차례나 목격했다. 애상과 추억이 담긴 애매한 그 눈길을 말이다", "부친을 계모에게 빼앗기고, 고독함 속에서 살아가고 있을 뿐이었던 사춘기의 다감한 김정일에게 이 '형수'의 인상이 모성에 대한 향수와 같은 것을 불러일으켜 느끼게 했을지도 모른다"고 지적하고 있다.

김일성 주석에게 비밀로 한 채 생활하던 중에 김정일 총서기가 부친의 명령으로 김영숙(金英淑)과 결혼하게 되자 성혜림은 마음의 병을 얻어 모스크바로 병환치료를 가서 입원과 퇴원을 반복했고, 결국 모스크바에서 2002년에 사망했다. 한국의 ≪동아일보≫는 2009년 7월 28일자 기사에서 성혜림의 것으로 추정되는 묘가 모스크바 서부에 있는 공동묘지에 있다고 보도했다. 묘석에는 한글로 '성혜림의 묘'라고 새겨져 있으며, 그 아래에 "1937년 1월 24일~2002년 5월 18일"이라고 탄생일과 사망일이 적혀 있다. 묘비의 안쪽에는 역시 한글로 '묘주 김정남'이라고 새겨져 있다. 성혜림은 모스크바에서 입원 중일 때
'오순희'라는 이름을 사용했는데, 묘지관리
사무소의 사망자 명의는 '오순희'로 되어 있
다. 이것이 성혜림의 묘라면 정확한 사망 일
시가 확인되는 것이 된다.

장남 김정남(金正男)은 1971년 5월 10일
출생으로, 비밀리에 엄중한 경계 속에서 유
아기를 보냈다. 김정남의 어린 시기는 성혜
랑의 저서에 상세하게 기록되어 있는데, 김

성혜림

일성에게도 비밀로 한 채 양육된 시기에는 놀아줄 상대도 없고 고독이
가득한 소년 시대를 보낸 모양이다. 1980년 8월에 제네바 국제학교로
유학을 갔다. 그 이후 모스크바의 프랑스계 학교도 다녔다. 고르바초프가
페레스트로이카를 선언하자 김정남은 다시 제네바로 돌아왔다. 성혜랑의
저서에 의하면, 김정남은 회화에 대단한 재능이 있었다고 한다. 김정남은
그 무렵부터 바(bar)에 출입하며 술을 마시고 오토바이에 여자를 태우고
놀기도 했으며, 18세인 1989년에 평양으로 돌아왔다. 평양에서는 진정한
의미에서의 자유가 없는 생활을 보낸 모양이다.

성혜랑은 저서에서 젊은 날의 김정일 총서기에 대해 "1960년대 말,
김정일은 촬영소에 자주 나타나 영화를 지도했다. 그렇다고 하는 것보다,
오히려 영화를 즐긴 '윗분(김정일)'이 혜림이를 처음 보았다. 김정일에게
성혜림은 첫 대면이 아니었다. 남산(南山) 고급중학교에 재학 중일 때 리기영
등이 살고 있는 거리에 요란한 소리를 내며 오토바이를 타고 들어왔던
김일성 총리의 10대 아들은 친구의 형수인 19세의 젊은 처를 놀란 눈으로
쳐다보았을 것이다. 당시의 북한 어디에서도 찾아볼 수 없는, 사회주의적인

모습과는 다른 우아한 젊은 처가 엄격한 집안생활풍습에 따라 다소곳한 눈길의 표정을 하고 있었다. 긴 앞치마를 한 모습은 봉건시대와 같은 이채로움을 방출했던 것이다"고 기록하고 있다. 오토바이를 타고 방탕에 가득한 모습은 부자에게 공통적으로 나타나는 모습이며 두 사람 모두 여성의 진정한 애정에 굶주린 젊은이였음을 반영하는 모양이기도 하다.

김정남이 우리의 앞에 등장한 것은 2001년 5월 일본 나리타(成田)로 입국하려 했을 때 위조여권이 발각되어 구속되었다가 중국으로 송환된 사건이었다. 이 사건이 일어났을 때 베이징 공항에 마중 나와 김정남의 신병을 인수한 중국외교부 당국자로부터 후에 들었던 말이지만, "김정남에게 잘못이 없는 것 같습니다. 일본에서 추방되어 중국으로 온 것에 전혀 주눅도 들지 않았고, 잘난 체하고 있었기 때문입니다"라고 당시의 상황을 말했다. 소식통에 의하면, 김정남이 베이징으로 강제 퇴거된 이후 김정일 총서기에게 '대단히 면목 없습니다'라고 사죄의 편지를 제출했을 때 이에 대해 김정일 총서기는 "충분히 쉬어라" 하고 지시를 내린 후 상당한 기간 해외에서 체재하며 북한에 귀국하지 않았다. 이 사건이 북한 간부 등의 사이에서 화제가 되었는데, 이는 분노를 다소 누그러뜨리기 위한 조치로 보인다.

김정남으로 보이는 인물이 2004년 9월 25일 베이징 공항에 모습을 드러냈는데, 그때 명찰을 건넨 수 명의 일본인 기자에게 메일을 보냈다. 12월 3일 밤에 계절 인사를 전하는 형태로 시작하여 수차례의 메일 교환을 계속했는데, 12월 7일에 "이것으로 마치겠습니다"고 하며 종료했다.

그 후에도 베이징, 마카오, 파리 등에서 자주 보도진에게 노출되었다. 그러나 2004년 고영희가 사망한 이후부터 평양과 해외를 왕래하는 생활을 하고 있다. 탈북자의 증언으로는, 김정일 총서기가 잠시 김정남을 국가안전보위부 부부장에 임명했던 적이 있다고 한다.

김정일 총서기의 건강 문제가 발생한 후인 2009년 1월 24일에는 김정일 총서기와 회견한 왕자루이(王家瑞) 중국공산당 대외연락부장의 귀국을 기다리고 있던 기자단의 앞에 모습을 보여 질문에 답 등을 했다.

내가 이 시기에 가장 놀랐던 것은 김정남의 한국어 어투였다. 미려한 서울말을 사용해서 북한 말투의 뉘앙스를 느끼지 못했다.

김정남

장기간 서울 출신의 외조모인 김원주나 이모인 성혜랑의 슬하에서 자라났기 때문일 것이다. 대단히 정중한 말을 써서 교양을 느낄 수 있었고, 2001년 나리타공항에서 추방된 뻔뻔스러운 인물과 동일 인물로 생각되지 않을 정도로 이미지가 달랐다.

또한 한국의 북한 전문 인터넷신문 ≪데일리 NK≫는 2009년 7월 20일에 김정남이 세 명의 여성과 동거한 경험이 있고 이들 사이에서 2남 2녀를 두었다며 여성과 아들의 이름을 함께 거론하며 보도했다. 1명의 여성은 베이징에, 나머지 2명의 여성은 마카오에 거주하고 있다고 한다. 2001년에 일본에서 추방되었을 때 동행한 여성과 남자 아이는 현재 베이징에 주재하는 여성이라고 했다.

김정남이 베이징과 마카오를 거점으로 생활하고 있는 것은 사실인데, 자녀도 2남 1녀의 세 명이라는 설이 유력하다. 2001년에 위조여권이 나리타공항에서 발각되기 전에도 몇 차례인가 일본을 방문했던 모양이다.

김일성 주석이 김정일 총서기와 결혼시킨 김영숙에 대해서는 거의 정보가 없다. 본래라면 퍼스트레이디이지만 공식적인 장에 나오거나 김정일 총서기의 현지지도 등에도 동행하지 않은 모양이다. 다만 김정일 총서기와의 사이에서 1974년에 낳은 딸 김설송(金雪松)이 있다. 김설송에 대해서도 거의 정보가 없지만 한국의 ≪조선일보≫는 2006년 2월 25일에 전 노동당 간부였던 탈북자의 말을 빌려, 김설송은 이목구비가 뚜렷한 미인으로 김정일 총서기의 현지 시찰 등에 자주 동행하고 있다고 보도했다. 김설송은 키가 165센티미터 정도이며 북한의 일반 여성과 달리 허리까지 내려오는 장발을 하고 있다. 김일성종합대학의 경제학부 정치경제학과를 졸업하고, 한때는 당 전선선동부에서 주로 문학 분야의 업무에 종사했다고 한다. 1990년대 말부터는 김정일 총서기의 신변 보호와 일정 관리 등을 담당했다. 김설송이 김정일 총서기를 동행하는 경우에는 인민군 군복을 입고 중좌의 계급장을 단다고 한다. 2002년 8월 김정일 총서기가 러시아를 방문했을 때에도 동행했으며, 2005년 가을에는 유학생으로서 프랑스를 방문했던 적도 있다고 한다. 이 탈북자는 "김정일이 공장·기업소를 현지지도하면서 공장 간부들과 악수하고 돌아서자 설송이 차에서 내려 소독된 위생수건으로 김정일의 손을 닦아주는 광경을 본 적이 있다"고 말했다.

세 번째 부인에 해당하는 사람이 재일교포 출신의 고영희이다. 일본에서는 북한의 유술가(柔術家) 고태문(高太文)의 생애를 묘사한 자서전 『유술 애국자』를 집필한 재일교포 출신으로 1950년 출생한 여성 고춘행(高春幸)이 고영희라는 보도나 전문가가 적지 않다. 그러나 한국의 정보기관인 국가정보원(국정원)은 2006년 12월 두 차례에 걸쳐, 두 번째는 보도자료까지 내면서 이를 부정했다. 국정원은 고춘행은 1950년 출생한 고태문의 딸이지만, 고영희는 1953년에 출생한 고경택(1999년 사망)의 딸로 완전히 다른 인물이라고 지적했다. 재일교포 출신으로 성이 '고'이며, 무용가라는 공통점이 있어서 이러한 혼동을 만들어낸 것으로 보인다고 했다. 고영희는

2004년에 사망했는데, 고춘행에 대해서는 2005년 10월 4일자의 정부기관
지 ≪민주조선≫이 "고춘행 동무는 조선예술교류협회에서 일을 하고 있
으며, 장군님(김정일 총서기)의 진심어린 애정 속에서 만수대 예술단에서
예술활동을 했는데, 평양외국어대학에서 공부하고, 지금은 예술 부문에서
대외사업 담당자로서 활약하고 있다"고 보고했으며, 이 시점에서 생존하
고 있음을 확인했다.

　귀국 사업 관련 자료에도 일본 오사카 세노구(生野區)에서 귀국한 사람들
가운데 '고태문', '고춘행(高春行)'의 이름이 있다. '고춘행(高春幸)'이나 '고
춘행(高春行)'이나 발음은 똑같이 '고춘행'이다. 이 자료에서 '고춘행(高春
行)'의 생년월일은 1950년 3월이다.

　『김정일의 요리사(金正日の料理人)』의 저자 후지모토 겐지는『핵과 여자
를 사랑한 장군님(核と女を愛した將軍樣)』에서 "부인의 탄생일은 6월 16일
이다. 로열패밀리의 탄생일은 반드시 경축을 하기 때문에 그 날짜를 잊는
일은 없다. 일본에 돌아오자 고영희 부인이 1953년에 출생했다고 들었는데,
북한에 있던 당시 나는 부인이 출생한 해가 1950년이라고 생각했다. 누군가
로부터 들었던 것인가는 알지 못한다"고 기록했다. 탄생일을 '잊는 일은
없다'고 했지만, 그 후의 저서『북한의 후계자 왜 김정은인가』에서는
고영희의 탄생일을 '1950년 6월 26일'로 썼다. 수첩을 다시 체크한 결과라
고 한다. 고영희가 고춘행과 동일 인물인가의 여부는 더욱 검증이 필요하다.

　고영희는 1960년대 초반에 북한으로 건너온 재일교포 출신인데 1972
년 만수대 예술단에 들어가 무용가로서 활동했고, 1970년대 중반에 김정
일 총서기의 눈에 들었다고 보인다. 1973년, 1974년 만수대 예술단의
일본 공연에 참가하여 각광을 받은 것 외에, <눈이 내린다>라는 약 15분
짜리 단편 영화에서 주연을 한 적도 있다.

고영희

김정일 총서기는 1977년경부터 고영희와 동거를 시작했고, 고영희는 1979년 후반부터 1980년경에 평양 시내의 창광산(蒼光山) 관저로 들어갔다. 1971년에 김정일과 성혜림 사이에서 김정남이 출생했는데, 김정일 총서기는 김일성 주석에 의해 김영숙과 결혼하게 되었다. 성혜림은 여기에 더해 김정남과 떨어지라는 압력을 받은 충격으로 마음의 병이 생겨 모스크바로 향한 후였기에 김정일 총서기의 텅 빈 마음에 들어온 것이 고영희였다고 보인다.

후지모토의 저서에 의하면, 고영희는 1980년 9월 25일에 김정철, 1983년 1월 8일에 김정은, 1987년 9월 26일에 김여정을 출산했다. 일부에서는 김정철이 1981년 출생, 김정은이 1984년 출생이라는 설도 있지만 후지모토가 주장하는 바와 같이 탄생일 준비를 하는 요리사의 기억이 신뢰할 수 있는 것이 아닌가 생각한다.

성혜랑의 『북한 저 멀리』에는 "정남이가 3세였을 때(1974년경인가?) 이미 김정일에게는 수령 김일성이 정해준 여성 김영숙이 있었다. 나아가 또 하나의, 거의 10년을 걸쳐 김정일의 마음을 잡고 있어서 떼어놓을 수 없는 '철봉리(鐵峰里)의 여자'가 되었던 고영희가 기다리고 있었다"고 기록하고 있다. 1970년대 중반에는 김정일 총서기의 마음이 고영희에게 향했다고 하는 것이다.

1980년대에 들어와 김정철, 김정은, 김여정의 2남 1녀가 태어나, 고영희는 사실상 김정일 총서기의 본처 자리에 올랐다고 해도 될 만했다. 북한으로 귀국한 재일동포는 차별대우를 받았지만, 고영희가 김정일의 부인 자리에 오르자, 1980년대 중반부터는 귀국동포의 대우가 대폭 개선되었다. 김정철은 베른의 국제학교에 1993년부터 1998년까지 유학했다. 김정철은 농구를 아주 좋아해서 미국 NBA의 팬으로 알려져 있다. 그 영향으로 김정일 총서기가 농구를 장려했다고 한다. 후지모토에 따르면, 김정일은 김정철에 대해 '여자처럼 군다'고 평했다고 한다.

김정은, 김여정도 스위스에서 유학했는데 김정철, 김정은 두 사람의 스위스 유학에 대한 정보가 교착했다. 최초로 스위스의 프랑스어 시사주간 지 ≪레브도(L'hebdo)≫가 2009년 3월에 김정은이 '박철'이라는 이름으로 유학했다고 보도했다. 그 후 ≪마이니치신문≫이 6월 14일 '박철'의 이름으로 유학한 것은 김정철이며, 김정은은 1990년대 후반부터 '박은'이라는 이름으로 스위스의 수도 베른에 있는 공립 중학교에서 유학했다고 얼굴 사진을 게재하며 보도했다. ≪마이니치신문≫이 게재한 김정은의 사진은 1999년 6월에 촬영된 16세 당시의 사진이라고 한다.

스위스 주간지 ≪레브도≫가 전하는 바에 따르면 '김정은'은 후지모토의 증언과 같은 1983년 1월 8일 출생이며 '박철'이라는 이름으로 스위스의 베른 국제학교에 1998년까지 다녔다. 이 학교는 스위스 주재 북한 대사관과 수백 미터밖에 떨어져 있지 않다고 한다. 당시 40개국 약 280명의 학생이 다녔는데 절반 정도는 외교관의 자제였다. 스위스를 떠난 시기의 연령은 15세로, 국제학교의 학년은 G9에서 G1(일본학제로는 중학 2, 3학년에서 중3, 고1)이었다고 한다. 겨울철 금요일에는 급우들과 알프스로 가서 스키를 즐겼다. 학교에서는 농구부와 수영부에 소속되어 있었는데, 부끄럼쟁이로 내향적인 성격이었지만 팀워크를 만들어내는 데 장점이 있었다.

이 학교의 교사는 그가 "특히 미국의 농구 선수 마이클 조던과 액션 영화배우 장 클로드 반담의 열렬한 팬이었다"고 말하고 있다. 당시의 교장은 "정직한 아이로, 친구들 사이에 다툼이 있으면 적극적으로 중개하는 아이였으며, 친구들로는 미국의 외교관의 자제가 많았다"고 말한다. 수업은 영어로 행해졌는데 때때로 영어 단어에 막히는 일도 있었지만 수업에 지장은 없었고, 독일어나 프랑스어도 배웠으며, 학교의 여행에도 참가했다.

수업이 끝나면 대사관의 차량이 마중 나왔는데, 당시 친구들은 그를 '대사관 운전사'의 아들이 아닌가 생각할 정도였다고 한다. 친구들은 마중 나온 차량의 운전사가, 그가 차에 탈 때 차문을 열어주는 것을 이상하다고 생각하지 않고 동양의 풍습이라고 생각한 모양이다. 학교에는 그의 보디가드 역할을 한 것으로 보이는 '구안철'이라는 이름의 체격 좋은 아이가 다녔다고 한다. 그러나 ≪레브도≫지는 당시 이 학교에 함께 다녔을 것으로 보이는 김정철이나 김여정에 대해서는 언급하지 않았다.

≪마이니치신문≫이 보도한 바와 같이, 이 ≪레브도≫지가 '김정은'이라고 보도한 사람이 '김정철'이라면 여기에서 지적된 내용은 '김정철'에 대한 정보가 된다. 확실히 김정철이 마이클 조던의 팬이라는 것은 잘 알려져 있으며 일치한다. 다만 ≪레브도≫지가 '박철'의 생년월일을 1983년 1월 8일이라고 한 점은 김정은과 일치하는 정보이다.

≪마이니치신문≫의 보도로는, 김정은은 1996년 여름부터 2001년 1월까지 베른에 체재했으며 처음에는 김정철이 다녔던 베른 국제학교에 입학했는데 수개월 만에 퇴학하고 공립 초등학교에서 독일어 보습수업을 받은 후 1998년 8월부터 2000년 말까지 공립 중학교에 다녔다고 한다. 친구였던 포르투갈 출신의 조아오 미카엘로에 의하면 미카엘로의 집에 놀러간 적도 많고, 경호원도 붙지 않았다고 한다. 이 소년은 미카엘로에게 '북한의 지도자의 아들'이라고 밝혔으나, 미카엘로가 이를 진담으로 받아들이지

않자 김정일 총서기와 함께 찍은 사진을 보여주었다고 한다.

베른 국제학교에 수개월밖에 다니지 않았다고는 하지만 김정일의 삼남인데 왜 경비가 없었던 것일까. 김정남, 김정철이 모두 사립 국제학교에 다녔는데, 왜 김정은만 공립학교에 다녔는가 하는 의문점 등이 남는다. 또한 당시는 김정철, 김정은의 모친 고영희의 누이 고영숙(高英淑) 부부 가족도 스위스에 체재하며 김정철, 김정은, 김여정을 보살폈다고 한다. ≪마이니치신문≫이 보도한 청년이 김정은이라는 것에 대해서도 더욱 검증할 필요가 있을 것이다.

후지모토는 김정철의 경우 성격이 좋아서 북한의 지도가가 되지 못하고, 김정일 총서기가 김정은이 "자신과 매우 비슷하다"고 말했다고 증언하며 김정은이 후계자가 될 것이라고 예상했다.

2003년 2월 15일, 나는 ≪교도통신≫의 서울발 기사로 북한 군부 내에서 2002년 여름 무렵부터 김정일 총서기의 처인 고영희에 대한 우상화가 진행되고 있는 것이 내부 자료로 밝혀지게 되었다고 보도했다. 내가 입수한 자료는 조선인민군출판사가 대외비 자료로서 발간한 『위대한 김정일 동지를 수반으로 하는 혁명의 수뇌부를 목숨을 걸고 사수하자』는 제목의 '강연 자료'로, 고영희를 '어머니'라는 표현으로 칭송하고 우상화하고 있다. 이것은 군 내부에서 간부가 고영희의 위대함을 선전하기 위해서 만든 안내서로 보이는데, "존경하는 어머니(고영희)는 경애하는 최고사령관 동지(김정일 총서기)에게 충실한 충신 중의 충신"이라 하고 있다.

또한 고영희를 고(故) 김일성 주석, 김정일 총서기와 나란히 '3대 장군'의 한 사람으로 하여 김정일 총서기의 생모 김정숙과 동렬로 나란히 찬양했다. 김정일 총서기의 군부대 시찰이나 현지지도 등에도 수없이 많이 동행하고, 얼마나 김정일 총서기를 잘 이해하고 신변의 안전이나 건강 등에 신경을 썼는가를 십여 개의 사례를 들어 강조하고 있다.

고영희는 2001년경부터 김정일 총서기의 현지지도에 자주 동행하고 있다고 한다. 또한 이 내부 문서가 나온 2002년 여름부터 행해진 고영희의 우상화 운동은 2004년에 고영희가 사망하자 중단되어버렸다. 후계자 경쟁은 다시 불투명하게 되었다.

한국의 ≪연합뉴스≫는 2009년 1월 15일 정보 소식통의 말로서, 김정일 총서기가 같은 해 1월 8일에 당 조직지도부에 대한 '교시'를 내려 삼남인 김정은을 후계자로 결정하고, 조직지도부의 리제강 제1부부장이 동 부서 과장급 이상의 간부에게 이 결정을 전달했다고 보도했다. 이에 따라 세 명의 아들 중에서도 가장 비밀의 베일에 싸여 있는 김정은에게 일약 주목이 집중되었다.

또한 일본이나 한국의 언론은 삼남 김정은의 한자 표기를 '김정운(金正雲)'로 해왔다. 한국 통일부의 천해성 대변인은 2009년 10월 7일의 회견에서 김정운의 정확한 발음에 대해 통일부는 '김정은'이라고 판단하고 있다는 견해를 밝혔다. '운(雲)'이라는 한자는 한글로는 '운'이지만, 한글의 '은'은 한자로는 '은(恩)' 또는 '은(銀)'의 한자음에 해당한다. 요리사로서 장기간 로열패밀리 옆에 있었던 후지모토 겐지가 저서 중에 '김정운'이라 표기했던 것이 일반화되었는데, 일본인에게는 '운'과 '은'의 음의 구별이 어렵기 때문에 발생한 혼란이라고 보인다.

그러나 조선중앙통신은 2010년 10월 1일 도쿄 조선통신의 질문에 답하는 형태로 당 대표자회의에서 당 중앙군사위 부위원장에 취임한 '김정은'의 한자 표기가 '김정은(金正恩)'이라고 회답함으로써 완전히 결론이 내려졌다.

김정일 총서기의 넷째 부인으로 보이는 김옥(金玉)에 대해 한국 언론이 최초로 언급했던 것은 월간지 ≪신동아≫ 2005년 8월호(같은 해 7월 발간)의 "전 북한 핵심관료가 본 '김일성 사망 직전 부자의 암투 120시간'"이라는 기사일 것이다. 이 기사는 김옥에 대해서 아래와 같이 기록하고 있다.

"김정일의 여성 편력을 쓴다면, 아마도 책 1권으로는 부족할 것이다. 김정일에게 살펴볼 수 있는 유일한 인간적인 측면이 바로 여성에 대한 이를 데 없는 비상한 관심이다. 권력에 대한 만족을 최대한으로 만끽한 김정일은 스스로 광폭해지는 것을 어떤 여성에 의해 구속받는 욕망으로 해소하고자 하는 것으로 보인다. 심리적인 반증이라고 해야 할 것인가. 아니나 다를까 한때 김정일에게 아무 거리낌 없이 반말을 하는 여성이 한 명 있었다. …… 권력 위의 권력을 갖고 있던 그녀는 바로 김옥이었다. 지금까지 세상에 잘 알려지지 않은 이 여성의 이름은 『김정일의 요리사』를 집필한 후지모토의 저서에 '옥이 비서'라는 이름으로 일부 묘사된 적이 있다. 왕재산(旺載山) 경음악단 출신으로, 김정일보다 21세 연하인 김옥은 김정일에게 걸핏하면 마구 반말을 퍼붓고 거리낌 없이 신경질도 부렸다. 그러나 김정일은 그러한 모습을 즐기고 감상하듯 웃으면서 이를 기꺼이 받아들였다. 김정일에게 거침없이 말할 수 있는 유일한 여성, 그러한 지위를 획득한 김옥에게 당 중앙위의 정치국 위원들이나 당 비서들, 당 부장들도 김정일을 숭배하는 것처럼 최고의 경어를 사용하여 머리를 조아렸다."

이후 일본의 ≪주간현대(週刊現代)≫가 2006년 2월에 "김정일의 새로운 처 옥희(玉姬)는 42세의 미녀"라고 하며 사진을 첨부하여 김옥의 존재를 전했다. ≪주간현대≫는 후지모토 겐지의 증언을 중심으로 보도하며 이 여성의 이름을 '김옥희'라고 했는데, 후에 '김옥'이 맞는 것으로 판명된다. ≪주간현대≫가 보도한 김옥의 연령 등은 ≪신동아≫와 같지만, 가수나

무용수 출신은 아니라고 하여 ≪신동아≫의 내용과 차이가 있었다.

나아가 한국의 ≪연합뉴스≫가 같은 해 7월 23일에 "김정일, 여성비서를 네 번째의 부인으로 맞이해"라고 보도하여 김옥의 존재가 일거에 일반화되었다. 김옥의 존재는 이미 ≪주간현대≫가 전했기 때문에 ≪연합뉴스≫는 김옥의 존재를 보도하는 것과 함께 2000년 10월에 조명록 국방위원회 제1부위원장이 김정일 총서기의 특사로서 미국을 방문했을 때 '김선옥'이라는 가명으로 함께 미국을 방문했다고 보도했다. ≪연합뉴스≫는 처음에 조명록 제1부위원장의 미국 방문 때 함께 있던 여성의 사진이 김옥이며, ≪주간현대≫가 전했던 사진에 대해서는 "일본의 주간지에 김정일 위원장의 부인으로 소개된 여성의 사진은 김옥이 아니라 중국인이라는 것이 밝혀졌다"고 보도했다.

그러나 ≪주간현대≫가 보도한 사진은 1992년에 발간된 김정일 총서기 최초의 사진집 『우리들의 지도자』에 있던 사진으로 1988년에 촬영된 것이어서 중국인은 있을 수 없다. ≪연합뉴스≫는 조명록 제1부위원장의 미국 방문에 동행했던 여성의 사진과 ≪주간현대≫가 게재한 사진이 너무 달라서 ≪주간현대≫의 사진을 김옥이 아니라고 판단했던 것이다. 그런데 이 사실이 틀리다면 미국 방문에 동행했던 여성은 '김송옥'이라는 다른 여성이며, 김옥이 아님이 당연해진다. 그러나 ≪연합뉴스≫는 이렇게 되면 김옥이 미국을 방문했다는 기사의 근간이 무너지기 때문에 그 부분을 정정하지 않았다. 내가 생각하기에 두 장의 사진은 각각 다른 여성으로 보인다.

이것을 확인하기 위해서 한국의 월간지 ≪신동아≫ 2006년 9월호(같은 해 8월 발간)는 김옥의 얼굴을 알고 있는 북한 권력층 출신의 탈북자가 ≪주간현대≫가 보도한 사진이 김옥이며, 미국 방문에 동행했던 여성은 다른 여성이라고 확인했다며 보도했다. 후지모토도 자신의 저작에서 ≪주간현대≫가 보도한 사진을 '김옥'으로서 게재하고 있지만 방미에 동행했던 여성의 사진은 게재하지 않았다. 그러나 후지모토는 어느 한국인 연구자와의 대담에서 한편으로는 1988년 촬영 이후 12년의 세월이 지났기 때문에 다른 인물처럼 보이지만 동일 인물이라고도 증언하고 있다.

그렇지만 내 눈에는 두 사람의 인상이 많이 달라 보이며, ≪주간현대≫, ≪신동아≫가 보도한 사진집에 있는 여성이 김옥이고 방미했던 것은 다른 여성이라고 생각된다. 조선노동당 소속의 시인이었던 장진성도 ≪월간조선≫ 2009년 6월호에서 『우리들의 지도자』 속의 사진이 김옥이며 조명록 제1부위원장의 방미 당시에 동행했던 여성의 사진은 다른 사람이라고 하고 있다.

김옥이 과연 어느 정도로 권력을 장악하고 있는가의 여부나 그녀가 성혜림이나 고영희 정도의 영향력을 갖고 있는가에 대해서는 신중하게 살펴보아야 할 것이다. 부인이라기보다 시중을 들며 신변을 보살피고 있는 비서의 역할을 하고 있다는 견해도 있다.

전술한 장진성은 ≪월간조선≫에서 "김정일 총서기의 김옥에 대한 총애가 최고조에 달했던 시기는 1992년부터 1993년이다. 이 시기에 김옥은 자신의 매력 포인트를 최대한으로 활용한 시기로서, 간부들에게 거리낌 없이 응대했다. 그 때문에 이 사실이 김정일에게 보고되었다"며, 김일성 주석이 정치국 위원과의 정례 모임에서 "당 조직비서(김정일)에게는 여자가 대단히 많다"고 공개 비판했다고 한다. 또한 한국의 ≪중앙일보≫는 2009년 3월 11일 관계자의 말로서 같은 해 3월에 실시된 최고인민회의 제12기 제165선거구의 대의원에 선출된 김효(金孝)가 김옥의 친부라고 보도했다.

나아가 장진성은 ≪월간조선≫에서 김정일 총서기에게 다섯 번째로 '라혜경'이라는 여성이 있다는 것을 소개하고 있다. 라혜경은 1976년 출생한 평양음악무용대학 제48기 졸업생으로 뛰어난 미모와 재능을 갖춘 학생이었다고 한다. 부친은 당 중앙 조직지도부에서 인사담당 부국장을 지내서 김정일과 관계가 있는 여성 가운데 가장 우수한 출신계층이라고 할 수 있으며, 김정일 총서기가 2006년 5월 9일 평양음악무용학교를 시찰했던 것은 라혜경의 존재와 무관하지 않다고 지적했다.

1997년 2월 서울 교외에서 누군가로부터 암살당한 성혜랑의 장남 이한영(李韓永)[1]은 자신의 저서 『평양 15호 관저의 동굴』에서 김일성 주석이 59세 때 간호부와의 사이에서 '현(賢)'이라는 이름의 아들을 낳은 것을 밝히고 있다.

이한영은 김정일 총서기의 첫 번째 처 성혜림의 조카로, 김정남 등과 함께 자란 로열패밀리의 일원이라는 점만으로도 이 증언의 신빙성은 높다. 이 아이는 김정일 총서기의 친누이 김경희와 장성택 부부의 아들이 되어 '장현(張賢)'으로서 호적이 만들어졌다고 한다. 실제로는 김일성 주석의 피를 이은 '김현(金賢)'인 것이다.

김정일 총서기는 김일성 주석이 숨겨둔 아들을 낳자 1975년 4월에 성혜림이라는 여성과 그 사이에 이미 4세가 된 김정남이라는 남자 아이가 있음을 김일성 주석에게 고백하고, 결국 인정을 받았다고 한다. 김일성 주석은 처음에는 화를 내고 엄청나게 꾸짖었지만 "낳아버린 것은 방법이 없다. 만나보자"고 했다고 한다. 그러나 막상 만나보자 순식간에 김정남이

---

1) 이한영(李韓永), 본명은 리일남(李一男)으로 1982년 모스크바를 거쳐 한국으로 망명하여 언론인 활동을 하였으나 1997년 북한의 공작원에 의해 암살당했다. 저서로 『김정일 로열패밀리: 김정일 처조카 이한영의 수기』(시대정신, 2004)가 있다.

눈에 들었고, 이한영은 '정남'이라는 이름은 김일성 주석이 지어준 것이라고 기록하고 있다.

이한영은 1996년 2월 한국의 《경향신문》(같은 달 23일자)과의 인터뷰에서도 '현(賢)'이라는 인물에 대해서 확인하고 있다. 이 아들은 1971년 출생하였으며, 모친은 김일성 주석의 관저를 담당하는 윤(尹) 씨 성의 간호사라고 한다. 김일성 주석이 김현의 출생을 감추었던 것은 같은 해에 김정일 총서기와 성혜림의 장남 김정남이 탄생한데다, 늙은 나이에 낳은 아이가 있다는 사실이 알려지게 되는 것을 수치스러워 했기 때문이라고 한다. 김일성 주석은 김현을 대단히 귀여워했으며, 1개월에 1회는 모자가 거주하고 있던 평양 근교의 초대소를 방문했다.

《경향신문》은 김현이 1977년 7살의 나이에 모친과 함께 모스크바로 가서 학교 교육을 받았고, 생활비는 북한의 호위총국이 부담했다고 보도했다. 이 신문은 1996년 2월에 한국 언론이 "김정일의 전처 성혜림과 그 언니 성혜랑이 북한 탈출"(실제로 서방 측에 망명한 것은 성혜랑뿐이었다)고 전한 이래 모스크바의 외교관 주택에 거주하고 있던 윤 씨와 김현 모자의 행방이 알려지지 않았다고 보도했다.

그런데 《연합뉴스》는 2009년 8월 6일 복수의 대북 소식통의 말로서, "김현은 2001년에 처형되었다"고 보도했다. 이 뉴스에서는 김일성 주석에게 숨겨진 아들이 있었던 것은 사실이지만 이미 처형되었고, 그 이유는 명확하지 않으며, 또한 김현의 모친의 성은 이한영이 말한 '윤'이 아니라 '제갈(諸葛)'이라고 했다. 여기에서는 김현이 장성택과 관계가 없다고 했으며 "김일성 주석과 그의 안마를 담당했던 제갈이라는 성의 여성의 사이에 태어난 김현은 생활 면에서는 김일성 주석의 아들 대우를 받았지만, 처형 전까지 무직으로 마약중독이 심했고, 정신이상의 증상까지 보여 문제아로 낙인이 찍혔다는 소문이다"라고 보도했다. ≪연합뉴스≫의 보도 내용은 이한영의 증언과 대단히 차이가 있지만, 생존하고 있어도 후계자 후보가 될 만한 존재가 되는 것은 어렵지 않을까 여겨진다.

이러한 사람들 외에 로열패밀리로서 잊지 말아야 할 사람은 김정일 총서기의 친누이 김경희 당 정치국 위원과 그의 남편 장성택 당 정치국 위원후보(당 행정국장)이다. 특히 장성택 부장은 후계자 체제의 행방에 큰 영향을 줄 것으로 여겨진다.

김경희는 1946년 평양 출생으로, 김정일 총서기보다 4년 연하의 누이동생이다. 모친은 김정일 총서기와 같은 김정숙으로, 김정일 총서기의 유일한 '육친'이다. 1971년에는 당 국제부 과장을 지냈는데, 1997년에는 당 경공업부장이라는 것이 확인되었다. 김경희와 장성택 부장은 김일성종합대학의 동창이며, 김경희가 장성택에게 반하여 김일성 주석의 반대를 극복하고 결혼했다고 한다.

김경희는 1994년에 김일성 주석이 사망했을 때 TV 영상에 모습을 보였지만, 장기간 북한의 공식 언론에 모습을 보이지 않았다. 그러나 2008년 8월 김정일의 건강이 악화된 이후인 2009년 6월 7일에 김정일이 함경남도 함주군의 협동농장을 현지지도했을 때, 좌우에 농촌관계자를 거느린 김정일 총서기와 김경희 부장의 사진을 중앙조선TV가 영상으로 소개했다. 김경희가 북한의 공식보도에 등장한 것은 약 15년 만의 일이며, 김정일 총서기의 현지지도에 동행하는 모습의 보도는 처음으로 보인다.

나아가 조선중앙통신은 같은 날짜(보도는 8일 미명)에 김정일 총서기가 평양음악대학에서 러시아 가극의 무대연습을 지도했다고 전하고, 여기에 김정일 총서기의 친누이 김경희, 장성택, 최익규(崔益奎) 등 당 부장이 동행했다고 보도했는데, 김경희 부장을 장성택 부장보다 먼저 언급했다.

그 이후 김정일의 현지지도에 김경희가 동행하는 사례가 급증했다. 라디오프레스의 집계로는 2010년 상반기에 김정일 총서기의 활동 보도가 78회 있었는데, 동행자의 중 김경희가 56회로 가장 많았고, 2위는 장성택 당 행정부장으로서 46회였다. 2010년 전체로는 장성택이 115회로 가장 많았고, 김경희는 111회로 2위였다.

김경희는 2010년 9월 27일에 '대장'의 군사칭호를 부여받았고, 다음날 당 대표자회의에서 당 정치국 위원, 당 경공업부장의 지위에 취임했다. 김경희가 이와 같이 정치 전면에 나서게 된 배경에는 김정일 총서기의 건강 악화를 고려하여 '김일성 주석의 딸'이며 '김정일 총서기의 누이동생'이라는 입장을 사용하여 김정은에 대한 권력 계승을 순조롭게 진행하고자 하는 의도가 있는 것으로 보인다. 특히 김정일 총서기의 사후에 로열패밀리 내부에서 조정 역할을 담당할 것으로 보인다. 김경희 역시 '백두산의 혈통'으로서 김정은의 '후견인' 역할을 수행하고 있다.

장성택 부장에게는 군인인 장성우 차수, 장성길 중장(820전차군단 정치위원)이라는 형이 있었지만, 장성길 중장은 2006년 7월에, 장성우 차수도 2009년 8월에 사망했다. 맏형 장성우 차수는 사회안전부(경찰기구) 정치국장, 제3군단장, 호위총국장 등을 역임한 군의 중진으로 장성택이 잠시 실각했던 시기에도 영향을 받지 않으며 김정일 총서기의 두터운 신임을 받는 실력자의 모습을 과시했다.

장성택 부장은 1946년 1월 함경북도 청진시 출생으로 김일성종합대학에 입학했는데, 김일성 주석의 딸 김경희와 연애를 시작하게 되었다. 김일성 주석이 이에 반대하여 원산경제대학으로 전교시켜버렸다. 그러나 김경희는 장성택을 잊지 못하고 교제를 계속했다. 1969년 모스크바대학에 유학했고, 귀국 후인 1971년에 결국 김일성 주석의 허가를 얻어 두 사람은 결혼했다. 이후에는 당의 핵심부서인 당 조직지도부의 지도원으로서 엘리트 코스를 밟았다. 1989년에 당 청년·3대혁명소조 부장 등을 역임하고, 1992년에 당 중앙위, 김일성 주석 사망 후인 1995년 11월에 당 조직지도부 부부장에 취임했다.

장성택 부장은 김정일 총서기의 측근으로 중요한 역할을 수행했지만 적어도 두 차례 정도 책임을 추궁 받은 일이 있다. 첫 번째는 김일성 주석의 사후인 1997년 말부터 1998년 초 무렵, 당시 김일성사회주의청년동맹 간부의 부정부패를 묵인한 것이다. 이 동맹간부가 한국의 기업과 정보기관으로부터 금전을 받아서 '스파이 혐의'로 처형된 사건이 있었다. 이 간부들은 한국정보기관의 유혹으로 제주도까지 다녀왔다고 한다.

이때 이 동맹의 최룡해 중앙위원회 제1비서와 당 조직지도부에서 청년조직을 담당하고 있던 장성택이 이것을 묵인했던 책임을 문책 받았다. 최룡해는 이 사건으로 1998년 1월 제1비서에서 해임되었다. 한때는 평양시 상하수도관리소 당 비서로까지 강등되었다. 그러나 최룡해는 김일성 주석과 함께 항일 빨치산 투쟁에 참가했고 인민무력부장도 지낸 최현(崔賢)의 아들이어서 다행히 이 정도의 처분으로 끝났고, 장성택도 친누이의 남편이라서 '혁명화 교육'을 받는 것으로 마무리되었다. 최룡해는 2006년 4월 황해북도 당 책임비서로서 복권되었다.

장성택은 그 이후 당 조직지도부 제1부부장에 머물며 동 부처의 행정(공안)부문을 담당한 것으로 보인다. 서관희 당 농업담당 비서의 공개 처형 등을 초래한 이른바 '심화조(深化組) 사건'에서는 사회안전부에 의한 숙청을 주도했다고 한다.

그러나 2004년 2월경부터 2005년 말까지 장성택 계열로 보이는 각료 등의 간부부정사건 등을 계기로 업무정치처분을 받고 공식 석상에서 모습

을 보이지 않게 되었다. 여기에는 조직지도
부 리제강 제1부부장이나 리용철 제1부부장
과의 대립 등이 지적되고 있다. 김정일 총서
기는 2005년 6월 한국의 정동영 통일부 장관
이 방북하여 회담했을 때의 오찬회에서 장성
택 제1부부장에 대해 "남조선(한국)에서 폭
탄주를 지나치게 마셔서 몸이 안 좋아서 당
분간 쉬게 했다"고 말함으로써 업무정지가
확인되었다. 장성택 제1부부장이 2002년 10

장성택

월 경제시찰단으로서 한국을 방문했을 때 매일 같이 '폭탄주'를 마셨던
것을 적절하게 끄집어낸 발언으로 간주되었다.

그러나 장성택은 2005년 말에 복권되어 2006년 1월 당 제1부부장으로
취임했다. 처음에는 당 수도건설 담당 제1부부장이었는데, 2007년 12월에
공안 사법(司法)을 담당하는 당 행정부장으로의 취임이 확인되었다. 그
후에는 김정일 총서기의 현지지도에 자주 동행했고, 김정일 총서기가
2008년 8월에 건강이 악화되었을 때 당에서의 영향력을 더욱 강화했다.
그리고 2009년 4월의 최고인민회의에서 국방위원으로 기용되었으며,
2010년 6월의 최고인민회의에서는 국방위원회(국방위) 부위원장으로 승
격되었다. 2010년 9월의 당 대표자회의에서는 모두가 예상한 바와 다르게
정치국 위원에 들지 못하고 당 정치국 후보위원에 취임했는데, 김정은
후계의 '산실'로 보이는 당 중앙군사위의 위원도 되었다.

당 대표자회의 인사에서는 '2인자'라고 할 정도의 정치적인 지위를
확보하지 못했지만, 정치국이나 비서국에는 장성택 계열로 보이는 간부가
다수 배치되어 있다. 김정일 총서기 사후에 장성택 부장의 비중은 강해질

것으로 보인다.

다만 이제까지의 개인숭배 양태로 볼 때 김일성-김정일의 혈통이 아닌 장성택 부장 자신이 후계자 지위에 앉을 가능성은 낮고, 왕이 아니라 킹메이커, 후견인의 역할을 할 것으로 여겨진다.

김정일 총서기의 로열패밀리 외곽에 있는 사람이 그의 이복동생인 김평일 주폴란드 대사이다. 김평일은 1954년 8월 평양에서 김일성 주석과 김성애 사이에서 출생했다. 1952년 출생한 누나 김경진(金敬眞)과 1955년 태어난 동생 김영일(金英日)이 있는데, 김영일은 2000년에 사망한 것으로 보인다. 김경진은 김광섭(金光燮) 주오스트리아 대사와 결혼하여 비엔나에 체류 중이다.

김평일은 어릴 때 김정일 총서기와 사이좋은 형제로 지냈으며, 김정일 총서기도 김평일을 아꼈다고 한다. 김평일은 1970년에 평양의 남산고급중학교, 1977년에 김일성종합대학 경제학부를 졸업하고, 1977년에 군인으로서 인민무력부에 입대했다. 1978년부터 1981년까지는 김일성군사종합대학에서 공부했고, 1981년부터 1983년까지 주유고슬라비아 대사관에 무관으로서 근무했으며, 1984년부터 1988년까지 인민무력부 작전국 부국장(대좌)로서 근무했다.

그러나 김정일 총서기가 후계자 자리를 추구한 1970년대부터 '곁가지 제거 운동'이 전개되어 김정일 총서기의 숙부인 김영주, 계모인 김성애, 김평일에 대해 철저한 압박이 가해져갔다. 김평일의 용모는 젊은 시절의 김일성 주석과 매우 흡사하고, 키도 크고 풍채도 좋으며, 더욱이 군에서 근무한 경력도 있었기 때문에 김정일 총서기의 경계 대상이 되었으며, 1988년 8월 헝가리 대사로서 부임했다.

김평일은 헝가리가 1988년 9월에 한국과 국교를 수립함으로써 1988년

12월부터 1993년 11월까지 주불가리아 대사, 1994년 3월부터 주핀란드 대사를 역임했고, 1998년 1월부터 현재까지 주폴란드 대사를 맡고 있다. 김평일의 유럽 체재는 이미 20년을 넘고 있다. 누나 김경진과 함께 '곁가지'에 대한 경계 때문에 해외에서 거주하게 되었다고 말할 수 있다. 김평일 대사에게는 1981년 출생한 장녀 김은송(金恩松)과 1983년 출생한 장남 김인강(金仁剛)이 있다.

폴란드의 나레프(Narew) 시에서는 2007년 2월 홈페이지에 자기 지역을 방문한 김평일 대사와 김은송, 김인강의 사진을 게재했다. 산업시설 시찰이나 스포츠 행사 등에 참가했을 때의 사진으로서, 김평일 대사의 최근 사진은 진귀한데다 아들과 딸의 사진이 공개된 것은 처음 있는 일이었다. 두 사람 모두 폴란드에서 대학원에 다니고 있는데, 지금은 김평일 대사도 50대가 되었으며, 딸인 김은송이 2008년 평양에서 군장교의 자제와 결혼했다고 한다.

로열패밀리의 붕괴

김정일 총서기를 둘러싼 로열패밀리의 운명을 보면, 실제로 황량한 감정에 휩싸이게 된다.

김정일 총서기는 7세 때인 1949년 9월에 생모 김정숙을 여의었다. 부친인 김일성 주석은 김성애와 재혼하고, 1954년에 차남 김평일이 출생했다. 아마도 애정의 상실감 속에서 소년기를 보냈을 것이다. 그러나 한편으로는 북한 최고지도자의 장남이며, 원하는 것은 무엇이든 손에 넣을 수 있었고, 인민은 배고파 아사할지라도 부유하고 윤택하여 그 어떤 부자유도 없는 생활을 보냈다. 가장 결핍되었던 것은 애정이 아니었을까 생각된다.

김정일 총서기가 가장 사랑했던 여성은 성혜림과 고영희 두 사람이겠지만, 성혜림은 장기간 병환치료를 받고 있던 곳인 모스크바에서 2002년에, 그리고 고영희는 2004년에 각각 사망해버렸다. 이뿐만 아니라, 장남 김정남을 실질적으로 키운 성혜림의 언니 성혜랑과 그의 딸 리남옥(李南玉)은 유럽으로 망명했다. 성혜랑의 장남 이한영(본명 리일남 李一南)은 1981년 한국으로 망명했는데, 1997년 2월 15일경 서울 교외 지역에서 괴한(아마도 북한이 파견한 요원으로 추정됨)의 총격을 받아 사망했다. 또한 한국의 월간지 《월간조선》 2003년 9월호(같은 해 8월 간행)에 의하면, 고영희의 여동생 고영숙도 미국으로 망명했다. 여동생 부부가 미국으로 망명했어도 김정일 총서기의 부인 고영희에 대한 신뢰에는 변화가 없었다고 한다.

또한 유일한 육친이라고 할 수 있는 김정일 총서기의 친누이 김경희와 장성택 당 행정부장의 사이에는 1977년에 출생한 장금송(張琴松)이라는 외동딸이 있다. 그러나 장금송은 유학 중이었던 2006년 8월에 파리에서 자살했다. 음주 후 수면제를 대량으로 먹고 사망했다고 한다. 한국의 북한 전문 인터넷신문 《데일리NK》는 장금송에게 좋아했던 남성이 있었지만, 이 남성의 '성분'이 나빠 양친이 결혼에 반대했기 때문에 일어난 자살이라고 보도했다.

로열패밀리의 상황은 두꺼운 비밀의 베일로 숨겨져 있지만, 암살된 이한영이나 성혜랑, 후지모토 등의 저서 등에서 많은 것이 밝혀졌다. 이 로열패밀리의 처참하기까지 한 붕괴는 무엇인가. 그 어떤 사람도 행복한 인생을 보낸 자가 없다. 그 중심에 있는 김정일 총서기도 물론이다. 김옥이나 혹은 제5의 부인의 존재를 지적하는 목소리도 있지만, 김정일 총서기의 심상 풍경은 어느 정도로 황량한 것일는지 생각해보게 된다.

제9장

군부 쿠데타는 일어날 것인가

국제사회는 김정일 총서기가 2008년 8월 건강이 악화된 것을 계기로 포스트 김정일 체제를 고려해야 했다. 김정일에게 만일의 사태가 발생할 경우 북한 권력의 양상을 신중하게 살펴야 할 필요성에 직면한 것이다. 나아가 김정일 총서기의 삼남 김정은이 후계자로서의 길을 공개적으로 내걷게 되었다. 김정일 총서기의 건강에 따라서는 북한의 권력구조가 불안 정해질 가능성도 배제할 수 없었다.

김정일 총서기에게 만일의 사태가 발생한다면 아래와 같은 경우를 생각 해볼 수 있었다.

① 병상에 들어서 일정 기간 이후에 사망한다.
② 뇌졸중 혹은 심장병 등이 발작하여 급거 사망한다.
③ 암살이나 테러로 돌연 사망한다.
④ 군사 쿠데타나 민중봉기에 의해 사망한다.

그런데 ③이나 ④의 경우가 있을 수 있는가. 그 가운데서도 군사 쿠데타의 가능성은 있는 것인가. 결과적으로 김정일 총서기는 ②의 케이스로 사망했다.

우선 과거에 군사 쿠데타와 관련한 동향이 있었는지를 살펴보자. 1990 년대 이래 주로 일본의 보수파 계열 언론에서 쿠데타의 움직임이 있다는 보도가 때때로 유포되었는데, 결과적으로 그 대다수는 확인되지 않았다. 북한에서 '쿠데타가 일어나기를 바란다'는 바람이 있는지도 모르겠지만, 북한의 고위층에 있던 사람들을 포함하여 이 정도로 탈북자의 수가 증가하고 있는데도 그러한 움직임을 확인할 수 있는 정보는 거의 없다.

1990년대 이래 김일성, 김정일 체제에 대한 반란으로서 흔히 회자되는 것은 ① 구소련의 프룬제 군관학교에 유학했던 유학생을 중심으로 한 쿠데타 계획이 있었다고 하는 프룬제 사건, ② 함경북도 청진에 본부가 있는 제6군단 소속의 장교에 의한 쿠데타 계획이다.

①의 프룬제 사건도 개요는 확실치 않다. 한국 북한연구소의 『북한총람』 (1993~2002년)에서는 "1992년 말부터 1993년 초에 걸쳐서 구소련의 프룬제 군사대학 출신 장교들을 중심으로 11명의 장교가 쿠데타를 기도했으나 실패했다"고 기록하고 있다.

현재 알려진 '프룬제 사건'의 내용은 북한에서 한국으로 망명한 강성산 전 총리의 사위 강명도(康明道)가 집필한 『평양은 망명을 꿈꾼다』(일본에서는 『북한의 최고기밀(北朝鮮の最高機密)』로 출간되었다)의 내용을 근거로 하고 있는 것이 많다. 소련 프룬제 군사대학에서 유학했던 안종호 부총참모장을 중심으로 한 인민무력부의 소장파 장교 약 40명이 1992년 4월 25일의 권력 중추부를 포격하는 쿠데타 계획을 세웠다는 것이다.

그들은 제2단계에서 인민무력부 청사의 상황실을 점거하여 군의 통수권을 단번에 탈취하는 것을 생각했다고 한다. 제3단계는 국가안전보위부나 사회안전부, 노동당 청사, 중앙방송국이나 평양방송 등 중요 거점의 접수와 비상사태선언이었다. 그러나 제1단계도 실행하지 못하고 좌절했다. 쿠데타의 중심이 되는 수도방위사령부의 전차군단을 동원하지 못했기 때문이다. 박기서 인민무력부 전차지도국장(당시, 2010년 1월 사망)이 인민군 창건기념일이기 때문에 인민무력부의 탱크가 동원되어야 한다는 이유로 이에 반대하여 수도방위사령부의 전차군단 동원이 좌절되었다고 한다.

이 쿠데타 계획은 구소련의 국가보안위원회(KGB) 요원에 의해 북한 측에 누설되어 주모자는 비밀리에 처형되고 나머지는 정치범 수용소로 이송되었다고 한다. 그 후 러시아로 간 유학생은 모두 조사대상이 되어 러시아·동유럽권의 유학생도 모두 귀국하게 되었다. 현재도 이 쿠데타 미수사건이 실제로 있었던 것인 양 전해지고 있다.

강명도의 저서에 따르면, 그는 평양시 당 책임비서였던 친척 강현수(康賢洙)에게 의뢰를 받아 보위부 관계자로부터 조사자료를 입수하여 알게 되었다고 한다. 강현수는 자신의 아들 강운룡(康雲龍) 인민무력부 작전국 제3소장이 이 사건으로 조사를 받았기 때문에 인민무력부에 어떤 조사기록이 남아 있는가를 확인하고자 강명도에게 의뢰했던 것이다. 즉, 강명도는 인민무력부의 사건 후 조사자료를 통해 쿠데타 미수사건이 있었다는 사실을 알았던 것이다.

그러나 ≪동아일보≫ 출신의 저널리스트 손광주는 그의 저서 『김정일 리포트』에서, 이 사건으로 많은 장교가 계급을 박탈당하고 수백 명의 군 고위급 간부가 군복을 벗게 되었지만, 실은 '쿠데타 계획' 자체가 존재하지 않는 사건이었다고 지적한다. 손광주에 의하면, 구소련은 북한을 자신의 영향하에 두기 위해서 소련에 유학한 군 간부를 포섭하고자 했고,

유학생의 밀무역을 묵인하며 여성 관계 정보까지 파악하여 그물망에 넣어 KGB에 복종시켰다. 이 가운데에는 최광(崔光) 총참모장의 조카딸 사위인 홍계성(洪桂成) 인민무력부 부총참모장이나 강현수 평양시 당 책임비서의 막내아들 강운룡 소장 같은 엘리트들도 포함되어 있었다. 그러나 소련은 이러한 엘리트를 이용하기도 전에 붕괴해버렸다.

소련의 붕괴 후에 KGB 요원이 이것을 북한 측에 누설했고, 원응희(元應熙) 호위국장은 비밀리에 구소련 유학생에 대한 조사를 행하여 1992년경 사단장 등에게 혐의를 씌워 체포했다. 김정일은 "소련의 개나 중국의 개는 남조선이 파견한 간첩보다 위험하다"며 더욱 철저한 조사를 지시했다. 군 보위국은 구소련 유학생들에게 간첩과 반당(反黨) 혁명분자라는 낙인을 찍어 숙청했다.

손광주는 쿠데타 계획은 존재하지 않았고, KGB의 정보를 토대로 구소련 유학생을 집중적으로 조사하여 만들어낸 사건이라고 지적하는 것이다.

이와 같이 '프룬제 사건'에 대해서는 다양한 정보가 존재하는데, 1992년부터 1994년에 걸쳐 북한 군부 내에서 구소련 유학생을 중심으로 대규모의 숙청이 있었던 것은 사실로 보인다.

인민군 창건 60주년 열병식이 있던 1992년 4월 25일은 김정일이 1991년 12월 최고사령관에 취임한 이듬해로 "영웅적 조선인민군 장병들에게 영광이 있으라!"라며 육성으로 처음 외친 시기이다. 북한군 내의 규제나 김정일 총서기가 참가하는 행사검열체제의 엄중함을 고려한다면 이러한 행사에서 전차를 동원한 쿠데타를 수행한다는 것은 상식적으로 볼 때 어렵다고 여겨진다.

오히려 김정일 총서기가 '프룬제 사건'을 만들어서 자신의 군에 대한 통제 강화에 이용한 것은 아닌가 생각된다. 이 무렵부터 김일성 주석과 김정일 총서기의 노선 차이가 현저해졌다는 점에서 볼 때 '프룬제 사건'을 최대한 이용함으로써 김일성 주석이 유지하고 있던 국방위원장 직책을 1993년 4월에 계승하는 데 활용했을 것으로 보인다.

'제6군단 반란사건'도 정보가 뒤섞여 있다. 앞의 『북한총람』에는 "1995년 초 청진에 있는 6군단이 반(反)김정일 음모에 가담했으나 좌절했다. 이 시기 상당수의 국가안전보위부 간부들이 참가했기 때문에 처참한 숙청이 행해졌다"라고 쓰여 있다.

미국 《워싱턴타임스》의 한 기자는 미국 국무부의 비밀문서를 근거로 1999년 5월에 발간한 저서에서 "1995년에 북한의 제6군단 내 병력이 쿠데타를 기도했다는 다양한 증거가 있다", 그러나 "다소의 어려움을 거쳐 쿠데타는 진압되었다"라고 기록했다.

그러나 한국의 정보 당국은 제6군단에서 숙청이 있었던 것은 사실이지만 이것이 쿠데타 사건으로 확대 해석되었다고 했다. 《연합뉴스》에 의하면, 1996년 한국으로 망명한 리철수(李喆洙) 공군대위의 증언을 통해 김영춘 대장(현 당 정치국 위원, 국방위원회 부위원장, 인민무력부장)이 1994년 12월에 제6군단장으로 부임하여 군단 내부에 대한 대대적인 검열을 실시했는데 그 과정에서 군단 내부의 간부가 외화를 개인적으로 착복하고 군 내부의 정보를 서방 측에 누설한 사실 등이 밝혀지게 되었다고 한다.

이에 1995년 3월부터 국가안전보위부와 노동당 군사부가 합동으로 집중적인 검열을 실시했으며, 이 과정에서 군단의 정치위원이나 보병부대장 등 십여 명이 가족과 함께 처형되었다. 나아가 군단 산하의 대대장 이상 군관은 전원 제대 조치되고, 다른 부대로 이동되었다.

제6군단은 함경북도 청진에 위치한 군단으로 1개 보병사단, 1개 여단, 1개 포병부대로 구성되어 있는데, 제6군단 대부분의 병력이 1995년 5,

6월에 제5군단이나 제7군단으로 교체되어 그때까지의 제6군단은 사실상 해체되었다.

1998년 2월에 판문점을 통해서 한국으로 망명한 북한의 판문점 대표부 소속 변용관 상위(上尉)는 같은 해 4월 ≪연합뉴스≫와의 인터뷰에서 북한의 군에서는 "부대 병력의 반수 이상을 이동시킬 때 부대 지휘관은 부대의 당 조직 책임자인 정치위원, 국가안전보위부 부대 책임자와의 삼자 합의를 얻는 것이 필요하며, 지휘관의 단독 의사로 부대를 이동시킬 수 없는 시스템"이라고 말했다. 특히 무기의 반출은 국가안전보위부 책임자의 입회가 없으면 불가능하다고 한다.

한국의 잡지 ≪신동아≫는 2006년 3월호에서 '프룬제 사건과 제6군단 사건'과 관련하여 북한 전(前) 간부의 수기를 발표했다.

이 수기에 의하면, 구소련 붕괴 전에 소련의 KGB 관계자가 KGB가 작성한 '반(反)정부조직 명부'의 구입을 북한 측에 요구했다. 김정일이 이것을 승인하고, 이를 근거로 보고서를 작성케 했다. 이것은 '반정부조직 명부'라기보다 전술한 바와 같이 KGB가 포섭했던 자들의 명부였다. 그러나 김정일은 이 명부를 들고서는 1991년 8월 금수산 의사당을 방문하여 김일성에게 소련의 붕괴 과정을 설명하고 이 자료를 기초로 군을 재정비할 필요를 강조하며 "내가 군을 장악할 때가 왔습니다"라고 호소했다. 김일성은 그때까지 최고사령관 직책을 김정일에게 넘기지 않았지만, 이를 계기로 김정일은 1991년 12월 4일에 최고사령관으로 추대되었다. 수기에 의하면 이 명부는 김정일이 최고사령관 직책을 확보하는 데에 이용되었다고 지적했다. 또 아직 군부를 완전히 장악하지 못했던 김정일은 이 자료를 근거로 '프룬제 사건'을 만들어 약 700명의 전(前) 유학생을 체포하고, 고문 등을 자행했다고 한다.

또한 수기에서는 제6군단 사건도 쿠데타가 아니라 일부 군 간부의 부정 사건이라고 했다. 1994년 김일성 주석의 사후, 배급체제 등이 붕괴하여 군부도 각 부대에서 외화벌이사업을 행하며 식량 문제의 해결 등에 나섰다. 그 과정에서 군 간부의 부패가 진행되었다고 한다. 김영춘 인민무력부장이 당시 6군단장에 임명되어 부임했는데, 6군단의 지휘관들은 부패해 있었고 김영춘은 군단 간부에서 부상했기 때문에 군단을 제대로 통제할 수 없는 상황이었다고 한다. 김정일은 군을 장악하기 위해 6군단에서 '쿠데타 사건'을 만들어 군부 각 부대에서의 외화벌이를 폐지하고 중앙의 통제하에 두게 되었다.

이 수기는 프룬제 사건도, 제6군단 사건도 쿠데타 계획이었던 것이 아니라 김정일이 최고사령관 직책을 획득하고 군을 장악하기 위해 이용했다고 지적하는 것이다.

북한은 '선군정치'를 표방하는데, 노동당은 군에 대해서도 다양한 통제를 행하고 있다. 군의 각 조직에 당 조직이 만들어져 군내 당 위원회로부터 통제를 받고 있다. 그 위의 군 중앙에는 총정치국이 설치되어 군의 각 부대에 설치된 정치부로부터 정보를 보고받는 것과 동시에 지시, 통제를 행하고 있다. 군단에는 군단장(사령관) 이외에 군단 정치위원이 있고, 군단 당 위원회가 존재한다. 군단장은 군단 정치위원의 동의 없이 병력을 움직일 수 없다. 사단에는 사단 정치위원이나 사단 당 위원회가 있고, 군의 하부 조직에도 반드시 군 총정치국의 지휘하에 있는 정치담당자가 존재한다. 북한의 군은 당의 각 레벨 군사위원회, 군내 당 조직, 군 총정치국이라는 삼중의 통제하에 있다고 할 수 있다.

선군정치에서 국방위원장이 '국가의 최고직책'이 되었다고 해도 하부 구조에서는 여전히 당이 군을 통제하고 있다. 그것을 집약하고 있는 곳은 당 조직지도부이며, 당연히 당 조직지도부에는 군사담당 섹션이 있어서 군을 통제하고 있다.

한국에 망명한 황장엽 전 당 비서는 1998년 5월 기자회견에서 "쿠데타 설을 믿어서는 안 된다. 군대가 최하층부터 동요하고 있지만 상부에서 쿠데타가 일어나는 것은 생각할 수 없다. 다른 것이라면 몰라도 북한은 악랄한 방법이지만 김정일이 장악하고 있다"라며 쿠데타 가능성을 배제했다.

과거 사회주의 국가에서 군은 당의 통제를 받았으며, 군의 기밀이 당에 의해서 완벽하게 통제되는 시스템이 가능했다. 구소련, 동유럽 국가들, 중국 등의 사회주의 국가에서 군에 의한 진압은 있을 수 있어도 군의 쿠데타는 거의 없는 것이 그 이유이다. 실로 처참할 정도로 군내에 통제 시스템이 펼쳐져 있는 북한에서 군에 의한 쿠데타 가능성은 대단히 낮다고 말하지 않을 수 없다.

오히려 이제까지의 '쿠데타 설'이 적어도 군 내부에 이변의 징후나 부정부패가 있어서 과도하게도 탄압하고, 김영춘 제6군단장이 그 숙청을 도약대로 삼아 지위를 상승시켰던 것처럼 김정일 체제와 측근의 지위 강화에 이용하기 위해 유포된 배경이 있을 가능성이 높다.

군에 의한 조직적인 쿠데타는 북한의 현재 시스템에서는 거의 불가능하다고 말해도 좋을 것이다. 폭력적이라고 말할 수 있는 통치 시스템을 유지하는 북한에서 민중에 의한 조직적인 반란, 혹은 자연발생적인 루마니아형 민중봉기의 가능성도 거의 없을 것이다. 1990년대 '고난의 행군' 때 약 300만 명이 굶어죽었다고 하는데, 그럼에도 대규모 민중봉기는 거의 일어나지 않았다.

암살 가능성

다만 한국에서 박정희 대통령이 1979년 10월 26일 측근이었던 김재규 중앙정보부장에게 암살된 것처럼 측군 중 누군가가 개인적인 원한 등으로 암살을 기도할 가능성은 배제할 수 없었다.

한국의 ≪연합뉴스≫가 1997년 5월 자강도에 있는 강계(江界) 국방대학에서 암살계획이 있었다고 보도한 적이 있다. 그 뉴스에 의하면, 1995년 초에 이 대학을 방문할 예정이었던 김정일 총서기를 학생들이 암살하려는 계획이 있었는데 직전에 발각되어 주모자가 모두 처형되었다고 한다. 이것은 2006년에 한국으로 망명한 한 사람이 북한에서 보안담당 간부에게 들은 내용이었다.

이 대학에는 1994년경부터 반(反)김정일 총서기 관련 비밀조직이 만들어져, 계획이 발각되었을 때 참가자가 약 200명에 달했다고 한다. 대학 당국은 학생들이 무술에도 능통한 것을 김정일 총서기에게 보여주기 위해 약 30미터 떨어진 목표로 도끼를 던지는 모범 연기를 계획했다. 학생들은 이를 이용하여 도끼를 김정일 총서기에게 던져 암살하는 계획을 세웠다. 주모자는 처형되고, 대부분은 종신형에 처해졌다고 한다. 강계 국방대학은 인민무력부 직속의 5년제 군사전문대학으로 학생의 대다수는 군 복무를 마친 이후에 추천을 받아 입학한다고 한다.

또한 한국의 월간지 ≪월간조선≫ 2001년 6월호는 김정일 총서기가 2001년 2월 중순 경호원에게 총격을 받아 부상을 입었다고 게재했다. 북한의 공식 보도기관은 같은 해 2월 14일 평안북도에서의 현지지도부터 3월 22일 중국공산당 대표단과의 회견 전까지 김정일 총서기의 동정에 대해서 전하지 않았고, 한국 내에서는 이 1개월 이상의 공백과 김정일 총서기의 어떤 '이변설'을 관련짓는 견해도 있었다. 김정일 총서기는 같은 해 4월에 예정되어 있던 러시아 방문을 연기했는데, 북한은 그 이유로 "우선하여 해결해야 할 문제가 국내에 발생했다"고 설명했다고 한다.

2004년 6월에는 영국의 일요신문 ≪선데이 텔레그라프(Sunday Tele-graph)≫가 같은 해 4월 22일 북한의 룡천에서 일어난 열차 폭파사고가 김정일 총서기의 암살을 노렸을 가능성이 있다고 보도한 적이 있다. 현장에서 휴대전화의 파편이 발견되었고, 사고를 조사한 당국자 등이 휴대전화를 기폭장치로 사용하여 김정일 총서기의 암살을 노렸던 것으로 보인다고 전했다. 휴대전화에는 기폭장치를 부착하기 위한 접착테이프가 붙어 있었다고 한다. 사고는 중국 방문을 마친 김정일 총서기가 탑승한 특별열차가 사고 현장인 룡천역을 통과한지 약 9시간 후에 일어났다고 한다.

이러한 사례가 산발적으로 보도되기는 했지만 김정일 총서기의 암살을 노렸다고 명확하게 단정할 수 있는 것은 아니다.

결론적으로 말하자면, 김정일 총서기가 사망할 경우의 수로서는 ①의 병상에 들어가 일정 기간 후에 사망하는 경우나 ②의 뇌졸중이나 심장병 등에 의해 급작스럽게 사망하는 것이 거의 상식적인 추론이다. 쿠데타의 가능성은 없고, 대단히 예외적으로 암살이나 테러로 돌연 사망하는 경우가 있을 수 있다는 것이 현실이다. 그리고 결국 김정일 총서기는 2011년 12월 17일 현지지도를 위해 향하던 열차 속에서 심근경색으로 사망했다.

제10장

김정은 후계체제의 과제

2010년 9월 28일 당 대표자회의에서 김정일의 삼남 김정은이 조선노동당 중앙위원, 당 중앙군사위원회(당 중앙군사위) 부위원장에 취임하고 그 이후 김정일의 현지지도에도 동행하는 모습이 북한의 공식 언론에 보도되어, 삼남 김정은이 후계자가 되는 것이 사실상 확실해졌다.

당 대표자회의의 인사에서 명확해진 것은 김정은이 후계자로서 공식적으로 등장하게 되었다는 것과 동시에 당분간은 김정일 총서기가 '최고지도자'로서의 권한을 유지한다는 것이었다. 김정일은 당 대표자회의에서 장성택, 김영춘, 오극렬 등의 실력자들을 냉대하고, 아울러 김정은도 정치국이나 당 비서국에 직책을 부여하지 않아 '2인자'의 존재를 용인하지 않았다.

김정일 총서기는 적어도 김일성 탄생 100주년으로서 '강성대국의 대문을 열자'고 하는 2012년까지는 유일 독재자로서의 지위를 확보할 것으로 예상되었다. 그러나 다른 한편으로 스스로 '포스트 김정일' 시대의 준비에도 착수한 것 역시 틀림없는 사실이었다. 김정일은 자신의 권력이 약화되지 않도록 신중하게 대응하면서 동시에 후계체제 구축에 착수했다.

2010년 9월 28일 미명에 있었던 김정은에 대한 '대장' 군사칭호 수여 보도 이래, 후계체제 만들기가 어떻게 진행되어왔는지 사실관계를 재검토해보겠다.

2010년 9월 27일, 김정일 최고사령관 명령으로 김정은에게 '대장'의 군사 칭호 수여

9월 28일, 조선중앙통신, 같은 날 오전 1시 넘어 김정은 등에 대한 '대장'의 군사칭호 수여 보도. 당 기관지 ≪노동신문≫도 같은 날짜에 이것을 1면으로 보도. 김정은의 이름이 처음으로 북한의 공식 언론에 등장

9월 28일, 당 대표자회의에서 김정은을 당 중앙위원으로 선출. 당 중앙위원 회(당 중앙위) 2010년 9월 총회에서 김정은을 당 중앙군사위 부위원 장으로 조직

9월 29일, 조선중앙통신이 오전 4시 넘어 당 대표자회의에서 김정은이 당 중앙위원에 선출되어 당 중앙군사위 부위원장에 취임했다고 보도

9월 29일, 조선중앙통신, 조선중앙TV 등이 김정일 총서기가 당 대표자회의 참가자와 기념 촬영을 했다고 보도하고, 이 중에 김정은의 이름을 전함. 김정은의 동정 보도로서는 처음이었음. 조선중앙TV의 보도로 사진이나 영상은 없음. 조선중앙통신에서 김정은의 이름을 네 번째 로 보도. 김정일 총서기와 결석한 조명록 국방위원회(국방위) 제1부 위원장을 제외하고 정치국 상무위원 3인에 이은 것으로 서열 6위

9월 30일, 조선중앙통신, 김정일 총서기가 당 대표자회의의 출석자 등과 금수산기념궁전 광장에서 기념 촬영한 사진을 배포. 김정은은 김정 일 총서기의 왼쪽 두 번째에 인민복 차림의 복장을 착용. 김정은의

사진이 북한 언론에 처음으로 보도됨. 당 기관지 ≪노동신문≫은 같은 날 이 사진을 1면에 게재. 조선중앙TV도 같은 날 김정은이 당 대표자회의에서 손뼉 치고 있는 모습을 방영. 영상 보도는 이것이 처음임

9월 30일, 한국의 ≪연합뉴스≫, 판문점에서 남북 군사실무협의를 취재하는 북한 기자가 김정은에 대해서 "정치, 경제, 사회, 문화 등 모든 것에 정통하신 분이며 지도자로서 필요한 모든 것을 갖추고 있다"고 말했다고 보도

10월 1일, 조선중앙통신, 도쿄의 조선통신의 문의에 대해 '김정은'의 한자 표기는 '김정은(金正恩)'이라고 회답

10월 4일, 당 기관지 ≪노동신문≫, 편집국 논설 "일심단결은 조선의 힘이며 승리이다"를 게재. 영도자를 중심으로 한 일심단결이 중요하다고 강조

10월 5일, 조선중앙통신, 김정일 총서기의 조선인민군 제851부대의 군사훈련 시찰을 보도. 그 동행자로서 김정은을 최영림 정치국 상무위원, 리영호 정치국 상무위원에 이어 보도함. 김정은의 시찰 보도는 이것이 처음. 한국 측은 이 부대를 강원도 안변군에 있는 제7보병사단으로 추정함

10월 6일, 당 기관지 ≪노동신문≫이 제851부대 시찰을 1, 2면에 걸쳐 보도하고, 김정은의 사진도 게재. 조선중앙통신, 김정일 총서기가 당 창건 65주년을 앞두고 행한 '은하수 관현악단'의 축하 연주회를 관람했다고 보도. 동행 간부의 한 사람으로서 김정은을 보도

10월 7일, 한국의 ≪동아일보≫, 베이징의 소식통을 인용해 북한의 재외공관에 근무하는 외교관이나 해외 주재의 무역관계자 등이 지난주부터

김정은에 대한 충성을 맹세하는 편지를 써서 보냈다고 보도

10월 8일, AP통신, 양형섭 최고인민회의 상임부위원장이 평양에서 APTN
과의 인터뷰에 응하여 김정은이 차기 지도자가 될 것이라고 말했다
고 보도. 양형섭 부위원장은 김정은을 '청년 대장'이라고 표현하고
"인민은 세대를 넘어 계속하여 위대한 지도자의 은혜를 입게 되는
것을 자랑스럽게 생각하고 있다. 우리들은 지금 청년 대장에게 봉사
하는 영예를 누리고 있다"고 말함. 북한 당국자가 김정은의 후계자
결정을 대외적으로 인정한 것은 처음

10월 9일, 김정은, 김정일 총서기의 국립 연극극장 현지지도에 동행. 조선중
앙통신은 오전 0시 16분의 보도에서 김정은의 이름을 보도하지 않았
지만, 같은 날 밤의 조선중앙TV는 김정은의 모습을 보도하여 동행을
확인. 당 기관지 ≪노동신문≫은 9일자에서 국립 연극극장을 동행
시찰한 김정은을 중심으로 찍힌 사진을 게재. 김정일 총서기가 지시
를 내리고 있는 사진을 1면 좌측에, 지시를 듣는 김정은이 중앙에
선 동행 간부들의 사진을 우측에 게재

10월 9일, 평양의 5·1경기장에서 '영광스러운 조선노동당 창건 65주년
경축 중앙보고대회'가 개최되어 김정일 총서기와 함께 김정은 당
중앙군사위 부위원장도 참가. 서열은 김정일, 김영남, 최영림, 리영호
에 이어 다섯 번째. 양형섭 최고인민회의 상임부위원장은 연설에서
"위대한 수령(고 김일성 주석)과 경애하는 장군(김정일 총서기)의
불멸의 당 건설지도의 업적을 대를 이어 빛내지 않으면 안 된다"고
강조

10월 9일, 김정일 총서기가 평양에서 열린 매스 게임과 예술 공연 <아리
랑>을 북한을 방문한 중국공산당의 저우융캉(周永康) 정치국 상무

위원 등 대표단과 함께 관람하고, 김정은도 이것에 동석. 김정은의 최초의 공식 대외행사가 됨

10월 10일, '조선노동당 창건 65주년 경축 조선인민군 육해공군 부대와 조선인민 내무군, 노농적위군, 붉은 청년 근위대 열병식'이 평양의 김일성광장에서 열려, 김정일 총서기, 김정은 당 중앙군사위 부위원장 등이 주석단에 등장. 리영호 당 중앙군사위 부위원장(군참모장)이 김정일 동지의 위임을 받아 "우리 인민군대는 최고사령관 동지의 영도를 영원한 생명으로서 가슴에 새기고, 수령의 군대, 당의 군대로서의 혁명적 성격을 변함없이 고수하고, 수령 결사옹호의 제1선에서 위대한 김정일 동지를 수반으로 하는 당 중앙위를 목숨을 걸고 사수할 것이다"라고 강조

10월 10일, 평양에서 같은 날 밤에 열린 당 창건 65주년 대경축 야회(夜會)에 김정일 총서기가 참가. 김정은 당 중앙군사위 부위원장도 동행 간부로서 참가

10월 13일, 도쿄의 조선통신은 중국공산당의 저우융캉 정치국 상무위원을 단장으로 하는 방북단이 11일에 김정일 총서기와 회담했을 때에 김정은에 대한 선물을 건넸던 일이 조선중앙통신의 배포 사진으로 판명되었다고 보도. 김정은에 대한 외국으로부터의 공식 선물이 확인된 것은 처음. 선물은 김일성 주석과 고 마오쩌둥(毛澤東) 주석이 간담을 나누는 사진이 있는 장식물로, 받는 이 이름은 '김정은 동지'라고 되어 있음. 중국은 '김정은(金正恩)'이라는 표기를 사용하고 있으며, 북한의 표기와 일치함

10월 14일, 당 기관지 ≪노동신문≫의 "끝없이 조선은 빛난다!"라는 주제의 정론(政論)에서 "'척척척'(김정은을 찬양하는 노래 「발걸음」 가운

데의 한 절)의 걷는 음에 전국의 산하가 기뻐하며, 전국의 인민이 일어서며, 그 큰 진군에 맞추어 찬란한 미래의 도래가 시작된다"라고 강조하고 "대를 이어 주체혁명 완성을" 호소함

10월 18일, 당 기관지 ≪노동신문≫이 "대약진의 큰 북소리를 더욱 크게 울리자"라는 주제의 정론에서 "우리 장군과 함께 승리의 단상에서 높게 서게 되며, 무적의 대오에 대해서 힘센 거수경례를 보내게 된 그 모습을 우러러보면, 가슴 속에 무한의 힘과 용맹심이 끓어오른다" 라고 강조하며 김정은에 대해서 경어를 사용. 통상 당 기관지 ≪노동신문≫에서는 김일성 주석, 김정숙 부인, 김정일 총서기 이외에는 경어를 사용하지 않음

10월 21일, 중국신문 ≪남방주말(南方週末)≫은 북한 가이드의 말을 인용해, 김정은이 영어, 프랑스어, 독일어, 이탈리어 등 4개 국어에 정통하고 일본어, 중국어, 러시아어 등 3개 국어도 배웠다는 식의 선전방송이 있었다고 보도함. 방송은 "불세출의 지도자를 맞이하는 것은 영광이다"라는 주제로 직장이나 학교, 지하철의 역 등에서 울려 퍼짐. 김정은의 성장 궤적을 다룬 내용으로 세 살에 고 김일성 주석의 시를 붓으로 썼던 것이나, 해외 유학 중에 '미 제국주의'가 일으킨 전쟁을 눈으로 보고 '핵으로 핵에 대응한다'는 결의를 굳혔던 일을 소개함

10월 22일, 중국의 신화사가 평양발로, 북한의 양형섭 최고인민회의 상임부위원장이 방북하고 있는 중국의 쑹시우옌(宋秀岩) 중화전국부녀연합회 부주석 등과 평양에서 회담하고, 김정은이 "금후의 혁명의 사업을 (김정일 총서기로부터) 계승하게 된다"고 전해, 김정은이 후계자가 된 것을 재차 확인했다고 보도

10월 25일, 조선중앙통신은 김정일 총서기가 조선인민군 제10215부대의 사령부를 시찰한 뉴스에서, 동행 간부의 한 사람으로서 김정은 당 중앙군사위 부위원장을 보도

10월 25일, 중국인민지원군 참전 60주년 기념 대중대회가 평양체육관에서 개최되어, 김정일 총서기나 김정은 당 중앙군사위 부위원장 등이 간부들과 함께 출석. 또한 김정일 총서기는 방북한 궈보슝(郭伯雄) 중앙군사위 부주석을 단장으로 하는 중국 고위군사대표단 등과 회담하고, 여기에 김정은 당 중앙군사위 부위원장이 동석. 김정일 총서기는 일행을 위해 만찬회를 개최

10월 26일, 김정일 총서기는 중국인민지원군 참전 60주년을 맞아 평안북도 회창군에 있는 마오안잉(毛岸英, 마오쩌둥의 아들)의 묘와 중국인민지원군 열사의 능에 헌화하고, 김정은 당 중앙군사위 부위원장 등 간부도 동행. 또한 회창군에 있는 구(舊)중국인민지원군 사령부를 방문함

10월 27일, 조선중앙TV, 김정은이 방북한 중국의 궈보슝 중앙군사위원회 부주석과 담소하는 장면 등을 주된 내용으로 하는 뉴스 영상을 방영

11월 1일, 조선중앙통신, 김정일 총서기가 '은하수 관현악단'의 공연을 관람한 것을 보도하며 김정은 당 중앙군사위 부위원장을 동행 간부의 필두로 소개. 당정치국 상무위원급의 동행자가 없었기 때문임

11월 3일, 조선중앙통신, 김정일 총서기가 자강도에 건설 중인 희천 발전소의 공사 현장을 시찰했다고 보도. 동행 간부 가운데 김정은 당 중앙군사위 부위원장도 보도

11월 5일, 친북 성향의 사이트 '우리민족끼리'가 오익제 조국평화통일위원회 부위원장이 김정은을 "천리 혜안의 영지와 해박한 식견, 신비한

판단력과 비할 바 없는 담력"을 지녔다고 칭찬하고 "대를 이어 절세의 위인에게 봉사하는 것은 민족의 행운"이라고 찬양한 기사를 게재

11월 5일, 친미 성향의 자유아시아방송(RFA), 북한 당국이 주민 사이에 김정은에 대한 비난이 일어날 징조를 보고, 친목회 등의 사적인 집회를 철저하게 통제하기 시작했다고 보도

11월 6일, 당 기관지 ≪노동신문≫, 황해남도의 재령 광산의 노동자가 김정일 총서기에게 보낸 편지의 전문을 1면에 게재. 편지에서는 "우리들은 올해 중에 3대혁명 붉은기 광산의 영예를 쟁취, 만경대 가문의 불멸의 영도 업적이 깃든 기업소의 영예를 모든 방면에서 울려 퍼지게 한다"라고 하여 '만경대 가문'에 대한 충성을 확인. 나아가 편지는 "아버지가 되시는 장군님 하시는 일에 무리를 하지 마시고, 차가운 바람이 부는 광산에 오는 길, 엄중한 눈길, 진창과 같은 길을 걷지 않으시도록 하시기 바랍니다"라고 호소함

11월 7일, 북한의 각 언론은 조선노동당의 조명록 정치국 상무위원(차수)이 6일에 심장병으로 사망했다고 보도. 김정일 총서기를 위원장으로 하는 국가장의위원회가 만들어졌는데, 서열 2위에 '김정은 동지'를 적시. 3위 이하의 김영남 최고인민회의 상임위원장 등에게는 '동지'의 칭호 없이 언급하는 데 그침

11월 7일, 최고인민회의 상임위원회는 도쿄 조선중고급학교에서 개최된 '재일동포 청년 축전'에 대한 서간을 보내, "오늘 (조국의) 혁명 위업은 끝없이 밝고 득의양양한 역사의 새로운 시대를 맞이하고 있다. (중략) 조국을 사랑하는 전통과 정신을 대를 이어 계승해야 할 것이다"라고 지적

11월 8일, 김정일 총서기, 사망한 조명록 정치국 상무위원(차수)의 영전에

조문. 김정은 당 중앙군사위 부위원장 등 간부도 동행. 김정은은 국가장의위원회 서열에서는 제2위였지만, 조문에서는 김영남 최고인민회의 상임위원장, 리영호 군 총참모장 등 정치국 상무위원의 뒤에 소개되어, 종래의 서열로 돌아감. 조명록의 사망에 따라, 김정은의 당내 서열은 5위로 변경

11월 9일, 조선중앙TV, 사망한 조명록 상무위원을 조문한 김정은의 영상을 이례적으로 신속히 보도

11월 12일, 조선중앙통신, 김정일 총서기가 조선인민군 제3875부대를 방문하여 군사 훈련을 시찰했다고 보도. 김정은 당 중앙군사위 부위원장도 동행

11월 16일, 탈북자 단체인 'NK지식인연대', 북한 내부 통신원의 정보를 통해 김정은의 주도로 대대적인 간부의 부정 조사·적발이 행해지고 있다고 발표. 함경북도의 당 조직부와 검열위원회가 11월 5일부터 1주일간에 걸쳐 무산(茂山)에서 집중적인 조사를 실시하여, 당이나 공안기관의 지방 간부 도합 15명 이상을 탈북 묵인, 수뢰, 밀무역 등의 혐의로 적발했으며 조사는 전국 각지로 확대되었다고 보도

11월 19일, 한국의 북한전문 인터넷신문 ≪데일리NK≫, 김정일 국방위원장이 11월 10일에 최고사령관 명의로 군 사단, 연대, 대대의 모든 당 조직에 "김정은에 대한 충성을 다하라"는 명령을 내렸다고 보도. 군의 각 부대에서는 11월 11일부터 13일까지 토론회가 열려 김정은에 대한 충성을 확인했다고 함

11월 20일, 김정일 총서기가 인민보안부의 인민내부군 열성자 대회 참가자와 만나 기념사진을 촬영했다고 보도. 김정은도 동행

11월 22일, 조선중앙통신은 김정일 총서기와 김정은이 황해남도 룡연군(龍

淵郡)의 양어장이나 오리고기 가공공장 등을 시찰했다고 보도

11월 23일, 북한이 한국의 연평도를 포격. 민간인 2명을 포함해 사망 4명, 중경상 19명의 피해를 입음

11월 27일, 한국의 ≪연합뉴스≫, 미국의 자유아시아방송의 보도를 통해 북한 내부에서 김정은의 권력기반을 강화하기 위한 지방 간부의 숙청이 이뤄지고 있다고 보도

12월 1일, 한국의 정보기관 국가정보원의 원세훈 원장, 국회의 정보위원회에 출석하여 북한의 연평도 포격의 의도에 대해서 북한 내부에서 3대 세습에 대한 불만이 높아져 이를 잠재우기 위한 목적도 포함되어 있다고 분석

12월 8일, 일본의 경찰청, 2010년판『치안의 회고와 전망(治安の回顧と展望)』에서 북한은 체제의 유지, 발전을 지상목적으로 하여 "김정은의 업적 쌓아올리기에 분주하기 때문에 모험주의적 경향을 강화할 가능성이 있다"라고 지적

12월 17일, 일본의 라디오프레스, 당 기관지 ≪노동신문≫을 분석한 결과 김정은 당 중앙군사위 부위원장을 지면에 표기할 때 다른 글자보다 더욱 크게 표기하고 있는 것이 드러났다고 지적

12월 24일, 김정일 총서기 최고사령관 취임 19주년을 기념하여 당 중앙군사위와 국방위에 의한 축하 리셉션이 개최되어 김정일 총서기, 김정은 당 중앙군사위 부위원장 등도 참석. 5년 단위가 아닌 행사에 김정일 총서기가 참석한 것이나 당 중앙군사위와 국방위가 공동주최로 행사를 연 것은 이례적임

12월 27일, 한국의 ≪연합뉴스≫, 선양(瀋陽)발 소식통의 말을 인용해 김정은 당 중앙군사위 부위원장에 대해서 이제까지 사용된 '청년 대장'의

호칭의 사용이 금지되었다고 보도. '영명한 대장 동지'나 '존경하는
대장 동지'를 사용한다는 지적도 나옴

12월 31일, 김정일 총서기의 1년 공식 활동 건수가 이날 '은하수관현악단'
신년 축하공연 관람으로 역대 최고인 161건을 기록. 라디오프레스의
집계로는 김정은의 2010년 9월 말 공식 등장부터 연말까지의 활동
보도는 33건으로, 모두 김정일 총서기 활동 보도의 동행 간부로서
보도되었는데, 보도에서 이름은 소개되지 않았지만 사진이나 영상으
로 동행이 판명된 경우도 4건이 있어서 도합 37건

2011년 1월 1일, 당 기관지 ≪노동신문≫ 등 3개 신문이 신년공동사설
"올해 다시 한 번 경공업에 박차를 걸어, 인민생활의 향상과 강성대
국의 건설에 획기적인 전환을 가져오자"를 발표. 권력 계승 문제에
대해서는 전년 9월에 개최된 당 대표자회의에 대해서 '당의 위업,
주체혁명의 위업을 계승, 완성하는 근본적 담보(보증)가 확보되었다'
고 지적한 것에 머물러 김정은에 대한 권력 계승에 대해서 직접적인
언급을 하지 않음

1월 8일, 김정은 28세 탄생일. 경축일이 아니라 특별한 축하 행사는 보도되
지 않음. 조선중앙TV나 평양방송 등은 전년에도 방송한 가요곡 「축
배를 들자」를 방송, 내부적으로 축하 분위기를 조성

1월 14일, 조선중앙통신, 김정일 총서기가 평안북도의 기계공장이나 일용
품 공장 등 3개 공장을 시찰했다고 보도하고 동행자로서 김정은을
소개. 김정은의 2011년 최초 동정 보도

김정은이 9월 28일에 당 대표자회의에서 당 중앙군사위 부위원장에
취임하여 11월 16일로 50일이 경과했다. 이 사이에 당 창건 65주년 열병식

에 약 100명의 해외 기자를 초대하여 취재하게 하고 조명록 국방위 제1부위원장 사망 때에 김정은을 국가장의위원회의 서열 제2위에 대우하는 등, 김정일 총서기의 경우에 비해 후계체제 구축의 속도가 상당히 신속했다.

당 대표자회의가 개최된 8월 28일부터 11월 16일까지 50일간 김정은이 공식적으로 등장한 행사는 모두 20건이다. 그와 관련된 동정을 어떻게 셀 것인가, 그리고 이를 어떻게 구분할 것인가에 대한 견해는 다양하겠지만, 위에서 언급한 20건은 <표 28>에 정리되어 있는 대로 당 관련 행사 7건, 중국 관련 행사 5건, 군 관련 행사 4건, 문화 관련 행사 3건, 그 밖에 1건이었다.

김정은의 등장이 당 대표자회의를 통한 것이었기 때문에 창건 65주년을 맞은 당과 관련된 행사가 많은 것은 당연하다. 이를 고려해 보았을 때, 후계자로서 등장한 김정은이 최초에 중점을 둔 활동은 '중국과의 관계 강화'와, '군·공안부문'에 대한 현지지도였다.

이것은 김정은 후계체제의 미래를 시사하는 것으로 볼 수 있다. 이 시점의 북한이 중국의 지지, 지원 없이는 존립할 수 없다는 것을 증명하는 것이며, 후계체제 구축을 위해서는 군과 공안조직에 의존할 수밖에 없다는 것을 보여준 것이다. 다른 한편으로 '강성대국의 대문을 열자'를 실현하기 위해 필요한 경제 부문에 대한 현지지도가 뒷전이 되고 있는 것은 김정은 후계체제의 성격을 말해주고 있다고 할 수 있다.

최초의 현지지도 동행이 되었던 2010년 5월의 제851부대 방문에서는 포격 훈련을 시찰했다. 이것은 김정은이 포병이나 미사일에 특별한 관심을 갖고 있는 것과도 관련이 있을 것이다.

한국의 언론에 의하면, 김정일 총서기가 김정은과 함께 10월 25일에 방문한 제10215부대는 북한의 공안기관인 국가안전보위부의 별칭이며,

〈표 28〉 김정은의 등장 50일간의 동정 (2010년)

9월 28일	A 당 대표자회의에 출석, 당 중앙군사부위원장, 당 중앙위원으로 선발
9월 28일	A 금수산기념궁전에서 당 대표자회의 참가자의 기념사진 촬영에 참가
10월 5일	C 김정일 총서기의 조선인민군 제851부대 훈련 시찰에 동행
10월 6일	D 김정일 총서기의 은하수 공연 관람 동행
10월 8일	D 김정일 총서기의 평양에 신설된 국립 연극극장 현지지도에 동행
10월 9일	A 당 창건 65주년 중앙보고대회에 출석
10월 9일	B 김정일 총서기와 중국의 저우융캉 정치국 상무위원이 인솔하는 중국공산당 대표단과의 <아리랑> 관람에 동행
10월 9일	B 김정일 총서기와 중국의 저우융캉 정치국 상무위원과의 회담에 동석
10월 10일	A 김정일 총서기의 금수산기념궁전 참배에 동행
10월 10일	A 당 창건 65주년 경축 열병식에 주석단에 김정일 총서기와 함께 등장
10월 10일	A 평양에서 밤에 행해진 조선노동당 창건 65주년 대경축 야회에 김정일 총서기와 함께 참가
10월 12일	C 열병식에 참가한 김정일 총서기와의 기념사진 촬영에 지휘관들과 동석
10월 25일	B 중국인민지원군 한국전쟁 참전 60주년 기념 대중대회가 평양체육관에서 개최되어 김정일 총서기와 함께 출석
10월 25일	B 김정일 총서기의 궈보슝 중앙군사위 부주석을 단장으로 하는 중국 고위군사대표단 등과의 회담, 만찬회에 동석
10월 25일	C 김정일 총서기의 인민군 제10215부대 현지지도에 동행
10월 26일	B 김정일 총서기의 평안남도 창회군 중국의용군 병사 묘 헌화에 동행, 또한 창회군에 있는 구(舊)중국인민지원군 사령부도 방문
11월 1일	D 김정일 총서기의 관현악단 '은하수'의 공연 관람에 동행
11월 3일	E 자강도에서 건축 중인 희천 발전소에 대한 김정일 총서기의 현지지도에 동행
11월 8일	A 조명록 정치국 상무위원의 영전에 조문하러 간 김정일 총서기 동행 (서열 5위)
11월 12일	C 김정일 총서기의 인민군 제3875부대 방문, 군사훈련 시찰에 동행

주: A: 당 관련 행사 7건, B: 중국 관련 행사 5건, C: 군 관련 행사 4건, D: 문화 관련 행사 3건, E: 기타 1건, 합계 20건

11월 3일에 김정일·김정은 부자가 방문한 자강도에 건설 중인 희천(熙川) 발전소는 건설을 위해 호위사령부의 병력이 투입되었다고 한다. 2010년 당 기관지 ≪노동신문≫ 등의 공동사설 슬로건은 '인민생활의 향상'이며, 2012년에 '강성대국의 대문을 열자'는 것이 최대의 과제이지만, 경제 부문

을 위한 활동은 뒷전이 된 것이다.

또한 이 시점까지 김정은의 동정은 모두 부친 김정일의 활동에 대한 수행이며, 아직 '독립행보'는 없었다. 언제 김정은의 단독행동이 나올 것인가도 주목이 되는 사항이다.

김정일의 경우는 1964년 6월에 노동당 중앙위에서 활동을 개시하여 1974년 2월의 당 중앙위 제15기 제8차 전원회의에서 결국 '주체위업의 위대한 계승자'로서 결정되었고, 1980년의 제6차 당 대회에서 당 정치국 상무위원, 당 비서, 당 중앙군사위원의 세 가지 직책을 획득함으로써 '2인자'가 되고 공개적인 활동을 시작했다. 그리고 1994년 7월 김일성 주석의 사망으로 결국 김정일 자신의 단독 통치시대에 들어갔다. 당의 기관에서

〈표 29〉 김정일 총서기의 권력 장악 흐름

1942.2.16	출생
1964.4.21	김일성종합대학을 졸업하고 당 중앙위에 배속
1964.6.19	당 중앙위에서 활동 개시
1973.9.17	당 중앙위 제5기 제7차 총회에서 당 중앙위 비서에 선출
1974.2.13	당 중앙위 제5기 제8차 총회에서 '주체위업의 위대한 계승자'로서 추대되어 당 중앙위 정치위원으로 선출
1980.10.14	제6차 당 대회에서 당 정치국 상무위원, 당 비서, 당 중앙군사위원에 선출. 처음으로 이름이 공식보도에 등장
1990.5.24	최고인민회의 제9기 제1차 회의에서 국방위원회 제1부위원장으로 선출
1991.12.24	당 중앙위 제6기 제19차 총회에서 군 최고사령관으로 선출
1993.4.9	최고인민회의 제9기 제5차 회의에서 국방위원장으로 선출
1994.7.8	김일성 주석 사망
1997.10.8	당 중앙위와 당 중앙군사위가 '특별보도'로 당 총서기 추대를 선포
1998.9.5	최고인민회의 제10기 제1차 회의에서 '국가의 최고직책'인 국방위원장에 추대
2008.8	뇌졸중으로 건강 악화
2009.4.9	최고인민회의 제12기 제1차 회의에서 국방위원장으로 추대
2010.9.28	당 대표자회의에서 당 총서기에 재추대, 삼남 김정은이 당 중앙군사위 부위원장에 선출

'후계자'의 지위를 획득하기까지 10년, '2인자'의 지위를 획득하기까지 16년의 세월이 걸려, 김정일이 실제로 자신의 시대를 맞이하기 위해서는 30년을 필요로 했다(<표 29>).

그런데 김정은의 경우는 거의 어떤 준비도 없는 상태로 27세의 젊은 나이로 실질적인 후계자의 지위를 획득했다. 그러나 이 점을 고려한다 해도 사진이나 영상 공개의 속도, 서열 상승의 스피드는 예상 이상으로 신속한 것이었다.

'수령'의 계승

북한에서 후계자가 되는 것은 어떤 의미가 있을까? 단순히 권력의 계승자에 불과한 것인가?

김정일 총서기는 1986년 7월 15일에 발표된 당 중앙위 책임활동가와의 담화 「주체사상 교양에서 제기되는 몇 가지 문제에 대하여」에서 '수령'에 대해 "인민대중의 자주적인 요구와 리해관계를 분석종합하여 하나로 통일시키는 중심인 동시에 그것을 실현하기 위한 인민대중의 창조적 활동을 통일적으로 지휘하는 중심입니다"라고 논하고 있다.

북한의 『조선말대사전』(사회과학출판사, 1992년판)에서는 '수령'에 대해 김정일의 이 말을 인용한 후에 "전당과 전체 인민의 끝없는 존경과 흠모를 받고 있는 가장 위대한 령도자, 로동계급의 수령은 력사발전의 합법칙성과 시대의 절박한 요구, 로동계급의 역사적 임무, 계급적 세력의 상호관계와 혁명투쟁이 진행되는 환경 그리고 혁명수행의 방도를 누구보다도 더 잘 알고 있으며 인민대중의 리익을 가장 철저히 대표하며 계급 가운데 누구보다도 멀리 내다보는 현명한 령도자이다. 수령이 없이는 당이 있을 수 없으며 수령의 령도가 없이는 로동계급의 혁명투쟁이 승리할 수 없다"[1]라고 기술하고 있다.

또한 김정일의 앞의 담화는 "우리는 혁명과 건설에 있어서 수령이 결정적인 역할을 수행한다는 것에 대해서도 바른 이해를 가질 필요가 있다. 수령은 단결과 령도의 중심으로서 인민 대중의 운명을 개척하는 데에 있어서 결정적인 역할을 수행한다. 이것은 뇌수가 인간의 활동에 있어서 결정적인 역할을 수행하는 것과 같은 것이다. 그러나 수령은 어디까지나 당의 수령, 인민 대중의 수령이기 때문에, 수령의 역할을 당의 역할, 대중의 역할과 분리하여 생각해서는 안 된다. 수령의 역할, 당의 역할, 대중의 역할은 항상 하나로 통일된 것이다"라고 말한다.

즉, 북한에서 수령은 단순한 권력자가 아니다. 북한의 '사회정치적 생명체론'에서 수령은 사회정치적 생명체의 최고 뇌수(腦髓)이다. 북한은 1980년대 후반부터 이러한 '사회정치적 생명체'론을 확립해왔는데, 그것과 병행하는 형태로 김정일 출생에 관한 '신화' 만들기가 진행되었다.

앞의 담화는 1987년 7월에 당 이론지 ≪근로자≫에 발표되었는데, 1987년 2월에 김정일이 출생한 것으로 되어 있는 백두산 밀영의 '복원'이 발표되어, 그 뒤편의 봉우리가 '김정일봉'으로 명명되는 것과 같은 신화 만들기가 진행된다.

이러한 '수령'을 계승하는 것이 '후계자'이다. 김정일은 1986년 5월에 발표한 논문 「조선노동당 건설의 역사적 경험」에서 "노동계급의 당 건설에서 후계자 문제는, 정치적 수령의 지위와 역할은 그 후계자에 의해 변화

---

1) 『조선말대사전』(사회과학출판사, 1992), 1831쪽.

없이 계승되지 않으면 안 된다"라고 말했다. 즉, 북한에서 후계자는 단순한 권력의 계승자가 아니라 '수령'이라는 특별한 지위와 역할의 계승자이다.

물론 김정일은 김일성의 사후 국가주석의 직책을 계승하지 않고, 김일성을 '영원한 수령', '영원한 주석'으로 삼았다. 엄밀하게 말하자면, '수령'은 김일성에 한정된 개념이며, 김정일은 '수령'을 계승하지 않고 '위대한 영도자'에 불과했다. 그러나 실질적인 의미에서 김정일은 '위대한 영도자'이면서 '실질적인 수령'의 역할을 계승했다.

김일성은 "로동계급의 당의 건설에 있어서 후계자 문제는 정치적 수령의 지위와 역할을 계승하는 문제이다. 수령의 영도적 지위와 역할은 그 후계자에 의해 변화되지 않고 계승되지 않으면 안 된다. 대를 이어 계속되는 로동계급의 당의 위업을 누가 어떻게 계승하는가라고 하는 것은 당의 운명, 혁명의 운명과 관련된 중대한 문제이다"라고 말하고 있다.

김일성에서 김정일로의 권력 계승에서, '후계자'는 다른 국가에서의 권력 계승과는 달리 ① 선대 수령의 절대적인 권위를 높이고, 그 '지위와 역할'을 그 상태로 계승하고, ② 선대 수령의 권위의 절대적인 해석자로서의 지위를 강화함으로써 자신의 후계자로서의 지위를 확립해가며, ③ 후계자로 사전에 결정됨으로써 선대 수령의 사후에 발생할 수 있는 혼란을 미연에 방지한다는 특색을 갖고 있다.

그러나 이러한 후계자의 양태에 의해, 후계자가 선대 수령을 부정하는 것은 허락되지 않고, 체제의 틀을 급격하게 변화시키는 것도 대단히 어렵게 되었다. 예를 들면, 김정일은 부친 김일성이 제창한 주체농업의 오류를 인식하면서도, 주체농법 그 자체를 부정할 수 없었다고 하는 딜레마에 직면했다. 홍성남 총리(당시)는 1999년 2월 24일, 고(故) 김일성 주석의 '사회주의 농촌 테제' 발표 35주년 기념 보고대회에서 "김정일 동지가 주체농법은 농민들의 의사와 자신의 실정에 합치시킬 것인가가 그 본질이라고 했고, 왜곡하여 농업생산의 장해가 되어온 현상을 하나하나 바로잡고, 농촌경제를 바른 궤도의 위에 확실히 오르게 했다"라고 강조했다. 김일성 시대의 농업정책의 실패를 인식하면서도 그 이론적 중핵이었던 주체농법을 비판하지 못하고, 농업담당자들이 주체농법을 '왜곡'했다고 함으로써 '주체농법' 자체를 비판하는 것을 피했다.

이 때문에 김정은 또한 단순한 권력 계승과는 다른 과제를 짊어지지 않을 수 없다. 김정일의 경우는 1980년대 후반의 출생 '신화' 만들기와 같이 김정일을 후계자로 하기 위한 준비 작업이 시간을 들여 진행되었다. 그러나 김정일은 2008년 8월에 건강 악화에 빠져들기까지는 후계자 만들기를 적극적으로 생각한 흔적이 없다. 오히려 세습에 부정적인 생각을 갖고, 자식들이 특권적인 행동을 취하는 것을 억지한 느낌마저 든다.

그러나 2008년 여름 김정일의 건강 악화를 계기로 후계자 문제가 현실의 과제로서 부상하자, 2010년 9월의 당 대표자회의에서 삼남 김정은이 후계자의 길을 걷는 것이 공개화되었다. 김정은 후계의 준비가 제대로 없었다는 측면에서 향후 김정은 후계체제 구축이 다양한 난제와 과제를 내포하게 되리라는 것은 자명하다.

우상화 작업

북한이 '사회정치적 생명체'라고 할 때, 이런 관점에서 '수령'은 당연하게 우상화될 수밖에 없다. 김정은이 후계자의 지위를 공고히 하는 과정은 당연히 김정은의 우상화 작업으로 나아가지 않을 수 없다.

≪마이니치신문≫은 2009년 9월 8일, 김정은을 우상화하는 문건인 「존경하는 김정은 대장 동지의 위대성 교양자료」를 입수했다고 밝히고, 그 내용을 보도하며 2010년 5월에 전문을 공개했다. 이 자료에서는 '존경하는 김정은 대장 동지의 위대성'에 대해 4개의 항목을 들고 있다.

이 자료는 ① 존경하는 김정은 대장 동지는 불세출의 위인이며, 백전백승의 강철과 같은 영장(靈將)으로서 수령님(김일성 주석)이나 경애하는 장군님(김정일 총서기)과 비슷한 선군 영장이며, ② 존경하는 김정은 대장 동지는 누구도 쫓아올 수 없는 천재적 영지(英知)와 지력을 갖춘 군사적인 영재이고, ③ 존경하는 김정은 대장 동지는 다재다능하며 현대 군사과학과 기술에 정통한 천재이며, ④ 존경하는 김정은 대장 동지는 비범하고 다방면의 실력과 자애로 가득한 친근한 분위기를 갖춘 뛰어난 위인이라고 찬양하고 있다.

그러나 이 자료에서는 말로 표현할 수 있는 한계점에 도달한 찬양이 계속되고 있지만 구체성이 결여되어 있다. 그것만으로도 아직 실적이 없다고 하는 것이 반영되어 있다.

김정은은 우상화 작업에서 극복해야 할 몇 가지의 과제를 갖고 있다. 우선 그의 생모와 관련된 문제이다. 김정은의 모친 고영희는 재일교포 출신의 귀국 동포이다. 또한 그녀의 집안 뿌리는 한국의 제주도로 알려져 있다.

북한에 귀국한 재일교포가 북한에서 좋은 대우를 받지 못했던 것은 대다수의 귀국자들의 증언 등을 토대로 볼 때 명백한 사실이다. ≪연합뉴스≫에 의하면, 2011년 1월 11일에 한국의 국가인권위원회에서 열린 '북한 인권개선을 위한 중장기 정책 로드맵 공청회'에서 증언한 재일교포 출신의 탈북자 남성은 "북한에서는 북송교포(일본으로부터의 귀국 동포),

남조선 출신자, 일본인 여성의 세 가지 부류에 속하는 사람들이 인사 등용이나 결혼 등 많은 측면에서 제한과 차별을 받고 있다"라고 증언했다. 이 증언자는 "북송교포나 남조선 출신자 중에는 1960년대나 1970년대에 들었던 것과는 다른 북한의 현실에 한 마디 불만을 표했다는 이유로 정치범 수용소에 끌려간 사람도 적지 않다. 1980년대부터 일본에 거주하는 친족이 북한을 방문하여 가족의 면회가 시작되자 북한 당국은 물샐 틈 없는 감시를 했다"라고 언급했다. 북한에서 귀국 동포나 한국 출신자는 '자본주의의 물을 먹은 사람들'로서 감시받고 차별받았던 것이다.

귀국자들에 대한 북한 주민의 감정도 복잡하다. 북한의 특수한 사회 상황에 친숙하지 않은 귀국자에 대한 반발도 있는가 하면 동정(同情)도 있다. 일본에 있는 친족에게 부탁할 수 있는 귀국자를 흠모하기도 하고, 또한 그것이 반발의 요인이 되기도 한다. 한편, 고영희가 김정일 부인으로서의 지위를 굳게 함에 따라 북한에서 귀국자들의 대우가 대폭적으로 개선되었다고 한다.

앞에서 언급한 '수령관'에 따르면, 북한 사회에서 '후계자'는 '백두산의 혈통'이며, 수령에 대한 절대적인 충성심을 품고, 수령의 옆에서 충분한 배움을 축적하여 후계자로서의 실적을 쌓는 것이 요구된다. 그러나 모친의 혈통이 '귀국 동포'이며, 그것도 선조로 올라가면 제주도 출신자가 되기 때문에 김정은의 지위를 '우상화'하는 작업은 상당히 어려워진다.

2010년 말의 시점에, 김정은이 후계자가 될 것이라는 인식이 북한 주민의 사이에서 굳어지고 있었지만, 그의 생모가 귀국 동포라는 점이나 무엇보다 그녀의 집안이 제주도 출신이며, 김정은이 삼남이라는 것 등은 잘 알려지지 않았다. 아직 유교사상이 뿌리 깊은 북한에서는 "왜 장남이 아닌 삼남인가"라는 의문이 발생할 수 있다. 향후 이러한 문제를 북한 주민들에게 어떻게 설명하고, 존경과 충성의 대상으로 만들어낼 것인가?

북한은 구소련의 연해주 지역에서 출생한 김정일에 대해서도 '백두산 밀영'에서 출생했다고 하고, '정일봉'이라는 것도 만들어내는 '신격화' 작업을 행했다. 사실 이러한 일은 하시 않아도 좋은 것이었다. 그러나 이러한 신격화 작업에 의해 북한에서는 일정한 '수령관'이 가능해지게 된다. 김정은 또한 그의 부친 김정일이 무리하게 만들어놓은 신격화된 존재를 계승하지 않으면 안 된다. 김정은에게 생모나 집안 내력, 그리고 자신이 어떻게 길러져 왔는가에 대한 스토리를 어떻게 연출할 것인가는 머리를 아프게 하는 과제일 것이다.

실적 만들기

김정은이 후계자로서의 지위를 확립하기 위해서는 실적을 만들어 올리는 것이 필요하다.

앞의 ≪마이니치신문≫이 보도한 「존경하는 김정은 대장 동지의 위대성 교양자료」 가운데 실적으로서 거론된 몇 가지 구체적인 예가 있다. 그것은 ① 착상이 기발한 작전 지도의 작성, ② 포병 부문에서 조직적인 수완, ③ '광명성 2호' 발사 현지 시찰, ④ 2009년 4월 태양절(김일성 주석의 탄생일)의 경축 축포야회(불꽃대회), ⑤ 인공위성 자료와 위성항법시스템(GPS) 수신기 좌표를 이용한 지도 작성, ⑥ 비범한 사격술 등이다.

확실히 2009년 4월 김일성 주석 탄생 97주년을 기념하는 "강성대국의 불보라"라는 명칭의 축포야회(불꽃대회)는 평양 시민 사이에서도 김정은의 지도로 행해졌다고 하는 이야기가 돌았다. 또한 이듬해 4월 "수령님 염원이 꽃피는 내 나라"라는 주제의 불꽃대회에서는 방대한 불꽃과 함께 레이저 광선을 발사하고 영상을 투영하는 등 공을 들인 연출로 시민들을 즐겁게 했다. 한국 당국은 이 불꽃대회의 경비가 한국 통화로 60억 원에 달한다고 추정했다. 당초에는 이 불꽃대회에 대한 시민들의 평가가 높았지만, 그 이후 '150일 전투'나 '100일 전투', 화폐개혁의 실패로 "그런 돈을 사용하려면 먹는 문제부터 해결해야 한다"라는 등의 반발도 나왔다고 한다.

북한은 2009년 5월부터 대중 동원방식의 증산 운동인 '150일 전투'를 전개했는데, 이것도 최초는 김정은의 지도에 의한 것이라는 인식이 널리 퍼졌다. 그러나 '150일 전투'나 그것에 이은 '100일 전투'는 별로 성과를 올리지 못하고 동원체제의 강화 속에서 주민으로부터 불만이 나오게 되자, 점차 김정은이 지도하는 색채가 엷어지게 되었다.

김정은의 실적 쌓기에서 특히 큰 실패는 2009년 11월 30일부터 실시된 화폐개혁이었다. 이 화폐개혁이 전격적으로 실시되었을 때 1세대에 화폐 10만 원까지를 한도로 100분의 1의 신지폐로 교환할 수 있게 했다. 각 세대에 신지폐가 바로 공급되지 않은 채, 구화폐를 10만 원까지 회수했다. 각 인민반은 신지폐가 공급될 때까지 화폐가 없는 상태에 있었다. 당국은 당분간 생활을 영위할 수 있도록 하기 위해 신지폐 500원을 배포했는데, 이것에 김정은에 의한 '배려금'이라는 설명을 붙였다.

화폐개혁은 화폐를 절하하여 시장을 폐쇄시킴으로써 2002년 7월의 경제개혁 이래 크게 성장하고 있던 시장에서 발생하고 있는 시장경제의 움직임을 봉쇄하고, 계획경제의 통제경제로 복귀하려는 노림수를 갖고 있었다. 시장 세력에게 빼앗긴 경제운영권을 국가로 되돌려 계획통제경제를 부활시키고자 한 것이었다. 이것 또한 후계체제 구축을 위해서 경제의 주도권을 회복하고자 한 움직임이었다.

그러나 한도액을 넘은 구지폐는 휴지 조각이 되어버렸고, 식료나 상품이 충분히 공급되지 않은 가운데 화폐개혁을 행했기 때문에 상점은 없어지게 되고 물가는 폭등하여 주민의 격렬한 반발을 샀다. 화폐개혁을 중심으로 하는 경제정책은 완전히 실패하여 2010년 2월에는 김영일 총리가 인민반장들 앞에서 정책의 실패를 인정하고 사죄했다. 북한 당국이 이정도로 단기간에 정책의 실패를 인정하고, 시장의 폐쇄나 외화의 사용금지 조치 등을 철폐했던 것은 아마도 건국 이래 처음 있는 사태일 것이다.

이 화폐개혁 정책이 당초 '배려금'을 김정은의 이름으로 배포하는 등 김정은 후계체제 구축을 위해 행해졌다는 것은 주민들에게 광범위하게 전파되어 김정은 후계체제 구축에 큰 타격을 주었다. 그러나 북한은 김정은 후계체제로의 움직임을 정지시키지 않고, 2010년 9월의 당 대표자회의에서 그 후계를 공식화했다.

이 사이에, 다양한 분야의 사건들도 김정은의 공적으로 삼고자 하는 움직임이 현저해졌다. 그 대표적인 예가 '컴퓨터 수치제어(CNC)' 기술의 개발이다. 김정은의 업적 만들기가 어떻게 탄생하고 있는가를 보여주는 한 사례로서, 북한의 'CNC' 업적과 관련된 경위를 살펴보도록 하자.

북한에서는 영어 약자를 그대로 사용하는 것은 매우 드문 일인데, 'CNC'만은 영어 약자 그대로 슬로건 등에 사용되고 있다. 북한은 2009년 여름 무렵부터 'CNC'라는 단어를 빈번하게 사용하는 것으로 후계문제와 관련하여 주목을 받기 시작했다.

그러나 북한에서 'CNC'라고 하는 말이 사용된 것은 매우 오래된 일이다. 내각 등의 기관지 ≪민주조선≫은 2001년 2월 24일자에서 평안북도 구성시(龜城市)의 구성 공작기계 공장에서 컴퓨터에 수치를 입력하여 기계

부품을 깎는 'CNC 구성 10호'라는 금속가공기계를 개발했다고 보도했다. 이것은 김정일이 2001년 2월 14일에 이 공장을 현지지도하면서, "과학자를 중심으로 새로운 세기에 걸맞은 현대적인 컴퓨터 장치를 개발하도록 하라"는 지시를 받아 개발했다고 한다. 당시 김정일은 새로운 세기를 맞이하여 '기술 개건(改建)'의 필요성을 호소했다. 이 구성 공작기계 공장의 CNC 금속가공기계는 그 방침에 따른 것이었다.

2002년 1월 15일에 조선중앙통신은 이 구성 공작기계 공장에서 1대의 컴퓨터로 몇 대의 기계를 조정할 수 있는 컴퓨터 수치제어 공작기계를 개발했다고 보도했다. 나아가 자강도 희천(熙川) 공작기계공장에서도 'CNC-400' 등 수치제어 공작기계를 개발했다고 보도했다.

이와 같이 'CNC' 자체는 과거에도 북한에서 그 개발이 보도된 것이었는데, 북한의 매체에서 2009년 여름부터 급속하게 'CNC'에 관한 언급이 급증했다.

당 기관지 《노동신문》은 2009년 8월 11일자로 "첨단을 돌파하라"는 주제의 정론을 게재하고 "침략자들은 인공지구위성을 쏴올린 우리나라에서 최첨단 수준의 CNC공작기계까지 제작해내는것이 두려워 《제재명부》에 《련하기계》라는 이름까지 써넣었지만 우리는 끝끝내 돌파해내고야 말았다. 그 누구든 우리의 두뇌까지 제재할 수는 없다는 것을 어슥히 선언한 것이다"라고 언급했다. 북한의 공작기계 공장인 련하 기계공장은 경제제재의 대상이 되었는데, 그것을 돌파하여 CNC 공작기계를 자력으로 제작했다는 주장이었다.

이 무렵부터 북한의 각 기업에서 CNC 공작기계의 성과가 강조되었다. 평안남도 대안군(大安郡)의 대안 중기계 연합기업소가 대형 공작기계로 북한 최초의 CNC화에 성공했으며(조선중앙방송 2009년 12월 7일), 김정일

북한의 〈아리랑〉 공연에 등장한 매스문자 'CNC 주체공업의 위력'

총서기도 자강도의 강계(江界) 트랙터 종합공장을 현지지도하여 "스스로의 힘과 기술로 CNC화를 실현하여, 첨단 돌파에 선구자적 역할을 수행했다"고 평가했고(조선중앙통신 2009년 12월 10일), 평안남도 남포시의 천리마제철연합기업소에서 1만 톤급 프레스의 CNC화에 성공했다는(조선중앙통신 2009년 12월 17일) 내용 등이었다.

이러한 가운데 2010년 3월에는 평양 시내의 중심가인 제일백화점 앞에 CNC를 선전하는 대형 포스터가 등장했다. 이 포스터에는 2009년 4월의 불꽃대회와 장거리 미사일을 배경으로 "CNC"와 "세계를 향하여"라는 슬로건이 기재되어 있었다.

이것은 ① 2009년 4월의 불꽃대회, ② 같은 달의 '광명성 2호'의 발사, ③ CNC가 모두 '후계자'의 지도에 의한 것으로, 북한이 이 후계자의 지도 아래 '세계를 향하여' 전진하고 있다는 메시지가 포함되어 있다는 견해를 확산시켰다. 그리고 평양 시내 각지에 유사한 포스터나 슬로건이

퍼져나갔다.

2010년 8월부터 평양의 5·1경기장에서 시작된 매스 게임과 예술공연 <아리랑>에서는 카드 섹션으로 "CNC 주체공업의 위력"이라는 슬로건이 등장했다. 2002년부터 매년 행해지고 있는 <아리랑>에서 'CNC'의 슬로건이 등장한 것은 처음으로, CNC가 김정은의 업적이라는 점에서 김정은 업적 만들기의 일환이라는 견해가 확산되었다.

이와 같이 'CNC'는 김정은 업적의 상징처럼 되었고, 2010년 9월의 당 대표자회의가 가까워짐에 따라 북한 매체에서는 'CNC' 캠페인이라고도 할 수 있는 각지 기업에서의 CNC화가 선전되고 그 의의가 칭송되었다. 북한의 공식 매체의 문구에 구체적으로 CNC가 김정은의 업적이라는 표현은 없었지만, 북한의 사회적인 분위기는 그것을 자명한 것으로 여기고 있는 모양이다. 각 가정에 보급되어 있는 유선방송인 '제3방송'이나 학습 활동에서는 CNC가 김정은의 업적이라는 사상교육이 행해질 가능성이 높다.

CNC 자체는 김정일이 2001년에 새로운 세기에 진입하면서, 당시 '사고 혁신'의 일환으로서 제창했던 사업 분야에서의 '기술 개건'으로서 시작되었다. 그러나 2009년에 김정은을 후계자로 삼는 움직임이 수면 밑에서 시작되자 CNC가 때마침 '청년 대장'이 지도한 업적인 것처럼 선전되고 점차 그것이 사회적으로 김정은의 자명한 업적이 되어가는 여론 유도가 진행되었다.

친미 성향의 자유아시아방송(RFA)은 2010년 11월 18일, 북한의 군수공장에 관한 한 소식통의 말을 상세하게 전하면서 "김정은이 최근 함경북도, 자강도 내의 군수공장을 비공개로 시찰하고, 당 중앙군사위와 제2경제(군수산업)위원회 산하의 공장에 대해서 CNC 도입의 견본이 되라"는 지시를 내렸다고 보도했다.

　아마도 북한은 향후 불꽃대회, '광명성 2호' 발사, CNC를 잇는 김정은 업적 만들기 작업에 박차를 가할 것이다. 그러나 그것이 진정으로 김정은의 업적인가의 여부에 대해 주민들은 점차 냉임하게 바라보고 있다. 북한은 과거와 같이 완전히 폐쇄된 사회는 아니다. 휴대전화나 라디오, 탈북자로부터 정보가 역유입되는 등 북한 주민에게 정보가 전해지기 쉬워져 억지로 '신화'를 만들어내는 것은 이제는 쉽지 않다. 이러한 실적 만들기와 신격화 작업이 '고난의 행군'이 될 것임은 틀림이 없다.

제11장

김정은 후계를 둘러싼 정세

　나는 김정일의 시대는 아직 '미완의 시대'라고 생각했다. 김정일 총서기가 구상한 '김정일 시대'는 완성되지 못했고, 김일성 주석의 유훈을 계승하는 길의 와중에 있었다. 그러나 김정일은 후계자라는 지위를 벗어나 스스로의 시대를 구축하는 도중이던 2008년 8월에 병으로 쓰러졌다. 김정일 시대가 구축되기 위해서는 아직 많은 문제가 남아 있는 상태였다.

　우선 첫째, 사상의 문제이다. 김정일은 2009년 4월의 헌법 개정에서, '선군사상'을 '주체사상'과 나란히 지도이념으로 삼았는데, 과연 '선군사상'을 '주체사상'과 나란히 할 만한 사상이라고 할 수 있는지 의문이다. '선군사상'은 최초에 '주체사상'의 하부 이념으로서 출발했는데, 점차로 '주체사상'과 나란히 지도 이념으로까지 격상되었다. 선군사상은 북한이 국제사회와 격렬하게 대립하고 국제적으로 고립되어 있는 상황에서 체제 유지를 위해 유익한 수단이기는 했어도, 미국이나 일본과의 국교를 정상화하고 국제사회의 구성원이 되려고 하는 한 북한의 장래에 이롭지 못한 사상이다.

또한 '선군'이라는 군사우선 정책을 위해 군대를 포용하고 군사비에 막대한 지출을 계속함에 따라, 인민의 생활을 위한 민생 예산은 계속적으로 희생되었다. '선군'과 '인민의 생활 향상'이나 '강성대국'은 양립될 수 없다. 체제유지를 위한 '선군사상'이 북한 사회가 추구하는 목표가 되어버린, 방법이 목적으로 전도된 사태가 발생했다. 과연 이것이 '김정일 시대'의 사상이 될 수 있는가? 북한이 국제사회와 협조할 때에 거꾸로 장해가 되고 있는 사상이 헌법에까지 명문화되어 있는 것이 좋은 것인가?

둘째, 정치의 문제이다. 김정일은 당 대표자회의를 개최하고, 결국 조선노동당의 재건에 착수했다. 당 대표자회의에서 당 인사의 재편이 있었지만, 정치국의 평균연령은 대단히 고령으로, 무엇보다 후계체제 만들기를 추진하는 지도부라고 말할 수 없다. 오히려 제7차 당 대회 등을 개최하여 본격적인 세대교체, 지도부의 대규모 교체를 이루는 것이 필요해지고 있다. 이 작업은 아직 착수 단계에 머물러 있다. 그런데 대단히 역설적인 것이지만, 제7차 당 대회를 개최하여 당의 체제를 재편한다고 해도 그것은 3대째인 김정은 후계체제를 향한 체제정비가 된다. 김정일은 더욱 일찍 당의 재건에 나서야 했다. 지금에 와서 당을 재건해도, 그것은 건강을 이미 해친 '김정일의 당'이 아니라 '김정은의 당'이 될 수밖에 없는 것이다. 당 대표자회의는 당 규약의 개정과 인사만을 행하고, 당의 노선이나 경제정책에 대한 토의, 결정은 행하지 않았다. 당 대표자회의는 열렸지만, 당의 재건은 아직 중도에 그쳐 있다.

셋째, 경제의 문제이다. 김정일 시대의 경제는 줄곧 위기를 벗어나지 못하고 있다. 이것은 북한 주민의 김일성 시대에 대한 향수와도 연결되어 있다. 이제 더 이상 '수령의 시대에는 사는 것이 이처럼 나쁘지 않았다'고 하는 주민들의 솔직한 감정을 무시할 수 없다.

김정일 시대의 경제정책은 일관성이 없었다. 김일성 주석이 사망한 이후의 구(舊)사회주의권 경제의 붕괴나 대재해 등으로 아사자까지 나온 '고난의 행군'을 제외하더라도 아직 1980년대 말의 경제수준을 회복하지 못하고 있다. 북한 주민에게 '흰 쌀밥과 고깃국과 비단옷'을 제공하겠다는 김정일 주석이 내건 '유훈'은 실현되지 않았다. 2002년 7월부터의 경제개혁은 중도 폐기된 상황이며, 종래의 통제경제 노선으로의 회귀가 시작되었다. 2009년 11월 말부터의 화폐개혁과 같은 경제정책은 완전히 실패했다. 당분간의 미봉책으로서 시장의 부활이나 외화 사용의 허가 등을 인정했지만, 경제정책을 어떻게 할 것인가라는 본질적 논의는 이루어지지 않은 상태로 사회주의 통제경제로 복귀하려는 노선을 유지하고 있다. 2012년에 목표한 '강성대국의 대문'은 아직 열리지 않고 있다.

넷째, 외교·안보와 민족화해의 문제이다. 김정일은 2000년 당시에 연속하여 서방 측 국가들과 외교관계를 수립하는 등 적극적인 외교를 전개했고, 2000년에는 한국의 김대중 대통령과 남북정상회담을 실현했다. 그러나 북한의 안전보장의 근간이 되는 미국과의 국교 정상화, 경제재건의 키를 잡고 있는 일본과의 국교 정상화는 실현되지 못하고, 핵무기나 미사일의 개발로 국제적인 고립을 심화시키고 있다.

최근 중국과 정치·경제적인 관계를 다시 강화하고 있는데, 2010년 11월의 북한군에 의한 연평도 포격으로 중국의 북한 편들기 태도가 국제사회로부터 강한 반발을 받고 있다. 한편 중국에 대한 의존도를 이 이상 높이는 것은 북한이 국시로 삼는 '자주'의 국가원칙마저 위태롭게 하는 것이다.

한국과의 남북관계를 보면, 김대중, 노무현 두 진보정권하에서 10년간 지속된 '햇볕정책'으로 다양한 분야에서 대화와 교류가 진행되어 금강산 관광, 개성 공업지구라는 남북경제협력의 기지가 조성되었다. 그러나

2008년에 탄생한 보수 이명박 정권에 의해 남북관계는 크게 후퇴했다. 금강산 관광은 2008년에 발생한 북한군 병사에 의한 한국인 여성 관광객 사살사건으로 중단된 상태이다. 나아가 2010년 11월 23일의 연평도 포격에 의해 이명박 정권과의 관계 회복은 대단히 어려운 상황이다.

김정은은 이러한 김정일 시대의 각 분야에서 '미완'으로 끝나버린 '어두운 유산'을 그대로 계승한다. 후계자의 지위를 얻어도, 그것은 김정일과 같이 권력 투쟁의 끝에 획득한 것이 아니기 때문에 조부나 부친과 같은 절대적인 독재는 불가능하며, 자신의 노선을 제시하는 것은 대단히 어려울 것이다. 따라서 조부의 유훈, 부친의 선군노선을 답습할 수밖에 없다.

그런 의미에서 김정은의 후계정권은 김정일이 남겨놓은 과제를 그 상태 그대로 인계하고, 그 난제를 해결하는 것에 집중하지 않을 수 없다. 권력을 계승하는 데는 선군정치에 의거하지 않을 수 없겠지만, 선군정치가 초래한 모순은 갈수록 격화될 것이다.

김정은 후계체제가 직면한 상황이 과연 어떠한 것인지에 대해, 정치, 경제, 외교·안보의 각 분야에서 검토해보겠다.

국방위원회와 당 중앙군사위원회

김정은 후계체제가 직면하고 있는 정치 분야의 과제는 어떤 것일까?

2010년 9월 28일의 당 대표자회의에서 당 정치국, 당 비서국, 당 부장, 당 중앙군사위원회(당 중앙군사위), 당 중앙위원회(당 중앙위) 등이 재편되어 김정일 총서기가 재추대되고 새로운 지도부가 만들어졌다.

이 구성을 살펴보면, ① 주로 정치국 위원에 선출된 구성원을 중심으로 하는 김정일 총서기의 가신이라고 할 수 있는 측근세력, ② 강석주 부총리, 김양건 당 통일작전부장, 김영일 당 국제부장 등의 당 실무자와 각 도당 책임비서 등을 경험한 실무세력, ③ 리영호 총참모장을 중심으로 당 중앙 군사위에 결집한 '신군부'와, 최룡해 당 정치국 위원후보 등이 포함된 '김일성 사회주의청년동맹'의 전신 구(舊)사로청 그룹과 같은 김정은 후계 추대세력, ④ 고(故) 김일성 주석의 혈통을 계승하는 여동생 김경희 당 정치국 위원과 남편 장성택 정치국 위원후보의 친족 등으로 구성되는 권력 공동체이다.

　2008년 여름에 뇌졸중으로 쓰러진 김정일 총서기는 건강문제를 갖고 있으면서도 '2인자'를 만들지 않고, 새로운 친정체제를 이끌면서 김정은 후계체제 구축에 돌입했다. 그러나 어느 시대의 권력교체에서도 그랬던 것처럼, 새로운 권력의 대두는 소외된 세력을 또한 만들어낸다. 김정일 총서기도 김일성 주석 시대로부터의 권력 이행기에 숙청을 행했다. 농업을 담당하고 있던 서관희 당 비서는 간첩 혐의가 씌워져 공개처형되었고, '심화조 사건'이라고 불리는 간부들에 대한 조사·심문이 실시되어 대량의 간부가 숙청되었다. 강성산 총리 등 김일성 주석과 가까웠던 많은 간부가 일선에서 물러났다. 따라서 김정일에서 김정은으로의 권력 이행기에 이러 한 숙청이나 세력 교체가 다시 일어날 수 있을지의 여부는 주목하지 않을 수 없다.

　현재로서는 눈에 보이는 숙청 대상자는 화폐개혁의 실패로 공개처형되 었다고 알려진 박남기 당 계획재정부장 등 소수이지만, 2010년 9월에 새로운 체제가 형성되면서 소외된 세력들이 존재한다. 그러한 세력이 점차 로 쇠퇴하여 사회의 전면에서 소멸해갈 것인지, 아니면 그것이 사회적인 갈등의 소재가 될 것인지의 여부가 향후 주목해야 할 핵심 문제이다.

2010년 9월의 당 대표자회의에서 행해진 당 인사를 보고, 가장 미묘한 문제를 포함하고 있다고 생각되는 것은 국방위와 당 중앙군사위의 조정을 어떻게 할 것인가였다. 2008년에 개정된 북한 헌법에서는 북한의 최고지도자는 국방위원장이며 당 중앙군사위원장이 아니다. 헌법이나 국가기관으로서는 국방위 중심의 체제 만들기를 해왔는데, 후계자의 '산실'로서 당 중앙군사위원회를 활용하는 전략을 펼치면서 다양한 문제가 발생할 가능성이 있다. 두 개의 조직은 모두 위원장이 김정일 총서기이다. 다음은 양측의 위원회에 함께 소속된 멤버이다.

김정일 국방위원장(당 중앙군사위원장)

장성택 국방위 부위원장(당 중앙군사위원)

김영춘 국방위 부위원장(당 중앙군사위원)

우동측 국방위원(당 중앙군사위원)

주규창 국방위원(당 중앙군사위원)

김정각 국방위원(당 중앙군사위원)

다음은 국방위원회에만 소속된 멤버이다.

조명록 국방위 제1부위원장(당 정치국 상무위원, 2010년 11월 사망)

오극렬 국방위 부위원장

리용무 국방위 부위원장

전병호 국방위원(당 정치국 위원)

백세봉 국방위원

주상성 국방위원(당 정치국 위원, 인민보안부장, 2011년 3월 해임)

한편 다음은 당 중앙군사위원에만 소속된 멤버이다.

리영호 당 중앙군사위 부위원장(당 정치국 상무위원, 군 총참모장)

김정은 당 중앙군사위 부위원장

김경옥 당 중앙군사위원(당 조직지도부 제1부부장)

김명국 당 중앙군사위원(군 작전국장)

김원홍 당 중앙군사위원(군 보위사령관)

정명도 당 중앙군사위원(해군사령관)

리병철 당 중앙군사위원(공군사령관)

최부일 당 중앙군사위원(군 부총참모장)

김영철 당 중앙군사위원(군 정찰총국장)

윤정린 당 중앙군사위원(호위사령관)

최상려 당 중앙군사위원(상장)

최경성 당 중앙군사위원(상장)

최룡해 당 중앙군사위원(당 정치국 위원후보)

당 대표자회의가 종료된 지 얼마 안 되는 2010년 10월 25일은 중국인민 지원군의 한국전쟁 참전 60주년이 되는 날이었다. 중국의 중앙군사위원회 부주석 궈보슝(郭伯雄) 상장을 단장으로 하는 중국의 고위급 군사대표단이 북한의 국방위원회(국방위)의 초청으로 10월 23일부터 26일까지 공식 친선방문을 했다.

중국에는 국가기관으로서의 중앙군사위원회와 당의 중앙군사위원회가 있는데 모두 동일한 멤버로 구성되어 있다. 이 공식 친선방문은 북한 측의 창구가 국방위이며, 양국 국가기관의 중앙군사기관 사이의 상호방문으로 보인다.

10월 26일에 평양에서 북한의 국방위와 중국의 고위급 군사대표단의 회의가 열렸다. 그러나 북한 측에서 이 '국방위원회'의 회담에 출석한 이는 리영호 당 중앙군사위 부위원장(인민군 총참모장, 차수), 김정각 국방위원(군 총정치국 제1부부장, 대장), 박재경 인민무력부 부부장, 정명도 인민군 대장, 리병철 인민군 대장, 리명환(李明煥) 인민군 상장 등이었다(조선중앙방송이 전한 계급).

리영호 당 중앙군사위 부위원장은 국방위의 직책이 없음에도 불구하고 국방위의 수장으로서 출석했다. 이에 앞서, 리영호 당 중앙군사위 부위원장은 10월 24일에 중국 고위급 군사대표단의 예방도 받았고, 같은 날 국방위는 동 대표단을 위해 초청연회도 주최했는데, 여기에서도 리영호가 북한 측을 대표하여 인사를 건넸다. 조명록 국방위 제1부위원장은 건강이 좋지 않아 결석한 것은 이해할 수 있지만, 중국의 국가기관으로서의 중앙군사위 부주임이 '국방위원회'의 초대로 방북을 했는데 국방위의 김영춘, 오극렬 두 부위원장이 회담이나 연회석에 출석하지 않은 것은 기묘한 부분이다.

이러한 일련의 사태를 보면, 리영호 당 중앙군사위 부위원장은 국방위의 구성원이 아닌데도 국방위를 대표하여 행동을 취했다고 보아도 좋다. 최고인민회의에서의 결의가 없는 것뿐이며, 리영호 당 중앙군사위 부위원장은 실질적으로는 국방위 부위원장 수준의 권한을 확보하고 있는 것으로 보인다.

나아가 당 대표자회의의 인사에서 주목되는 것은 김정일 총서기의 현지지도에 빈번하게 수행하고, 김정일 총서기의 측근 중의 측근으로 일컬어졌던 현철해 대장(국방위 국장), 리명수 대장(국방위 행정국장), 박재경 대장(인민무력부 부부장) 등이 김정은 후계체제 만들기의 '산실'이 된 당 중앙군사위에 들어가지 못한 것이다.

현철해 대장은 김정일 총서기의 현지지도에도 빈번하게 동행한 측근이다. 리명수 대장도 자주 동행하는데, 국방위 행정국이라는 곳은 국방위 내부의 공안기관과 같은 역할을 하고 있으며 강력한 권한을 보유한 부문으로 보인다. 박재경 대장 또한 김정일 총서기가 총애하는 군인이었다.

이러한 군 측근 3인방이 당 정치국이나 당 중앙군사위에 입성을 할 수 없었던 이유는 무엇일까? 이러한 가운데 북한의 군부가 오극렬 국방위 부위원장을 핵심으로 하는 '구군부'와 리영호 당 중앙군사위 부위원장을 핵심으로 하는 '신군부'로 분명히 나뉘게 될 가능성은 과연 없는가?

오극렬 국방위 부위원장이 실각하지 않은 것은 당 대표자회의에서 당 중앙위원에 선출되어, 중요 행사의 기념사진이나 영상에서도 출석이 확인되고 있는 것으로부터도 명백하다. 그러나 앞에서 언급한 10월 25일에 평양체육관에서 열린 '중국인민지원군 한국전쟁 참전 60주년 기념 대중대회'의 보도에서 그의 서열은 정치국 위원후보의 다음인 24번째였다. 조명록 정치국 상무위원이 사망할 때의 국가장의위원회의 서열에서는 43위까지 내려갔다.

오극렬은 장기간 북한 군부의 표면에 드러나지 않은 실력자였다. 오진우 인민무력부장과의 대립으로 1988년 2월에 갑자기 총참모장에서 해임되었다. 그러나 그 이후 당 민방위부장을 거쳐 1987년 7월에 당 작전부장에 취임했다. 2009년 2월에 국방위 부위원장이라는 자리에 복귀할 때까지 20년 이상 당 작전부장의 직책에 있었다. 이 직책은 당 소속이지만 공작원을 포함한 군사조직을 담당하며 오극렬은 이 직책에 20년 이상 재직하면서 게릴라전이나 테러 등 비정규전을 수행하는 군 특수부대에 대해 절대적인 영향력을 유지해왔다. 또한 군 인사에도 영향력을 유지해왔다고 하며 무시할 수 없는 실력자이다. 오극렬은 북한에서 군 쿠데타가 발생할 경우 이것이 가능하게 할 수 있는 유일한 인물로 평가되고 있다.

또한 조명록 국가장의위원회의 서열에서 현철해 대장은 45위, 리명수 대장은 46위, 박재경 대장은 56위였다. 동 국가장의위원회의 서열이 당 정치국의 서열이라고 말할 수는 없겠지만 어느 정도 냉대라고 해도 좋을 것이다.

또한 김격식 전 총참모장의 동정도 주목된다. 김격식 대장은 2007년 4월에 총참모장에 기용되며 김정일 총서기의 측근으로서 부상하여 현지지도에 자주 동행했다. 김격식의 총참모장 취임은 1995년부터 12년간에 걸쳐 총참모장으로 근무했던 김영춘이 국방위 부위원장으로 전임되었기 때문에 이루어진 조치로 보인다. 김격식 대장은 정치색이 엷고 야전군 지휘관의 경력이 긴 군인으로 정치색이 강한 북한 군부라는 측면만 놓고 보아도 주목된다. 그러나 그는 2009년 2월에 갑작스럽게 해임되어 김정은의 최측근으로서 주목을 모으고 있는 리영호 총참모장과 교대했다. 총참모장에서 해임된 이후에는 연평도 등의 황해도 방면을 담당하는 제4군단장을 맡고 있다. 그는 당 정치국이나 당 중앙군사위나 당 중앙위원에도 선출되지 못했지만, 다행히 당 중앙위원후보에 선출되었다. 조명록 차수의 국가장의위원회에서는 서열 78위였다.

여기에서 지적한 군인들은 이미 70대의 고령이다. 그렇다면 후계체제 만들기가 진행되어가는 가운데 '구군부'는 점차로 권력의 중추로부터 사라지고, '신군부'가 김정은과 함께 권한을 확대하여 순조로운 세력 교체, 나아가서는 세대교체로 향하게 될 것인가?

이 가운데, 지금도 수수께끼인 것은 2010년 5월 13일의 김일철(金鎰喆)

인민무력부 제1부부장(국방위원)의 갑작스러운 해임이다. 당시의 조선중앙통신은 "13일에 발표된 조선민주주의인민공화국 국방위원회 결정 제16호에 의해 김일철이 연령상의 관계(80세)로 국방위 위원, 인민무력부 제1부부장의 직무에서 해임되었다"라고 전했다.

김일철은 원래 해군 출신으로 1982년 6월에 중장, 해군사령관이 되었고, 1992년 4월에 대장, 1997년 4월에 차수, 인민무력부 제1부부장, 1998년 9월에 국방위 부위원장, 인민무력부장으로 순조롭게 승진을 해왔다. 인민무력부가 국방위에 편입되자 2000년 9월에는 인민무력부장이 되었다. 그러나 2003년 9월에 국방위 부위원장에서 국방위 위원으로 강등되고, 2009년 2월에는 인민무력부장의 직을 김영춘에게 넘기고, 인민무력부 제1부부장으로 강등되었으며, 2010년 5월에 '고령'을 이유로 해임되었다.

이미 논한 바와 같이, 북한 지도부에는 80세 이상의 간부가 적지 않다. 고령을 이유로 한 해임은 이해할 수 없다. 일부에서는 김일철이 해군 출신이기 때문에 2010년 3월에 발생한 한국의 초계함 천안함 침몰과 관련되어 있다고 지적하는 견해도 있지만, 해군사령관이나 정찰총국 국장 등이 제대로 문책을 받지 않은 상황에서 김일철 제1부부장의 책임이 추궁되는 것은 일종의 이변이라고 볼 수 있다.

김일철 제1부부장의 해임도 후계체제와 관련이 있는 것은 아닌가 하는 견해가 일부에 있다. 김일철 제1부부장은 김정은 후계체제 구축의 속도가 상당히 빠른 것을 우려하여, 아직은 김정일 중심의 체제를 유지해야 한다며 후계체제 만들기에 소극적인 자세를 보였던 것이 후계 추대세력의 반발을 샀던 것이 아닌가 하는 것이다.

그리고 국방위는 2011년 3월 16일에 결정을 내려, 국방위원이며 2010년 9월의 당 대표자회의에서 당 정치국 위원으로 선출된 주상성(朱霜成)

인민보안부장을 '신변 관계'로 해임했다고 발표했다.

인민보안부는 북한의 경찰조직으로서 국가안전보위부와 어깨를 나란히 하는 공안기관이며, 그 수장이 명확한 이유도 밝히지 않은 상태로 해임된 것은 이례적인 사태이다. 주상성 인민보안부장은 국방위 위원이었지만, 김정은 후계체제의 '산실'로 간주되고 있는 당 중앙군사위의 멤버로부터 배제되었다.

김정일 총서기로부터 김정은 당 중앙군사위 부위원장으로 향하는 권력계승의 흐름 속에서, 2010년 5월에 김일철 인민무력부 제1부부장이 '연령상의 관계'로 갑작스럽게 해임되고, 2010년 6월에는 리제강(李濟剛) 당 조직지도부 제1부부장이 교통사고로 사망했다. 부고는 나왔지만, 장의위원회의 조직이나 장례도 없는 상태로 의문에 가득한 죽음이었다. 그리고 2011년 3월에는 주상성 인민보안부장이 '신변 관계'의 이유로 돌연 해임되었다.

리제강 당 조직지도부 제1부부장, 김일철 인민무력부 제1부부장, 주상성 인민보안부장이라는 당, 군, 공안기관의 중추에 있던 요인들의 불가사의한 사망이나 해임이 김정은 후계체제의 구축과 관련이 없는가의 여부에 대해서 관심을 갖지 않을 수 없다.

김정은 후계체제 구축에서 '구군부'가 고령화되면서 일선에서 점차 물러나고 '신군부'에게 바통을 넘길 것인가, '구군부'와 '신군부' 사이의 갈등이 내부의 모순으로 문제화되어 나타날 것인가의 여부를 주시할 필요가 있을 것이다. 그런 의미에서 2011년 4월에 개최될 예정인 최고인민회의에서 국방위의 인사가 있을지의 여부가 주목된다.[1] 그때 (김정은이 취임할

---

1) 조선중앙TV의 보도에 따르면, 2011일 4월 7일 개최된 최고인민회의 제12기 4차

것인가를 포함하여) 사망한 조명록 제1부위원장의 뒤를 누가 메울 것인지, 오극렬 부위원장의 사임 여부, 그리고 당 중앙군사위의 구성원이 국방위에 함께 오를 것인가의 여부 등이 김정은 후계체제 만들기에 큰 영향을 미치게 될 것이다.

부친도 세습에 반대

당 대표자회의에서 김정은이 후계자로서 공식화된 직후인 2010년 10월 9일에 김정일의 장남인 김정남은 일본의 TV 아사히와의 인터뷰에서 "(김정은이 후계자가 된 것은) 오히려 부친이 결단을 내리신 것으로 생각합니다. (후계에 대해서) 나는 원래 유감스러운 바가 없으며, 또한 관심도 없었기 때문에 별로 상관이 없습니다", "동생에게는 북한 주민을 위해, 진정으로 주민의 윤택한 생활을 위해 최선을 다해줄 것을 바랍니다", "나 자신은 언제라도 해외에서 동생이 필요할 때에 도움을 줄 의사가 있습니다", "개인적으로는 3대 세습에 대해서 반대합니다. 그러나 그럴 만한 내부적 요인이 있기 때문이라고 생각합니다. 내부적 요인이 있기 때문에 그것에 따라야 한다고 생각합니다"라고 말했다.

이 발언은 김정일의 장남이 개인적인 견해를 밝히면서도 '3대 세습'에 반대했다는 점에서 주목된다. '동생'에 대한 세습이 아니라 '3대 세습'에 반대한다는 것은 자기 자신에 대한 세습도 부정하는 것이기 때문이다.

회의에서 주상성 전 부장의 해임으로 공석이 된 인민보안부장에 리명수 국방위원회 행정국장이 선임되었다.

그러나 김정남은 '내부적인 요인'에 대해서도 언급하여 북한이 '3대 세습'의 길을 걷지 않을 수 없는 사정이 있다는 것을 지적하고 "내부적 요인이 있기 때문에 그것에 따를 수밖에 없다고 생각합니다"라고 말을 더하여, 이번에는 김정은에 대한 권력 계승의 흐름 그 자체는 수용할 생각이라고 동시에 표명하고 있다(이것은 또한 자신에 대한 권력 계승도 '내부적 요인'의 요구가 있다면 있을 수 있다는 해석이 될 수도 있다). "해외에서 동생이 필요로 할 때"라고 말하는 것을 보면, 당분간은 북한에 귀국하지 않고 중국을 거점으로 해외 생활을 계속할 생각인 모양이다.[2]

이 인터뷰에서 김정남이 '북한(北韓)'이라는 단어를 사용한 것도 주목되었다. 북한에서는 통상 자국을 지칭하여 '조선' 혹은 '공화국'이라고 하는데, 한국에서 북조선을 지칭하는 용어인 '북한'을 사용한 것에 대해서도 그 진의를 두고 수많은 억측을 낳았다.

김정남은 그 이후 1월 중순에 중국 남부의 도시에서 ≪도쿄신문≫과 인터뷰에 응했다(2010년 1월 28일, 2월 2일자). 김정남은 권력 세습에 대해서 "중국의 마오쩌둥(毛澤東)마저 세습을 하지 않았다. 그 때문에 중국은 발전했다고 해도 좋을 것이다. (조부, 부친에 이어) 3대 세습은 사회주의 이념과는 맞지 않는다고 나는 예전부터 지적했다. 부친도 그렇게 말하고 반대했다"라며 자신도 부친 김정일도 세습제에 반대했다는 것을 밝혔다.

그럼에도 김정은에 대한 세습이 된 것에 대해서 "부친에게 충실하고 충성심이 강할 것이다. 그 때문에 부친이 선택했다고 믿고 있다. 누구라도 최초에는 경험이 부족하다. 그것은 경험을 축적하면 된다고 생각한다"라고 했다. 나아가 "왜 세습이 되었는가는 알지 못한다. 그러한 선택을 한

---

2) 김정일의 사망 직후 김정남이 평양을 방문했다는 보도가 있었다.

것은 북한으로서도 내부 요인이 있었을 것으로 생각한다. 체제의 안전과 윤활한 권력 계승을 실현하기 위해 3대 세습을 행한 것이 아니겠는가. 무엇보다도 중요한 것은 북한 내부의 안전일 것이다. 북한의 불안정은 주변의 불안정으로 이어진다"라고 말해 체제의 안전을 위해서 세습을 하게 되었다는 견해를 제시했다.

개혁개방 노선에 대해서는 "개인적인 생각이지만, 북한의 주민에게 풍요로운 생활을 하도록 하는 데에는 개혁개방이 최선이라고 생각한다. 관심을 가져야 한다"라고 말해, 북한도 개혁개방으로 향해야 한다고 주장했다. 다만 "북한의 특수성을 고려하면 개혁개방은 체제붕괴로 이어질 우려가 있는 상태다. 북한이 가장 바라고 있는 것은 미국과의 관계 정상화이다. 한반도에서 평화를 정착시키고, 그 후 경제를 재건하는 방책을 취할 것이다. 북한이 미국 및 남한과 대립하고 있는 지금은 개혁개방을 기대하기가 어렵다"라고 말하고 대미 관계의 개선이나 한반도에서의 평화체제의 정착이 없으면 북한이 개혁개방으로 향하는 것이 어렵다고 지적했다.

2009년 11월 말부터 실시된 화폐개혁에 대해서는 "화폐개혁 자체는 엄청나게 잘못된 실패라고 생각한다"라고 엄중한 실패였음을 인정했다. 북한의 생활이 풍요롭게 되었느냐고 하는 질문에는 "외부로부터 소식을 듣는 바로는 안타깝지만 그러한 느낌이 들지 않는다"라고 북한의 주민생활이 냉엄한 상황에 있다는 것을 인정했다.

후계자로서 등장한 김정은에 대해 "부친의 위업을 계승하여 주민이 더욱 풍요롭게 살도록 하는 것을 바라고 있다. 동생은 그러한 능력을 갖고 있기 때문에, 젊은 나이에 부친의 후계자로 선출되었다고 믿고 싶다. 주민에게 흠모를 받는 지도자가 되었으면 한다"라고 메시지를 보냈다. 나아가 "재차 연평도 포격과 같은 것은 없도록 남북관계를 조정해줄 것을 바라고 싶다. 나아가 동북아시아의 평화에 기여하도록 한반도의 북측에서 정치를 잘해낸다면 좋을 것이다"라고 하며 남북관계의 화해나 동북아시아 지역의 안정도 주문을 했다.

권력 계승의 향방에 대해서는 "어느 곳의 시스템에도 반대세력은 있다고 생각한다. 반대세력이 다수인가, 소수인가의 문제이다. 개인적인 생각이지만, 3대 세습이라고 해도 (주민의) 윤택한 생활을 위해 노력한다면 그리고 결과가 좋다면 반대세력도 감소할 것이다"라고 했다.

부친의 김정일과의 관계에 대해서는 "(말할 기회는) 물론 있다. 때때로 직접 말하기도 한다. 김경희나 남편인 장성택과도 좋은 관계를 유지하고 있다"라고 말했다. "만나고 있다"라고는 하지 않고 "말하고 있다"라고 한 것으로부터 전화로 말을 주고받고 있다는 인상을 주었다.

김정은 추대세력이 보았을 때 이러한 김정남의 발언은 귀에 거슬리는 부분도 있을 것이다. 서방 측의 관점에서는 김정남의 발언은 대단히 객관적으로 북한을 보고 있다는 느낌이 있다. 해외 매체를 통해 발언을 계속함으로써 자신의 존재를 어필하는 노림수가 있는 것과 동시에, 중국 측의 보이지 않는 보호하에 있다는 것이 이러한 발언을 가능하게 하는 것으로 보인다.

또한 김정일 총서기의 차남 김정철도 김정일 총서기의 탄생일 직전인 2011년 2월 14일에 싱가포르에서 열린 영국 음악가 에릭 클랩튼의 공연을 관람하고 있는 모습이 한국의 KBS나 일본의 TV 아사히 등에 의해 보도되었다. 국민이 식량난 등으로 고통을 겪고 있는 때에 해외에 나가 다수의 수행원과 함께 고급 호텔에 숙박하고 다이아몬드 등 고가의 물건을 사고, 해외 음악가의 공연을 귀빈석에서 즐기는 광경은 매우 강한 위화감이 들지 않을 수 없다. 후계자의 자리를 동생에게 양보할 수밖에 없었던 형으로서의 심정이나, 한 사람의 젊은이가 음악을 즐기고 싶다는 심정은 이해할 수 있지만, 북한이 놓인 상황을 고려할 때 로열패밀리의 호화로운 삶은 북한 주민으로부터 강한 반발을 초래하게 될 것이다.

김정일 총서기가 생존하고 있는 동안 로열패밀리 사이의 마찰은 이러한 발언 정도이며, 그 이상의 다툼은 없었던 것으로 보인다. 관련 소식통에 의하면, 둘째 아들인 김정철과 삼남인 김정은 사이의 형제관계는 양호하며, 김정철에게 권력욕이 없고, 두 사람의 사이에 권력투쟁이 일어날 가능성은 낮다고 한다.

친족 간의 마찰이 진정으로 심각해질 수 있는 위기로 발전하게 되는 것은 김정일의 사후일 것이다. 김정일 총서기라고 하는 절대적인 존재가 사라졌을 때, 김정은 후계체제에 대해 패밀리 내부에서 완전히 일체화된 결속을 할 것인가의 여부가 문제이다.

과거에 김일성이 한때 당을 김정일에게, 군을 김평일에게 맡기는 이원 후계체제를 생각한 적이 있었다는 지적도 있지만, 김정일이 '곁가지 제거 운동'을 전개하여 숙부인 김영주나 이복동생인 김평일과 관련된 세력을 철저하게 탄압하여 그러한 가능성은 사라졌다.

김정일이라는 방패막이가 사라진 시기에, 김정은이 부친과 마찬가지로 '곁가지 제거'에 나서 김정남이나 이복누이 김설송 등과 관련된 인맥을 철저하게 제거할 가능성도 있다.

김정일의 친누이 김경희가 2009년 여름부터 김정일의 현지지도에 빈번하게 동행하기 시작해, 2010년 9월에 '대장'의 군사칭호를 얻고, 당 대표자회의에서 당 정치국 위원이 된 배경에는 그녀 자신이 당이나 군의 직책을 얻음으로써 김정은 후계체제 구축에서 발언권을 확보하고, 그것을 배경으로 로열패밀리 내부의 조정 역할을 수행하는 것에 대한 고려가 있었던 것으로 보인다.

김정일의 사후에 로열패밀리의 사이에서 마찰이 생길 경우 패밀리 외부의 인물이 이를 조정하는 것은 어렵지만, 김일성의 친딸이며 김정일의 친누이라는 김경희의 혈통 자체가 그러한 조정을 가능하게 한다. 그런 의미에서 김경희의 정치적 부상은 포스트 김정일 시대의 조정 역할을 대비해 정치적 위치를 확보했다는 의미가 있는 것으로 보인다.

김정은의 '발언', '노작'

앞에서 언급한 김정은의 업적 만들기와 관련되는 것이지만, 김정은의 '발언'은 아직 아무것도 없다. 김정일의 육성이 외부에 공식적으로 나타난 것은 1992년 4월 25일의 조선인민군 창건 60주년 경축 열병식에서 "영웅적 조선인민군 장병들에게 영광 있으라!"라고 한 격려사가 최초였다. 그러나 김정일의 육성이 아닌 '발언'은 1974년 2월의 후계자 결정 이래 '당 중앙'이라는 이름으로 발표되기 시작했다.

또한 북한에서는 김일성, 김정일 부자의 저작이나 강연을 '노작(勞作)'으로 표현하는데 언제 김정은이 '노작'을 발표하게 될 것인가도 주목할 문제이다. 김정일이 최초로 발표한 '노작'은 1982년 3월 31일에 평양에서 열린 '건국 주체사상 토론회'에서 발표된 논문 「주체사상에 대하여」였다. 김정일은 이 논문에서 김일성의 주체사상을 종합적으로 해설하고, 주체사상의 해석자로서의 입장을 활용하여 자신의 정치적 입장을 강화시키는 기초 토대로 삼았다. 주체사상의 이데올로기적인 해석권을 자신이 독점함으로써 자신의 후계체제 구축을 추진했다.

김정은의 최초 발언이나 노작은 그 지도자의 방향성을 결정한다는 점에서 중요하다. '노작'은 당의 선전선동부나 당 비서국에서 작성하게 되는데, 여기에 어떠한 신세대의 사상적·정치적인 메시지를 넣을 것인가가 중요한 과제이다. 부친 김정일의 사례를 배운다면 김정은의 최초 노작은 '선군사상에 대하여'가 되지는 않을까?

후계자의 기관 결정은?

2010년 9월의 당 대표자회의에서 김정은이 당 중앙군사위 부위원장이 되고, 김정일의 현지지도에 그가 빈번하게 동행하고, 그것을 북한 매체가 대대적으로 보도하면서 김정은은 사실상의 후계자로서 공식화되었다. 북한에서 '제3방송'이라고 불리는 각 가정에 설치된 유선방송에서는 김정은이 사실상의 후계자로서 취급되어 온 모양이다.

그러나 조선노동당을 시작으로 그 어떤 기관도 아직 김정은을 김정일의 '후계자'로 결정했다는 기관 결정을 했다는 징후는 없다. 2010년 말 현재, 북한의 매체에서 '후계자, 김정은'이라는 보도는 한 줄도 없었다.

김정일의 경우에는 1974년 2월의 당 중앙위 제5기 제8차 전체회의에서 '주체위업의 위대한 계승자'로 추대가 되었고, 조선노동당이 공식적으로 김정일을 '후계자'로 기관 결정했다. 김정은의 경우에는 당 중앙군사위 부위원장, 당 중앙위원, 대장이라는 직책을 얻었을 뿐으로, 당 정치국이나 당 비서국, 국가기관인 국방위 등에 직책을 획득한 것은 아니었다.

아마도 하나의 계기는 김일성 탄생 100주년, 김정일 고희(70세)를 맞고 '강성대국의 대문을 열자'고 하고 있는 2012년에 후계자 문제에 대해서 어떤 형태의 기관 결정이 이루어지는 것일 수도 있다. 가능하다면 제7차 당 대회를 개최하여 김정은 후계체제를 공식적으로 시작하고자 할 것이다.

김정은의 실적 쌓기가 진전되면, 당 중앙위 전체회의를 개최하고, 조명록 정치국 상무위원의 사망으로 공석이 되고 있는 당 정치국 상무위원의 직책을 김정은이 획득할 가능성도 있다. 또한 현재도 1년에 한 차례 개최되고 있는 최고인민회의의 결정에 의해 국방위에서 직책을 얻게 될 가능성도 있다.

그렇지만 현재 북한이 놓여 있는 상황을 고려해볼 때 김정은이 두드러진 업적을 쌓아 올릴 수 있을 것인가의 여부는 아직 불투명하다.

김정일의 건강에 관한 전망들

김정은의 향후 행보는 실적을 쌓기에 따라 단계적으로 당 정치국이나 당 비서국, 국방위 등 국가기관에서 직책을 획득하고, 공식적으로 '후계자'로서의 기관 결정을 향해 나아갈 것으로 보이는데, 그 시기를 점치는 최대 요인은 김정일의 건강 상태일 것이다.

내부고발 전문 웹사이트 '위키리크스'가 공표한 미국의 외교 공개전문에 의하면, 한국의 현인택 통일부 장관은 2009년 7월 캠벨 미국 국무부 차관보(동아시아·태평양담당)와의 회담에서 김정일 총서기가 2015년을 넘어 생존할 수 없을 것이라고 밝혔다고 한다. 현인택 통일부 장관은 북한이 삼남 김정은의 후계 준비로 분주하며, 이미 정권이행이 시작되어 '청년 대장'이라고 불리는 김정은에게 일부 권력이 이양되고 있다고 말했다고 한다.

또한 한국의 《조선일보》는 2010년 3월 17일자로 복수 소식통의 말을 전하면서, 캠벨 미국 국무부 차관보가 같은 해 2월에 한국을 방문했을 때에 비공개 간담회에서 김정일의 건강 상태에 대해 "모든 의학적 정보를 종합하면 (남은 수명은) 3년 정도라고 생각된다"라고 논했다고 보도했다.

김정은의 사진이나 영상의 공표, 현지지도에 대한 동행 보도 등은 김정일이 권력을 승계하던 시기와 비교해보면 대단히 빠른 속도이다. 김정은의 후계체제 구축이 예상을 상회하는 속도로 진행되고 있는 것은 김정일의 건강이 예상 이상으로 나쁘기 때문이라는 지적이 제기되고 있는 것이 사실이다.

2010년 10월 10일의 조선노동당 창건 65주년 경축 열병식의 모습은 북한 국내에서도 생중계되었다. 주석단의 중앙 쪽을 향해 김정일은 난간을 따라 이동하여 건강이 양호하지 않다는 것을 내외에 내비쳤다. 김정일의 이와 같은 모습의 영상이 공개적으로 북한 매체에 등장한 것은 이제까지 별로 없었다.

김정일의 건강 악화는 '숨겨야 할 정보'였다. 그런데 북한 당국은 이것을 내외에 전했다. 이것은 북한 당국이 김정일의 건강 악화를 더 이상 '숨겨야 할 정보'가 아니라 인민에게 '알려야 하는 정보'로서 판단하고 있다는 것을 의미한다. '김정일 동지의 건강은 이와 같이 좋지 않다. 우리들은 후계자의 준비에 임하지 않으면 안 된다'라고 하는 메시지를 북한 국민에게 보내야 하는 시기가 온 것으로 판단하여 이러한 영상이 북한 주민들에게 전해지게 된 것이다.

김정일이 충분히 건강하지 않더라도 정권 유지에 지장이 없는 수준의 건강을 유지한다면 김정은은 다소 장기적인 준비기간을 갖고 실적을 쌓아 나가면서 자신의 직책을 확대하고 향상시켜 권력 '2인자'로 발돋움하고 그로부터 후계자의 기관 결정이라는 수순을 밟을 수 있을 것이다.

김정일이 10년 이상을 더 산다면, 그 사이에 김정은은 실적을 쌓고 부친이 그러했던 것처럼 권력을 점차 확대하면서 자신의 측근을 육성하여 그들을 중요 직책에 배치시킴으로써 후계권력의 기반을 굳혀갈 수 있을 것이다.

그러나 김정일이 2, 3년 정도의 짧은 시간에 사망하게 될 경우는, 급속한 형태의 권력 이양이 일어날 가능성이 있다. 김정은의 권력기반이 아직 취약하기 때문에 그것이 체제 내부의 갈등이나 불안정 요인이 될 가능성이 있다. 2011년의 연평도 포격은 그러한 초조함으로 인해 포격을 자신의 실적으로 쌓아 올리며 내부 통제를 강화하고자 했던 결과물이라고도 볼 수 있다.

모기장식 전략

둘째, 김정은 후계체제가 직면하고 있는 경제 분야의 과제는 무엇인가?

북한은 2012년에 '강성대국의 대문을 열자'고 하고 있는데, 경제 재건을 실현하고 인민 생활의 향상을 실현할 수 있을지의 여부 자체가 체제 유지의 핵심적 과제라고 해도 과언이 아니다. 그런데 북한에서 일어나고 있는 현실을 보면 이와 같은 가장 핵심적인 문제에 대한 해결이 줄곧 지체되어왔다.

"당원들과 근로자들이 외부로부터 들어오는 불건전한 사상요소에 오염되지 않게 하는 유일한 방도는 그들 속에서 사상교양사업을 강화하는 것입니다. 사상교양사업을 강화하여 당원들과 근로자들을 다 우리 당의 사상으로 확고히 무장시키면 어떤 불건전한 사상요소도 우리 내부에 침습할 수 없습니다. 당원들과 근로자들에 대한 사상교양사업을 강화하는 것은 모기장을 치는 것이나 같습니다. 위대한 수령님께서는 모기장을 치지 않고 창문을 열어놓으면 모기가 달려들어 눈두덩을 쏘거나 쉬파리가 들어와 쉬를 쓸 수 있다고 하시면서 문을 열어놓는 경우에도 모기장을 잘 쳐야 한다고 교시하시였습니다. 모기와 쉬파리가 들어오지 못하게 모기장을 쳐놓으면 문을 열어놓아도 문제될 것이 없습니다. 이것은 지난날 우리의 경험이 잘 말하여줍니다. 우리는 일부 나라들이 개혁, 개편 정책에 깊숙이 빠져들어가고 제국주의자들이 사회주의를 더욱 악랄하게 헐뜯을수록 당원들과 근로자들에 대한 사상교양사업을 진공적으로 벌려 수정주의, 부르죠아 사상을 비롯한 그 어떤 불건전한 사상요소도 우리 내부에 침습하지 못하게 방어진을 철저히 쳐놓아야 합니다"(김정일이 조선노동당 중앙위원회 책임일군 및 도당 책임비서들에게 한 담화, 「당을 강화하고 그 령도적 역할을 더욱 높이자」, 1989년 6월 9일, 12일『김정일 선집9』, p. 355).

이것이 김일성이나 김정일의 '모기장식 전략'이다. 이것은 개혁개방 등을 어떻게 포착할 것인가 하는 문제임과 동시에 북한 경제노선의 문제와도 밀접하게 관련된 문제의식이었다.

매우 흥미로운 것은 "모기와 파리가 들어오지 않도록 모기장을 친다면, 문을 열어도 문제가 되는 일은 없다"라는 발언이다. 이 발언 속에는 서방측의 '불건전한 사상요소'에 대해서는 '철저한 방어진'을 구축한다는 원칙을 내세우는 한편, '문을 열어도 문제는 없다'고 하는 실리적 사고가 있다. 즉, 문까지 닫으면 매우 고통스럽고 폐쇄적이 되지만, 해독이 되지 않는 것은 들어와도 좋다고 하는 실리적인 사고법이 근저에 존재하고 있는 것이다.

북한에서는 1990년대의 '고난의 행군' 시기에 배급제도가 붕괴되면서 주민들이 식료품이나 생활필수품을 마련하기 위해 시장이 필요불가결한 것으로 발전하게 되었다. 당초에는 '장마당'이라고 불리는 농민 시장이었지만, 거래 품목이 식료품에서 일상용품으로 확대되었다. 2002년 7월의 경제개혁 조치로 당국은 시장을 공인했고, 핵심적인 시장으로서 '종합시장'이라는 이름의 공설 시장도 만들어져 그 기능이 단번에 확대되었다. 경제개혁 조치 그 자체가 현실의 시민생활의 실상을 추인한 것이었는데, 일부 시장경제적인 요소가 북한에서 기능하기 시작했던 것이다.

그러나 북한 당국은 2006년경부터 시장에 대한 통제를 점차 강화했다. 이것은 경제정책의 주도권을 시장에게 빼앗긴 북한 당국의 초조함이 반영된 것이기도 했다. 기존의 사회주의 통제경제로 복귀하고자 하는 정책이 점차 강화되어, 김정일이 2002년 7월부터 실시한 경제개혁 조치는 후퇴하기 시작하고, 2007년 4월에는 경제개혁을 주도하던 박봉주 총리가 해임되었다.

2009년 11월 30일부터 100 대 1의 화폐개혁을 실시하고 시장을 폐쇄한다는 전격적인 조치를 취했던 것은 명백히 김정은 후계체제의 준비를 위해서 경제정책을 단번에 사회주의적인 통제경제로 복귀시키고자 한 것이었다.

화폐개혁은 기본적으로 1세대당 10만 원을 한도로 100 대 1로 구화폐를 신화폐로 교환하고, 그것을 넘는 금액은 10 대 1의 우대비율로 예금하도록 한 것이었다. 부유층의 재력을 국가가 예금이라는 형태로 수탈하고자 한 것이다. 10만 원 이상의 자산을 보유한 중산층은 소지하고 있던 현금이 휴지 조각이 되자 크게 반발했다.

북한 당국은 또 한편으로 시장을 폐쇄하고 2010년 1월 1일부터 외화의 사용을 금지했다. 식료나 일상용품의 공급이 확보되지 않은 상황에서 화폐개혁을 실시하여 한편으로 임금은 기존의 액면가를 보장한다는 무책임한 방법을 취했기 때문에, 그 당연한 결과로서 국영상점은 상품가격의 결정도 할 수 없게 되고 시장의 상인은 가격이 상승할 것을 예상하며 물품을 내놓지 않아, 결국 경이적인 물가상승이 진행되었다.

북한에서는 일반 주민뿐만 아니라 당의 각 기관이나 각 기업도 외화를 보유하고 있는데, 이러한 외화를 사용될 수 없게 되자 무역은 완전히 마비되어 북한 원화의 가치가 폭락하고 이것이 다시 물가의 상승을 심화시키는 악순환에 빠졌다.

북한 당국은 화폐개혁 실시 약 2개월 후에 정책의 실패를 인정하고, 김영일 총리는 2010년 2월 초에 평양의 인민문화궁전에서 인민반 반장들을 모아 정책의 실패를 인정하고 사죄했다. 박남기 당 계획재정부장은 해임되었다. 한국의 보도에 따르면, 박남기 부장은 화폐개혁 정책의 실패로 2010년 3월에 총살되었다고 한다.

결국 시장은 재개되고 외화의 사용도 용인되었다. 북한 당국은 거의 전면적으로 패배했다. 각 세대에 당분간 소용할 수 있는 자금으로 제공된 신화폐 500원이 김정은의 '배려금'으로서 배포되었는데, 이것이 거꾸로 김정은에 대한 반발을 사게 되어 김정은 후계체제에 커다란 타격을 주었던 것이다.

김정일은 후계체제의 준비를 위해서 시장세력을 괴멸시키고 사회주의 통제경제를 복권시키고자 했으나, 그것만으로 북한 경제가 재건될 수 있을 것으로 생각하지는 않았다.

남북 경제협력

김정일은 권력을 계승하게 되는 자신의 아들을 위해서 '모기장식 전략'에 따른 경제정책을 구상한 것으로 보인다. 그 가운데 하나는 한국과의 금강산 관광사업과 개성 공업지구의 지속이다.

금강산 관광사업은 김대중 정권 시기인 1998년 11월부터 선박을 이용한 해로관광이 시작되었고, 2003년 9월부터 군사분계선을 넘는 육로관광이 시작되었다. 2002년 10월에 금강산 지역이 관광지구로 지정되었다. 그러나 이명박 정권 시기에 접어든 2008년 7월에 한국의 한 여성 관광객이 북한의 여성 병사에 의해 사살되는 사건이 발생하여 관광은 중단되었다. 2007년 12월부터 시작된 개성 관광도 2008년 11월에 북한 측의 왕래 제한에 의해 중단되었다.

북한 측은 관광재개를 요구했다. 그러나 한국 측이 사살 사건의 진상 규명, 재발 방지, 관광객의 신변 안전보장 등을 확실히 하지 않으면 관광 재개는 불가능하다는 입장을 취하면서 대립이 계속되었다. 결국 북한 측은 2010년 4월에 금강산 관광지구에 있는 한국 측 자산의 일부에 대해서 동결 조치를 취했다.

북한에게 금강산 관광은 중요한 외화획득 수단이기 때문에 한국 측에 관광 재개를 강하게 요구했지만, 2010년 11월 23일의 연평도 포격으로 금강산 관광의 재개는 더 멀어지게 되었다. 그러나 약 10년간의 금강산 관광으로 약 200만 명의 관광객이 북한을 방문하고 북한은 합계 약 5억 달러의 외화수입을 거두어들였다.

한편 개성 공업지구는 2008년 8월에 김정일 총서기와 한국의 정몽헌 현대그룹 회장이 합의하고, 2003년 6월에 착공하여 2004년 말에 조업을 개시했다. 2010년 10월 말 기준으로 한국의 121개 기업이 진출해 있다. 한국 통일부의 자료에 의하면, 개성 공단의 북한 노동자 수는 2010년 기준으로 약 4만 3,100명에 달하며, 의류 등의 경공업품을 제조하며, 생산 액 누계는 2010년 9월 말까지 10억 2,105만 달러에 달했다. 또한 2004년 12월부터 2010년 7월까지에 개성 공단에서 일하는 북한 노동자에게 지불 된 임금의 누계는 1억 1,640만 달러에 달했다. 개성 공단의 북한 노동자 수는 매년 증가하여 임금도 매년 9~11% 증가했으며, 2010년 7월까지 임금 지출액은 2,708만 7,000달러로 이 속도라면 2010년의 지출 총액은 약 4,600만 달러가 될 것으로 예상된다. 즉, 개성 공단은 북한이 연간 약 5,000만 달러의 외화를 획득하는 수준으로까지 성장했다.

북한 당국은 2010년 3월에 한국의 초계함이 침몰하는 사건이 발생하여 남북관계가 극도로 긴장된 상황 속에서도 결국 개성공업 단지를 폐쇄하지 는 않았다. 아니 오히려 할 수 없었다고 해야 할 것이다. 외화 부족에 번뇌하는 북한의 입장에서 금강산 관광에 이어 개성 공단이라는 외화 획득 루트마저 폐쇄되는 것은 커다란 타격이기 때문이다. 금강산 관광도 개성 공단도 원자재가 부족한 북한에게는 외화 순익을 거두어들일 수 있다는 것만으로도 필요불가결한 현금 수입원이 되고 있다.

북-중 경제협력

김정일 총서기가 한국과의 경제협력과 함께 모기장의 바깥에 설치했던 것이 중국과의 경제협력이었다.

북한은 1991년 12월에 정무원(政務院) 결정으로 나진·선봉지구에 '자유경제·무역지대'를 설치했다. 1993년 9월에는 나진시와 선봉시를 합쳐 '나진·선봉시(직할시)'로 삼고, 2001년 5월에는 나선시(羅先市)가 되었으며 2005년에는 특급시로 승격되었다. '나진·선봉지구'라고 하는, 평양으로부터 멀리 떨어져 중국·러시아와 인접한 변경 지역에 일부 외국 자본의 도입을 인정하고 그곳으로부터 자본이나 기술을 도입하면서, 그 이외의 지역에서는 '모기장'을 확실히 쳐서 서방 측의 오염된 문화나 사상의 유입을 방지한다는 발상인 것이다. 그러나 부족한 인프라 시설이나 북한 핵 문제 등으로 한반도 정세가 긴장되면서 나진·선봉 자유경제무역 구상은 사실상 좌절하게 되었다.

김정일 총서기는 핵이나 미사일의 문제가 해결되지 않은 상태로 서방 측 자본을 끌어오기는 어렵다고 판단하고는 주요 목표를 중국으로 삼았다. 조선중앙통신은 2009년 12월 16일 김정일 총서기가 나선시를 방문하여 무역회사 등을 시찰했다고 보도했다. 김정일이 나선시를 방문한 것은 이때가 처음이었다. 김정일은 "대외활동을 될 수 있는 대로 확대하지 않으면 안 된다"라고 말했다. 그리고 2010년 1월 4일에 나선시는 특별시로 승격되었다.

한 걸음 더 나아가 2010년 1월 20일에 평양 시내의 호텔에서 '조선대풍국제투자 그룹'의 제1차 이사회가 개최되어 이사장으로 김양건 조선아시아태평양위원회 위원장(당 통일작전부장)을 선출했다. 부이사장에는 중국의 조선족 출신 실업가 박철수(朴哲洙)가 취임했다. 아울러 국방위 결정으로 국가개발은행이 설립되었다.

김정일 총서기는 2010년 5월과 8월의 두 차례에 걸쳐 중국을 비공식 방문했다. 특히 8월의 방문에서는 중국의 동북 3성을 방문하고, 지린 시(吉林市), 창춘 시(長春市), 하얼빈 시(哈兒濱市) 등을 방문하여 기업 등을 시찰했다. 이것은 향후 중국 동북 3성의 경제개발과 북한을 연대시키려는 방침으로 보인다.

중국은 동북 지방의 제품을 한국이나 일본으로 수출하기 위해서 동해에 면해 있는 나진시나 청진시의 항구를 이용하여 물자의 유통을 도모하려는 의도를 갖고 있다. 중국과 나선·청진 등을 연결하는 도로나 철도, 나아가 나선이나 청진의 항만 정비 등 사회자본을 정비할 수 있는 자금력이 북한에게는 없다. 이것을 중국 측이 부담하고 아울러 중국이 항만 이용료를 지불함으로써, 북한은 현금 수입을 거두어들인다고 하는 계획인 것이다.

북중 국경의 도시인 단둥 시(丹東市)의 랑터우(浪頭)에서 2010년 12월 31일 삼엄한 경계 태세 속에 북중 국경을 흐르는 압록강에 신설된 다리 '북·중(朝中) 압록강교'의 착공 기념식 행사가 행해졌다. 이 새로운 다리의 건설은 2009년 10월에 원자바오(溫家寶) 총리가 방북했을 때 최종 합의되었는데 합의로부터 1년 2개월 만의 착공이었다. 건설 지점을 둘러싸고 북중 간에 합의 조정이 난항을 겪고 북한 측이 주변 도로의 정비 등을 요구했기 때문에 착공이 지체되었다. 12월 31일이라는 연말의 착공식은 '해를 넘어서는 안 된다'고 하는 북중 쌍방 간의 강한 의지가 표현된 것이었다.

착공식에는 중국 측에서 리성린(李盛霖) 교통운수장관, 후정웨(胡正躍) 외교부 차관, 랴오닝성(遼寧省)의 왕민(王珉) 공산당 위원회 비서, 천정가오(陳政高) 성장 등이 참석했고, 북한 측으로부터 김창룡(金昌龍) 국토환경보호상, 김성기(金成基) 외무성 차관 등이 참가했다.

압록강에는 1940년대에 가설된 철도와 자동차도로 병용의 '북·중 우의교'가 있는데, 자동차도로 부분은 노후하여 20톤 이상의 화물차량은 운행할 수 없는 상황이고, 1차선이기 때문에 원활한 물류에 한계가 있었다.

새로운 다리는 현재 교량의 약 6킬로미터 하류지점에 건설되어, 단둥시의 개발구에서 북한 평안북도를 잇는 편도 2차선의 자동차도로가 된다. 중국 측의 랑터우(浪頭) 지구는 이미 고층 아파트가 건설되어 있고, 단둥시 신청사의 건설도 계획되고 있다. 북한 측의 연결 지점은 신의주 남측의 삼교천(三橋川)의 장서(長西) 지구가 될 것이라고 한다.

이 다리의 건설은 중국 측이 강력하게 제안했다. 2007년에 당시의 우다웨이(武大偉) 외교부 차관이 방북했을 때에 비용은 중국 측이 전액 부담하는 것을 제안했다. 그러나 최종 합의는 원자바오 총리가 방북한 2009년 10월에 이루어졌다.

다리뿐만 아니라 단둥, 신의주에 대한 진입 도로까지 포함하여 약 11킬로미터의 공사가 행해졌으며 완성은 2년 뒤로 하고 건설비 18억 위안은 전액 중국 측이 부담한다. 북중 무역의 70%는 단둥 경유로 이루어지고 있으며, 새로운 다리의 건설은 북중 경제협력을 더욱 확대, 강화하는 것을 상징하는 계획이 되었다. 북한 영토인 압록강의 중주(中州)를 한국이 운영하고 있는 개성 공단과 같은 자유무역지구로서 개발하는 계획도 추진되고 있다.

한편, 중국 지린성의 지방신문 ≪신원화바오(新文化報)≫에 의하면 '중국해운 그룹'의 석탄운반선 '진보(金博)'가 북한의 나진항 제1부두를 2011년 1월 11에 출항하여 같은 달 14일 상하이(上海)의 푸둥항(浦東港)에 도착했다. 운송된 약 1만 7,000톤의 석탄은 '훈춘(琿春)광업 그룹'이 중국 지린성 훈춘시의 탄광에서 굴착한 것으로, 2010년 12월 7일부터 약 1개월에 걸쳐 훈춘 취안허(圈河)에서 나진항으로 운송되었다. 중국에 의한 나진항 부두의 본격적인 이용은 이것이 처음으로 보인다.

중국의 지린성은 바다에 면해 있지 않아서, 지금까지는 랴오닝성의 잉커우항(營口港)이나 다롄항(大連港) 등을 통해서 중국 남부의 상하이 방면이나 한국, 일본, 나아가 동남아시아 등에 연결되었던 물류가 북한의 나진항을 통해 동해로부터 돌아나갈 수 있게 되었다.

동북 3성의 광물 자원 등은 지금까지는 멀리 떨어진 랴오닝성의 잉커우항이나 다롄항까지 철도로 운송하고, 그곳에서 다시 선박에 싣는 방식이었다. 훈춘과 다롄항은 1,300킬로미터가 떨어져 있는데, 훈춘과 나진항은 약 50킬로미터밖에 떨어져 있지 않아 나진항을 이용한다면 운송비를 대폭적으로 절감할 수 있다.

중국은 당분간 동북 3성과 상하이 등 남방 지역 사이의 국내 운송부터 시작할 예정이지만, 어쨌든 한국이나 일본에 대한 해운으로 발전할 것으로 보인다. 나진항에 대한 중국의 이용이 본격화된다면 지린성뿐만 아니라 동북 3성의 물류에도 큰 영향을 미칠 가능성이 있다.

중국의 '창리(創力) 그룹'은 2008년에 북한으로부터 나진항 사용권을 획득하고 2009년 말까지 약 2,600만 위안을 투입하여 개축 공사를 했다. 동 부두는 연간 100만 톤 정도의 선적이 가능한 것으로 추정되고 있다.

중국 당국은 이러한 물류를 위해서 2010년 상반기에 훈춘 취안허(圈河)와 북한의 원정리(元汀里)를 잇는 두만강 대교를 보수했다. 중국은 금후 본격적인 물류를 대비하여 두만강 대교를 대신할 새로운 다리의 건설이나 신설 도로의 정비 등도 검토하고 있는 것으로 알려지고 있다. 중국은 운송비를 대폭적으로 삭감하고 북한은 항만 사용료 등의 수입을 얻는 것이 가능하다는 측면에서 북·중 쌍방 모두에게 이점이 있다.

또한 한국의 ≪중앙일보≫는 2011년 1월 7일자로 중국 국유기업인 '상디관췬(上地冠群) 투자주식회사'가 2010년 12월 20일에 베이징에서 북한의 '조선투자개발연합체'와 10개 항목의 투자의향서를 체결하고 북한의 경제특구, 나선특별시에 20억 달러를 투자하는 것에 북한 측과 합의했다고 보도했다. 동 신문은 이제까지 공개되어 있는 중국의 북한에 대한 투자 규모에서 최대라고 전했다.

이 신문에 의하면, '상디관췬 투자주식회사'는 의향서에서 향후 2~3년간 경제특구 건설에 필요한 인프라를 정비하고, 5~10년 동안에 걸쳐 동북아시아 최대 규모의 공업특구를 건설할 계획이라고 한다. 이 회사는 화력발전소, 도로, 탱커 전용부두, 석유 정제공장, 제철소를 건설할 계획으로 함경북도 무산(茂山)의 광산을 포함한 지하자원 개발과 국제금융 은행 건설에 대해서도 북한 측과 합의했다. 투자사업에는 중국이나 홍콩의 여러 기업들이 참가할 예정이라고 한다.

이 신문에 의하면, '상디관췬 투자무역회사'는 1995년에 설립된 석유 가공무역, 광물자원 투자, 국제금융 서비스를 주요 업무로 하는 국유무역 회사로, 중국의 제12차 5개년계획(2011~2015년)에 맞추어 석유 가스전 개발, 석유정제, 석유화학, 광물자원 개발을 행하고 있다. 또한 2010년 12월 말에 평양에 사무소를 설립했다. 북한 측 상대인 '조선투자개발연합체'는 2010년 7월에 설립된 '조선합영투자위원회'의 산하 기관으로서 4대 경제특구(신의주, 나진, 금강산, 개성)를 통괄하고 있는 것으로 알려져 있다.

≪중앙일보≫가 입수한 '상디관췬 투자주식회사'의 투자의향서 제1항은 "이번의 협력은 북중 양국 고위급에 의한 신중한 역사적 의의를 갖는 전략적 협력"이라고 하며, 이 투자가 2010년 5월과 8월에 북한의 김정일 국방위원장이 방중했을 때 중국 후진타오(胡錦濤) 국가주석과 논의했던 내용이라는 점을 나타내고 있다.

북중 국경의 서측과 동측에서 새로운 북중 경제협력이 구체적으로 움직이기 시작한 것으로 볼 수 있다. 주목해야 할 것은 중국 측에 실리적인 이점이 있는 프로젝트가 움직이기 시작했다는 점이다. 북중 압록강교의 건설은 중국 측이 예전부터 건설을 제안한 것이며, 북한의 광물자원을 반입하기 위해서 다리의 교체 건설을 요구해왔다. 또한 나진항에 대한 진출도 중국의 비원이라고 할 수 있는 것이었다.

앞에서 언급한 바와 같이, 북한은 2010년 1월에 국가주도로 '조선대풍국제투자 그룹'을 설립하고 같은 해 3월에는 국가개발은행을 설립했다. 이 그룹은 북한에 대한 국제적인 경제제재가 진행되는 가운데 중국의 국가주도에 의한 투자 유치를 계획했다. 박철수 총재는 1차분으로 국가개발은행에 100억 달러의 투자 유치를 계획하고 있다며 호언장담했다.

그렇지만 1년이 경과한 현재 이 그룹에 대한 투자실적은 별로 확인되지 않는다. 북중 간에 움직이고 있는 것은 중국에 현실적으로 경제적 이점이 있는 프로젝트뿐이다. 한편 이러한 두 프로젝트의 진전이 북한을 중국의 동북 3성 경제권에 편입시키는 것을 더욱 가속화하리라는 것은 필지(必至)의 사실이다.

국내는 계획통제경제 지향

북한은 화폐개혁 등의 경제정책이 실패하면서 시장이 부활되고 외화 사용 등이 허가되었지만 경제시스템을 배급제를 기본으로 한 사회주의 통제경제로 되돌리는 방침 그 자체는 아직 포기하지 않고 있는 것으로 보인다.

북한 당국은 2009년 11월부터 12월에 걸쳐서 양정법(糧政法, 11월 3일),

물건을 사려는 손님으로 붐비는 평양의 '통일거리 시장'

농업법(11월 3일), 부동산관리법(11월 11일), 물자(物資) 소비기준법(11월 11
일), 종합설비수입법(11월 11일), 수출품원산지법(11월 25일), 상수도법(11
월 25일), 노동정량법(勞動定量法, 12월 10일), 농장법(12월 10일), 하수도법(12
월 10일), 선원법(12월 10일)의 11개 법을 개정했다. 이러한 경제법 개정은
식량의 밀거래나 밀주(密酒) 제조의 금지를 명문화한 양정법의 개정과
같이 계획경제 강화와 국가 재정수입 확대 등 사회주의 통제경제로의
복귀를 지향하는 색채가 짙었다.

또한 2010년 4월에는 인민경제계획법이 개정되어 동법 17조에 있는
'계획작성 과정에서 생산단위의 의견을 상부에 전달한다'고 했던 조항은

삭제되고, 계획작성이 상부에서 하부로 전달되는 기존의 계획경제 방식으로 다시 돌아갔다. 이 밖에 평양시 관리법이나 노동보호법, 상업회의소법 등의 개정에서도 국가의 관리, 감독, 통제가 강화되었다.

그러나 현실의 주민 생활을 보면, 시장의 힘은 강해질 뿐이며 배급제로 식량이나 일상 용품의 충분한 공급이 불가능한 상황에서, 통제강화라는 측면에서 법률을 개정하더라도 현실적으로 계획경제를 부활시키는 것은 쉽지 않은 일이다.

김정일 총서기는 자신이 단행했던 2002년 7월의 경제개혁 조치를 스스로 부정하면서 사회주의 계획경제로 되돌아가고자 하는데, 이는 경제재건이 불가능하며 해외로부터 자본이나 기술도 들어오지 않는 상황에서 중국의 지원만으로는 충분한 배급도 불가능한 상황임을 말해준다. 시장은 주민 생활의 일부가 되고 있으며, 다시 2009년 말의 화폐개혁과 같은 과감한 조치는 불가능하다.

김정일은 김정은의 후계체제를 안정적인 것으로 하기 위해서 사회주의 통제경제의 부활을 지향했으나 좌절하고 말았다. 그러나 그렇기 때문에 2002년 7월의 개혁조치를 다시 추진하는 것도 아닌 당장의 혼란을 피하기 위해 시장을 인정하고 있는 것에 불과하다.

현재 북한의 경제노선은 국내는 '모기장식 전략'으로 사회주의 통제경제를 향한 복귀를 지향하면서 북한 남부의 금강산 관광과 개성 공단에서 한국으로부터의 현금 수입을 확보하고, 북부에서는 신의주나 나선에서 중국의 경제지원, 경제협력을 강화하는 방향으로 볼 수 있다. 국내와 특구를 '모기장' 논리로 분리하면서 경제발전을 도모하고 있지만 현실은 그렇게 용이하지 않다. 모기장을 쳐서 모기나 파리는 막는다고 해도(예를 들면 간첩이나 공작원의 침입은 방지할 수 있다고 해도), 서방 측의 문화는 라디오,

시디(CD), 휴대전화, 탈북자 정보 등의 형태로 계속해서 북한 내부로 유입되고 있다. 결국 '모기장'은 서방 측의 '타락한 부패문화'의 유입을 차단할 수 있는 만능 무기가 아니다. 북한에는 한국의 TV 드라마 등의 '한류'가 조용하지만 확실히 침투되고 있다.

김정일은 우선 금강산 관광과 개성공업 단지라는 한국과의 '특구', 나선이나 신의주라는 중국과의 '특구'를 발판으로 삼아 외화와 기술을 획득하고, 그것을 활용하여 국내의 사회주의경제 시스템을 재건하는 것이 후계체제를 위해서 유리하다고 생각하고 있는 듯하다. 그러나 경제특구가 발전하게 되면 결국에는 주민 의식의 변화를 유발하게 되며, 이것은 다시 국내의 '개혁'을 유도하게 될 것이다.

김정은이 독자적으로 경제정책을 취할 징후도 없으며, 그러한 실력도 없을 것이다. 또한 북한의 화폐개혁 가운데 경제개혁을 주도하는 세력이 약화되고 있다. 경제개혁을 주도하여 총리에서 해임된 박봉주는 당 경공업부 제1부부장으로서 복권되었지만 2010년 9월의 당 대표자회의에서는 중앙위원후보가 되었을 뿐이며 중앙위원도 되지 못했다.

북한은 2012년에 '강성대국의 문을 열자'고 하고 있지만, 인민생활의 향상에 그 어떤 목표도 수립되어 있지 않다. 북한의 후계체제를 확립하는 가장 유효한 수단은 군사 우선노선도 통제강화도 아니라 충분한 식량이나 일용품의 공급이며, 주민이 '생활이 좋아졌다'고 실감할 수 있는 것이라는 평범한 진리를 망각하고 있다.

북-중 혈맹관계의 부활

셋째, 김정은 후계체제가 직면하고 있는 외교·안보 분야의 과제는 무엇인가?

북한의 김정일 총서기의 방중(2010년 8월 26~30일), 당 대표자회의(9월 28일), 당 창건 65주년(10월 10일), 중국인민지원군의 한국전쟁 참전 60주년(10월 25일)이라는 북한을 둘러싼 일련의 정치 일정을 거치면서 부상하고 있는 것은 중국과 북한 간 '혈맹관계'의 부활이며, 중국의 한반도에 대한 영향력 확대였다.

김정일 총서기의 방중 이후 북·중 간의 군사, 정치, 경제, 사회, 문화 각 분야에 걸친 대표단의 활발한 상호방문은 다시 새로운 피를 수혈함으로써 사망 직전에 처해 있던 '북·중 혈맹관계'를 소생시키고 있는 듯한 느낌이다.

중국의 지도부가 장쩌민 주석에서 후진타오 주석으로 교체되면서, 대부분의 전문가는 북·중 관계는 기존의 전통적인 '혈맹관계'에서 '실리관계'로 더욱 이행하게 될 것으로 예측했다. 그러나 2010년 가을에 한국전쟁을 둘러싸고 발전하고 있는 북·중의 관계강화를 보는 한, 전문가들의 '예언'은 크게 벗어났다. 물론 현재의 표면적인 상황의 저류에 흐르고 있는 것이 역시 '실리관계'라고 볼 수도 있다. 그러나 그 저류의 위에서 중국과 북한의 지도부는 굳이 지속적으로 '혈맹관계'라고 하는 고색창연한 전통적 관계의 회복을 제창하는 노선을 선택하고 있다. 이것은 의미가 있으며, 그것을 대다수의 전문가가 예측하지 못했던 것도 사실이다.

김정일 총서기의 삼남 김정은의 데뷔도 또한 그러한 흐름 위에서 행해졌다. 김정은이 후계자로의 길을 공개적으로 걷기 시작하면서 최초로 북한 주민 앞에 모습을 보였던 것은 2010년 10월 9일의 매스게임과 예술공연 <아리랑>을 부친 김정일 총서기와 방북한 중국공산당의 저우융캉 정치국 상무위원 등과 관람했을 때였다. 그가 관람한 <아리랑>의 내용은 중국과의 우호관계를 강조하는 장면을 추가한 '친선 아리랑'이었다.

10월 10일에는 김일성광장에서 당 창건 65주년을 기념한 열병식이 열려, 미사일 '무수단'을 포함한 군사 퍼레이드가 행해졌다. 이례적인 생중계였고, 외신 기자 약 100명이 급거 초대되어 그 모습이 해외에도 동시에 보도되었다.

이러한 국가 '내외'에 대한 '동시 생중계' 속에는 다양한 배려가 숨겨져 있었다. 김정일 총서기 쪽에서 바라보았을 때 오른쪽에는 방북 중이던 중국공산당 저우융캉 정치국 상무위원이 섰고, 왼쪽에는 후계자 데뷔를 한 김정은이 섰다. 이 모습을 북한은 국내외에 생중계했다.

북한 국내를 향해서는 김일성, 김정일을 고스란히 닮은 머리형이나 옷차림을 한 삼남 김정은을 TV 영상으로 등장시켜 국민에게 첫 선을 보이는 것과 함께, 권력의 승계에 대해 '중국이 지지하고 있기 때문에 걱정하지 말라'는 메시지가 포함되어 있는 것이며, 국제적으로도 후계체제 지원이라는 중국의 입장을 보여주는 장면이었다.

10월 25일에는 평양체육관에서 '중국인민지원군 한국전쟁 참전 60주년 기념회 대중집회'가 개최되어 김정일 총서기, 김정은 당 중앙군사위 부위원장도 참가했다.

북한 측에서는 김영춘 인민무력부장이 연설을 통해 "중화인민공화국의 창건이라는 어려운 조건의 아래에서 중국 인민지원군이 한국전쟁에 참전한 것은 반제국주의 공동투쟁의 길에서 맺어진 혁명적 의리의 숭고한 표현이며, 프롤레타리아 국제주의의 살아 있는 모범이다"라고 강조했다.

중국 측에서는 방북 중이던 궈보슝 중앙군사위 부주석이 연설하여 "60
년 전 중국인민지원군은 평화를 지키고 침략에 반대하는 깃발을 높게 들고,
정의를 위해서 주저 없이 전투장에 들어가 조선 인민군과 어깨를 나란히
하고 싸워 제국주의의 침략을 물리쳤다"고 하며 "우리들 사이의 친선은
양국의 인민과 군대가 피로 맺은 것이다"라고 '혈맹관계'를 강조했다.

10월 18일까지 열린 공산당 제17기 중앙위원회 제5차 총회(5중전회)에
서 중앙군사위원회 부주석으로 취임하여 후진타오 국가주석의 후계자로
서의 지위를 확정한 시진핑(習近平) 국가부주석도 10월 25일 베이징에서
열린 '항미원조(抗美援朝, 한국전쟁) 참전 60주년 기념식'에 참가하여 한국
전쟁을 "평화를 지키고 침략에 대항했던 정의로운 전쟁"이라 하면서 "양
국 인민은 시종일관 북중 양국 인민과 군대가 흘린 피로 맺어진 위대한
우정을 잊어서는 안 된다"라고 '혈맹관계'를 강조했다.

중국지도부로부터 나온 이러한 '혈맹관계'에 대한 강조나, 국제적으로
한국전쟁이 북한의 '남침'으로 시작되었다는 것이 정설이 되어가고 있는
가운데 나온 '정의로운 전쟁' 발언에 대해서 한국 등에서는 정부를 포함하
여 강한 반발을 보였다.

북중 관계의 재강화 움직임은 중국 지도부의 한국전쟁 참전 60주년에
맞춘 일시적인 립서비스 수준으로만 이해할 수 없을 정도로 광범위한
것이 되고 있다. 당 창건 65주년 기념을 위해 방북한 중국공산당의 저우융
캉 정치국 상무위원을 단장으로 하는 대표단은 10월 9일에 김영남 최고인
민회의 상무위원장 등이 참석한 가운데 정부 간의 경제·기술협력 협정에
조인했다. 여기에는 쑨정차이(孫政才) 지린성 당 위원회 서기, 천시셰(陳希
學) 랴오닝성 당 위원회 부서기, 두위신(杜宇新) 헤이룽장성(黑龍江省) 당
위원회 부서기라는 중국 동북 3성의 당의 1인자와 '2인자'가 동석하여,

북한이 중국 동북 3성의 경제발전 속에 편입되는 것을 시사했다.

나아가 국제사회를 놀라게 했던 것은 10월 16~23일에 있었던 문경덕(文景德) 평양시 당 책임비서를 단장으로 하는 북한 친선대표단의 방중이었다. 이 대표단에는 북한의 9개 도와 평양, 남포, 나선의 3개 시의 당 책임비서가 모두 참가했는데 이는 전례가 없는 일이다. 일본으로 말하자면 모든 지사와 정령시(政令市) 시장이 함께 방중한 것이 된다. 이 방중단의 일정은 앞에서 언급한 저우융캉 정치국 상무위원이 방북했을 때에 합의된 것이다. 문경덕 평양시 당 책임비서는 19일에 베이징에서 저우융캉 상무위원과 회담했을 때에 "북한의 모든 도와 시의 당 위원회 책임비서가 김정일 총서기의 지시로 중국을 방문하여 중국 인민의 발전으로부터 얻은 성과를 직접 목격했다"라고 김정일 총서기의 지시에 의한 방중이라는 것을 밝혔다. 대표단은 베이징, 상하이 이외에 동북 3성을 방문했다.

또한 북한은 부임한 지 겨우 6개월밖에 되지 않은 최병관(崔秉官) 주중 대사를 경질하고 지재룡(池在龍) 당 국제부 부부장을 후임으로 결정하여 10월 26일에 부임시켰다. 최병관 전임 대사는 외무성 출신의 외교관이었던 반면, 지재룡 신임 대사는 당 국제부 출신이다. 북-중 관계는 쌍방의 외교부가 아닌 중국공산당 대외연락부와 노동당 국제부가 주된 창구이며, 북-중 관계의 더욱 원활한 관계 발전을 위해서 당 국제부에서 장성택 당 행정부장와도 가까운 사이로 여겨지는 지재룡 부부장이 기용된 것으로 보인다.

한반도 정세는 2010년 3월의 한국 초계함 침몰로 긴장의 정도가 급속하게 높아졌다. 한-미 양국은 서해 등 주변 해역에서 군사연습을 반복했다. 한-미의 군사적인 연대강화, 이것을 강하게 지지한 일본이라는 한미일 3국의 움직임은 결과적으로는 북-중 관계를 '전통적인 관계'로 복원시킨 커다란 힘이 되었다.

북한은 권력 계승을 앞두고 유엔이나 한미일로부터 경제제재의 압박을
받게 되었고, 국내적으로는 2009년 말의 화폐개혁을 포함한 경제정책이
대실패로 끝났다. 이에 따라 북한은 자국의 노력만으로는 도저히 2012년
에 '강성대국의 대문'을 열 수 없다는 것이 명백해졌고 김정일 총서기는
'중국에 대한 의존' 강화라는 결단을 내렸다.

김정일 총서기는 2010년 5월의 방중에서 대규모 원조를 얻지 못했고,
일부에서는 일정을 단축하여 귀국했다는 견해가 나올 정도였다. 그러나
3개월도 채 안 되어 다시 중국을 방문하여 북중 관계를 새롭게 구축했다.
정치·외교적으로는 북중 동맹관계를 강화하고, 경제적으로는 북한을 중
국의 동북 3성 경제권과 연계시킨다는 선택을 한 것이다.

5월의 방중 시에 후진타오 국가주석은 김정일 총서기에게 다섯 가지의
제안을 했다. 그 제2항에는 "쌍방은 양국의 내정, 외교에 있어서 중대한
문제, 국제·지역정세, 당·국가통치의 경험 등 함께 관심을 갖는 문제에
대해서 수시 및 정기적으로 깊은 의사소통을 행한다"와 "전략적인 의사
소통강화"가 포함되어 있었다. 원자바오 총리는 "북한 측에 중국의 개혁·
개방과 건설의 경험을 소개하고 싶다"며 '개혁·개방'을 강조했다.

김정일 총서기가 5월 방중했을 때의 중국 지도부의 이러한 발언을 김정
일 총서기는 '중국의 내정간섭, 중국의 개혁·개방 강요'로 받아들였을
것이다. 김정일 총서기는 이와 같은 반감을 속으로 삭히면서, 방북한 카터
미국 전 대통령을 평양에 홀로 남겨둔 채 8월에 다시 방중했다. 이것은
북한이 국시로 삼아온 '자주'를 당분간 일부 포기하는 것과도 연결된다고
말하지 않을 수 없는, '중국에 대한 의존'이라는 도박이었다.

한편 중국에게 북한은 골치 아픈 존재이지만 자국의 안정적인 발전을

위해서 한반도의 평화와 안정은 필수 조건이다. 북한을 포용함으로써 중장기적으로 개혁·개방으로 유도하는 것이 실리적이라는 판단을 내리고 있는 것으로 보인다. 북한을 중국의 동북 3성 경제권에 편입시켜 경제적으로 서서히 개혁·개방으로 유도하는 쪽이 경제 제재 등을 통한 단기적인 압박보다는 효과적이라고 판단하고 있는 것이다. 또한 안보적인 측면에서도 미군이 서해 등으로 진출해오는 것에 대한 억지의 의미에서 북한을 포용해야 할 필요가 있었다. 이에 따라 북·중 관계를 일반적인 국제관계 중의 하나로 삼는 것이 아니라 특수한 관계로서 유지할 것임을 명확히 했다. 인정하지 않아왔던 북한의 권력 세습을 사실상 승인했던 것도 이와 같은 맥락이다.

당 대표자회의를 마친 북한은 중국의 의향도 있었기에 6자회담 복귀에 적극적이었다. 그러나 북한이 핵무기를 포기할 것이라고 생각하는 사람은 없다. 미국은 그것을 알고 있기 때문에 이제까지와 같은 6자회담에 대한 열의를 잃고 있으며 우선 남북 간에 관계개선을 해야 한다며 압력을 넣었다.

북한은 2012년에 '강성대국의 대문을 열기' 위해서 당분간 중국에 대해 의존하는 길을 선택했고 중국도 이를 받아들였다. 그러나 북한은 경제정책에서 중국의 개혁·개방 정책을 수용하고자 하는 것은 아니다. 김정은의 후계체제 구축에서 가장 필요한 것은 '인민생활의 향상'이지만 경제가 단기간에 재건될 전망은 없다. 중국의 지원이 계속되어도 경제 상황이 호전되지 않고, 김정은의 '실적'이 만들어지지 않을 경우에 군사적인 도발을 하지 않는다는 보장은 없다.

만약 북한이 제3차 핵실험 등의 군사 도발을 하게 된다면, 중국은 무엇을 위해 북한에 대해 지원을 해왔는가에 대해 국제사회는 물론 국내로부터도 비판을 받게 될 것이다. 중국과 북한은 슬로건으로 내건 '혈맹관계'

아래에서 냉엄한 '전략적 의사소통의 강화'를 해야만 하는 현실에 직면해 있다.

북한이 본질적으로 국제협조 노선, 개혁·개방 정책의 추진 의사를 갖고 있지 않은 가운데 '인민생활의 향상'을 실현하는 것은 어렵다. 그러나 중국은 이에 맞추지 않으면 안 된다. 부활한 것처럼 보이는 '혈맹관계'의 이면에는 입장이 크게 다른 중국과 북한 양국의 속내, 이해가 복잡하게 서로 얽혀 있다. 중국에게 북한은 '있어도 곤란하지만 없어도 곤란한' 여전히 골치 아픈 존재인 것이다.

북-미 협의와 핵문제

북한은 2010년 10월 10일의 당 창건 65주년, 10월 25일의 중국인민지원군 참전 60주년 기념식에서 국내체제를 정비하고 중국으로부터의 지지와 지원을 획득하면서, 점차 본격적으로 외교·안보 분야에 대한 공세를 향해 나아갔다.

북한은 11월에 들어서 잭 프리처드 전 미국 국무부 대북 특사(11월 2-6일), 스탠퍼드 대학 존 루이스 석좌교수, 미국 로스앨러모스 전 국립연구소장이었던 지그프리드 헤커 스탠퍼드대 국제안보협력센터 소장 일행(11월 9~13일), 그리고 모턴 아브라모비치 전 미국 국무부 차관보 등의 연구자 그룹(11월 15~18일)과 같은 미국의 외교나 안보 분야의 전문가들을 차례로 초대했다. 아브라모비치 전 국무차관보가 포함된 연구 그룹에는 안전보장 문제의 전문가, 레온 시걸, 토니 남궁 뉴멕시코 주지사 보좌관 등이 포함되었다. 모두 북한과의 파이프라인을 갖고 있는 미국의 전문가들로서, 북한의 의향을 비공식적으로 미국 정부에게 전달하는 메신저의 역할을 하는 인물들이다.

그들이 북한 방문을 마치고 미국에 돌아오자 북한의 의도가 점차 수면 위로 떠오르게 되었다. 그들은 "영변 핵시설에서 핵 활동의 재개 움직임은 보이지 않았다"라고 말했다. "어떻게 평가할 것인가에 대해서는 우선 워싱턴에 돌아가 (미국 정부에게) 보고하고 싶다"라고 하며 명확한 언급을 회피했다. 전임 특사는 영변의 핵시설에 대해서 "5,000킬로와트의 실험용 흑연감속로는 봉쇄되었고, (2008년 6월에) 폭파된 냉각탑의 흔적도 그대로였다"라고 설명했다. "핵 연료봉의 재처리를 행하고 있는 모습도 없었다"라고 하여, 북한의 핵개발에는 진전이 없는 인상을 주었다.

프리처드는 서울에 들어와서 한국 통일부의 엄종식 차관과 회담하고, 자신이 북한에게 "워싱턴에 오고자 한다면, 서울을 경유해야만 한다"라고 말해, 북·미 협의를 실시하기 위해서는 남북 간의 긴장완화가 전제 사항임을 전했다는 것을 밝혔다. 그러나 한국외교통상부의 위성락 한반도평화교섭 본부장과의 회담에서는 영변의 핵 시설 주변에 새로운 건물을 건설하는 움직임을 확인했다고 말했다. 이 건물이 구체적으로 무엇인가에 대해서는 언론에 밝히지 않았다.

하지만 방북 제2진이었던 헤커 소장은 11월 13일, 북한에서 "영변의 핵시설에서 실험용의 경수로를 건설하고 있다는 설명을 받았다. 경수로는 2만 5,000킬로와트에서 3만 킬로와트 규모"라고 말했다. 나아가 영국 군사전문지 ≪제인스 인텔리전스 위클리(Jane's Intelligence Weekly)≫는 11월 16일 북한이 두 차례의 핵실험을 한 함경북도 길주군 풍계리 주변에서 터널 굴착공사가 진행되고 있음이 확인되었다고 보도했다.

북한이 미국의 메신저나 위성 등에 알려지는 것을 전제로 공사를 하고,

경수로 건설, 세 번째 핵실험이라는 '핵 카드'를 국제사회에 보였지만, 더 나아가 '세 번째 카드'가 준비되고 있었다.

북한은 11월 12일에 방북 중인 원자력 전문가 미국 스탠퍼드대학 국제 안보협력센터의 지그프리드 헤커 소장(미국 로스앨러모스 전 국립연구소장)을 영변으로 안내하여 비밀리에 완성한 우라늄 농축시설을 보여주면서, 약 2,000개의 원심분리기를 가동시켜 저농축 우라늄의 제조에 들어가고 있다는 것을 확인시켰다.

2002년 10월에 미국의 제임스 켈리 미국 국무부 동아시아·태평양담당 차관보가 방북하여, 강석주 제1외무차관(당시, 현 부총리)과 북한의 고농축 우라늄(HEU) 제조 의혹을 격렬하게 논쟁한 지 8년이 지나서 북한의 우라늄 농축문제가 현실의 명확한 위협으로서 국제사회에 부각되었다. 한국 정부는 북한이 적어도 1996년경부터 농축 우라늄의 연구에 착수했다고 보고 있다. 북한은 2003년 1월경에 농축 우라늄에 의한 핵무기 제조계획을 부정하고, 미국과의 사이에서 우라늄 농축형 핵무기 개발의 유무에 대한 논쟁을 계속해왔다. 그러나 북한 외무성은 2009년 6월 13일에 유엔 안보리가 채택한 새로운 대북 결의에 대해 비난하는 성명을 발표하면서, 그 속에서 '우라늄 작업에 착수한다'고 명확히 언급하고 우라늄 농축에 대한 기존의 애매한 자세를 일변시켜 우라늄 농축의 실시를 선언했다. 그리고 북한의 주유엔 대사는 같은 해 9월 3일에 유엔 안보리 의장에게 서한을 보내 "우라늄 농축 실험에 성공하여 완료단계에 들어갔다"고 표명하고 "우리 쪽도 핵 억지력의 강화를 전면에 내걸고 대화에 임하게 된다"고 경고했다.

국제사회는 어떤 의미에서 이러한 북한 측의 공갈을 '무시'해왔지만 국제적인 제재조치 속에서도 북한은 우라늄 농축을 계속하여 2,000개의 원심분리기로 제조에 들어갔다는 것을 미국 연구자에게 확인시켜주었던 것이다. 헤커 교수는 2004년 1월에도 방북하여 영변을 방문하고 북한이 "재처리하여 추출한 '플루토늄'이라고 말한 하얀 분말을 확인"한 연구자로서 북한의 핵 개발의 진행 상황을 확인하고 국제사회에 전하는 역할을 수행했다.

북한이 핵 개발을 행한 적이 있는 한국, 남아프리카공화국, 인도, 파키스탄, 이스라엘 등의 국가들과 명확하게 다른 점이 한 가지가 있다. 그것은 이들 국가들은 핵 개발의 사실을 숨기고 비밀리에 연구를 계속했는데, 북한은 핵 개발의 프로그램을 대단히 공개적으로 언급하면서 진행해왔다는 점이다. 국제사회는 2009년 6월의 '우라늄 농축에 착수', 같은 해 9월의 '우라늄 농축실험에 성공'이라는 메시지를 의도적으로 무시해왔는데 그에 대한 대가는 부메랑이 되어 돌아왔다.

헤커 교수의 보고서에 의하면, 관련 시설은 민간용의 저농축 우라늄 제조를 목적으로 하고 있다고 북한 측이 주장하고 있는 것이었다. 연간 최대 2톤의 저농축 우라늄으로 최대 40킬로그램의 고농축 우라늄(핵무기 2개를 제조할 수 있는 분량)의 제조가 가능하다고 한다. 북한은 이미 플루토늄을 사용해 두 차례의 핵 실험을 했다. 한국 국방부의 김태영 장관은 2010년 11월 2일의 국회 답변에서 북한이 '40여 킬로그램'의 플루토늄을 보유하고 있다고 지적한 바 있다. 클린턴 미국 국무장관은 북한이 '1~6개의 핵무기를 보유'하고 있다고 명확히 언급했다.

북한이 이제까지 해온 핵 개발은 영변의 실험용 원자로를 가동해서 만들어진 사용이 끝난 핵연료를 재처리하여, 무기용으로 활용할 수 있는 플루토늄을 제조하는 방법이었다. 북한이 우라늄 농축에 성공했다는 것은 기존의 플루토늄형 핵무기와는 달리 우라늄형 핵무기의 개발이 가능하다는 것이다. 우라늄형 핵무기가 플루토늄형 핵무기와 다른 것은 ① 농축 우라늄에 경수로와 같은 대형 시설이 불필요하고, ② 이에 따라 위성 등에 의한 감시가 어려우며, ③ 기폭 장치가 간편해서 핵무기의 개발이 용이하고, ④ 소형화가 쉽다는 점 등이다. 또한 북한은 우라늄 보유국이기 때문에 재료인 우라늄을 자국에서 조달할 수 있다.

북한은 우라늄 농축과 함께, 영변에 2만 5,000~3만 킬로와트의 새로운 경수로의 건설에 착수했다. 우라늄 농축은 이 경수로의 연료 재료인 저농축 우라늄일 뿐이라고 하는데, 헤커 교수도 지적하는 바와 같이 이것을 핵무기 개발에 전용할 수 있는 고농축 우라늄 제조에 사용할 수도 있다.

북한이 고농축 우라늄의 제조에 성공했다는 것은 이제까지의 핵 위기와는 비교가 되지 않는 위협이 된다. 원심분리기를 사용한 우라늄 농축은 숨겨진 작은 시설에서 얼마든지 가능하며, 위성 등으로 파악하는 것이 불가능하고, 원재료인 우라늄을 자국에서 조달가능하기 때문에 양산체제에 들어갈 가능성도 있다. 또한 소형화가 용이해지면, 이미 실전 배치하고 있는 노동미사일 등에 탑재할 수 있다. 일본은 완전히 북한 핵무기의 사정권 안에 있으며, 북한 핵무기가 일본 내 미군기지나 원자력 발전소를 공격목표로 할 경우 이에 대한 방어는 대단히 어려워진다.

북한의 기존 플루토늄형 핵무기의 경우에는 재료가 되는 플루토늄이 아직 40킬로그램밖에 되지 않고, 이제까지의 5,000킬로와트짜리 실험용 원자로는 이미 노후화되었으며, 또한 플루토늄형 핵무기의 소형화는 어렵기 때문에 이를 미사일에 탑재하는 데에는 시간이 걸릴 것으로 여겨졌다. 또 다른 계통에 속한 우라늄형 핵무기가 가능해지면 북한의 핵 위협은 비약적으로 높아지게 된다.

조선총련의 기관지 ≪조선신보≫는 11월 18일에 "협의 중단 상태와

'주체 경수로 건설', 6자회담을 하던 하지 않던 '대문'은 열린다"는 주제의 흥미 깊은 논평을 게재했다. 이 논평은 북한이 '두 개의 루트'를 천명했다고 했다. '첫 번째의 루트'는 "자위적인 핵 억지력의 강화로 2009년 5월에 두 번째의 핵실험을 하는 한편 영변에 현재 존재하는 핵시설인 흑연감속로에서 나온 사용이 완료된 핵연료로부터 추출한 플루토늄을 전량 무기화한다"는 것이다. '두 번째의 루트'는 "우라늄 농축기술을 기초로 한 경수로 발전소를 건설"한 것으로, "이는 어디까지나 국가의 경제발전에서 핵심적인 문제를 해결하는 것에 목적이 있다"고 하여 이것이 전적으로 원자력의 평화적 이용을 위함이라는 입장을 밝혔다.

논평은 1994년 10월의 북미 기본합의서(제네바 협정)와, 2005년 9월의 6자회담에서 9·19공동성명을 통해 경수로의 제공이 제창되었으나, 6자회담이 중단된 가운데 2012년에 '강성대국의 문을 열기' 위해서는 전력문제를 해결하기 위해 스스로의 손으로 '주체 경수로'를 건설해야만 한다고 했다. 또한 이 경수로의 건설은 경제주권의 문제이며 다른 국가가 간섭할 문제가 아니라고 주장했다.

2010년 11월 23일 미국의 해외 대상 방송인 '보이스 오브 아메리카 (VOA)'에 의하면, 아브라모비치 전 국무부 차관보와 함께 11월 15~18일에 방북했던 미국의 레온 시걸은 VOA와의 인터뷰에 답하며, 북한의 여러 고위관료가 북한이 단순한 '핵 폭발장치'가 아니라 '핵탄두'를 보유하고 있다고 말했다고 밝혔다. 이것은 북한의 핵무기 개발이 미사일 탑재가 가능한 '핵탄두'에 가까워지고 있다는 것, 혹은 이미 어느 정도의 소형화를 성공시켰다는 것을 의미하는 것으로 보인다.

또한 북한의 고관은 미국이 적대관계 해소를 선언한 2000년 10월 10일의 북미 공동코뮈니케의 내용을 존중한다면 영변의 핵시설 해체를 시작할 준비가 되어 있다고 표명했다고 했다. 북한 측은 아무런 전제조건 없이 북미 협의에 응하는 한편, 요구가 받아들여지지 않으면 영변에 새롭게 만들어진 우라늄 농축시설 이외에 불능화된 플루토늄 관련 시설까지 재가동을 추진할 것이라고 했다.

또한 2010년 11월 23일자 ≪워싱턴포스트≫지가 레온 시걸이 전한 말을 보도한 바에 의하면, 북한 당국자는 "미국 정부가 '북한과 적대할 의사는 없다'는 것을 명확히 할 경우 무기용 플루토늄의 추출이 가능한 핵 연료봉 전량을 제3국에 이송하고, 핵 무기개발 계획의 일부를 멈출 용의가 있다"라고 표명했다고 한다.

당 기관지 ≪노동신문≫은 2010년 11월 30일자의 '평화적인 핵에네르기의 개발리용은 시대적 추세'라는 기사에서 "현재 우리나라에서는 경수로건설이 활발히 벌어지고 있으며 그 연료보장을 위해 수천 대 규모의 원심분리기를 갖춘 현대적인 우라니움농축공장이 돌아가고 있다"라고 밝히고 경수로 건설과 우라늄 농축을 북한의 공식 매체로서는 최초로 확인했다. 아울러 "전력수요해결을 위한 평화적 목적의 핵에네르기 개발 사업은 앞으로 더욱 적극화될 것이다"라고 강조했다. 헤커 소장은 북한 측으로부터 2,000개의 원심분리기가 가동되고 있다는 설명을 받았지만, 당 기관지 ≪노동신문≫은 '수천 개'라고 보도하여, 헤커 소장이 목격했던 원심분리기와는 다른 시설이 있을 가능성도 시사했다.

당 기관지 ≪노동신문≫은 "평화적 핵에네르기 리용은 발전도상나라들에 있어서 빼앗길 수 없는 권리이다. 핵에네르기를 평화적 목적에 리용할 권리는 일부 나라들의 독점물로 될 수 없다. 세계 모든 나라들이 그 권리를 행사해야 한다"라고 주장했다. 이것은 북한이 전술한 '두 가지의 루트' 가운데 '플루토늄 루트'에 대해서는 미국이 현재의 휴전협정을 평화협정으로 바꾸어 체결하고 북·미 국교정상화를 성사시켜 북한의 안전이 보증된다면 사용 완료된 핵연료의 제3국 이송을 포함해 핵무기 개발을 멈출 용의가 있다는 것이다. 그러나 북한은 또 하나의 루트인 '우라늄 루트'를 통한 핵개발에 관해서는 지금까지도 평화적 이용을 위한 것이며 이것을 방해할 권리는 누구에게도 없고, 핵의 평화적 이용은 그 국가의 경제적인 자주권의 문제라는 자세를 보이고 있다.

이 '두 가지 루트' 전략은 북한이 이미 우라늄 농축기술에 자신을 갖고 있으며, 자국에서 우라늄 생산도 가능하기 때문에 우라늄을 사용한 핵무기 개발은 비밀리에 실행할 수 있다는 자신감이 반영되어 있는 것으로 보인다.

미국 국무부의 필립 크롤리 차관보도 2010년 12월 14일 "(핵 전문가가 본 시설은) 아무것도 아닌 곳에서 갑자기 나타난 것이 아니다. (우라늄 농축에 관한 조사나 실험이) 적어도 다른 1개소의 시설에서 실시된 것을 보여주고 있다"고 언급해, 영변의 우라늄 농축 시설 이외에도 북한에 비밀 농축 시설이 있을 가능성에 우려를 표명했다.

또한 한국의 ≪조선일보≫는 같은 날짜 보도를 통해 한국 정보당국자의 말을 인용해, 헤커 로스앨러모스 전 국립연구소장을 안내했던 영변의 우라늄 농축시설 이외에 3∼4개소에서 비밀 농축시설을 보유하고 있는 것으로 한국과 미국 정부관계자들은 보고 있다고 보도했다. 또한 ≪조선일보≫는 2010년 12월 15일, 풍계리의 핵 실험장에서 새로운 갱도가 500미터가량 굴착되어, 이 상태로 작업이 계속된다면 2011년 3∼5월에 핵실험이 가능한 1킬로미터에 달할 것으로 보고, 늦어도 2011년 3월에는 제3차 핵실험이 이루어질 가능성이 있다고 보도했다.

이리하여 국제사회는 이제까지의 '플루토늄 핵문제'에 더하여 '우라늄 핵문제'라는 더 큰 난제에 직면하게 되었다.

제12장

강성대국의 문 앞에서

연평도 포격

한반도의 정세는 북한의 우라늄 농축문제로 인한 충격이 채 가시기도 전에 더욱 격렬하게 동요하게 된다.

북한은 2010년 11월 23일 오후 2시 34분 한국의 서해에 있는 연평도에 돌연 포격을 시작했다. 북한의 포격은 같은 날 2시 55분까지 계속되었다. 한국군은 이에 반격하여 같은 날 2시 47분경부터 K-9 자주포에 의한 포격을 개시했으며, 최고 레벨의 경계상태인 '진돗개 하나'를 발령했다. 북한은 오후 3시 11분부터 두 번째 포격을 시작했고, 한국군은 같은 날 3시 25분부터 동일한 K-9 자주포로 이에 대해 반격을 했다.

북한의 포격은 발사된 170여 발 가운데 약 80발이 연평도에 떨어져, 주민 2명과 병사 2명이 사망하고 19명이 중경상을 입었다. 포격전 직전에 북한에서 미그-23기가 출격하고, 한국에서도 F-15K 전투기와 F-16 전투기가 출동하여 자칫 잘못하면 전투가 확대될 가능성도 있었다.

이는 1953년 7월에 한국전쟁에 관한 휴전협정이 체결된 이래, 영토에 대한 최초의 포격이자 최대 규모의 공격이었다. 또한 북한의 공격이 주민까지 공격 대상으로 삼았다는 점은 분명하기 때문에 이제까지의 군사 충돌과는 차원이 다르며 휴전협정 위반이라는 것도 명백하다. 이렇게 북한이 자행한 포격에 관련된 최대의 의문점은 북한의 전략적인 의도가 명확하지 않다는 것이다.

북한은 2010년 9월 28일의 당 대표자회의에서 노동당 지도부를 재편함으로써 김정은 후계체제 구축에 본격적으로 착수했다. 10월 10일의 당 창건 65주년, 10월 25일의 중국인민지원군 참전 60주년을 맞아 국내 체제정비와 중국의 지지, 지원을 굳히고 점차 외교·안보 분야에 대한 공세에 나섰다. 앞에서 언급한 바와 같이 북한은 11월에 들어서 프리처드 전 대북 특사의 방북(2~6일) 등 미국의 외교나 안보 분야의 전문가들을 차례로 초대했다. 그리고 새로운 경수로 건설이나 우라늄 농축의 성공 등을 이러한 연구자들을 통해서 미국에 전했다. 이것은 핵 카드를 버리고 미국을 대화로 이끌어내기 위한 전략으로 보였다.

또한 한국과의 남북 관계도 3월의 초계함 침몰사건으로 의한 심각한 대립을 뛰어넘어 진행되고 있어서, 한국의 대한적십자사는 쌀 5,000톤을 포함한 100억 원 상당의 대북 인도적 지원을 제공하겠다는 통보(9월 13일)를 했다. 아울러 이산가족 재회(10월 30일~11월 5일)가 이루어졌고, 북한은 외화수입의 확보를 위해 금강산 관광의 재개를 한국 측에 강하게 요구했다. 남북은 수면 아래에서 남북 정상회담을 위해 접촉하고 있었다. 북한은 대외노선에서 중국과의 관계를 강화하면서 핵 문제에 대한 미국과의 협의 유도, 한국과의 관계개선을 위해 움직여나갔다.

하지만 연평도 포격으로 6자회담 재개를 포함한 북미 협의의 가능성은 더욱 요원해지게 되었고, 한국과의 관계개선은 완전히 중단되어버렸다. 3월의 초계함 침몰에 대해서 북한은 이를 강하게 부정했지만, 이번 포격 과정에서는 한국의 민간인 중에 사망자가 나옴으로써 한국의 북한에 대한 비난의 목소리는 기존과 달리 매우 강경했다.

일반적인 논리적 사고에 입각해본다면, 당 대표자회의에서 국내체제를 정비하고 중국의 지원을 확보한다면, 다음은 대외관계의 안정을 도모하는 것이다. 실제로 2010년 가을에 방북했던 한 사람은 북한 당국자로부터 '2012년에 강성대국의 대문을 열고, 후계체제를 궤도에 오르게 하는 것은 안정된 환경이 필요하다'는 설명을 들었다고 한다. 그렇지만 결과는 완전히 반대가 되어버렸다. 이것은 이 당국자가 거짓말을 했다기보다는 대외부문의 담당자들을 넘는 수준에서 이번의 폭격이 단행되었다는 것을 의미한다.

우베 위센바하 주한 유럽연합(EU) 대사 대리에 의하면, 북한의 박의춘(朴宜春) 외상은 북한이 연평도를 폭격했던 11월 23일에 방북한 EU대표단과 회담했는데, EU대표단은 그 당시 박의춘 외상이 폭격 사실을 알지 못하고 있는 듯한 인상을 받았다고 한다. 심지어 북한의 외상도 알지 못하는 가운데 폭격이 진행된 것이다.

북한은 폭격 전날인 22일, 조국평화통일위원회가 운영하는 웹사이트인 '우리민족끼리'의 논평 "민족의 염원과 시대적 지향에 역행하는 전쟁연습 소동"에서 22일부터 30일까지 행해진 '호국훈련'을 "괴뢰 군부 호전세력의 무모한 군사적 대결소동은 한반도 정세를 극단으로 내몰고 있으며, 북침 전쟁의 도화선에 불을 지피는 위험천만한 행위이다"라고 비난했다.

'호국훈련'은 한-미 합동군사연습 '팀 스피리트'가 중지된 이후인 1996년부터 실시되고 있다. 매년 10월부터 11월에 걸쳐 행해지는데, 2010년에는 육군이 경기도 여주와 이천 등의 지역에서 그리고 해군과 공군의 연합 합동 훈련은 서해에서 행해질 계획이었다.

북한은 "'호국훈련'은 1996년부터 중단된 '팀 스피리트' 합동군사 연습에 대신하여 진행되는 것이며, 2008년부터 괴뢰의 육, 해, 공군의 '합동전력 지원과 합동성 증진'을 목적으로 추진되어온 대규모 북침전쟁 연습"이라고 결론내리고 "용납할 수 없는 반민족적 범죄행위"(위에서 언급한 23일자 '우리민족끼리' 논평)라고 비난했다.

북한은 포격이 있던 23일 오전 8시 30분에도 한국 측에 전통문을 보내 "우리 측의 영해에서 포격을 행할 경우 좌시하지 않겠다"라고 경고를 했다. 이러한 가운데 연평부대의 사격훈련이 23일 오전 10시부터 시작되었고, 북한은 이것을 구실로 삼아 같은 날 오후 2시 34분부터 포격을 개시했던 것이다.

한국군 당국은 당초 23일에 연평도 서남쪽에서 행한 사격 훈련을 호국훈련의 일환으로 삼았지만, 같은 날 저녁이 되어 "호국훈련과는 관계가 없는 연평 부대가 매월 정례적으로 행하고 있는 훈련"이라고 했다. 그러나 북한 측은 이것을 호국훈련이라고 판단했다.

북한이 사전경고도 이미 했고, 포격이 두 차례에 걸쳐 행해졌던 점을 감안할 때 북한의 포격이 우발적인 것이라고 보기는 어렵다. 사전에 면밀하게 계획이 세워졌든지, 한국이 영해 내에서 군사연습을 할 경우에는 공격을 가해도 된다는 사전 명령이 없었다면 실행되기 어려운 공격으로 보인다.

연평도나 백령도를 포함한 '서해 5도'[1]는 한국 안보의 최전선이다.

---

1) 서해 5도(西海五島)는 대한민국의 관할 아래 있는 섬들 가운데 북한 측 황해남도의

한국은 이 서해 5도 앞쪽으로 '북방한계선(NLL)'을 설정하고 있다. 한국전쟁의 휴전협정은 육상 부분의 군사분계선은 정했지만, 한강 하구의 일부를 제외하고 해상 경계선에 대해서는 명확히 규정하지 않았다.

북방한계선의 기원은 한국전쟁 당시의 미군 총사령관이자 유엔군 총사령관이기도 했던 마크 클라크 미 육군 대장의 이름을 따서 '클라크 라인'이라고 한다. 클라크 라인은 한국전쟁 중인 1952년 9월 27일에 설정되어, 휴전협정이 체결된 이후인 1953년 8월 27일에 철폐되었다. 클라크 라인은 한국전쟁 중에 북한에 대한 물자 유입을 저지하는 해상 봉쇄라인이었다.

그 후에 '북방한계선(NLL)'이 설정되었다. 그러나 북한은 이것을 인정하지 않고 있으며, NLL이 남북 간에 합의된 것이 아니라는 것도 사실이다. 그렇지만 북한이 언제인가부터 이를 사실상 묵인한 것 역시 사실이다. 1992년 2월에 남북 간에 발표된 남북기본합의서 '제2장 남북불가침'의 부속 합의서 제9조에서 "남북의 해상 불가침 경계선은 금후 계속 협의한다"라고 되어 있는데, 협의는 이뤄지지 않았다.

1999년 6월 15일에 연평도 부근에서 남북한 함선 사이에 교전(제1차 연평해전)이 이루어졌는데, 북한 측 발표에 의하면 북한의 어뢰정 1척이 침몰하고 경비정 3척이 대파되었다. 북한은 인적 피해를 밝히지 않았는데, 미국은 북한 측에서 약 30명의 사망자가 나온 것으로 보고 있다. 이러한 사건도 있어서 북한군 총참모부는 같은 해 9월 2일에 NLL의 무효를 선언하고, 이를 대신하여 해상 군사경계선을 일방적으로 선언했다. 북한 측의 주장에 따르면, 서해 5도는 북한 영해 내에 동떨어져 있는 한국 영토가 되는데, 북한 해군사령부는 2000년 3월 2일에 서해 5도와의 항행을 위한

남쪽 해안과 가까운 백령도, 연평도, 대청도, 소청도, 우도를 묶어 일컫는 말이다.

지정 수로를 결정한 '서해 5도 통행질서'를 일방적으로 지정했다.

이 해역에서는 그 이후에도 남북의 충돌이 계속되었다. 2002년 6월 29일에는 북한의 경비정이 NLL을 넘어 총격전이 벌어진 '제2차 연평해전'이 발생했다. 2009년 11월 10일에는 북한 경비정이 NLL을 넘어 남하해 함포 50여 발을 발사하고, 한국군도 이것에 응전했다(대청 해전).

서해의 '북방한계선(NLL)' 주변은 남북한 안보의 최전선이자 위험한 수역이었다. 이제까지 일련의 남북 간 군사충돌은 장비가 우수한 한국군이 북한군을 압도해왔기 때문에 북한은 이에 대한 보복심리를 축적해왔다. 2010년 3월 26일에는 백령도에서 한국 해군의 초계함 천안함이 침몰하고, 승조원 46명이 사망 혹은 행방불명이 되었다.

동아시아에서 독도/다케시마, 센카쿠/댜오위다오 열도, 북방영토[2]라고 하는 영토나 영해를 둘러싼 관련국 간의 대립이 표면화하고 있는 가운데, 북한이 북방한계선을 부인하는 움직임에 나섰다고도 할 수 있다.

그런데 북한은 왜 중국과의 관계 강화, 핵문제를 지렛대로 삼은 미국과의 협의, 한국과의 관계개선을 통한 외화나 지원의 획득, 안전보장의 확보라고 하는 대외 노선측면에서의 성과를 어렵게 하거나 포기하면서까지 연평도 포격에 나섰던 것일까? 그것은 아무리 생각해봐도, 김정은 후계체제와의 관계로밖에는 생각되지 않는다.

북한은 2010년 1월 1일의 당 기관지 ≪노동신문≫ 등의 공동사설에서 2010년의 중요한 과제를 '인민생활의 향상'으로 삼았는데, 실태는 화폐개혁 등 경제정책의 실패로 인해 '인민생활의 파경'으로의 길밖에 없었다. 김정

---

[2] 북방영토/쿠릴열도 분쟁은 쿠릴열도 최남단의 2개 섬(이투루프 섬과 쿠나시르 섬)과 홋카이도 북동쪽의 2개 섬(시코탄 섬과 하보마이 군도)에 대한 러시아와 일본 사이의 영토 분쟁이다. 일본은 이 4개의 도서군을 북방영토라고 지칭하고 있다.

은이 사실상의 후계자로서 등장했지만, 눈에 보이는 업적을 제시할 수 없는 반면, 줄곧 좋지 않은 생활에 주민의 불만은 축적되었다.

≪마이니치신문≫이 2009년 9월에 보도한 '존경하는 김정은 대장 동지의 위대성 교양자료'에도 "존경하는 김정은 대장 동지는 포병 부문에 있어서 점에 의한 화력 타격의 정확성, 비상한 사격술, 풍부한 상상력과 최첨단 과학기술을 기초로 한 착상이 새로운 실용적 가치가 대단히 높은 창안품도 적지 않게 만들어 내어 정치와 경제, 문화를 포함하는 혁명건설의 모든 분야에 대한 해박한 지식과 뛰어난 실력, 사정에 밝은 조직적 수완을 갖고 있다"라고 찬양하고 김정은의 '포병 부문에 있어서의 수완'을 강조하고 있다.

2009년 후반 이래 탈북자의 대다수가 한국 정부의 심문을 받는 과정에서 북한에서 김정은은 '포격의 달인'으로 가르쳐지고 있다고 말했다고 한다. 김정은은 김일성군사종합대학에서 포병 분야를 배웠다고 한다. 김정은의 김일성군사종합대학 졸업논문이 항법위성시스템(GPS)을 활용하여 포격의 정확도를 제고하는 방법에 대한 것이었다는 보도도 있다. 앞에서 언급한 바와 같이 김정은이 김정일의 현지지도에 동행한 것이 최초로 보도된 10월 5일의 제851부대 시찰은 바로 '포격 훈련'에 대한 시찰이었다. 이처럼 '포격'을 김정은과 불가결한 이미지로서 북한 주민에게 가르치고 있는 가운데, 연평도 포격이 김정은의 '업적'이 될 가능성이 있다.

김정은의 최측근으로서 부상하고 있는 리영호 총참모장(차수)도 포격에 정통한 지휘관이다. 황해도 방면을 담당하는 김격식 제4군단장은 리영호 총참모장의 전임자이다. 김격식 총참모장은 2009년 2월에 돌연 해임되어 제4군단장으로 부임했다. 이는 명백한 좌천이다. 김격식 대장이 제4군단장으로 부임하면서 2009년 11월의 대청 해전, 2010년 3월의 초계함 침몰,

같은 해 8월의 한국 측 NLL 해상으로의 해안포 포격 등이 계속되고 있는 것은 사실이다. 김격식 대장은 남북 군사분계선의 서부지역 최전선을 담당하는 제2군단장을 1994년부터 2007년까지 13년간 맡아온 야전 군인이다. 북한 군부에서 출세를 하기 위해서는 총정치국 등의 정치부문의 경력을 축적한 군인들이 주류이지만, 그는 오히려 현장파의 야전 군인이다. 그런 의미에서 '강경파'라고도 할 수 있지만, 이번 포격은 지방의 제4군단장이 판단을 내리는 수준에서 행해진 포격은 아닐 것이다.

연평도 포격에 의해 동아시아 정세에는 단번에 긴장국면이 조성되었다. 북한은 NLL에 대해 부인하는 자세를 국제적으로 명확하게 하고, 국내적으로는 전쟁 분위기를 만들어 내부통제를 강화함으로써 김정은 후계체제에 대한 불만을 봉쇄할 수 있는 효과를 거둘 수 있었다.

이와 같이 김정은 후계체제의 구축 과정에서 일시적으로 국내 통제강화를 통해 내부 반발을 억누를 수는 있을 것이다. 그러나 이와 같은 불안정한 국면은 북한의 민생을 더욱 어렵게 한다. 한국으로부터의 원조 물자나 인도적 지원은 멈추게 되고, 한국과 미국의 군사적인 움직임에 대응하기 위한 군사적 비용은 증가하게 된다. 따라서 '인민의 생활향상'은 더욱 어렵게 된다.

인민생활의 향상

당 기관지 ≪노동신문≫ 등 3개 신문의 2011년 1월 1일 신년 공동사설은 "올해에 다시 한 번 경공업에 박차를 가하여 인민생활 향상과 강성대국 건설에서 결정적 전환을 일으키자"라는 제목을 달고 있었다. 이를 통해 북한은 '강성대국의 대문'을 여는 것으로 상정하고 있는 2012년을 앞두고 경공업에 중점을 둔 인민생활의 향상을 호소했다.

이 공동사설의 주제는 '경공업', '인민생활의 향상', '강성대국'의 세 가지의 핵심어로 대표되는 경제건설과 그 속에 숨겨진 후계체제 만들기의 어려움이었다. 공동사설에 등장하는 '선군'이라는 키워드의 등장 횟수는 2004년의 44회를 정점으로 하여 2009년에는 32회로 감소하고, 2010년에는 14회로 격감했으며, 2011년에도 14회에 그쳤다. 그 대신에 경공업은 21회, 강성대국은 20회, 인민생활은 19회나 등장했다.

2010년의 공동사설의 제목은 '당 창건 65돌을 맞는 올해에 다시 한 번 경공업과 농업에 박차를 가하여 인민 생활에서 결정적 전환을 이룩하자'는 것이었다. 2011년의 공동사설도 국내의 경제건설에서는 그 전년도와 마찬가지의 기조였다. 이것은 거꾸로 말하자면, 2010년에 주민생활의 향상에 대해서 '철저한 전환'이 이룩되지 못했음을 나타내는 것이다.

'사상분야의 총공세', '사상적 일색화' 등의 표현이 없어지는 등 이데올로기 분야에서의 공격적인 표현은 다소 감소하고, 경제건설을 호소하는 수세적인 기조가 두드러졌다.

북한은 2009년에 '150일 전투'(4월 20일~9월16일), '100일 전투'(9월 23일~12월 31일)라는 강제적인 주민동원 방식의 증산운동을 전개하여 생산을 증대시켰다. 그러나 이로 인한 반발이 발생하는 가운데, 같은 해 11월 말부터 화폐개혁 등 경제정책의 실패로 주민의 생활은 향상되는 것은 고사하고 엄청난 혼란에 빠졌다.

2012년은 김일성 주석의 탄생 100주년, 김정일 총서기의 고희(70세)를 맞이하는 해로서, 북한 국민들이 '생활이 향상되었다'고 실감케 하는 것이 북한이 당면하고 있는 긴급 과제이다. 그러나 주민은 '생활의 향상'은

고사하고 '생활의 파경'에 직면하고 있다. 화폐개혁 정책의 실패는 시장경제가 초보적으로 자생하고 있는 가운데 성장하고 있던 중산층을 파괴했고 빈부의 격차를 더욱 확대시켰다.

2010년에는 경공업과 농업을 동시에 강조했고, 2011년에는 농업을 '인민생활 문제의 생명선'으로 삼았지만 전년에 비해 그 우선순위는 밀려났다. 이것은 농업의 생산성을 제고시키는 데서도 구체적인 대책이 없는 것을 반영하고 있다. 농업의 생산성을 올리는 가장 간단한 방법은 비료의 확보이다. 비료는 곧 경공업을 지탱하는 중요 부문으로서 강조된 화학공업이다.

2010년의 공동사설은 "대외시장을 확대하고, 대외무역활동을 적극적으로 벌려 경제건설과 인민생활향상에 이바지하여야 한다"라고 하며 '대외 시장의 확대'나 '무역'의 중요성을 강조했지만, 2011년에는 그러한 언급이 사라졌다. 대신에 등장한 것이 '자력갱생'이었다.

2011년의 공동사설은 "자력갱생의 원칙을 철저히 구현해나가야 한다"고 하고, "오직 자기 힘을 믿고 완강하게 돌진하는 자력갱생의 강자가 되어야 한다"라고 호소했다. 외국으로부터의 자재 도입에 의존하지 않는 '주체 철'이나 '주체 섬유', '주체 비료'라는 경제성을 경시한 '자력갱생' 노선이 강조되었다. 국제적 고립이나 경제제재를 배경으로 하여, 경제건설 자체가 내향적이 되고 있는 실상을 보여주고 있는 것이라고도 할 수 있다.

주목할 만한 것은 공동사설이 2010년 9월에 개최된 노동당 대표자회의가 "당의 위업, 주체혁명위업을 계승완성해나갈수 있는 근본담보가 마련되었다"[3)라고 지적한 것에 그쳐, 김정일 총서기의 삼남 김정은에 대한 권력 계승에 대해서 직접적인 언급이 없었던 점이다. 공동사설은 여전히 김정일 총서기 중심주의를 관철하고 있으며, 후계자가 등장할 틈을 주지 않았다. 이것은 북한의 주민에게 권력세습이 받아들여지는 것이 쉽지 않다는 것을 보여주는 것이었다.

2009년 11월 말 화폐개혁의 시기에 신지폐 500원이 김정은의 '배려금'으로서 배포된 일도 있어, 주민들은 화폐개혁이 김정은 주도로 행해진 것을 알고 있다. 북한 주민은 차가운 시선으로 '권력 계승'을 주시하고 있다. 한 소식통이 전하는 말에 의하면 "어쨌든 삼남의 초상화를 걸 분위기는 아니다"라고 한다. 북한 당국은 아직 김정은에 대한 우상화를 쉽게 행할 수 없으며, 우선은 '인민생활의 향상'을 위해 경공업에 박차를 걸고 일상 용품의 생산 확대를 호소할 수밖에 없는 상황이다.

북한의 공동사설이 2년 연속하여 '인민생활의 향상'을 슬로건으로 게재할 수밖에 없던 것은 경제건설의 부진과 함께 후계체제 만들기에 무언으로 저항하는 주민들에 대한 회유 전술이기도 하다. 앞에서 언급한 바와 같이 공동사설은 "남북 간의 대결상태는 하루빨리 해소되어야 한다"고 하며 "대화와 협조사업을 적극적으로 추진해야 한다"고 하여 대화나 협력사업의 추진을 호소했다.

'병주고 약준다'는 속담이 있다. 상대방을 때리고 사죄도 없이 바로 악수의 손을 내밀고 "함께 힘냅시다"라고 한다면 과연 누가 이를 믿겠는가? 필요한 것은 대화용 '말'이 아니라 그 말을 신뢰할 수 있는 '실적'이다. 한반도의 휴전협정 체결 이래 처음으로 한국의 연평도를 포격하고, 민간인 2명을 포함하여 4명을 사망시키고 19명에게 중경상을 입힌 지 40일도

---

3) 원문은 "당의 위업, 주체혁명위업을 계승완승해나갈 수 있는 근본담보가 마련된 것은 우리 군대와 인민의 크나큰 영광이다"로 되어 있다.

지나지 않아 '대화'를 호소하면 그 누가 신용할 수 있겠는가?

북한의 조선중앙TV는 2010년 12월 24일 밤 프로그램에서 한국의 연평도 포격에 참가한 것으로 보이는 사병 4명이 등장하여 "여기저기서 불기둥이 올라간 것을 본 우리들은 대단히 즐겁게 목청껏 만세를 부르며 승리를 축복했다"라고 당시의 상황을 말하는 모습을 방영했다. 신년공동사설이 나오기 겨우 1주일 전의 일이다.

공동사설은 다른 한편에서 "인민군대는 주체적인 전쟁관점과 멸적(滅敵)의 투지를 안고 고도의 격동상태를 견지하여야 한다"는 대결자세를 견지하고 있다. 대남 전략차원에서 대화를 호소하면서, 군사적으로는 대결자세를 견지한다는 양면작전이다.

또 하나의 당사자인 한국의 이명박 대통령은 1월 3일의 신년사 연설에서 북한의 다소 온화한 태도를 의식했는지, '핵과 군사적 모험주의'의 포기를 전제로 하여 "국제사회와 함께 경제협력을 획기적으로 발전시킬 의지와 계획을 갖고 있다"라며 북한에게 길을 열어주고자 했다. 그러나 다른 한편에서 이명박 대통령은 연평도 포격을 비난하며 "도발에는 단호하고 강력한 징벌이 있을 뿐"이라고 강조하여 북한이 다시 군사도발에 나선다면 '징벌 공격'을 가할 것임을 경고했다.

남북 쌍방 모두 '대결'과 '대화'의 양면작전의 틀을 붕괴시키지 않았다. 공동사설은 2010년에는 미국과의 '적대관계 종식'의 필요성과 '대화와 교섭'을 통한 핵문제 해결을 강조했지만, 2011년에는 미국이나 일본에 대한 언급이 없었다. 북한은 남북관계가 긴장된 상황에서 북미 대화의 가능성은 없다고 판단하여, "워싱턴으로의 길은 서울을 통하지 않으면 안 된다"고 하는 미국의 스티븐 보즈워스 북한정책 특별대표의 말을 수용했을지도 모른다.

공동사설은 "승리의 대문이 눈앞에 펼쳐지고 있다", "강성대국 건설에서 결정적 전환을 일으켜나가자"라고 강조했다. 그러나 현실은 '강성대국의 대문'이 닫힌 상태 그대로이다. '강성대국의 대문'을 앞에 두고, 북한에서 발생하고 있는 현실은 후계체제 만들기를 위해 주민통제를 강화하고자 하는 권력 상층부와 자신의 생활을 지키고자 하는 하층 서민 사이의 치열한 투쟁이다. 수건을 비틀어 돌리는 것처럼, '통제강화'와 '생활수호'라는 반대 방향으로 향하는 힘이 체제를 동요시키고 있다. 그 장래는 아직 보이지 않는다. 수건이 비틀려 끊어져버리는 것처럼 체제가 파경을 맞이할 것인가, 아니면 어떤 힘이 결국 승리를 거두게 되어 이러한 뒤틀림이 해소될 것인지는 아직 예견할 수 없다.

국가경제개발 10개년계획

조선중앙통신은 2011년 1월 15일, 북한의 내각 결정으로 '국가경제개발 10개년 전략계획'을 채택하고, 이것을 총괄하는 '정부 기구'로서 '국가경제개발총국'을 설립했다고 보도했다. 이 보도는 겨우 20줄도 되지 않는 것이었으나, 다양한 문제를 제기했다.

조선중앙통신의 보도는 "'국가경제개발 10개년 전략계획'에 따라, 인프라의 건설이나 농업, 전력, 석탄, 연료, 금속 등 기초공업과 지역개발을 핵심으로 하는 국가경제개발의 전략적 목표로 확정되었다. 또한 2012년에 강성대국의 대문에 진입할 수 있는 틀을 마련하게 되어, 2020년에는 선진국 수준에 당당하게 올라갈 수 있는 확고한 전망이 열렸다. 국가경제개발 10개년 전략계획이 수행되면 조선(북한)은 당당하게 강대국으로서뿐만 아니라 동북아시아와 국제경제 관계에서 전략적 지위를 차지하게 된다"라고 강조했다.

북한의 경제계획은 김일성 주석 시대인 제3차 7개년계획(1987~1993년)을 끝으로 발표되지 않았기 때문에, 이 '국가경제개발 10개년계획'은 김정일 시대에 들어서 최초의 경제계획이 되는 셈이다. 그런데 이제까지의 경제계획과 같이 각 산업분야에서의 달성목표 등도 밝히지 않고 있다.

또한 이제까지의 경제계획은 모두 최고인민회의에서 토의되고 채택되었는데, 이번에는 이러한 절차도 없이 단순히 '내각 결정'이라고 했다. 이 계획을 수행하는 정부 기구로서 '국가경제개발총국'이 설치되었는데, 북한 내각은 "국가경제개발 전략계획에 속하는 주된 프로젝트를 담당하여 실행하는 것을 조선대풍국제투자 그룹에게 위임했다"라고 하며, '정부의 기구'인 국가경제개발총국과 '조선대풍국제투자 그룹'의 관계도 불명확하다.

북한은 김일성 주석 탄생 100주년, 김정일 총서기 고희(70세)를 맞이하는 2012년을 '강성대국의 대문을 여는' 해로 삼아왔다. 북한이 말하는 '강성대국의 대문을 연다'는 것이 실제로 어떤 내용인가는 명확하지 않지만, 김영일 전 총리는 2009년 4월에 개최된 최고인민회의 제12기 제1차 회의에서의 총리 선서연설에서 그 핵심에 대해 언급했다. 김영일 전 총리는 선서연설에서 "우리 공화국은 가까운 수년 안에 주체의 사회주의 강성대국을 건설하고, 이 땅에 당당하게 우뚝 서게 될 것이다"라고 강조한 가운데, 2012년까지의 '제반 경제발전 목표'를 밝혔다. 그것은 ① 모든 산업부문에서 이제까지의 최고 생산연도 수준을 돌파하며, ② 식량문제, 먹는 문제를 완전히 해결하고, ③ 인민 소비품을 자기 생산으로 원활하게 생산, 공급하고 타인을 부러워하는 일 없이 좋은 생활을 영위하는 사회주의 낙원으로 변모시키며, ④ 자립경제를 기술집약형으로 전환하여 세계적인 경쟁력을 갖춘 강력한 경제로 발전시킨다고 하는 것이었다. 통상 북한의 총리는 최고인민회의에서 실무 보고를 행하는데, 김영일 전 총리는 '총리 선서연설'을 행하는 가운데 이와 같은 언급을 했다. 이것은 단순한 보고가 아니라 2012년까지 이러한 내용을 포함하는 '강성대국의 대문'을 연다고 하는 '선서'였다.

그러나 현실적으로 북한은 2009년 11월 말부터 화폐개혁을 실시하여 인민생활을 향상시키는 것은 고사하고, 인민의 생활을 고난의 밑바닥으로 추락시켜버렸다. 강성대국의 대문을 여는 것을 '선서'했던 김영일 전 총리는 2010년 6월의 최고인민회의 제12기 제3차 회의에서 경질되어버렸다.

김영일 전 총리가 선서한 ①의 내용은 구체적으로는 북한의 전체 산업 부문이 1991년 소련이 붕괴되기 이전의 수준, 즉 1980년대 후반의 수준으로 되돌아가는 것이다.

2009년 9월에 중국 상하이에서 개최된 '상하이 남북학술대회'에 참가한 북한의 한 학자는 강성대국에 대해서 "구체적으로는 북한이 제2차 7개년계획을 종료하고 제3차 7개년계획에 착수한 1987년 당시의 수준을 회복하는 것"이며 "더욱 구체적인 목표로 말하자면 국민 1인당의 국민소득을 2,500달러 수준으로 하는 것"이라고 말한 것으로 알려져 있다.

북한 당국은 2010년에 방북한 저널리스트에 대해서 북한의 국민 1인당 국내총생산(GDP)이 가장 높았던 것은 1980년대의 2,530달러로 강성대국의 목표는 이 수준으로 되돌아가는 것이라고 설명했다고 한다.

한국은행이 2010년 6월에 발표한 '2009년 북한경제 상황 추정결과'에서 북한의 2009년의 1인당 국민총소득(GNI)은 한국의 2,192만 원에 비해 약 1/18인 122만 5,000원이었다.

북한은 최근 경제 관련 통계를 발표하고 있지 않은데, 2009년의 국민 1인당 국내총생산(GDP)이 1,000달러를 크게 상회하는 수준이 아니라는 것은 틀림이 없고, 앞으로도 이것이 대폭적으로 상승할 징후는 없다. 오히려 2009년 말에는 화폐개혁 등의 경제정책의 실패로 인민생활이 대단히 어려워졌다.

결론적으로 말하자면, 김영일 전 총리의 경질로 표현된 것처럼, 북한이 국민 1인당의 국내총생산(GDP) 2,500달러나 김영일 전 총리가 제시한 네 가지 항목의 수준을 2012년에 달성할 가능성은 일단 없다.

조선중앙통신이 "2012년에 강성대국의 대문에 들어가기 위한 기반이 마련되어 2020년에는 선진국의 수준에 당당히 올라갈 수 있는 확고한 전망이 열렸다"라고 보도한 내용은 2012년의 강성대국 진입이 어려운 것을 인정하고, 김정은 시대인 2020년으로 과제를 미룬 것이라고 봐야 할 것이다. 말하자면, 2012년에 강성대국이 실현되지 못할 것에 대한 일종의 책임 회피를 위한 변명이며, 그것을 위한 준비를 시작했다고 말할 수 있다. 북한 당국자의 가운데에는 "강성대국의 대문이 열렸을 뿐이며 그 대문의 가운데에 무엇이 있는지는 그 누구도 알지 못한다"라고 자조 섞인 말을 한 사람도 있다고 한다.

조선중앙통신은 "내각은 국가경제개발 전략계획에 속하는 주된 프로젝트를 전적으로 담당하고 실행하는 것을 조선대풍국제투자 그룹에게 위임했다"라고 했다. 이 '조선대풍국제투자 그룹'은 2010년 1월에 국방위원회(국방위) 결정으로 설립된 투자기관으로, 이사장에 김양건 조선 아시아태평양위원회 위원장(당 통일전선부장), 부이사장 겸 총재에 조선족 실업가 박철수가 취임하여, 산하에 대외경제협력기관으로서 '국가개발은행'을 설립했다. '국가개발은행'은 이사장에 전일춘(全一春) 노동당 39호실장,

부이사장에 박철수가 취임했다.

한국의 ≪연합뉴스≫는 2010년 2월에 '조선대풍국제투자 그룹'의 사정에 정통한 소식통의 말을 인용하여, 박철수 동 그룹 총재가 중국의 은행과 투자교섭을 마쳤는데 전체 투자규모는 100억 달러라고 보도했다. 같은 해 3월에는 박철수 총재가 베이징에서 한국 문화방송(MBC)의 인터뷰에 응하여 "10년간 최대 400억 달러의 투자 유치를 목표로 하고 있다"라고 언급했다. 같은 해 4월에는 일본의 교도통신(共同通信)과 평양에서 회견하고, 향후 5년간 평양 이외에 동해 방면의 나선이나 함흥, 서해 방면의 남포 등 총 8개 도시를 대상으로 약 1,200억 달러 규모의 개발을 추진할 계획이 있음을 밝혔다.

그러나 '조선대풍국제투자 그룹'이 설립되어 2011년 현재 1년이 경과했지만 1년간의 투자획득 실적은 전무하다. 북한이 강성대국의 대문을 열고자 하는 2012년을 1년 남기고, 북한 내각이 국가경제개발 전략계획에 속하는 주된 프로젝트를 이제까지 그 어떤 실적도 올리지 못했던 조선대풍국제투자 그룹에게 "전적으로 담당하여 실행하는 것"을 위임해도 좋은 것인가 하는 의문이 발생할 수밖에 없다. 한국의 ≪연합뉴스≫에 의하면, 북한의 외자도입 기관은 이 '조선대풍국제투자 그룹' 이외에, 장성택 국방위 부위원장(당 행정부장) 계열로 보이는 '조선합영투자위원회'와 오극렬 국방위 부위원장 계열로 보이는 '조선자원투자개발공사'가 있다고 한다.

조선중앙통신은 2010년 7월 8일에 겨우 두 줄의 기사를 공표했다. 그 내용은 "조선에서 합영투자지도국을 합영투자위원회로 개편했다. 이것에 관련하여 조선민주주의인민공화국 최고인민회의 상임위원회 정령(政令)이 8일에 발표되었다"라는 것으로 당시에는 거의 관심을 끌지 못했다. 그러나 이 조선합영투자위원회는 약 반년 만에 13개의 국(局)을 보유하는 방대한 조직으로 성장했다. 위원장에는 2010년 3월까지 유럽에서 김정일 총서기의 금고 지킴이로서 30년 이상에 걸쳐 활약해온 리철(李哲) 전임 주제네바 북한대표부 대사가 취임하고, 김관호, 김일영 등 4명의 부위원장을 두고 있다. 조선합영투자위원회는 내각 소속기관이지만, 실제로는 일반 부처보다 강력한 권한을 갖고 있는 것으로 여겨진다.

김일영 부위원장이 이끄는 대표단은 2010년 12월에 방중하여 베이징에서 중국 상무부와 나선 특구와 북·중 간을 흐르는 압록강의 중주(中州)에 있는 황금평(黃金坪, 구칭 황초평 黃草坪) 개발을 위한 양해각서(MOU)를 체결했다. 이를 토대로, 이듬해로 미루어질 것으로 관측되었던 북·중 압록강교의 착공식이 12월 31일에 행해졌다.

한국의 《중앙일보》는 2011년 1월 7일자로, 중국 국유기업인 '상디관 천 투자주식회사'가 2010년 12월 20일에 조선합영투자위원회의 산하기관인 '조선투자개발연합체'와 나선특별시에 20억 달러를 투자하는 것에 합의했다고 보도했다.

'조선합영투자위원회'는 북한의 4대 경제특구(신의주, 나선, 금강산, 개성)를 통괄하고 있을 뿐만 아니라, 북한의 외자도입 창구로서 권한을 강화하고 있는 것으로 보이는 것이 한 인물의 방북으로 명백해졌다. 그 인물이란 북한에서 휴대전화 사업을 전개하고 있는 이집트 통신회사 '오라스콤 텔레콤'의 거물 나기브 사위리스 회장이다. 김정일 총서기는 1월 23일에 사위리스 회장과 회담하고 환영 만찬회를 개최했다. 김정일 총서기가 방북한 기업 관계자와 만난 것은 1994년 7월에 서방 측의 인물로서 처음 만났던 이탈리아의 실업가 장카를로 에리아 바로리, 2009년 8월에 만난 한국 현대그룹의 현정은 회장 정도로 대단히 이례적인 것이다. 이 김정일 총서기와 사위리스 회장과의 회담에는 '조선합영투자위원회'를 이끌고 있는 것으로 여겨지는 장성택 국방위 부위원장이 유일하게 동석했다. 그리고 조선중앙방송은 사위리스 회장이 1월 24일에 귀국길에 올랐다고 보도하는 가운데 "비행장에서 조선합영위원회의 위원장 리수영4) 등 관계 부문의 사람들이 마중 나갔다"라고 보도했다. 그런데 여기에서 '리수영 위원장'으로 등장한 인물은 바로 리철 대사로서 동일 인물로 확인되었다. 본래 리수영이 본명으로, '리철'이라는 가명을 사용하여 해외에서 활동해 온 것으로 보인다.

이집트의 통신회사 거물 '오라스콤 텔레콤'은 2008년에 75%를 출자하여 북한에 통신회사 '고려 링크'를 설립했으며, 2010년 9월 현재 가입자가 30만 명을 넘을 정도로 순조롭게 사업을 확대하고 있다. 오라스콤은 평양 류경호텔의 재건에도 관련되어 있다고 하며, 김정일 총서기 자신이 외자도입을 더욱 확대하기 위해 사위리스 회장과 만났을 가능성이 높다. 그리고 거기에 장성택 국방위 부위원장이 동석했던 것은 장성택 부위원장이 조선합영투자위원회의 사실상의 책임자이며, 경제특구뿐만 아니라 북한의 외자도입 사업 전반을 통괄하고 있을 가능성을 시사한다.

조선합영투자위원회는 신의주 주변 황금평 등의 공업단지 구상, 나선특별시의 개발계획 등 중국 당국과 협력한 외자도입에 어느 정도의 실적을 올리고 있지만, 조선대풍국제투자 그룹과 관련해서는 별다른 투자 실적이 없을 뿐만 아니라 홍콩의 법인이 페이퍼 컴퍼니에 불과한 것이나 박철수 총재의 과거 경력 등이 점차로 밝혀지면서 그 신뢰성에 의문 부호가 붙기 시작했다.

그러나 '강성대국의 대문'을 열기까지 1년을 남긴 시점에서, 북한 내각

---

4) 위원장에 최근 리광근(李光根) 전 무역상이 임명되었다.

은 2010년까지의 국가경제개발 전략계획에 속하는 주된 프로젝트의 실행을 이 의문으로 가득 찬 조선대풍국제투자 그룹에게 전면적으로 위임했다. 그렇지만 이를 통해서 과연 결과물이 나올 수 있을 것인지 의문을 품지 않을 수 없다.

조선총련의 기관지 ≪민주신보≫는 2010년 3월 10일자 평양발 기사에서 이 조선대풍국제투자 그룹의 기사를 게재하고 있다. 이 그룹의 박철수 총재에 따르면 "당면 10년을 내다보며 진행되는 경제기반 구축계획은 여섯 가지 사업을 동시에 밀고 나간다. 그 항목은 먹는 문제, 철도, 도로, 항만, 전력, 에네르기다"라고 했다. 이 신문은 조선대풍투자 그룹의 특징에 대해 "국가예산 외에 국제금융시장을 리용하여 국가개발의 목표를 실현해나가는 데 있다"[5]라고 설명하고 있다.

이와 같이, 북한이 발표한 '국가경제개발 10개년 전략계획'은 이 "당면하고 있는 10년 계획"이거나 그것을 재탕한 것으로 보인다. 그러나 이 계획에는 이러한 각 분야에 투입될 사업을 위한 재원에 대해서는 그 어떤 언급도 없다. 조선대풍국제투자 그룹의 1년간의 실적이 전무하다는 것을 고려한다면, 그림 속의 떡으로 끝날 가능성이 높다. 단순하게 북한 주민들에게 꿈을 품게 한 '강성대국의 대문'을 열겠다는 책임을 경제제재 등을 부과한 국제사회에 전가하고, 한편으로는 그 실현을 2020년으로 미루는 수밖에 없을 것이다.

---

5) 본문에서는 박철수 총재의 설명으로 되어 있으나 이는 조선신보 리태호 기자의 해석이다.

대결인가 대화인가

북한에 의한 2010년 11월의 연평도 포격으로 한반도에 긴장이 단번에 높아졌지만, 2011년 새해가 밝아오자 북한은 대화 공세를 하기 시작했다. 또한 미국의 오바마 대통령과 중국의 후진타오 주석이 2011년 1월 1일 워싱턴에서 회담했고 그 가운데 한반도 문제도 회담의 주요 의제가 되었다. 회담 후의 공동성명에서는 국제·지역 문제의 상당 부분을 북한 문제에 할애하여 언급하고, 두 정상은 ① 남북한이 성실하고 건설적인 대화를 시작하는 것이 대단히 중요한 첫 걸음이며, ② 북한에 의한 우라늄 농축계획에 우려를 표명하며, ③ 조기에 6자회담의 재개를 위한 조치가 필요하다는 것에 의견일치를 보았다. 중국은 이제까지 북한의 우라늄 농축에 대해서 대외적으로는 판단을 유보해왔지만, 여기에서는 명확하게 '우려'를 표명했다. 한편 미국은 2010년 3월의 초계함 침몰이나 연평도 포격에 대한 비난은 언급하지 않고, 남북대화의 촉진, 6자회담의 재개라는 중국이 주장해온 대화 노선에 동조하며, 미국과 북한이 각각 서로 양보하는 형태로 한반도 정세를 대립에서 대화 국면으로 유도할 의지를 명확하게 했다.

오바마 대통령은 이 만찬회에서 북한의 우라늄 농축과 미사일 개발은 "미국에 대한 직접적인 위협"이라고 말하며 후진타오 주석을 압박했다. ≪뉴욕타임스≫(1월 20일자)에 의하면, 오바마 대통령은 후진타오 주석에게 "중국이 북한에 대해서 움직임을 강화하지 않으면, 미국은 북한의 위협에 대해서 미군의 부대 재배치, 방위적 태세의 변화, 동북아시아에서의 군사연습의 강화 등의 장기적인 수단을 취할 수밖에 없다"라고 경고했다. 이 신문에 의하면, 오바마 대통령은 앞서 후진타오 주석과의 전화회담에서도 마찬가지 취지의 내용을 전했으며, 비공식 만찬회에서도 그것을 확인했다고 한다.

힐러리 클린턴 미국 국무장관도 1월 4일의 미-중 관계에 대한 연설에서 "북한의 핵무기와 탄도 미사일은 미국에 대한 직접적인 위협이 되고 있다"라고 강조했다. 오바마 대통령이 미군 재배치나 동북아시아에서의 군사연습 강화라는 압박을 가함으로써, 중국이 공동성명에서 북한의 우라늄 농축에 대해 '우려'를 표명하게 되었다고 볼 수 있다.

미국의 북한 담당 파트가 고뇌하는 것은 오바마 대통령이 이라크나 아프가니스탄에 관심이 집중되어 있는 반면 북한 문제에 대해서는 관심이 적다는 것이었다. 그러나 북한이 2010년에 취한 우라늄 농축이나 연평도 포격이라는 '벼랑 끝 작전'은, 그 시비는 논외로 하더라도, 결국 오바마 대통령의 관심을 이끌어내는 데에 성공했다. 북한 문제가 결국 백악관의 이슈로 떠오르게 되었다.

북한은 중국이 북한의 우라늄 농축에 '우려'를 표명했다는 자국에게 불리한 측면에 관련해서는 반응을 하지 않고, 북미 정상회담의 또 다른 측면인 '남북대화 촉진', '6개국 협의 재개'에 대해 민감하게 반응했다. 미-중 정상회담의 결과가 보도된 20일 오전, 북한은 지체 없이 김영춘 인민무력부장 명의의 통지문을 한국의 김관진 국방장관에게 보내 '한반도의 긴장 상태를 완화시키기 위한 남북 고위급 군사회담'의 개최를 제안했다.

북한은 2011년 신년 공동사설에서 "남북 사이의 대결상태를 하루 빨리 해소하여야 한다"며 긴장완화와 남북대화를 호소했다. 그리고 1월 5일 북한의 정부, 정당, 단체가 당국자 간 무조건적인 대화 재개와 비방 중상이나 상대를 자극하는 행동을 취하지 않는 것을 요구하는 '연합성명'을 발표했다. 또한 1월 8일에는 북한의 조국평화통일위원회가 ① 남북당국자 회담의 무조건 조기 개최, ② 적십자 회담, 금강산 관광 재개 회담, 개성공업지구 회담의 조기 재개, 그리고 ③ 판문점 적십자 연락루트의 재개와 개성 지구의 남북경제협력 협의사무소의 동결 해제를 표명했다.

아울러 1월 10일에는 북한의 조선 아시아태평양평화위원회, 조선적십자회, 남북경제협력 협의사무소, 남북당국자 간 회담을 위한 실무 접촉을 2월 27일에 북한의 개성에서, 적십자 회담을 2월 1일 한국 문산에서 각각 개최하자는 제안 등의 파상적인 대화공세를 펼쳤다. 그러나 한국은 대화를 제안하는 북한의 주체가 당 통일전선부의 외곽단체인 조국평화통일위원회, 조선 아시아태평양평화위원회, 조선적십자회 등 정부 당국이라고 보기 어려운 단체라는 점에서 북한 측 대화 제안의 의도를 의문시했다.

북한은 미-중 정상회담에서의 '남북대화의 촉진'이라는 미-중 간 합의 내용을 수용하여, 인민무력부 명의로 남북고위급 군사회담 제안이라는 핵심적인 직구를 던져 넣었다. 북한은 남북 고위급 군사회담의 예비회담을 1월 말에, 본 회담을 2월 상순에 개최하는 것을 제안했다.

미-중 양국은 북한의 추가 도발행위를 억지하기 위해서라도 대화 국면으로의 전환을 요구했다. 그러나 2010년 3월에 초계함이 침몰하고 같은 해 11월에는 한국전쟁이 종결된 이래 최초의 육상 포격인 연평도 포격으로 북한에 대한 비난의 목소리가 강경해지고 있는 피해국인 한국의 입장을 고려하지 않을 수 없었다.

로버트 게이츠 미국 국방장관은 1월 11일 방문지인 베이징에서 동행한 기자단에게 북한의 핵무기와 미사일 개발의 진전에 대해 "5년 이내에 미국에 대한 직접적인 위협이 된다"라고 명확히 밝혔다. 앞에서 언급한 오바마 대통령이 관심을 갖기 시작한 것처럼, 미국 당국에게 북한의 우라늄 농축과 미사일 개발은 더 이상 방치할 수 있는 문제가 아니다. 우라늄에 의해 소형화된 북한의 핵무기가 미사일에 탑재될 수 있는 가능성이 높아지고 있다. 미국은 이제까지 북한의 자세 변화를 기다리며 '전략적 인내'를 내세워왔지만, 이러한 접근법은 결과적으로 북한 문제를 방치한 것에 다름 아니었다. 이 사이에 북한의 핵무기와 미사일 개발은 미국에 대한 '직접적인 위협'이 되고 있다는 것이 확인되었다. 백악관은 '전략적인 인내'에서 '관여 정책'으로 방향을 선회하고 있다. 그러나 동맹국의 입장을 고려하여 미-북 협의는 한국의 남북대화가 진행된 이후에 할 수밖에 없다.

한국은 북한의 대화를 거부하는 강경한 자세를 계속 취하고 있는데, 미국의 방침 전환에 의해 완고하게 남북대화를 계속 거부하는 것도 어려운 국면에 접어들고 있다. 한국 정부는 1월 20일 원칙적으로는 북한이 제안한 남북 간 군사회담을 수용한다는 방침을 결정하고, 1월 26일에는 판문점에서 2월 1일에 예비회담을 개최하자고 역으로 제안했다. 그러나 한국 정부는 이와는 별도로 통일부 대변인 논평을 발표하여, 비핵화 문제를 논의하는 남북 당국 간 회담개최를 받아들이도록 북한에게 요구했다. 북한은 줄곧 핵문제는 미국과 협의할 문제라며 남북대화에서 핵문제를 협의하는 것을 거부해왔다.

제임스 스타인버그 미국 국무부 차관은 한국이 남북 군사회담의 예비회담을 북한에 제안한 1월 26일에 방한하여 김성환 외교통상부 장관과 회담했다. 한국 정부는 미-중 정상회담에서의 '남북대화 촉진'과 '6자회담 재개'의 합의를 받아들여 이제까지는 6자회담 재개의 전제조건으로 삼았던 초계함 침몰이나 연평도 포격에 대한 사죄와 재발 방지표명을 "직접적인 전제조건으로 삼지 않는다"는 것을 미국 측에 통고하고, 6자회담 재개를 위한 조건완화의 자세를 보였다.

한국과 북한은 2월 1일에 '남북고위급 군사회담'의 예비회담을 판문점에서 2월 8일에 개최하는 것에 동의했다. 남북은 2월 8일과 9일 양일간 판문점에서 예비회담을 행했지만, 결국 합의에 도달하지 못하고 다음의 일정도 결정하지 못한 상태로 회의는 결렬되었다. 한국은 초계함 침몰이나 연평도 포격에 대한 사죄와 재발방지의 약속을 중시하고 우선 이러한 문제를 의제로 삼아야 한다고 주장했고, 북한은 초계함 침몰에 대한 자국의 관여를 부정하고, 한반도의 군사적 긴장완화 문제를 동시에 다루자고 주장해서 상호 대립했다. 회담 대표의 수준에 있어서도 한국은 각료급을 북한은 차관급을 계속 주장하여 절충을 하지 못했다. 북한 대표단은 2월 10일에 보도문을 발표하여 "(한국이) 대화 자체를 전면적으로 거부하고 있는 한, 더 이상 나갈 필요를 느끼지 못한다"라고 한국을 비판하고, 대화 중단의 자세를 보였다.

국제사회는 북한의 우라늄 농축 등으로 북한의 핵문제가 더욱 위험한 영역으로 진입하고 있음을 주시하고 있지만, 남북대화의 전망이 보이지 않게 됨으로써 6자회담의 재개는 일단 요원해졌다. 그러나 미-중 정상회담에서 확인된 바와 같이, 북한의 핵문제를 더 이상 방치할 수가 없기 때문에, 다른 다국 간 협의가 필요하게 될 것으로 보인다. 북한은 후계체제 구축을 위해서라도 미국과의 관계개선을 추구할 것이기 때문에, 한반도 정세는 대립과 대화의 양면을 주시해야 하는 상황이 계속될 것으로 전망된다.

2011년 2월 15일, 북한의 평양체육관에서는 김정일 총서기의 69세 생일을 축하하는 '중앙보고 대회'가 개최되었다. 김영남 최고인민회의 상임위원장은 "김정일 총서기가 혁명의 성산 백두산에서 출생한 것은 주체혁명 위업의 찬란한 미래를 약속한 민족의 개운(開運)이었다"라고 찬양했다. 나아가 "하늘이 위인을 내려주신 이 경축해야 할 날(김정일 총서기의 생일)이 있기 때문에 조선 인민은 대를 이어 수령 복(福), 장군 복을 지녔고, 냉엄한 역사의 풍파 속에서도 자주의 시대를 선도하는 김일성 민족의 존엄과 영예를 세계에 떨치면서 주체혁명 위업을 승리의 길로 전진시킬 수 있었다"라고 김정일 총서기를 찬양했다.

김정일의 69세 생일인 2월 16일에는 당 중앙위원회와 당 중앙군사위원 회(당 중앙군사위), 국방위의 공동 주최에 의한 김정일의 69세 생일을 경축 하는 연회가 개최되었다. 김정일은 이제까지는 자신의 생일을 축하하는 행사에는 거의 참가하지 않았지만, 이날은 이례적으로 출석을 했다. 이 연회에는 삼남 김정은 당 중앙군사위 부위원장도 참가했는데, 조선중앙통 신의 보도에 따르면 리영호(李英鎬) 당 정치국 위원보다 앞서 김정일 총서 기의 뒤를 수행하여 김정은 후계체제가 진행되고 있음을 시사했다.

조선중앙통신은 2011년 3월 18일, 최고인민회의 상임위원회가 같은 달 15일 최고인민회의 제12기 제4차 회의를 4월 7일에 개최할 예정이라고 보도했다. 북한은 매년 3월에서 4월에 걸쳐서 결산이나 예산의 심의를 위해 최고인민회의를 개최하고 있는데, 이번의 최고인민회의의 초점은 후계체제 구축과 관련된 동향이다. 김정은은 2010년 9월의 당 대표자회의 에서 당 중앙군사위 부위원장에 취임하여 후계자로서의 활동을 공식적으 로 시작했는데, 아직 국가기관의 직책은 없다. 이 최고인민회의에서 김정 은이 선군체제의 중추 국가기관인 국방위원회에서 직책을 확보할 수 있을 것인가의 여부가 초점이다.

조명록(趙明祿) 국방위 제1부위원장이 2010년 11월에 사망했기 때문에 제1부위원장 자리는 공석이다. 김정은이 국방위 제1부위원장에 취임한다 면, 당에 이어 중추 국가기관에도 직책을 확보하여 후계체제 만들기는 한 걸음 더 진전하게 된다.

또한 김정은의 최측근으로 간주되는 리영호 당 중앙군사위 부위원장(군 총참모장)이 국방위 부위원장 등에 취임하여 국방위에 진입할 수 있을 지의 여부, 위에서 언급한 당 대표자회의에서 당 정치국으로부터 배제된 군의 실력자 오극렬 국방위 부위원장이 그 직책을 계속 유지할 수 있을 지의 여부도 초점이다.

국방위 위원이었던 주상성(朱霜成) 인민보안부장이 '신변 관계'를 이유로 3월 16일에 갑자기 해임되는 등 후계체제 구축을 둘러싼 권력 내부에서 갈등이 있을 가능성도 있으며, 선군체제의 중추 국가기관인 국방위원회가 어떻게 재편될 것인가도 주목된다.

북한은 김일성 주석 탄생 100주년, 김정일이 고희(70세)를 맞이하게 되는 2012년을 곧 맞이하게 된다. 그때에 과연 진정으로 '승리를 향한 길'로 전진할 수 있을 것인가? 나에게 그것은 '고난의 행군'처럼 보인다.

제13장

북한의 체제 메커니즘과 민중

유일지도체계에 의한 정치적 다원성의 소멸

이 책은 우선 2010년 9월의 당 대표자회의에서 후계자로 공식적으로 결정된 김정은 당 중앙군사위 부위원장의 등장과 그 후계체제 구축 상황에 대한 검증 작업을 했다. 그리고 김일성이 1945년 9월에 구소련의 연해주에서 귀국하여, 어떻게 유일지도체제를 확립하고 '수령'이 되었으며, 이를 계승한 김정일이 어떻게 '위대한 영도자'가 되어 '선군체제'를 구축했고, 나아가 어떻게 3대째의 김정은에게 권력 계승이 진행되고 있는지를 검증하고, 그 후계체제가 내포하고 있는 문제점과 현재의 상황을 분석했다.

우리는 북한이 왜 그렇게 할 수밖에 없었는가 하는 측면과 김일성, 김정일 부자체제를 유지하기 위해서 얼마나 비참한 희생이 강요되어왔는가를 살펴보았다.

북한과 같이 강대국에 둘러싸인 '분단국'이 '휴전 상황'이라는 특수한 맥락 속에서 체제를 계속 유지하고 있는 것 자체가 '고난의 행군'이라고 할 수 있다. 그러나 대단히 교육에 열심이고, 국민의 의식이 높으며, 근로의 욕이 높은 민족을 갖춘 북한과 같은 국가가 왜 지금까지도 김일성이 그렇게도 염원했던 '흰 쌀밥과 고깃국, 비단옷'을 마련하는 것을 실현하지 못하고 있는 것인가?

같은 분단국인 한국과의 체제경쟁 승부는 끝나버렸다. 한국은행의 추정으로 2009년 북한의 국민총소득(GNI)은 28조 6,000억 원으로 한국(1,034조 1,154억 원)의 1/37, 1인당 국민소득은 123만 원으로 한국(2,192만 원)의 1/18 수준이다. 북한은 지금도 '먹는 문제'를 해결하지 못하고 있고, 일부 주민들은 또한 기아 상태에 직면해 있다.

서방 측 국가들에 의한 고립정책, 사회주의 경제권의 붕괴, 자연재해 등의 이유도 있었을 것이다. 그러나 그렇다고 해도 북한 내부의 체제 메커니즘에 큰 오류가 있고, 그것이 주민의 생활을 압박해왔다고 말할 수밖에 없다. 이 장에서는 이제까지 검증해온 것을 약간 정리하고, 북한의 체제 메커니즘의 문제점이 어디에 있는가를 재검토해보고자 한다.

이 책의 제4장에서 언급한 바와 같이, 조선노동당은 원래 광범위한 세력을 결집시킨 통일전선 형태의 정당이었다. 소련도 사회주의 국가를 건설하기보다는 공산주의 정당이 이끌면서 사회주의 블록의 일익을 담당하는 통일전선 형태의 정권 수립을 고려하여 젊은 지도자 김일성을 지지했다.

조선노동당의 전신인 북조선노동당은 조선노동당 북부조선분국과 조선신민당이 합당하여 결성되었던 것이다. 그 조선노동당은 박헌영(朴憲永)을 지도자로 하는 남조선노동당(남로당)과 합당하여 조선노동당을 결성했다. 조선노동당 내부에는 김일성 등의 빨치산파, 허가이(許哥而) 등의 소련파, 김두봉(金枓奉), 최창익(崔昌益), 김무정(金武亭) 등의 연안파, 박헌영 등의 남로당파, 나아가 다양한 조류의 국내파가 존재했다. 조선노동당에서는 어느 시기까지는 이러한 각파의 대립을 내포하면서도 다원성이 유지되었다. 거기에서는 경제정책이나 외교, 그리고 개인숭배를 포함한 정치체제의 존재방식에 대해서 다양한 의견이 존재할 수 있었다.

그러나 김일성은 '피의 숙청'을 통해 조선노동당을 '유일영도(지도)체계'의 당으로 변질시켰다. 우선 함경도를 기반으로 한 국내파를 소멸시키고, 한국전쟁 중에 연안파인 김무정, 소련파인 허가이를 숙청하고, 한국전쟁에 대한 자신의 책임 추궁을 회피했다. 전후인 1953년에는 박헌영의 남로당파를 숙청하고, 1956년에는 '8월 종파주의 사건'을 통해서 소련파와 연안파의 잔존 세력도 일소했다. 1967년에는 빨치산파의 보완 세력이기도 했던 갑산파를 숙청했다. 1970년의 제5차 당 대회에서 반대세력은 거의 일소되어버려, 김일성에 의한 '유일지도체계'가 확립되었다. 그리고 이 유일지도체계는 1972년의 사회주의헌법 제정에 의해 법제화되어, 김일성은 압도적인 권력을 갖는 국가주석에 취임했다.

조선노동당 내의 '종파(파벌)'의 존재는 당내 투쟁의 요소를 갖고 있으면서도 다른 한편으로 노선이나 정책을 둘러싼 정치적 다원성을 허용하는 담보이기도 했다. 그러나 김일성에 의한 '유일지도체계'라는 독재체제의 확립에 의해 북한은 다원적인 정치세력의 존재를 용납하지 않는 일원지배국가가 되어버렸다. 북한 스스로에 의해 노선이나 정책의 수정을 할 수 있는 기능을 상실해버렸다고 할 수 있다. 예를 들면, 경제노선에서 군사와 밀접하게 관련된 중공업 우선노선을 취할 것인가, 아니면 국민생활에 밀착된 농업이나 경공업 우선정책을 취할 것인가는 각 종파(파벌) 간의 정책 논쟁으로서 상호 경합하는 것이 충분히 가능하지만, 숙청을 통해 당의 다원성이 소멸된 이래로는 수령이나 영도자의 의향만이 노선을 결정하는 독선적인 기반이 만들어져 버렸다.

이로써 국민의 생활을 어떻게 향상시킬 것인가가 최우선 과제가 아니라, 유일지도체계의 확립을 어떻게 강화할 것인가 그리고 이를 어떻게 후계체제의 확립에 이용할 것인가가 우선적인 과제로서 추구되었다.

유일사상체계에 의한 사상적 다원성의 소멸

북한은 주체사상의 기원은 김일성이 1930년 6월 30일에 중국의 동북지방인 카룬(卡倫)에서 열린 '공청 및 반제국 청년동맹 지도간부 회의'에서 주체사상의 원리나 조선혁명의 주체적인 노선에 대해서 논했던 것에서 시작되었다고 한다.

그러나 이것은 과장된 것으로서, 실제로는 김일성이 1955년 12월 28일에 개최된 당 선전선동원(宣傳煽動員) 대회에서 "사상 사업에서 교조주의와 형식주의를 퇴치하고 주체를 확립하는 것에 대하여"라는 강연을 행했을 때가 이 '주체'라는 말이 의식적으로 사용되기 시작한 시기이다. 김일성은 1955년 말의 박헌영 처형 등으로 당내의 '종파분자'와 당쟁이 격화되는 가운데 자신을 중심으로 하는 당을 건설하고 독재체제를 확립하기 위해서 '주체'의 확립을 호소했다. '주체'는 또한 당내의 사대주의자들, 즉 소련파나 연안파에 대항하는 논리적인 기반이기도 했다.

김일성은 1965년 4월 10일부터 21일까지 반둥 회의 10주년 기념회의 출석을 위해서 인도네시아를 방문하여, 같은 달 14일에 '사회주의 건설과 남조선 혁명'에 대한 강연을 통해 "사상에서의 주체, 정치에서의 자주, 경제에서의 자립, 국방에서의 자위"[1]를 제기했다. 이 시점에서의 '주체'란 국제공산주의 운동이 다극화되는 가운데, 마르크스-레닌주의를 자국의 특성에 맞추어 적용하고자 한 색채가 강하며, 아직 '사상'의 영역에 도달했다고 말하기 어려웠다.

1967년 5월 4일부터 8일까지 비밀리에 개최된 당 중앙위 제4기 제15차 전원회의에서 최후까지 남았던 종파인 갑산파를 숙청하는 것과 동시에 '유일사상체계'의 확립이 결정되었다. '유일사상체계'의 확립결정이 갑산파의 숙청과 동시에 결정된 것은 어떤 의미에서는 당연한 귀결이기도 했다. '유일사상체계'는 '유일영도(지도)체계'와 표리일체인 것이었기 때문이다.

같은 해 6월 28일부터 7월 3일에 개최된 당 중앙위원회(당 중앙위) 제4기 제16차 전원회의에서 '유일사상체계'의 확립이 공표되었다. 이에 따라 당 내에서는 하나의 사상밖에 있을 수 없게 되었으며, 그것은 다름 아닌 김일성 사상이었다.

김일성은 1967년 12월 6일에 개최된 최고인민회의 제4기 제16차 회의에서 "국가활동의 모든 분야에서 자주, 자립, 자위의 혁명정신을 더욱 철저히 구현하자"는 주제의 연설을 행했다. 이 연설에서 "우리 당의 주체사상은 우리의 혁명과 건설을 성과적으로 수행하기 위한 가장 정확한 맑스-레닌주의적 지도사상이며 공화국정부의 모든 정책과 활동의 확고부동한 지침"[2]이라고 강조하고, 명확한 형태로 '주체사상'이 '확고부동한 지침'이라는 것을 선포했다.

---

1) 김일성, '조선민주주의인민공화국에서의 사회주의건설과 남조선 혁명에 대하여' 인도네시아 '알리 아르함' 사회과학원에서 한 강의(1965년 4월 14일), 『김일성 저작집 19』(조선로동당출판사, 1982), 306쪽.

2) 『김일성 저작집 21』(조선로동당출판사, 1982), 488쪽.

북한은 1970년의 제5차 당 대회의 당 중앙위 총괄보고에서 "우리 당의 유일사상체계는 주체의 사상체계이다"라고 하고, 주체사상에 의한 유일사상체계를 확립했다. 그리고 1972년 12월 27일에 채택된 사회주의헌법은 제4조에서 "조선민주주의인민공화국은 마르크스-레닌주의를 우리나라의 현실에 창조적으로 적용한 조선노동당의 주체사상을 그 활동의 지도이념으로 한다"라고 명문화했다.

　북한은 1970년대에 들어서자, 김일성 독재체제라고 하는 정치기구상의 유일지도체계뿐만 아니라, 사상 분야에서도 '주체사상'만을 '유일한 사상체계'로 삼는 노선을 향해 나아가고 있었다. 또한 이 유일사상체계 확립의 길은, 김정일 후계체제 만들기와 밀접하게 연결된 것이었다. 김정일은 1974년 2월 13일의 당 중앙위 제5기 제8차 전원회의에서 '주체위업의 위대한 계승자'로 결정됨으로써 후계자가 되었다.

　후계자가 된 김정일 총서기는 그 직후인 1974년 2월 19일에 전국 당 선전활동가 강습회를 개최하여 '전 사회의 김일성주의화'라고 하는 방침을 제기했다. 나아가 같은 해 4월에는 '당의 유일사상체계 확립의 10대 원칙'을 제시하고, 김일성과 자신에 대한 절대적인 충성을 요구했다. '10대 원칙'은 전문과 10대 원칙으로 구성되어 있으며, 10대 원칙의 아래에는 64개 항목의 구체적인 세목이 있는데, 이를 통해 전체 사회를 김일성주의화하기 위한 정신이나 행동의 지침을 제시했다. 이 10대 원칙은 지금도 북한 주민을 엄격하게 구속하고 있다.

　이제까지의 '주체사상'은 마르크스-레닌주의를 북한의 현실에 적용시킨 사상으로서 받아들여졌지만, 김정일이 후계자로 결정되자 주체사상은 마르크스-레닌주의로부터 독립하여 김일성주의로 변모하게 된다.

　1980년의 제6차 당 대회에서 김정일은 김일성 다음의 지위를 획득하고,

후계자로서의 입장을 확고히 했다. 김일성은 제6차 당 대회에서의 활동보고 속에서 '전 사회의 주체사상화'를 강력하게 호소했다.

김정일의 '노작(勞作)'이 최초로 공표된 것은 1982년 3월 31일에 평양에서 개최된 전국 주체사상 토론회에서 발표한 '주체사상에 대해서'로서, 김정일은 이른바 주체사상의 해석권을 독점함으로써 자신의 후계체제 만들기에 활용했다.

북한 사회는 1970년대부터 주체사상을 '유일사상체계'로 하는 사회통제를 강화했고, 주민의 사상마저 통제하는 사회로 변모되어갔다. 주체사상에 의한 통제로 인해 사상의 자유는 더욱 유명무실하게 되었다. 이른바 북한은 '지상의 낙원'이라는 '행복마저 강요된 사회'가 되어버렸고, 사상적 다원성도 소멸되었다.

모스크바에서 북한 유학생과 만났던 적이 있는 한국의 한 교수는 러시아에 유학하고 있던 북한의 학생이 톨스토이의 『전쟁과 평화』도 읽어본 적이 없다는 사실을 알고 커다란 충격을 받았다고 나에게 말한 바 있다. '유일사상체계'는 북한의 학생이나 지식인이 세계문학에 접하는 것도 용납하지 않는 환경을 만들어버렸다. 그런 곳에 '창조'는 생겨날 수 없다.

책임을 지지 않는 지도자

한국 통계청은 2010년 11월 22일, 1993년과 2008년의 북한의 인구조사를 기초로 하여 「1993~2005년 북한인구 통계」라는 보고서를 발표했다. 이 보고서에서는 1994년부터 2004년까지의 식량난으로 통상 연도에 비해

48만 3,000명이 더 많이 사망했고, 1995년부터 2004년까지 통상 연도에 비해 12만 8,000명의 출생자가 적어져, '고난의 행군'이라고 불리는 시기의 인구 손실은 약 61만 명이라고 했다. 이것은 황장엽 전 노동당 비서 등이 주장하고 있는 '아사자 300만 명'에 비하면 적은 숫자이지만 김일성 주석 사후의 혼란기에 사망자가 급증했다는 것을 보여주고 있다.

그런데 이와 같이 '고난의 행군' 시기에 들어 대량의 아사자가 속출한 일로 상징되는 실정(失政)에 대해 정치적인 책임을 진 북한 지도자는 없다. 농업을 담당했던 서관희(徐寬熙) 당 비서가 간첩 혐의로 처형되었는데, 진정한 책임의 소재는 어디에 있었던 것일까?

이 책에서는 북한의 건국 시기부터 3대째의 권력세습으로 향하고 있는 2010년까지의 북한 지도부의 변천과 그 배경에 대해서 논했다.

김일성은 건국 시기인 1948년 9월부터 1972년 12월까지 총리를 맡았다. 건국부터 1960년까지는 아직 조선노동당 내부에 다양한 조류가 존재했고, 정책의 실패는 정책을 주도한 사람에 대한 비판으로 돌아오게 될 소지가 남아 있었다. 그러나 '유일지도체계'와 '유일사상체계'로 김일성의 신격화가 진행됨에 따라 김일성은 이미 정책의 외부에 군림하는 신격화된 존재가 되었다.

반대세력이 존재하던 기간에는 경제시책을 둘러싸고 중공업 우선인가, 아니면 농업·경공업 우선인가 하는 노선 논쟁도 있었지만, 오류가 있을 수 없는 신격화된 국가주석 앞에서 정책논쟁은 존재하지 않았다. 1972년 사회주의헌법에 의해 권력의 실권은 당이 장악하고, 정무원(내각)은 단순히 행정기관으로 전락했다.

국가주석이라는 강력한 권력의 자리에 앉은 김일성에게 이미 정적은 존재하지 않게 되었으며, 정책적인 실패를 범해도 책임을 추궁받지 않는

〈표 30〉 북한의 역대 내각

내각	김일성	1948.9~1972.12
정무원	김일	1972.12~1976.4
	박성철	1976.4~1977.12
	리종옥	1977.12~1984.1
	강성산	1984.1~1986.12
	리근모	1986.12~1990.5
	연형묵	1990.5~1992.4
	강성산	1992.4~1998.9
내각	홍성남	1998.9~2003.9
	박봉주	2003.9~2007.4
	김영일	2007.4~2010.6
	최영림	2010.6~

독재자가 되었다. 1974년 2월의 당 중앙위 제5기 제8차 전원회의에서 김정일이 '주체위업의 위대한 계승자'가 되자, 당의 실험은 점차로 김일성에서 김정일에게 이양되었고, 1980년대에 들어 김일성·김정일 공동 통치 체제가 만들어지게 되었다.

1972년까지는 내각에 당의 실력자가 배치되었는데, 국가주석 제도로의 전환과 김정일의 당 우위 정책으로 인해 내각에는 그 어떤 권한도 부여받지 못한 실무관료가 각료 직책에 올랐다. 또한 총리가 차례로 교체되었는데, 이는 임시방편적인 내각의 교체에 불과했다(<표 30>).

당을 장악한 김정일은 1990년대에 들어서자 국방위원회(국방위)를 무대로 군에 대한 장악을 도모했다. 이 시기에 국제적으로는 사회주의 경제권이 붕괴했다. 그러한 가운데 김일성이 1994년 7월에 사망했다. 그 이후 심각한 수해 등으로 북한에서는 '고난의 행군'이라고 불리는 심각한 상황이 발생했다. 앞에서 언급한 한 바와 같이, 대량의 아사자가 나왔지만 이에 대해 진정 책임을 진 사람은 없었다. 김정일은 국민이 대량으로 아사하고 있는 비참한 상황 가운데 '3년 복상(服喪)'의 한가운데로 숨었으며, 국민 생활에 대해 그 어떤 책임도 지지 않았다. 황장엽이 밝힌 바로는, 김정일은 1996년 12월에 김일성종합대학 창립 50주년을 기념하는 연설에서 "현재와 같이 정세가 복잡한 시기에 내가 경제실무 사업까지 담당하여 발생한 여러 문제를 모두 해결할 수는 없다. 내가 한 사람으로 당과 군대를 포함하는 중요 부문을 장악해야 하며, 경제실무 사업까지 담당하면 혁명과 건설에 돌이킬 수 없는 나쁜 영향을 미칠 수밖에 없다. 수령님(김일성 주석)은 생전에 나에 대해서 절대로 경제 사업에 관여해서는 안 된다고 했고, 경제 사업에 들어가게 되면 당 활동도 불가능하고 군대 활동도 불가능하다고 몇 차례나 말했다"라고 언급했다.

국민이 대량으로 굶어죽어 가고 있다는데 이에 대해 우려하고 추진하려는 과제는 어디에 있는 것일까? 이것 자체가 체제유지를 우선시하고, 인민의 생활을 무시한 책임으로부터의 도망이었다.

김정일은 황폐화되어 당이나 행정의 기능이 마비된 북한에서 유일하게 기능하고 있는 군에 미래를 거는 '선군정치'를 선택했다. 바로 주민을 위해서가 아니라 정권의 유지를 위해서였다.

김일성은 '국가주석'이라는 절대적인 권력을 갖는 직책에 부임하여, 군림하면서 책임을 지지 않는 체제를 만들었다. 이에 비해 김정일은 '선군정치'를 내세우며 2009년 4월에 헌법을 개정하여, 국가주석과 같은 모습으로 권력을 집중시킨 '국방위원장'의 직책을 헌법상에 명문화하고 그 직책에 취임했다. 북한은 법제도적으로는 '국방체제'라고 할 수 있는 체제가 되었으며, 김정일은 '국방위원장'으로서 절대적인 권력을 유지하게 되었는데, 열악한 주민 생활에 대해 책임을 지는 일은 없었다. 이른바 김일성, 김정일 부자체제는 국가주석, 국방위원회라는 면책특권적인 독재적 직책에 취임함으로써 자신의 체제유지를 도모하는 것과 동시에 열악한 국민 생활에 대한 책임을 회피했다.

김정일은 김정은 후계체제의 구축을 위해 2009년 11월 말부터 화폐개혁을 실시했고, 전국의 시장을 폐쇄하고 2010년 1월 1일부터 외화의 사용도 금지했다. 북한 주민들이 소유하고 있던 구지폐는 하루 만에 휴지조각이 되었다. 물가는 폭등하고, 화폐개혁을 실시한 새로운 원화 가치는 폭락하여 주민들이 큰 피해를 입었다. 이에 대한 책임을 지고 박남기(朴南基) 당 계획재정부장이 해임되고 총살된 것으로 알려져 있다. 그런데 이 화폐개혁 정책 실패의 진정한 책임자는 박남기 부장이 아니라는 것은 명백하다. 진정한 책임자는 김정은 후계체제 만들기를 추진한 세력이며, 최종적으로 그것을 승인한 김정일 바로 그 자신이다. 그러나 김정일 총서기의 책임을 묻는 일은 없었다.

북한은 2010년 6월에 김영일(金英逸) 총리를 경질하고 부총리를 교체하는 등 대폭적인 내각 개편을 실시했다(<표 31>). 총리 이하 45명의 각료급 멤버(미상인 국가자원개발상을 제외하고) 중에 정치국 상무위원은 최영림(崔永林) 총리 1명, 정치국 위원은 강석주 부총리 1명, 정치국 위원후보는 김락희(金洛嬉), 리태남(李泰男) 두 부총리 등 2인뿐이다. 중앙위원이나 중앙위원후보라면 다행이라고 할 정도로, 당 중앙위의 구성원이 아닌 각료도 다수이다. 권한을 갖고 있지 않은 각료들이 어떻게 인민의 생활향상을 실현할 수 있겠는가?

북한의 지도부는 신격화되어 실제로 정치 책임을 추궁당하지 않는 '수령'이나 '위대한 지도자'를 지탱하고 있어서, 당 정치국이나 당 비서국마저도 주민의 생활이나 안전에 책임을 지는 체제가 가능하지 않다. 1998년에 헌법이 개정되어 정무원이 내각으로 개조되고 내각의 권한이 강화될

〈표 31〉 북한의 내각 (2010.11.1 현재)

총리	최영림	당 정치국 상무위원, 당 중앙위원
부총리 겸 재정상	박수길	당 중앙위원
부총리 겸 국가계획위원장	로두철	당 중앙위원
부총리	강능수	당 중앙위원
부총리	김락희	당 정치국 위원후보, 당 중앙위원
부총리	리태남	당 정치국 위원후보, 당 중앙위원
부총리	전하철	당 중앙위원
부총리 겸 기계공업상	조병주	당 중앙위원
부총리 겸 전자공업상	한광복	당 중앙위원
부총리	강석주	당 정치국 위원
외상	박의춘	당 중앙위원
전력공업상	허택	
석탄공업상	김형식	당 중앙위원
채취공업상	강민철	당 중앙위원후보
원유공업상	김희영	
금속공업상	김태봉	당 중앙위원
건설건재공업상	동정호	당 중앙위원후보
철도상	전길수	당 중앙위원
육해군상	라동희	
농업상	리경식	
화학공업상	리무영	당 중앙위원
경공업상	안정수	당 중앙위원
무역상	리룡남	
임업상	김광영	
수산상	박태원	
도시경영상	황학원	당 중앙위원후보
국토환경보호상	김창룡	
국가건설감독상	배달준	
상업상	김봉철	
수매량정상	문응조	
교육위원장	김용진	당 중앙위원
체신상	류영섭	당 중앙위원
식료일용공업상	조영철	당 중앙위원후보
문화상	안동춘	당 중앙위원후보
노동상	정영수	
보건상	최창식	

국가검열상	김의순	
국가과학원장	장철	당 중앙위원
국가과학기술위원장	리자방	
체육상	박명철	당 중앙위원
국가자원개발상	미상	
합영투자위원장	리수영	
국가가격제정위원장	량의경	
중앙은행총재	백룡천	
중앙통계국장	김창수	
내각사무국장	김영호	당 중앙위원후보
인민무력부장*	김영춘	당 정치국 위원
인민보안부장*	주상성	당 정치국 위원

주: *는 국방위원회 소속

것으로 기대되었지만, 실태는 거의 개선되지 않고 구태의연한 상황이 계속되었다. 오히려 2002년의 경제개혁 이후에 박봉주(朴奉珠) 총리가 무보수로 주민을 동원하는 방식을 개선하려고 하자 노동당이 이에 대해 위기감을 느껴 최고인민회의 개최를 지연시키고 최후에는 박봉주 총리 자신까지 경질시켰다. 수령이나 위대한 영도자만이 아니라, 당 지도부마저 주민의 생활에 대해서 책임을 지지 않는 정치 시스템이 만들어져 버렸다고 말할 수 있다.

천만 군민

북한의 공식 매체에 잘 등장하는 말로 '천만 군민'이라는 말이 있다. 언제부터 사용되기 시작했는지는 확실하지 않지만, 이 표현은 북한이 '선군'을 표방하기 시작하면서부터 등장한 것으로 보인다.

'천만 군민'이라는 말이 빈번하게 사용된 것은 2000년 이래로 여겨진다. 내가 확인한 범위 내에서는 2003년 2월 22일자 당 기관지 ≪노동신문≫에 조선인민군 공훈합창단(功勳合唱團)이 제작한 합창조곡 형식의 '선군장정의 길'에 관한 논평에서 "창작발표된 지 며칠 안 되지만 (중략) 천만 군민의 열렬한 환호 속에 불리워지고 있다"[3]는 표현이 나오고 있다. 선군정치의 흐름 속에서 '천만 군민'이라는 표현이 일반화된 것으로 보인다.

북한의 인구는 한국 통계청의 2008년 추정에 의하면 2,419만 명이다. '천만 군민'이라고 하면, 고령자와 아이들을 제외할 경우 인구의 절반이 군 관계자가 된다.

북한의 정규군은 육군 95만 명, 해군 4만 6,000명, 공군 11만 명으로 합계 110만 6,000명이다. 한국의 2008년판 『국방백서』에 의하면 북한에는 이것에 더하여 방대한 예비군이 존재한다.[4] 우선 17세에서 50세까지의 남성과 17세에서 30세까지의 미혼 여성으로 구성되는 '교도대(敎導隊)'가 약 60만 명이다. 향토예비군의 성격을 지니는 '노농적위대(勞農赤衛隊)'가 약 570만 명, 중·고교생으로 구성된 군사조직인 '붉은청년근위대'가 약 100만 명, 호위사령부, 인민보안부, 군수동원 지도국, 속도전 청년돌격대 등의 준군사조직이 약 40만 명으로 합계 770만 명에 달한다. 한국의 『북한총람』에 의하면, 교도대는 연간 500시간, 노농적위대는 연간 160시간, 붉은청년근위대는 연간 450시간의 군사훈련을 하고 있으며, 유사시 군 병력이 될 수 있는 '예비군'이다. 2010년 10월 10일에 열린 조선노동당

---

3) "선군혁명의 나팔수: 공훈합창단만이 창작할 수 있는 대결작 합창조곡 「선군장정의 길」에 대하여(2)", ≪노동신문≫, 2003.2.22., 4면.

4) 한국 국방부에서 2010년에 발간한 『국방백서』는 북한 정규군의 규모를 119만 명으로 추정하고 있다.

창건 65주년의 열병식에서도 정규군에 이어 이러한 각 예비군의 군사행진이 행해졌는데, 정규군과 다름없이 군기가 바짝 든 모습이었다.

북한은 예비군 가운데에서도 최대 조직인 '노농적위대'를 '노농적위군'으로 개칭하고 군으로서의 성격을 더욱 강화했다. 노농적위대의 개칭은 북한이 주민마저도 군대식으로 통제하고 선군노선을 강화하고 있음을 시사해주는 것으로, 이러한 통제하에서 김정은 후계체제 구축을 추진하려는 의도를 엿볼 수 있다.

따라서 정규군 110만 6,000명과 예비역 770만 명을 합치면 총계 880만 6,000명으로 '천만 군민'이라는 표현은 그렇게 과장된 표현이 아니라는 것을 알 수 있다. 즉, 북한에서는 '천만 군민'은 단순한 슬로건이 아니라 실질적인 내용이 있는 말이며, 고령자나 아이를 제외하면 국민의 2명 중 1명은 군 관계자라고 할 수 있는 현실인 것이다.

북한의 군사비는 2009년 결산으로 761억 3,051만 원으로 세출의 15.8%를 점했다. 2010년의 군사비 예산은 8억 2,396만 원(100 대 1의 화폐개혁 실시 후의 새로운 원화)으로 세출에서 점유한 비율은 2009년과 같은 15.8%였다. 그러나 한국의 『국방백서』는 북한의 군사비는 1970년대 초에는 국가예산의 30%를 넘었으며, 1972년 이후의 수치는 은폐된 수치라고 하며, 북한의 실질적인 군사비는 국민총소득(GNI)의 30% 정도라고 지적하고 있다. 이것은 군이 독자의 예산체계를 갖고, 무기수출이나 별도의 외화벌이 등을 행하고 있다는 것을 종합하여 추정한 수치이다.

북한에는 종합건설회사가 존재하지 않고, 도로나 댐의 건설 등 대형공사는 거의 군이 출동하여 도맡아 하고 있다. 북한은 지금 군이 국가를 주도하는 병영국가가 되고 있다. 이것이 선군정치를 표방하는 북한의 현실이다.

선군체제

김정일은 2003년 1월에 행한 담화에서 "선군혁명 노선은 우리 시대의 위대한 혁명노선이며, 우리 혁명의 백전백승의 깃발이다"라고 했다. 또한 선군정치에 대해서 "우리 당의 선군혁명 영도, 선군정치는 군사를 제일의 국시로서 내세우고, 인민군대의 혁명적 기질과 전투력에 의거하여, 조국과 혁명, 사회주의를 보위하고, 전반적 사회주의 전선을 힘차게 다시 수립하는 혁명 영도방식이며 사회주의 정치방식이다"라고 규정했다.

북한의 선군정치나 선군사상의 성립 과정은 내가 집필한 다른 저작에서 이미 언급한 바가 있기 때문에 여기에서 상세하게 논하지는 않겠지만, 1994년에 김일성이 사망하고 가장 어려운 시기였던 '고난의 행군' 시기에 북한이 내세운 이데올로기는 '붉은기 사상'이었다. 선군사상은 '고난의 행군'이 종식 과정에 들어가면서부터 등장한 사고법이다. 고난의 행군이 종식되고 있던 1999년의 당 기관지 ≪노동신문≫ 등의 신년 공동사설은 '혁명적 군인정신'을 강조하여 '선군혁명 영도'를 호소한다. 그리고 1999년 6월 16일에 당 기관지 ≪노동신문≫과 당 이론지 ≪근로자≫의 공동논설 "우리 당의 선군정치는 필승불패이다"[5]를 통해 선군정치가 정립된다.

현재 북한에서는 선군정치의 기원을 항일 빨치산에서 찾고 있다. 과거에 조선인민군의 창설 기념일은 1948년 2월 8일이었는데, 1978년에 1932년 4월 25일로 변경되었으며, 그 기원을 조선인민혁명군(항일 유격대)의 결성에서 찾았다. 북한은 그 이후 1945년 10월 10일의 조선공산당 북부조

---

5) 이 공동논설에는 '우리 시대의 완성된 정치방식', '제국주의와 대결에서 련전련승하는 불패의 정치', '강성부흥의 새 시대를 펼치는 현명한 정치', 그리고 '우리 혁명은 선군정치로 영원히 승리할 것이다'라는 소제목들이 포함되어 있다.

선 분국(分局)의 성립을 조선노동당의 기원으로 삼고, 1948년 9월 9일에 조선민주주의인민공화국을 건국했다. 이와 같이 당이나 국가보다 우선하여 군을 결성한 역사를 '선군영도'로 개념 규정하여 선군정치의 큰 축으로 삼고 있다.

또한 선군사상은 그 기반이 되는 계층을 노동자 계급이 아닌 군으로 삼고 있으며, 이것을 '선군후노(先軍後勞)'[6]라는 개념으로 정리하고, 군사우선의 병영국가를 지향했다.

이러한 '선군사상', '선군정치'를 법제도화한 것이 2009년 4월의 헌법 개정으로, 여기에서 선군사상을 주체사상과 나란히 사상이념으로 규정하고 국방위원장을 국가의 최고 직책으로 규정했다. 이 헌법 개정으로 북한은 법제도적으로 '선군체제'의 국가가 되어버렸다.

선군에서 선민으로

북한은 '유일지도체계'를 확립함으로써 정치적인 다원성을 소멸시켰고, '유일지도체계'의 확립으로 사상적인 다원성도 소멸시켰다. 그리고 김정일의 후계체제를 확립해가는 과정에서 자신의 사상적 기반을 추구하고, 김일성의 '주체사상'과 나란히 지도이념으로서 '선군사상'을 내세웠

---

6) 이에 대한 구체적인 개념정의는 다음과 같다. "선군정치는 선군후로의 로선과 전략 전술을 구현하고 있는 독창적인 사회주의 정치방식이다. 선군후로는 혁명력량 편성에서 군대를 로동계급보다 앞에 놓고 군대에 정치의 주도적 력량, 혁명의 주력군으로서의 지위와 역할을 부여하는 혁명의 로선, 전략전술이다." 김인옥, 『김정일 장군 선군정치리론』(평양: 평양출판사, 2003), 198~199쪽.

으며 결국 '선군체제'로까지 진행되어버렸다.

그러나 김정일은 이러한 측면과 함께 개혁지향적인 측면도 갖고 있었다. 개인적으로는 자신에 대한 숭배나 세습에 대한 저항, 거부감마저 갖고 있었다는 느낌이다.

2004년에 김정일 총서기의 초상화가 서서히 철거되고, 공식보도의 일부에서 총서기의 호칭이 간략화되는 현상이 나타난 적이 있다. 북한의 김일성, 김정일 부자에 대한 개인숭배의 기본구조가 그 이후 변했던 것은 아니지만 김정일 자신은 개인숭배나 세습에 대해 저항감, 수치심을 느끼고 있었던 것은 아닌가 생각된다. 북한에서 김정일 배지가 일부 등장하기도 했지만, 기본적으로는 김일성 배지가 주류이며 김정일 배지가 일반화되지 못한 것도 본인의 그러한 인식이 반영된 것이 아닌가 생각된다.

또한 김정일의 사고법을 관철한 기본은 '실리'였다. 김정일은 2000년 1월에 이탈리아와 국교를 수립했던 것을 계기로 차례로 서방 측 국가들과의 관계 정상화를 위해 움직였다. 같은 해 6월에는 김대중 대통령과 최초의 남북정상회담을 실현했다. 장기간의 과제였던 대미 관계에서는 같은 해 10월에 조명록 군 총정치국장을 특사로서 방미시키고, 올브라이트 미국 국무장관도 방북하여 북미 관계도 국교수립 직전까지 진행되었다. 또한 2002년 9월에는 고이즈미 준이치로 총리와 최초의 북일 정상회담을 개최하고 '북·일 평양선언'을 발표했다.

김정일은 21세기가 시작된 2001년에는 '사고 혁신'이라는 표현으로 개혁을 호소하고, 산업 시설의 근대화 등에서 '개건(改建)'이라는 이름 아래 실질적인 개혁을 추진했다. 경제 측면에서도 2002년 7월 1일에 '7·1 경제 관리 개선조치'라는 이름 아래 경제개혁을 실시하여 전국에 시장이 생기고 기업의 독립채산제나 권한의 하부나 지방으로의 이양이 추진되었다.

그러나 미국에서 부시 정권이 성립하고, 일본에서는 납치문제가 커다란 문제가 되고, 다른 한편으로 북한의 핵이나 미사일 문제가 위기로 부각되자, 이로 인해 북한에서의 개혁적 움직임은 중단되었고 2006년경부터 점차로 보수적인 기존의 사회주의로의 회귀가 시작되었다.

한편, 북한은 1998년경부터 명확한 형태로 '강성대국'의 건설을 호소한다. 북한은 1998년 8월 31일에 '인공위성'을 쏘아 올렸다고 주장하면서 '대포동 1호'를 발사했다. 북한이 '강성대국'을 호소하고 나온 것이 이러한 군사적인 측면에서의 발전을 배경으로 하고 있는 것은 사실이지만, 정치·군사의 분야에서 이미 강국이 된 북한에서 강성대국이 되기 위해서는 경제가 발전해야 된다는 논리가 전개된다.

앞에서 언급한 당 기관지 ≪노동신문≫과 당 이론지 ≪근로자≫의 공동논설 "우리 당의 선군정치는 필승불패이다"(1999년 6월)는 "우리 당의 선군정치는 사회주의 건설에 새로운 비약을 일으키고 있는 원동력이다. 사회주의 강성대국 건설에서 중요한 것은 우리 경제를 북돋아 가까운 장래에 국가를 경제대국의 지위로 끌어올리는 것이다. 이 웅대한 과제는 선군정치를 통해서만 실현될 수 있다"라고 강조했다.

논설은 "과거 사회주의 배신자들은 국방에 힘을 쏟으면 경제가 정체되고, 사회발전이 늦어진다고 하면서 국가의 국방력을 체계적으로 약화시켰다. 이것은 군대를 단순하게 물질적인 부의 소비자로서만 본 잘못된 관점에 기초하고 있다. 군대가 강해지면 경제건설의 평화적 조건이 보장된다"라고 말했다.

내가 다른 저서에서 주장했던 것이기도 하지만, 선군정치와 강성대국은 양립할 수 없다. 북한에서 군이 건설 사업 등에 종사하고 있는 것은 사실이지만, 오히려 전체적으로는 '부(富)의 소비자'이다. 북한의 군사비가 국민의 생활을 압박하고 있는 것은 상당히 명백하다. 군이 '평화적 조건을 보장'하는 것이 아니라 핵무기나 미사일의 개발로 '평화적 조건을 파괴'하고 있는 것이 오늘날의 현실이다. 핵무기나 미사일, 나아가서는 공작기관에 의한 일본인 납치 등이 없다면 미국이나 일본과의 관계는 정상화되고, 경제발전의 '평화적 조건은 보장'되었을 것이다.

북한이 주장하는 '선군사상', '선군정치'에서 '군민일심(軍民一心)'이 경제건설을 지탱하고 있다는 논리에는 구체성이 결여되어 있고, 북한 경제의 정체가 그것을 증명하고 있다.

나는 북한이 살아남는 길은 '선군'을 버리고 '선민(先民)'으로 전환하는 것밖에 없다고 생각한다. 이 '민(民)'은 '민중'이며, '민족'이며, '민주'이다. 우선은 인민의 생활 향상을 최우선으로 하는 '선민'이 첫 번째 과제일 것이다. 군이나 정치우선이 아니라 경제우선으로 노선을 전환하는 것이다. 그것은 현재의 그 어떤 권한도 주어지지 않고 있는 내각에서는 실현할 수 없을 것이다. '위대한 영도자' 자신이 '선군'을 포기하고 '선민'을 향한 노선으로 전환하지 않으면 안 된다.

김일성은 죽기 직전인 1993년 말에 그때까지의 군수·중공업 우선에서 '농업 제일, 경공업 제일, 무역 제일주의'의 3대 제일주의로 경제정책을 수정하고자 했지만 도중에 쓰러져버렸다. 그것이 성공했으리라고는 생각되지 않지만 김일성이 경제정책의 실패를 자각한 이후에 사망했다는 것은 확실해 보인다.

그 어떤 실권도 없고, 권력기반이 약한 김정은에게 그것은 불가능하다. 김정은이 할 수 있는 것은 2010년 11월의 연평도 포격과 같은 도발 노선밖에 없다. 후계정권의 기반이 약하면 약할수록 강경하게 위험한 군사우선 노선을 택할 위험성이 있다.

나는 우선 그 가능성은 없다고 생각하면서도, 후계자에게 기대하는 것보다는 김정일에게 기대하는 수밖에 없다는 절망적인 외침으로서 '선민'에 대한 전환을 호소하고 싶다.[7] 그런 후에야 한국과의 관계 정상화를 통한 '민족 화해'나 '통일'을 향한 길, 나아가서는 '민주화'를 향한 과정이 있을 것이다.

김정은의 인적 사항

그러면 이제 문제는 후계체제이다. 우리가 속해 있는 국제사회도 김정일의 사망을 고려하면서 북한 정책을 살펴보지 않을 수 없는 상황에 직면하고 있다.

김정일의 후계자인 김정은에 대해서는 정확한 자료가 거의 없다. 이 책에서는 제8장의 로열패밀리를 다루는 부분에서 이에 대해 약간 언급했는데, 다시 한 번 정리해보고자 한다.

김정일의 요리사로서 알려진 후지모토 겐지(藤本健二)는 김정은의 생일이 1983년 1월 8일이라고 한다. 일부에서는 1984년 1월 8일설도 있다. 그러나 후지모토는 요리사로서 생일 파티 준비 등도 했을 것이기 때문에 그가 말한 생년월일이 확실한 것이 아닐까 생각된다. 또한 후지모토는 그의 저서 『북한의 후계자 왜 김정은인가(北の後繼者, キムジョンウン)』에서 김정일이 김정은의 간지를 해(亥)라고 말했다고 기록했기 때문에 1983년

북한은 2011년 12월 30일 조선노동당 정치국회의를 개최하여 김정은을 조선인민군 최고사령관으로 추대하면서 그 근거로 2011년 10월 8일에 행했다는 김정일의 유훈을 제시한 바 있다.

제13장 북한의 체제 메커니즘과 민중 411

출생이 유력해 보인다.

그러나 최근 김정은의 생일을 1982년 1월 8일로 보는 움직임이 있다고 한다. 실은 김정일의 생일은 1941년 2월 16일이었지만, 이것을 1942년 2월 16일로 변경했다는 설이 유력하다. 이것은 북한에서 5나 10으로 떨어지는 해를 '정주년(꺾어지는 해)'으로 중시하는데, 김일성의 생일이 1912년 4월 15일이기 때문에, 김정일도 같은 해에 생일을 축하하기 위해서 생년월일을 1942년 2월 16일로 했다는 것이다. 권력 계승이 3대에 걸쳐 행해졌기 때문에 김정은 또한 1982년으로 한다면 2012년은 김일성 탄생 100주년, 김정일은 고희(70세), 김정은은 30세로 세 사람 모두 '정주년(꺾어지는 해)'을 일치시킬 수 있게 된다.

김정은은 '청년 대장'이라고 불린다. 북한에서는 이제까지 '3대 장군'이라고 하면 김일성 장군, 김정일 장군, 거기에 김정일의 모친인 김정숙 장군의 3인을 지칭했는데, 김정은이 '영명한 대장 동지', '현명한 대장 동지'로서 권력 계승자로 부상했기 때문에 금후로는 김일성, 김정일, 김정은의 3인이 될 것으로 생각된다.

후지모토의 저서에 따르면, 후지모토는 어린 김정철, 김정은의 놀이 상대가 되어 일본의 깡통 차기나 팽이 등을 가르쳤다고 한다. 죽마(竹馬)도 가르쳤는데, 두 사람은 운동신경도 좋아 50, 60센티미터의 높이까지 올려 놓았다고 한다.

후지모토에 의하면, 김정철은 성격도 얌전하지만 김정은은 승부욕이 강하고 리더십이 있었다고 한다. 그 때문에 김정일은 김정철에 대해서는 "너는 여자 같아서 안 된다"라고 자주 말하면서, 삼남 김정은에 대해서는 '자신과 비슷하다'고 마음에 들어 했다고 소개하고 있다.

후지모토는 저서에서 김정은이 9~10세 무렵에 한자를 공부했다고 기록하고 있다. 또한 1990년대 초반에 모친 고영희와 함께 일본의 디즈니랜드를 여행한 것으로 보인다고 기록하고 있다. 그러나 김정은이 한자를 배우고 디즈니랜드에 왔던 적이 있기 때문에 친일적(親日的)인 성향을 갖고 있을 것으로 보는 것은 대단히 성급한 것이다.

그의 생모 고영희는 귀국자이다. 일본이 진정으로 살기 좋은 곳이라고 생각했다면 북한에 건너가지 않았을 것이다. 그리고 북한에서도 본국의 사람들이 귀국 동포를 보는 동경과 차별이 혼재된 시선을 받았을 것이다. 탈북자의 말을 들어보면, 고영희가 김정일의 부인 자리에 앉고 나서 귀국 동포에 대한 대우가 현저하게 개선되었다고 한다. 고영희는 일본에 대해서 복잡한 감정을 갖고 있었다고 생각해야 될 것이다. 일본 택시 운전사의 친절함 등을 높게 평가하는 한편, 일본의 재일 조선인 차별에 대한 뿌리 깊은 반발도 갖고 있었을 것이다.

김정은도 그와 같은 고영희로부터 가르침과 가정교육을 받았고, 그러한 가치관으로부터 영향을 받았다고 생각해야 하는 것은 아닐까? 일본에 대해서도 호감과 반발이라는 이율배반적인 복잡한 가치관을 갖고 있다고 보아야 하는 것은 아닐까?

후지모토는 최초의 저서인 『김정일의 요리사』에서 그가 신천(信川) 초대소에서 최초로 김정은을 만났던 때에 "무서운 얼굴로 나를 노려보았다. '이 사람은 증오스러운 일본인이다'라고 했을 때의 왕자(김정은)의 날카로운 눈은 지금도 잊지 못한다"라고 기록하고 있다. 이것이 일본에 대한 김정은의 감정의 현실에 가까운 것이 아닐까 생각한다.

한 소식통은 김정은이 기본적으로 민족주의자이며, 일본에 대해서도 기본적으로 강력한 반일 의식을 갖고 있으며 중국에 대해서도 거리를 두고 보고 있다고 언급했다. 그는 시원스러운 남성다운 성격을 갖고 있다고 한다.

또한 생모의 영향을 받은 때문인지 개인적으로 귀국 동포 네트워크를 갖고 있는 모양으로 향후 귀국 동포 관련자가 김정은의 부하로서 기용될 가능성도 있다고 한다.

≪마이니치신문≫의 보도에 따르면, 김정은은 1996년 여름부터 2001년 초까지 스위스의 베른에서 유학했다고 한다. 이 학생은 처음에 김정철이 다니고 있던 베른 국제학교에 입학했지만, 알 수 없는 이유로 수개월 만에 학교를 자퇴하고 자택 근처의 공립 초등학교에 입학했으며 또한 공립 중학교에 진학했다고 한다. 이 젊은이는 1985년 10월 1일 출생으로 '박용수'라고 하는 북한 대사관원의 아들인 '박은'이라는 이름으로 공립 중학교에 다녔다.

김정남이나 김정철이 사립 국제학교에 다녔던 반면, 왜 유독 김정은만 공립학교에 다녔던 것일까? 김정철에게는 같은 북한 출신의 학생을 함께 학교에 다니게 하고, 호위를 하도록 경비도 붙였는데, 왜 김정은만 경비가 거의 없었던 것인가도 의문으로 남는다.

≪마이니치신문≫이 보도한 스위스에 유학하고 있던 젊은이가 북한 관계자의 아들이라는 것은 명백하지만, 나는 개인적으로는 이 젊은이가 김정은과 동일 인물이라고 단정하기에는 조금 더 검증이 필요하지 않은가 하는 느낌을 갖고 있다.

공식적인 확인은 되고 있지 않지만, 김정은은 2002년에 김일성군사종합대학에 입학했다고 보인다. 김일성종합대학 물리학과에도 동시에 입학했다는 정보도 있는데 확인되지 않는다. 김일성군사종합대학에서도 확실하게 통학했던 행적은 없고, 개별의 수업을 별도로 듣는 형식이었던 것으로 보인다. 졸업 후에 평양방어사령부 포병부대에 배치되어 포병에 깊은 관심을 가졌다고 한다. 김정은의 측근으로서 주목되고 있는 리영호(李英鎬)가 2003년 9월부터 평양방어사령관을 맡고 있었는데, 이 시기에 서로 깊은 관계를 맺게 되었다는 설도 있다. 내부적으로 김정은이 후계자로 결정된 것으로 언급되는 2009년 1월 직후인 2009년 2월에 리영호는 총참모장으로 기용되며, 취임한 지 겨우 2년 10개월에 불과했던 김격식(金格植) 총참모장은 해임되었다.

김정은이 권력 계승에서 우선 '대장'의 군사칭호를 받고, 당 중앙군사위의 부위원장으로서 공식적으로 등장하게 된 것을 보아도, '선군' 노선에서 권력 계승을 행하고자 하는 것은 명백하다.

2010년 11월의 연평도 포격도 이러한 연장선상에 있다고 말할 수 있다. 북한은 20대 후반의 그 어떤 실적도 없는 지도자의 등장으로 대단히 위험한 상황에 직면하고 있다. 연평도 포격에서 본 바와 같이, 그것은 북한의 위기에 그치지 않고 동북아시아의 위기로까지 연결되는 것이다.

북한 주민의 '침묵의 저항'

북한에서 2010년 9월에 후계자 김정은이 등장했을 때 이에 대한 북한 주민의 반응은 어떠했을까?

일부에서 김정은의 초상화가 준비되었다고 하는 보도도 있었지만 2010년 말 현재의 시점에서는 각 가정 등에 김정은의 초상화가 걸리지도 못하고 있는 모양이다. 북한 내부로부터 들려오는 것은 "3대째의 초상화를 거는 것은 그 정도로 간단한 것이 아니다"라고 하는 목소리이다.

북한에서는 2009년 11월 말부터 행해진 화폐개혁의 후유증이 아직 주민들 사이에 심각하게 남아 있다. 갑작스러운 화폐개혁의 실시로 구지폐를 사용할 수 없게 되었고, 기본적으로는 한 세대에서 소유하고 있던 10만 원 이상의 구지폐가 일순간에 휴지 조각이 되어버렸다.

갑작스러운 화폐개혁으로, 상품에 가격을 매기는 것이 불가능해져 상점도 폐쇄되었다. 환자가 약을 구입하는 것마저 불가능해졌다고 한다. 화폐개혁의 시기에 사망자가 급증했다고 하는 소문도 퍼졌다. 그러나 사망자가 나와도 상점은 폐쇄되었고, 장례를 위한 준비도 할 수 없었다고 한다.

그러한 위기에 빠졌던 기억이 생생하게 남아 있는 상황에서 '후계자'가 주민의 축복을 받고 등장할 수는 없다. 화폐개혁 실시의 때에, 당분간 사용하도록 500원을 김정은의 '배려금'이라는 명목으로 배포한 일도 있기 때문에, 주민들은 화폐개혁이 김정은 후계체제 만들기를 위해 실시된 것을 모두 잘 알고 있다.

북한 당국은 2010년 2월에는 실패를 인정하고 시장 폐쇄나 외화 사용금지를 철회했다. 그리고 박남기를 경질 및 총살에 처하고 김영일 총리에 대한 교체도 단행했다. 북한이 주민의 저항 속에서 이 정도로 단기간에 정책의 오류를 인정하고 주민의 저항에 굴복한 것은 건국 이래 전례가 없는 일이다. 이것만 놓고 보아도 주민의 저항이나 반발이 컸다는 것을 말해준다. 통화는 국가의 신용을 보여주는 것이다. 통화가 언제 휴지 조각이 될지도 모르는 상황을 자의적으로 만들어낸 것은 필연적으로 국가에 대한 불신을 증폭시키고 충성심을 약화시킨다.

엄격한 주민 통제 속에서, 공개적으로 김정은 후계체제에 대해 반발을 표출하는 주민은 거의 없다. 대다수의 주민은 후계가 어떻게 될 것인가에 대해 관심이 없다. 자신의 생활을 지키는 일로 온통 신경이 곤두서 있기 때문이다. 그런데 위기 상황이 되어서도 국가나 당이 아무것도 해주지 않는 것은 1990년대의 '고난의 행군'에서 배운 최대의 교훈이다. 생활은 자신이 지키지 않으면 안 되는 것이다. 그러한 생활을 지키기 위한 안간힘 속에서 3대째의 후계자에 대한 관심을 쓸 여유도 없다.

북한이 김정은의 등장 시기에 직면하여, 당 대회를 개최하지도 못하고 당 대표자회의에서 인사와 규약 개정만을 할 수밖에 없었던 것은 주민에 대해 내세울 만한 '성과'가 없었기 때문이다. 당 대회는 북한에서는 '승리의 제전'이다. 승리라고 부를 만한 성과가 없는 가운데 김정일의 건강 악화를 보아가면서 행했던 당의 재편이었던 것이다.

북한 주민들은 당국이 추진하는 '후계체제 만들기'를 환영하지도 않고 반항도 하지 않으며 절망스러운 침묵 속에서 이를 받아들이고 있다. '반대 한다고 해도 어떻게 되는 것은 없다'는 생각을 품으면서 말이다. 그렇기 때문에 주민을 비탄의 밑바닥으로 추락시킨 화폐개혁의 추진자를 다음 대의 위대한 지도자로서 받들 기분도 아니다. 북한 주민들은 침묵이라는 저항 가운데 권력 계승이라는 바람이 지나가기를 기다리고 있다.

김정은이 직면하고 있는 어려운 상황이란 과거 부친 김정일이 권력 계승을 지향하던 시대와는 달리 주민의식이 크게 변하고 있는 현실이다. 북한 주민은 데모와 같은 가시적인 소동을 조직하지는 않고 있지만 대단히 각성된 안목으로 현재의 정권을 응시하고 있다.

북한은 2012년에 '강성대국의 대문을 연다'고 하고 있다. 그러나 주민 들은 '대문이 열려봐야 거기에 무엇이 있겠는가?'라는 반응이라고 한다.

부친이 권력 계승을 추구하던 시대와 달리, 북한에도 외부 사회의 정보 가 빠르게 침투하고 있다. 라디오나 휴대전화, 시디(CD), 탈북자로부터의 정보의 역유입 등으로 주민의 의식에도 변화가 발생하고 있다. 한국으로부 터 들어오는 한류 드라마를 보고, 한국의 생활수준이 북한보다도 훨씬 높다는 것은 대다수의 주민에게 상식이 되고 있다. 한국 사회의 차별이나 편견도 있어 대개의 탈북자가 한국에서 즐겁고 행복한 생활을 보내고 있다고 말할 수는 없지만, 단순한 생활수준에서는 한국에서 사는 탈북자의 생활수준이 북한의 당 간부보다도 높다고 하는 사실이 탈북자를 만들어내는 측면도 있다.

그런데 한 가지 기묘한 현상이 일어나고 있다. 최근 한국의 탈북자단체나 시민단체의 정보수집 능력이 한국 정부나 언론보다도 빠른 것이 많다. 이러한 단체의 정보는 정권 중추의 움직임에 관한 정보에서는 오류가 많지만, 지방의 말단조직에 하달된 상부의 지시나 통고의 내용 등은 놀라운 속도로 외부로 새고 있다.

북한에서 조직의 말단에서 상부의 지시를 받들기 위해서 회의에 참가한 지방의 주민이 큰 모순이나 심리적인 갈등을 해결하지 못하고 한국에 있는 탈북자 단체에 사실관계를 누설하는 사태가 발생하고 있다. 과거에는 있을 수 없었던 일이다. 한국에 주재하는 탈북자가 이미 2만 명을 넘고 인적 네트워크가 있다고 해도 이러한 사태는 이제까지는 없었던 상황이다.

한편 최근 북한에서 지식인 계급이나 부유층에 속하는 엘리트들이 체제의 존재양태에 모순을 느껴 탈북하는 현상이 발생하기 시작하고 있다. 네팔에 상점을 내고 있던 평양의 유명 냉면점 '옥류관'의 책임자, 양강도 청년동맹의 책임자, 인민군의 러시아어 통역 담당자, 외화벌이 기업경영자 등이 차례로 한국에 망명했다. 겉으로 드러나지 않는 망명자도 많이 있는 모양이다.

대단히 작은 움직임이기는 하지만, 북한 사회의 존재양태가 점차로 변화하고 있다. 2002년 경제개혁 이래의 부분적인 시장경제적인 시스템의 침투가 북한 주민의 의식을 변화시키고 있는 것으로 보인다.

북한 당국도 이러한 변화를 인식하고 있기 때문에 김정은의 우상화 작업과 같은 것에 착수할 수 없는 것이다. '인민의 생활 향상'을 2010년의 최고 중점과제로 제기하고 있지만 북한 주민은 현실적으로 가혹한 생활을 강요받고 있기 때문에, 우상화 작업 등을 실행하게 된다면 더욱 큰 반발을 초래할 수밖에 없기 때문이다.

북한 지도부에서 현재 진행 중인 선군정치를 기반으로 한 후계체제 만들기는 연평도 포격에 멈추지 않고, 제3차 핵실험이나 장거리 미사일 발사실험 등으로 연동되어 사회통제를 강화하면서 김정은 후계체제의 기반을 조성해나갈 가능성이 높다. 그런데 다른 한편 북한의 하부구조는 느리기는 하지만 변화를 보이고 있다. 2002년 경제개혁이 가져온 변혁의 씨앗은 점차로 뿌리를 내리고 있다. 2009년 11월 말에 이 변혁의 뿌리는 뽑혀지게 되었지만, 냉엄한 현실 속에서도 견뎌내어 북한 사회 속에서 더욱 강한 뿌리를 내리고 있다.

북한 사회의 상층부와 하층부 사이에 균열이 일어나는 변화가 점진적으로 나타나고 있는 것으로 보인다. 이러한 뒤틀림 현상은 해소하지 않으면 안 된다.

이를 위해서는 북한이 '선군'의 깃발을 내려야 한다. 선군의 깃발을 내리고 '선민'의 깃발을 내걸어 민심의 변화에 맞게 권력구조가 부응해야 한다. 지도자가 '수령'이나 '위대한 영도자'라는 면책적인 지위에 군림하거나 안주하는 것이 아니라, 인민의 생활 향상을 진정으로 실현시키고자 하는 정치적 메커니즘을 만들어내야 한다. 당과 내각으로 이루어진 권력상의 이중 구조를 해소하고, 당의 실력자가 내각에서 인민의 생활에 책임을 지는 정치를 구현하지 않으면 안 된다.

국제사회는 결코 북한의 체제 붕괴를 원하지 않는다. 북한이 체제위기를 연착륙시키기 위해서는 선군을 포기하고 핵무기나 미사일의 개발을 멈추고, 납치문제 해결을 위해 진심으로 응하고, 미국과 일본을 포함하는 국제사회와의 협조를 통해 경제 재건을 추구하는 수밖에 없다.

나는 그것을 우선은 김정일에게 기대하고 싶지만, 그것은 거의 불가능해 지고 있다. 그러나 김정일 총서기의 사망 이후 핵무기나 미사일, 이에 더해 대량의 화학무기를 보유한 북한이 혼란에 빠지는 상황은 무엇보다도 저지하지 않으면 안 된다. 그런 의미에서 국제사회의 역할이 주목된다.

좋은 이웃이 되기 위해서

이 책에서는 지금까지 북한의 지도체제가 갖고 있는 문제점을 검증했다. 북한에 대한 다소 엄격한 비판이었을지도 모른다. 나는 북한이 우리의 좋은 이웃이 되어야 한다고 절실하게 바라고 있다. 그와 같은 이유에 근거한 사심 없는 비판이었다.

나는 북한의 기존 지도체제의 존재양태에 대해 비판을 가했지만, 북한 을 여기까지 내몰리게 한 책임의 일단은 일본을 포함한 국제사회 측에도 물론 있다고 생각한다.

최근에도 몇 가지 분기점이 있었는데, 그 가운데 한 가지 사례로 2002년 의 상황을 생각해보고자 한다.

김정일은 1999년경부터 농업개혁에 착수했고, 2000년에는 서방 국가 들과의 관계 개선에 나섰으며 남북정상회담도 실현했다. 2001년에는 '사 고 혁신'을 호소하며 북한판 '신사고'를 강조했다.

앞에서 언급한 바와 같이, 2002년 7월에는 경제관리 개선조치라는 이름의 경제개혁을 시작했다. 김정일은 북한 국내의 개혁만으로 경제 재건이 가능할 것으로는 생각하지 않았다. 김정일 총서기는 2001년 7월의 러시아 방문에 앞서 외국 매체와의 최초 서면 인터뷰에 응한 일이 있다. 김정일은 같은 해 7월 24일에 보낸 회답에서, 러시아 방문을 앞둔 인터뷰임에도, 대일 관계에 대해 언급했다. 김정일은 "현재 일본의 반동 지배층은 자신들의 향기롭지 못한 과거를 역으로 미화, 치장하여 정당화하고, 그것을 영원히 덮으려고 무분별하게 책동하고 있다"라고 일본을 비판했다. 그러나 김정일은 그것에 이어서 "일본이 대세의 흐름을 정확하게 파악하고 과거 청산문제에 대해서 성실한 입장과 태도로 임하여 우리나라에 대한 적대시 정책과 적대 행위를 중지한다면 북·일 양국 간의 관계를 개선할 수 있을 것이다"라며 관계개선에 의욕을 보였다. 러시아 방문을 앞에 두고 이러한 메시지를 표명한 것 자체가 매우 흥미로운 것이며 이는 김정일의 숨겨진 의도의 발로였다.

북·일 간에는 이러한 김정일의 의향을 수용하여 중국을 무대로 비밀접촉이 시작되었고, 그것은 북한의 모(某) 인사와 일본의 다나카 히토시(田中均) 아시아대양주 국장 사이의 비밀협의로 발전했다. 나는 당시 베이징에 주재하고 있어서 북·중 간의 비밀접촉을 몇 차례인가 기사로 쓴 일이 있었다.

김정일은 북한 국내 조건에 토대를 둔 자력만으로는 경제개혁이 성공을 거둘 수 있다고 생각하지 않았던 것으로 보인다. 경제 개혁을 성공시키기 위해서는 외국의 자본이나 기술과 같은 지렛대가 필요하며, 그것을 북·일 국교 정상화 이후 일본과의 경제협력에 기대했던 것은 틀림이 없다. 김정일에게 북한 경제개혁과 북·일 국교 정상화는 표리의 관계에 있었다. 김정일은 일본으로부터의 국교 정상화를 통해 확보하게 될 자금을 기폭제로 활용하여 경제개혁을 성공시키고 경제 재건을 궤도에 올리려고 생각했던 것으로 여겨진다.

고이즈미 준이치로 총리와 김정일 총서기의 사이에서 교환된 '북-일 평양선언'은 잘 구성된 문건이었다. 납치문제라는 직접적인 문구는 없었지만 "일본 국민의 생명과 안전에 관련된 현안 문제"라는 표현으로 언급되었다. 북일 관계가 이 북일 평양선언에 따라 정상화의 방향으로 향해갔다면 북한의 핵무기나 미사일의 개발, 극단적인 선군정치는 억지할 수 있었을 것으로 생각된다.

물론 납치문제는 해결되어야 하지만, 납치문제가 해결되지 않는 한 핵 문제나 미사일 문제를 포함한 모든 문제에 대해서는 협의도 할 수 없다고 하는 일본의 감정적인 대응은 잘못된 것이었다고 생각한다. 그것은 납치 피해자의 구출에도 유효한 방법은 아니었다. 납치문제가 그 자체의 해결을 모색하는 것이 아니며, 보수적인 색채가 강한 정권의 탄생이나 정권의 인기 유지에 정치적으로 이용되었다.

김정일이 1999년부터 2006년 무렵까지 보여준 개혁적인 노선을 국제사회가 지원하고, 유익하게 기능할 수 있도록 유도했다면 북한은 2006년 10월의 핵실험으로까지 폭주하지는 않았을 것으로 생각된다. 물론 2000년 말의 미국 대통령 선거에서 부시 대통령이 당선되고 그가 추진한 '악의 축' 노선도 김정일의 개혁노선을 후퇴시켜 버렸다고 할 수 있다.

북한에 실제로 방문해서 보면, 북한 당국자들이 우리들이 생각하고 있는 이상으로 국제적인 고립감을 느끼면서 미국, 일본 등에 의한 적대시 정책으로 인해 억압받고 있다는 것에 대해 초조해하고 있는 것을 알 수 있다. 바로 이 점을 우리는 알지 않으면 안 된다. 그들의 선군노선은 이러한 위기의식이 반영되어 있는 것이기도 하기 때문이다.

나는 반복하여 북한의 유일지도체계, 유일사상체계, 그리고 선군정치를 비판하고, 향후 후계체제의 위험성을 지적했다. 그러나 그들을 이러한 길로 유도한 원인의 일부는 국제사회, 특히 한반도를 식민지화하고 한국전쟁을 통해 전후 경제 부흥을 이룬 일본의 대북한 정책에도 있다. 우리는 북한의 잘못된 노선을 엄격하게 비판하면서 동시에 일본이 어떻게 북한에 관여하는 것이 북한을 우리들의 좋은 이웃으로 유도하는 방법인가를 다시 생각할 필요가 있다. 김정일 총서기에서 김정은 당 중앙군사위 부위원장으로 권력이 계승되는 불안정한 상황에서 위기가 높아질 위험성이 있기 때문에 바로 일본을 포함한 국제사회의 건설적인 관여가 요구되고 있다.

2011년 12월 17일, 김정일 총서기가 심근경색으로 급사하고 삼남 김정은의 후계체제가 움직이고 있다. 같은 달 19일에 발표된 "전체 당원들과 인민군 장병들과 인민들에게 고함"이라는 제목의 부고에서는 "우리는 김정은 동지의 령도 따라 슬픔을 힘과 용기로 바꾸어 오늘의 난국을 이겨내 주체혁명의 위대한 새 승리를 위하여 더욱 억세게 투쟁해나가야 한다"라고 호소하며 '김정은 동지의 지도'를 강조했다.

북한은 당분간 김정은을 군이나 당의 간부가 지지하는 형태로 김정일 총서기 사후의 국면을 타개해나갈 것이다. 그러나 김정일 총서기라는 커다란 구심점을 상실한 가운데, 김정은이 얼마만큼의 지도력을 발휘할 수 있을 것인가는 불투명하다.

김일성 주석이 사망했을 때에는 빨치산 세대의 원로 간부가 김정일 총서기에 대한 충성을 맹세하여 체제를 유지했다. 그러나 김정은을 어떤 세력이 지지하는가에 따라 이후 북한 권력내부에서 갈등이 시작될 가능성은 배제할 수 없다.

김정일 총서기의 매제 장성택 국방위 부위원장을 중심으로 당이 핵심

세력이 될 것인가? 리영호 총참모장을 중심으로 하는 당 중앙군사위원회에 집결한 군부가 핵심 세력이 될 것인가? 예단하기란 어렵다. 군 내부에도 리영호 군 총참모장 등 '신군부'와 오극렬 국방위 부위원장 등 '구군부'의 사이에 갈등이 없을 것인가? 김정은을 후계자로 추대하는 것에 의견이 일치한다고 해도 그것을 지지하는 세력이 어떻게 형성될 것인가에 의해 권력 내부에서 암투가 발생할 가능성이 있다.

김정일 총서기는 후계자로 결정된 1974년부터 20년의 세월에 걸쳐 권력 계승을 준비해왔지만, 김정은은 김정일 총서기의 건강이 악화된 2008년 8월부터 겨우 3년 정도의 시간 속에서 권력을 계승하고 있기 때문에 후계체제가 확립되었다고는 말할 수 없다.

더욱 심각한 것은 권력 유지를 위해 군사우선의 '선군'노선을 답습할 수밖에 없는데, 선군노선을 지속하는 한 경제를 회복시키는 것은 어려워진다는 현실이다. 2002년의 경제개혁 이래, 주민은 초보적인 시장경제의 영향을 받았고, 만족스러운 배급도 불가능한 정부나 당에 대한 신뢰는 현저하게 저하되고 있다.

북한은 김정일 총서기라는 절대 권력자가 갑자기 사라지게 되어 김정은이라는 후계자를 추대하면서 이제까지 경험하지 못했던 미지의 발걸음을 옮기기 시작했다. 그리고 그 길은 평탄하지 않을 것이다.

지은이 후기

2009년 5월에 작고한 가수 아마와노 기요시로(忌野淸志郎) 씨의 「그리운 북한(あこがれの北朝鮮)」이라는 노래가 있다. 방송 금지가 되었기 때문에 잘 알려지지 않았을지도 모르지만 기요시로 씨다운 풍자, 해학을 담고 있으면서도 북한에 대한 강렬한 생각이 담겨져 있는 노래로 좋아하게 되었다.

납치문제에 대한 위험스러운 가사도 있기는 하지만 "언젠가 반드시, 모두 사이좋게 되는, 언젠가 반드시, 그러한 세계가 온다, 차별도 편견도 국경도 없게 되는"이라는 메시지를 담고 있다.

기요시로 씨는 이 가사 가운데 '조선민주주의인민공화국'이라는 국가 명칭을 마디마다 쪼개어 불렀다. '조선', '민주주의', '인민', '공화국'이라는 식으로 말이다.

나는 이 구분된 북한의 정식 국명을 들으면서 생각에 잠겼다. 기요시로 씨의 노래를 들으면서 그 쪼개진 말의 틈에 '북한에 민주주의는 있는가?', '북한에서 인민이란 무엇인가?', '북한은 공화국인가?'라는 의문이 떠오르는 것을 강하게 느꼈다.

나도 이 책을 집필하면서 생각했던 것은 '북한의 민주주의', '북한의 인민', '북한의 국가 양태'에 대해서였다. 북한 지도부의 인적 구성이나 인사의 흐름, 그 사람들이 어떠한 인물들이며, 북한이라는 국가가 어떤 변천을 겪으면서 오늘날과 같은 김일성, 김정일 부자 독재체제가 되고, 주체사상을 유일시하고 절대시하는 군사우선국가가 되었는가를 재검토하며 나 자신에 대해 문제를 제기하는 것이었다. 북한을 머리에서 부정하는 것이 아니라 그 내부의 움직임을 주시하면서 실증적으로 생각해보고자 했다.

　북한의 국가 상징물 중에 '국가 휘장[國章]'이 있다. 국가의 심벌 마크와 같은 것이다. 현재의 국가 휘장은 상부에 백두산과 빛나는 별이 묘사되어 있고, 좌우에는 벼 이삭, 아래에는 수력발전소가 그려져 있으며, 그 아래에 한글로 조선민주주의인민공화국이라고 쓰여 있다. 북한이 운영하는 웹사이트 '내 나라'에 의하면 백두산과 별은 "김일성 주석과 김정일 총서기를 높게 모시고, 주체의 혁명위업을 끝까지 완수하고자 하는 조선 인민의 확고부동의 신념과 의지"를 반영하고 있다고 한다. 수력발전소는 "강력한 중공업에 의거하고 있는 자립적이며 근대적인 공업과 노동자 계급"을 나타내며, 벼 이삭은 "발전하는 농업과 노동자 계급의 믿을 수 있는 동맹자인 농민을 상징한다"라고 기록하고 있다. 북한이 건국된 1948년에 제정되었다고 한다.

　매우 역설적이라고 생각한다. 북한이 백두산에서 출생했다고 하는 김일성 주석, 김정일 총서기의 지도에 의해 국장에서 묘사된 '벼 이삭(식량)'과 '수력발전소(에너지)'의 두 가지의 문제를 지금도 해결하지 못하고, 민중은 식량난이나 전력부족 속에서 굶주리면서 가로등 아래에서 공부를 하고 있다.

조선민주주의인민공화국의 국장

1993년   1948년

　북한의 발전을 방해해온 외부 요인은 확실히 있었다고 여겨진다. 일본이나 미국의 고립정책이나 압박, 분단국가로서의 남북 대치 등 발전을 방해한 외부 요인은 있었다. 그러나 "그렇지만……"이라고 말하지 않을 수 없다. "왜 이렇게 되어버렸는가?"라는 생각이 드는 것이다.

　이 국가 휘장을 만들었던 시기는 사회주의 국가로서 발전하면서 농업과 공업의 발전을 원하여, 빛나는 별은 조선 인민의 밝은 미래를 나타냈다. 이 국가 휘장을 주의 깊게 살펴보면, 1948년 당시의 것과 현재의 것은 디자인이 약간 다르다. 북한은 김일성이 사망하기 직전인 1993년 12월에 개최된 최고인민회의 제9기 제6차 회의에서 '국장법(國章法)'을 법령 제24호로서 승인했다. 이전의 국가 휘장에 묘사된 산은 몇 개의 산들이며, 명확하게 백두산으로 묘사된 것은 아니었는데, 국장법에 의해 확실히 '백두산'으로 그려지게 되고 디자인이 변했다.

　1948년 건국 당시에는 북한에 다양한 정치 조류가 있어 북조선노동당과 남조선노동당이 합동하여 조선노동당을 결성한 것은 그 이후인 1949년 6월 말이다. 이것은 나의 자의적인 해석이지만 오히려 국가 휘장에 묘사된 산들은 다양한 정치 조류를 보여주는 것으로 그것 위에 찬란하게 빛나는 별은 김일성 주석이나 김정일 총서기와는 관계가 없는 '인민'이었던 것은 아니었을까? 풍요로운 농업과 공업에 의해 '인민이 빛나는' 국가를 지향한 다고 하는 국가 휘장이 아닐까? 그러나 '산들'이 '백두산'으로 변경된 것처럼, 북한은 통일전선적인 체제로부터 김일성, 김정일 부자체제가 되고, 인민은 부재하게 되고, 식량도 에너지도 위기에 직면하는 국가가 되어 버렸던 것은 아닐까?

북한 '국가 휘장'을 바라보면서 이러한 생각이 들었다. '다원성'을 인정하지 않는 국가에는 발전은 없다고 하는 것을 국가 휘장이 호소하고 있는 것은 아닌가 하는 '망상'에 휩싸였다.

더욱이 북한은 지금 김정일 총서기의 삼남 김정은으로의 권력 계승을 향해 움직이고 있다. 2010년 11월의 연평도 포격에서 보여준 군사 도발이 향후에도 확대되지 않으리라는 보증은 없다. 권력 기반이 약한 정권일수록 대외적으로는 강경 노선을 취한다.

북한의 지금 정치지도층은 선군정치라고 하는 위험한 노선으로 나아가고 있지만, 민중은 절망 속에서도 자신들의 생활을 지키기 위해 목숨을 걸고 있다. 2009년 11월의 화폐개혁 정책이 2개월도 되지 않은 사이에 실패하고, 당국이 주민에게 사죄하고 정책 변경을 한 것은 건국 이래 최초의 사태이다. 민중이 당국의 통제를 조금씩 타파하고 생활을 지키기 위해 움직이기 시작하고 있다.

북한에서는 군사 우선으로 통제를 강화하여 3대째 세습권력을 만들고자 하는 권력 상층부와 자신의 생활을 지키고자 하는 민중 사이의 경쟁 속에서 상부 구조와 하부 구조의 균열이 커지고 있다. 나는 북한 지도부가 조속히 '선군'의 깃발을 내리고 주민의 생활을 향상시키기 위한 '선민'으로 정책을 바꾸고, 이 균열이 파경을 만들어내지 않기를 바란다.

북한이 어느 정도 통제를 강화해도, 그 가운데서 고통스러워하면서도 더욱 좋은 사회를 만들어내기 위해 모색하는 사람들이 있을 것이라고 믿는다. 언젠가는 그러한 사람들과 만나고 싶다고 바라면서 이 책을 집필했다.

나는 이와나미쇼텐(岩波書店)의 잡지 ≪세카이(世界)≫의 2004년 11월호에서 2002년 7월부터 북한 경제개혁의 토대가 된 2001년 10월 김정일 총서기의 강화 「강성대국 건설의 요구에 맞추어 사회주의 경제의 관리를 개선·강화하는 것에 대하여」를 번역, 소개했다. 당시 나는 김정일 총서기가 대담한 경제개혁을 실시하여 북한이 새로운 길로 나갈 것을 기대했다. 이 강화의 내용은 그러한 기대를 품기에 충분한 획기적인 내용을 포함하고 있었다. 나는 그 내용을 널리 소개하고 싶어서 ≪세카이≫에 요청을 했다. 그때의 담당자가 오츠카 시게키(大塚茂樹) 씨였다.

나는 2010년 7월에 『왜 북한은 고립하는가: 김정일, 파국으로 향하는 '선군체제'(なぜ北朝鮮は孤立するのか: 金正日破局へ向かう先軍政治)』(新潮選書)라는 책을 썼다. 이 책은 북한 현대사를 되돌아보면서 북한 선군정치의 성립 과정이나 김정일 총서기의 개혁적인 측면 등을 분석하여 '선군체제'에 이르기까지의 김정일 시대의 문제점과 후계를 향한 움직임을 고찰한 것이었다.

위의 책에서도 북한 지도부의 형성 양태나 인물을 소개하려는 계획이 있었다. 그러나 '선서(選書)'라는 틀도 있어서 분량 제한의 관계로 그러한 부분은 수록하지 못했다.

그 후 북한은 2010년 9월이 되자 당 대표자회의를 개최하고, 삼남 김정은에게 대장이라는 군사 칭호를 부여함과 동시에 당 중앙군사위 부위원장에 기용하여 후계체제 만들기에 대대적으로 움직임을 보였다.

오츠카 씨로부터 이러한 새로운 상황을 감안하여 이와나미 현대문고로 출판해보지 않겠냐는 제안을 받았다. 나는 앞의 책에 수록하지 못했던 부분을 다시 쓰고 보강하려고 생각했다. 그러나 현실적으로 작업을 시작하자 원래 원고의 3배 가깝게 늘어나 완전히 새로운 원고가 되어버렸다.

나는 현재의 일본을 뒤덮고 있는 무조건적인 북한 때리기, 비난, 매도, 그리고 그것에 의해 만들어지고 있는 배외주의적인 분위기에 위기감을 느끼고 있다. 그렇게 하지 않고 북한의 안쪽으로 일단 들어가 그러한 생각이나 이론을 검증한 위에서, 자기 자신의 생각이나 국제적인 가치관과 대조하여 종합적인 판단을 하는 작업이 필요하다고 생각한다. 그 위에서 비판할 것은 냉엄하게 비판해야 한다.

나는 이 책에서 북한의 지도부의 구성이나 변천, 그 존재양태 등을 검증했다. 그것을 문고판의 형태로 출판하게 된 것을 감사하게 생각한다. 젊은 사람들이 북한 현대사를 조금이라도 이해하는 데 일조가 된다면 좋을 것이라고 생각한다. 북한에 관심을 갖고 있는 사람에게는 인물이나 인사의 자료집으로서 활용된다면 즐거운 일이다.

이 책은 분량의 제한이 있어서, 북한 국내정치의 흐름을 중심으로 했다. 북한을 둘러싼 각 시기의 국제정세와 관련된 더욱 복합적인 고찰이 필요하다는 것은 말할 필요도 없다. 북한을 둘러싼 외부요인이 내정에 밀접하게 관련되어 있기 때문이다. 그러나 우선은 북한 내부의 상황을 정리할 필요가 있다고 생각했다. 이것을 기초로 하여 다음의 단계로 나아가고자 한다.

마지막으로 이러한 집필의 기회를 주신 오츠카 씨와 이와나미쇼텐에 재차 감사드리고자 한다.

나도 기요시로 씨와 같이 바라고 있다. "언젠가 반드시, 모두 사이좋게 된다, 언젠가 반드시, 그런 세계가 온다, 차별도 편견도 국경도 없게 되는" 현실을 말이다.

2011년 1월

히라이 히사시

옮긴이 후기

"새로운 100년대를 강성번영의 년대, 자랑찬 승리의 년대로 끝없이 빛내여가자." 이것은 2012년 1월 1일 북한 조선노동당의 기관지 ≪노동신문≫에 실린 신년 공동사설의 마지막 문장이다. 다소 갑작스러웠던 작년 12월 17일 김정일의 사망과 함께 북한은 현재 새롭게 '김정은 후계체제'를 구축하기 위한 정치권력 구조의 전환 과정 속에 있다.

주목되는 것은 올해 신년 공동사설은 「조선의 힘」이라는 노래 가사 뒤에 실려 있다는 점이다. 그 가사는 1절 처음이 "폭풍안고 비약하는 조국"으로 시작하여 3절 마지막이 "백승의 조선"으로 끝나고 있다. 그만큼 김정일 사망 이후 북한체제 내부에서도 위기의식이 고양되어 있다는 반증이 될 것이다.

이 책은 북한의 평양에 지국을 보유하고 있는 일본 교도통신사에서 장기간 한반도 문제와 중국 문제를 취재해온 베테랑 언론인이 그동안 북한에 대해 축적한 자료들을 바탕으로 김정은 후계체제에 대해 중립적인 입장에서 치밀하게 집필한 역작이다. 저자는 서울과 평양을 모두 방문한 바 있으며, 중국 베이징에서 오랫동안 특파원으로 근무하며 특히 중국의 동북 3성 지역을 중심으로 한 안목으로 한반도 문제를 다루어왔기 때문에 북한 문제를 좀 더 큰 시각으로 다룰 수 있는 강점을 지니고 있다. 아울러 이 책은 정확한 보도와 냉철한 분석을 생명으로 삼아온 저자의 예리한 분석과 다양한 정보들을 데이터화하고 북한의 주요 인사들에 대한 사진을 대거 수록했기 때문에 북한에 대한 자료집으로서도 폭넓게 활용될 수 있을 것이다.

이 책의 번역·출간은 작년 말 일본 도쿄에 머물고 있을 때 갑작스럽게 일본 지인으로부터 김정일 사망 소식을 접한 이후 신속하게 이루어졌다. 김정은 체제의 성립과 함께 그 어느 때보다도 북한에 대한 전반적인 이해와 대비가 필요한 시점에서 이 책이 귀중한 디딤돌이 될 것으로 믿어 의심치 아니한다. 또한 북한을 '희망'과 '절망'이 공존하는 사회로 묘사하고 있는 일본인 연구자의 깊은 통찰은 희망의 한반도를 열어나가야 하는 우리에게 많은 시사점을 던져준다.

좋은 책을 적시에 출간할 수 있도록 과감한 결단을 내려주신 도서출판 한울의 김종수 사장님을 비롯한 모든 분들께 감사의 말씀을 전해드리고 싶다. 또한 《노동신문》 등 북한의 원문자료를 대조하고 확인하는 과정에서 큰 도움을 주신 통일부 북한자료센터의 신은정, 유정은 두 분들께도 감사드린다. 마지막으로 바쁜 가운데에서도 이 책의 표를 정리하는 작업과 번역 초고에 대한 1차 검토에 큰 보탬이 되어준 서울대학교 북한학연구회의 김보석, 김형준, 이동건, 옥창준 등 여러 회원들의 노고에 감사의 마음을 전하고자 한다.

조국분단 66주년
옮긴이를 대표하여 이용빈

부록

조선노동당 규약 서문

조선노동당

조선노동당은 위대한 수령 김일성 동지의 당이다. 위대한 김일성 동지는 조선노동당의 창건자이시고 당과 혁명을 백승의 한길로 이끌어 오신 탁월한 영도자이시며 조선노동당과 조선 인민의 영원한 수령이시다.

위대한 수령 김일성 동지는 영생불멸의 주체사상을 창시하시고 항일혁명의 불길 속에서 당창건의 조직 사상적 기초와 빛나는 혁명전통을 마련하시었으며 그에 토대하여 영광스러운 조선노동당을 창건하시었다.

위대한 수령 김일성 동지는 혁명적 당 건설 노선과 원칙을 일관하게 견지하시어 조선노동당을 사상 의지적으로 통일 단결되고 높은 조직성과 규율성을 지닌 강철의 당으로, 인민대중의 절대적인 지지와 신뢰를 받는 불패의 당으로 강화 발전시키시었다.

위대한 영도자 김정일 동지는 위대한 수령 김일성 동지의 당 건설 사상과 업적을 옹호 고수하고 빛나게 계승 발전시키시어 조선노동당을 유일사상체계와 유일적 영도체계가 확고히 선 사상적 순결체, 조직적 전일체로, 선군혁명을 승리적으로 전진시켜 나가는 노숙하고 세련된 향도적 역량으로 강화 발전시키시었다.

위대한 수령 김일성 동지와 위대한 영도자 김정일 동지의 영도 밑에 조선노동당은 자주시대의 노동계급의 혁명적 당 건설의 새역사를 창조하고 김일성조선의 부강발전과 인민대중의 자주위업, 사회주의위업 수행에서 불멸의 업적을 이룩했다.

조선노동당은 위대한 수령 김일성 동지를 영원히 높이 모시고, 위대한 영도자 김정일 동지를 중심으로 하여 조직사상적으로 공고하게 결합된 노동계급과 근로 인민대중의 핵심부대, 전위부대이다.

조선노동당은 위대한 수령 김일성 동지의 혁명사상, 주체사상을 유일한 지도사상으로 하는 주체형의 혁명적 당이다.

조선노동당은 주체사상을 당 건설과 당 활동의 출발점으로, 당의 조직 사상적 공고화의 기초로, 혁명과 건설을 영도하는 데서 지도적 지침으로 한다.

조선노동당은 위대한 수령 김일성 동지께서 이룩하신 영광스러운 혁명 전통을 고수하고, 계승·발전시키며, 당 건설과 당 활동에 초석으로 삼는다.

조선노동당은 노동자, 농민, 인테리를 비롯한 근로인민 대중 속에 깊이 뿌리박고 그들 가운데서 사회주의 위업의 승리를 위하며 몸 바쳐 싸우는 선진투사들로 조직한 노동계급의 혁명적 당, 근로인민 대중의 대중적 당이다.

조선노동당은 조선민족과 조선인민의 이익을 대표한다.

조선노동당은 근로인민 대중의 모든 정치조직들 가운데서 가장 높은 형태의 정치조직이며, 정치, 군사, 경제, 문화를 비롯한 모든 분야를 통일 적으로 이끌어 나가는 사회의 영도적 정치조직이며, 혁명의 참모부이다.

조선노동당은 위대한 수령 김일성 동지께서 개척하신 주체혁명위업의 승리를 위하여 투쟁한다.

조선노동당의 당면 목적은 공화국 북반부에서 사회주의 강성대국을 건설하며, 전국적 범위에서 민족해방, 민주주의 혁명의 과업을 수행하는 데 있으며, 최종 목적은 온 사회를 주체사상화하여 인민대중의 자주성을 완전히 실현하는 데 있다.

조선노동당은 당 안에 사상과 영도의 유일성을 보장하고, 당이 인민대중과 혼연일체를 이루며, 당 건설에서 계승성을 보장하는 것을 당 건설의 기본원칙으로 한다.

조선노동당은 주체사상의 기치 밑에 위대한 영도자 김정일 동지를 중심으로 하는 당과 군대와 인민의 일심단결을 백방으로 강화하고 그 위력을 높이 발양시켜 나간다.

조선노동당은 주체사상 교양을 강화하며, 자본주의 사상, 봉건 유교사상, 수정주의, 교조주의, 사대주의를 비롯한 온갖 반동적 기회적 사상조류들을 반대 배격하며, 맑스레닌주의의 혁명적 원칙을 견지한다.

조선노동당은 계급노선과 군중노선을 철저히 관철하여 당과 혁명의 계급진지를 굳건히 다지며 인민의 이익을 옹호하고 인민을 위하여 복무하며 인민대중의 운명을 책임진 어머니당으로서의 본분을 다해 나간다.

조선노동당은 인민생활을 끊임없이 높이는 것을 당 활동의 최고 원칙으로 한다.

조선노동당은 사람과의 사업을 당 사업의 기본으로 한다.

조선노동당은 사상을 기본으로 틀어쥐고 인민대중의 정신력을 발동하여 모든 문제를 풀어나간다.

조선노동당은 항일유격대식 사업방법, 주체의 사업방법을 구현한다.

조선노동당은 혁명과 건설을 영도하는 데서 노동계급적 원칙, 사회주의 원칙을 견지하며 주체성과 민족성을 고수한다.

조선노동당은 선군정치를 사회주의 기본정치방식으로 확립하고 선군의 기치 밑에 혁명과 건설을 영도한다.

조선노동당은 인민정권을 강화하고 사상, 기술, 문화의 3대혁명을 힘있게 다그치는 것을 사회주의 건설의 총노선으로 틀어쥐고 나간다.

조선노동당은 혁명대오를 정치사상적으로 튼튼히 꾸리고 인민대중 중심의 사회주의 제도를 공고·발전시키며 인민군대를 강화하고 나라의 방위력을 철벽으로 다지며 사회주의 자립적 민족경제와 사회주의 문화를 발전시켜 나간다.

조선노동당은 근로단체들의 역할을 높여 광범한 군중을 당의 두리에 묶어세우며 사회주의 강성대국 건설을 위한 투쟁에로 조직동원한다.

조선노동당은 전조선의 애국적 민주역량과의 통일전선을 강화한다.

조선노동당은 남조선에서 미제 침략무력을 몰아내고 온갖 외세의 지배와 간섭을 끝장내며 일본 군국주의의 재침책동을 짓부시며 사회의 민주화와 생존의 권리를 위한 남조선 인민들의 투쟁을 적극 지지 성원하며 우리 민족끼리 힘을 합쳐 자주, 평화통일, 민족대단결의 원칙에서 조국을 통일하고 나라와 민족의 통일적 발전을 이룩하기 위하여 투쟁한다.

조선노동당은 자주, 평화, 친선을 대외정책의 기본 이념으로 하여 반제 자주역량과의 연대성을 강화하고 다른 나라들과의 선린우호관계를 발전시키며 제국주의의 침략과 전쟁책동을 반대하고 세계의 자주화와 평화를 위하여 세계 사회주의 운동의 발전을 위하여 투쟁한다.

* 2010년 9월 28일에 개최된 조선노동당 대표자회의에서 개정된 조선노동당 규약의 서문
* 자료: 한국 통일부, 『주간북한동향』, 1015호

자료 2

조선노동당 중앙위원회 위원 명부 (2010년 9월 28일 당 대표자회의에서 선출)

당 중앙위원(124인)

김정일, 강능수, 강동윤, 강석주, 강표영, 강양모, 고병현, 김국태, 김경희,

김경옥, 김기남, 김기룡, 김락희, 김명국, 김병률, 김병호, 김성덕, 김송철,

김정각, 김정숙, 김정은, 김정임, 김창섭, 김철만, 김춘삼, 김태봉, 김평해,

김형룡, 김형식, 김희택, 김양건, 김영남, 김영춘, 김영일, 김영철, 김용진,

김인식, 김원홍, 곽범기, 량만길, 려춘석, 로두철, 로배권, 류영섭, 리룡남,

리만건, 리명수, 리무영, 리병삼 ,리병철, 리봉덕, 리봉죽, 리태남, 리형근,

리희헌, 리영길, 리영수, 리영호, 리용무, 리용환, 리용철, 리을설, 림경만,

문경덕, 박광철, 박도춘, 박명철, 박수길, 박승원, 박정순, 박종근, 박재경,

박태덕, 박의춘 ,변영립, 변인선, 백세봉, 성자립, 장병규, 장성택, 장철,

전길수, 전룡국, 전병호, 전진수, 전창복, 전하철, 전희정, 정명도, 정호균,

정인국, 조경철, 조명록, 조병주, 주규창, 주상성, 주영식, 차승수, 채희정,

최경성, 최룡해, 최부일, 최상려, 최태복, 최희정, 최영덕, 최영림, 태종수,

한광복, 한동근, 현철해, 현영철, 홍석형, 홍인범, 안정수, 양동훈, 양형섭,

오극렬, 오금철, 오수용, 오일정, 우동측, 윤동현, 윤정린

당 중앙위원후보(105인)

강기섭, 강관주, 강관일, 강민철, 강형봉, 고수일, 김격식, 김계관, 김동은,

김동일, 김동이, 김동일, 김명식, 김병훈, 김봉룡, 김창명, 김천호, 김충걸,

김태문, 김희영, 김영숙, 김영재, 김영호, 김용광, 김우호, 권혁봉, 노광철, 동정호, 동영일, 인윤, 로경준, 로성실, 류경, 리국준, 리기수, 리명길, 리민철, 리상근, 리성권, 리수용, 리종식,리재일, 리제선, 리찬화, 리창한, 리철, 리춘일, 리태섭, 리태철, 리홍섭, 리희수, 리용주, 리용호, 리일남, 박리순, 박봉주, 박창범, 백계룡, 백룡천, 서동명, 손청남 ,송광철, 신승훈, 장명학, 장영걸, 장호찬, 전경선, 전광록, 전성웅, 전창림, 정명학, 정봉필, 정봉근, 정운학, 조성환, 조재영, 조영철, 지재룡, 차경일, 차진순, 차용명, 최기룡, 최관준, 최대일, 최봉호, 최찬건, 최춘식, 최현, 최영도, 최용, 태형철, 한창남, 한창순, 한홍표, 허성길, 현상주, 홍광순, 홍서헌, 홍승무, 황병서, 황순희, 황학원, 안동춘, 양인국, 오철산

자료 3

조명록 국방위 제1부위원장 국가장의위원회 발표 서열(2010년 11월 6일)

1	김정일	국방위원장, 당 총서기, 당 중앙군사위원장, 최고사령관, 원수
2	김정은	당 중앙군사위 부위원장, 당 중앙위원, 대장
3	김영남	당 정치국 상무위원, 최고인민회의 상무위원장
4	최영림	총리, 당 정치국 상무위원
5	리영호	당 정치국 상무위원, 당 중앙군사위 부위원장, 총참모장, 차수
6	김영춘	당 정치국 위원, 인민무력부장, 당 중앙군사위원, 차수
7	전병호	당 정치국 위원 내각 정치국 국장, 내각 당 위 책임비서, 국방위원
8	김국태	당 정치국 위원 ,당 중앙위 검열위원장
9	김기남	당 정치국 위원, 당 중앙위 비서, 당 선전선동부장
10	최태복	당 정치국 위원, 당 중앙위 비서, 최고인민회의 의장
11	량형섭	당 정치국 위원, 최고인민회의 상임위 부위원장
12	강석주	당 정치국 위원, 부총리
13	변영립	당 정치국 위원, 최고인민회의 상임위 비서장
14	리용무	당 정치국 위원, 국방위 부위원장, 차수
15	주상성	당 정치국 위원, 국방위원, 인민보안부장(2011.3 해임), 대장, 최고인민회의 법제위원장
16	홍석형	당 정치국 위원, 당 중앙위 비서, 당 계획재정부장
17	김경희	당 정치국 위원, 당 경공업부장, 대장
18	김양건	당 정치국 위원후보, 당 중앙위 비서, 당 통일전선부장
19	김영일	당 정치국 위원후보, 당 중앙위 비서, 당 국제부장
20	박도춘	당 정치국 위원후보, 당 중앙위 비서
21	최룡해	당 정치국 위원후보, 당 중앙위 비서, 당 중앙군사위원, 대장
22	장성택	당 정치국 위원후보, 국방위 부위원장, 당 행정부장, 당 중앙군사위원
23	주규창	당 정치국 위원후보, 국방위원, 당 기계공업부장, 당 중앙군사위원
24	리태남	당 정치국 위원후보, 부총리
25	김락희	당 정치국 위원후보, 부총리
26	태종수	당 정치국 위원후보, 당 중앙위 비서, 당 총무부장
27	김평해	당 정치국 위원후보, 당 중앙위 비서, 당 간부부장
28	우동측	당 정치국 위원후보, 국방위원, 당 중앙군사위원, 국가안전보위 부 제1부부장, 대장

29	김정각	당 정치국 위원후보, 국방위원, 군 총정치국 제1부국장, 당 중앙 군사위원, 대장
30	박정순	당 정치국 위원후보, 당 조직지도부 제1부부장(사망)
31	김창섭	당 정치국 위원후보, 당 국가안전보위부 정치국장
32	문경덕	당 정치국 위원후보, 당 중앙위 비서, 평양시 당 책임비서
33	김명국	당 중앙군사위원, 군 작전국장, 대장
34	김경옥	당 중앙군사위원, 당 조직지도부 제1부부장, 대장
35	김원홍	당 중앙군사위원, 군 보위사령관, 대장
36	정명도	당 중앙군사위원, 군 해군사령관, 대장
37	리병철	당 중앙군사위원, 군 공군사령관, 대장
38	최부일	당 중앙군사위원, 군 부총참모장, 대장
39	김영철	당 중앙군사위원, 군 정찰총국장, 상장
40	윤정린	당 중앙군사위원, 군 호위사령관, 대장
41	최상려	당 중앙군사위원, 상장
42	최경성	당 중앙군사위원, 상장
43	오극렬	국방위 부위원장, 대장
44	백세봉	국방위원
45	현철해	국방위 국장, 대장
46	리명수	국방위 행정국장, 대장
47	김철만	최고인민회의 대의원, 중앙위원
48	리을설	원수, 중앙위원
49	리종산	차수
50	김재선	차수
51	리하일	차수
52	정창렬	인민무력부 부부장, 대장
53	김충심	대장
54	한동근	군 총정치국 선전부장, 상장, 중앙위원
55	조경철	중앙위원, 최고인민회의 대의원
56	박재경	인민무력부 부부장, 대장, 중앙위원
57	변인선	중앙위원, 상장
58	김우호	중앙위원후보, 인민무력부 부부장
59	김택구	최고인민회의 대의원, 인민무력부 부부장, 소장
60	최세관	최고인민회의 대의원, 소장
61	정호균	중앙위원, 대장
62	전창복	중앙위원, 중장
63	오금철	중앙위원, 전 공군사령관

64	김명환	최고인민회의 예산위원
65	김철만	최고인민회의 대의원, 량강도 인민위원장
66	김수학	중장, 총참모부 부총참모장
67	김인식	중앙위원
68	심상대	군 총정치국 부국장, 최고인민회의 대의원, 상장
69	동영일	중앙위원후보
70	리병삼	중앙위원, 조선인민내무군 정치국장
71	김성덕	중앙위원, 상장
72	리창한	중앙위원후보, 중장
73	로흥세	중장
74	리두성	
75	임종춘	
76	강표영	중앙위원, 중장
77	김형룡	중앙위원, 상장
78	김격식	중앙위원후보, 제4군단장, 대장
79	리용환	중앙위원, 상장
80	김춘삼	중앙위원, 상장, 최고인민회의 대의원
81	리영길	중앙위원, 최고인민회의 대의원, 중장
82	한창순	중앙위원후보
83	현영철	중앙위원, 중장
84	양동훈	중앙위원, 소장
85	리봉죽	중앙위원, 상장
86	박승원	중앙위원, 상장, 군 총참모부 부총참모장
87	리춘일	중앙위원후보, 최고인민회의 대의원
88	리태섭	중앙위원후보, 최고인민회의 대의원, 소장
89	김송철	중앙위원, 최고인민회의 대의원, 소장
90	조성환	중앙위원후보, 소장
91	박광철	중앙위원
92	윤경서	최고인민회의 대의원, 중장
93	양인국	중앙위원후보, 소장
94	리희수	중앙위원후보
95	리 철	중앙위원후보, 전 주스위스 대사, 최고인민회의 대의원
96	오철산	중앙위원후보, 상장
97	손청남	중앙위원후보
98	황홍식	중장
99	강필훈	최고인민회의 대의원, 중장

100	김장수	중장
101	리영민	최고인민회의 대의원
102	박영래	최고인민회의 대의원
103	박영식	중장
104	김수길	중장
105	림종환	
106	김경찬	소장
107	김동화	
108	최재복	
109	김영남	소장
110	리정래	중장
111	주동철	소장
112	김승국	소장
113	주승남	상장
114	정운학	
115	차명성	
116	현병무	조선인민군 협주단 단장
117	김도운	소장
118	리승호	당 중앙위 부부장, 최고인민회의 대의원
119	방춘산	
120	손철주	군 공군사령부 정치위원, 중장
121	김하철	중앙위원, 부총리
122	로두철	중앙위원, 부총리, 국가계획위원장, 당 중앙위원
123	박수길	중앙위원, 부총리
124	조병주	중앙위원, 부총리, 기계공업상
125	한광복	중앙위원, 부총리, 전자공업상
126	김영대	조선사회민주당 위원장, 최고인민회의 상임위 부위원장
127	류미영	천도교청우당 위원장, 조선천도교회 중앙지도위원장
128	리영수	당 중앙위 근로단체부장, 중앙위원
129	최희정	당 과학교육부장, 중앙위원
130	오일정	당 군사부장, 중앙위원
131	김정임	당 중앙위 역사연구소장, 중앙위원
132	채희정	당 문서관리실장, 중앙위원
133	리재일	당 선전선동부 제1부부장, 중앙위원
134	리룡하	
135	박봉주	당경공업부 제1부부장, 중앙위원후보

136	전일춘	당39호실장
137	김동일	당 중앙위원후보
138	한광상	당 중앙위 제1부부장
139	정명학	최고인민회의 대의원, 중앙위원후보
140	김동이	중앙위원후보
141	홍인범	평안남도 당 책임비서, 중앙위원
142	강양모	남포시 당 책임비서, 중앙위원
143	리만건	평안북도 당 책임비서, 중앙위원
144	로배권	황해남도 당 책임비서, 중앙위원
145	박태덕	황해북도 당 책임비서, 중앙위원
146	주영식	자강도 당 책임비서, 중앙위원
147	오수용	함경북도 당 책임비서, 중앙위원
148	곽범기	함경남도 당 책임비서, 중앙위원
149	김희택	량강도 당 책임비서, 중앙위원
150	림경만	나선시 당 책임비서, 중앙위원
151	백계룡	강원도 당 책임비서, 중앙위원후보
152	박의춘	외상, 중앙위원
153	김형식	석탄공업상, 중앙위원
154	김태봉	금속공업상, 중앙위원
155	전길수	철도상, 중앙위원
156	리무영	화학공업상, 중앙위원
157	안정수	경공업상, 중앙위원
158	리룡남	무역상, 중앙위원
159	김용진	교육위원장, 중앙위원
160	류영섭	체신상, 중앙위원
161	박명철	체육상, 중앙위원
162	장 철	국가과학원장, 중앙위원
163	김기룡	노동신문 책임주필, 중앙위원
164	김병호	조선중앙통신사 사장, 중앙위원
165	차승수	조선중앙방송위원장, 중앙위원
166	김정숙	대외문화연락위원장, 중앙위원
167	리용철	김일성사회주의청년동맹 제1비서, 중앙위원
168	김병률	최고재판소 소장, 중앙위원
169	장병규	최고검찰소 소장, 중앙위원
170	량만길	평양시 인민위원장, 중앙위원
171	성자립	김일성종합대학총장, 중앙위원

자료 4

김정일 총서기 국가장의위원회 232명 발표 서열(2011년 12월 19일)

1. 김정은 동지	2. 김영남	3. 최영림	4. 리영호
5. 김영춘	6. 전병호	7. 김국태	8. 김기남
9. 최태복	10. 양형섭	11. 강석주	12. 변영립
13. 리용무	14. 김경희	15. 김양건	16. 김영일
17. 박도춘	18. 최룡해	19. 장성택	20. 주규창
21. 김락희	22. 태종수	23. 김평해	24. 김정각
25. 우동측	26. 김창섭	27. 문경덕	28. 리태남
29. 오극렬	30. 김철만	31. 리을설	32. 전하철
33. 강능수	34. 로두철	35. 조병주	36. 한광복
37. 백세봉	38. 리영수	39. 최희정	40. 오일정
41. 김정임	42. 채희정	43. 김기룡	44. 장병규
45. 김병률	46. 홍인범	47. 리만건	48. 주영식
49. 곽범기	50. 오수용	51. 로배권	52. 박태덕
53. 김히택	54. 강양모	55. 림경만	56. 김경옥
57. 김명국	58. 김원홍	59. 현철해	60. 한동근
61. 조경철	62. 박재경	63. 변인선	64. 윤정린
65. 정명도	66. 리병철	67. 최상려	68. 김영철
69. 강표영	70. 김형룡	71. 리용환	72. 김춘삼
73. 최경성	74. 리명수	75. 전희정	76. 리영길
77. 현영철	78. 최부일	79. 양동훈	80. 리봉죽
81. 김송철	82. 박광철	83. 리병삼	84. 전창복
85. 오금철	86. 김인식	87. 김성덕	88. 려춘석
89. 박승원	90. 리용철	91. 박의춘	92. 김형식
93. 김태봉	94. 전길수	95. 리무영	96. 안정수
97. 리룡남	98. 류영섭	99. 박명철	100. 김용진
101. 장 철	102. 성자립	103. 김정숙	104. 강동윤
105. 김병호	106. 차승수	107. 량만길	108. 윤동현
109. 고병현	110. 리봉덕	111. 박종근	112. 최영덕
113. 정인국	114. 전룡국	115. 리형근	116. 황순희
117. 백계룡	118. 김동일	119. 김동이	120. 리재일
121. 박봉주	122. 정명학	123. 강관일	124. 황병서

125. 권혁봉	126. 홍승무	127. 김우호	128. 한창순
129. 리춘일	130. 리태섭	131. 조성환	132. 동영일
133. 리창한	134. 고수일	135. 리국준	136. 신승훈
137. 리태철	138. 양인국	139. 리히수	140. 리 철
141. 현상주	142. 리명길	143. 로성실	144. 동정호
145. 강민철	146. 김희영	147. 조영철	148. 황학원
149. 안동춘	150. 백룡천	151. 홍광순	152. 리수용
153. 김영호	154. 방리순	155. 최춘식	156. 리제선
157. 리상근	158. 리홍섭	159. 차용명	160. 강관주
161. 태형철	162. 김병훈	163. 김계관	164. 한창남
165. 김창명	166. 전창림	167. 오철산	168. 손청남
169. 정운학	170. 차경일	171. 강기섭	172. 최대일
173. 최영도	174. 리용주	175. 전광록	176. 리찬화
177. 서동명	178. 전성웅	179. 지재룡	180. 김영재
181. 리용호	182. 홍서헌	183. 김동일	184. 김동은
185. 김봉룡	186. 조재영	187. 최찬건	188. 렴인윤
189. 김천호	190. 장호찬	191. 송광철	192. 리기수
193. 리종식	194. 최 현	195. 장명학	196. 강형봉
197. 김충걸	198. 김용광	199. 최관준	200. 장영걸
201. 김명식	202. 허성길	203. 노광철	204. 정봉근
205. 박창범	206. 최봉호	207. 정몽필	208. 전경선
209. 리성권	210. 최 용	211. 김태문	212. 김영숙
213. 차진순	214. 리민철	215. 리일남	216. 김창수
217. 박명순	218. 최배진	219. 김 철	220. 심철호
221. 오룡일	222. 계영삼	223. 류현식	224. 고명희
225. 방용욱	226. 장정주	227. 허광욱	228. 지동식
229. 정봉석	230. 최권수	231. 김영대	232. 류미영

자료 5

북한의 주요 사건일지

1945	8.15	일본의 패전, 조선 해방
	9.19	김일성 등 88특별여단 빨치산 부대가 원산항에 도착
	10.10	조선공산당 북부조선 분국 설립 (현재의 조선노동당 창건기념일)
	10.14	평양시에서 군중대회, 김일성이 연설
	10.15	도쿄에서 재일조선인연맹(조련朝連) 결성
	12.23	모스크바 3개국(미, 영, 소) 외상회담(~27)
1946	8.28	북한노동당 결성대회(~30) (북조선공산당과 조선신민당 합동)
	11.23	남조선노동당 결성(~24)
1948	3.27	북조선노동당 제2차 대회(~30)
	8.15	대한민국 정부 수립
	9.2	최고인민회의(~9), 조선민주주의인민공화국 헌법채택, 총리에 김일성 선임
	9.9	조선민주주의인민공화국 정부 수립
	10.12	소련과 국교 수립
1949	6.30	남조선노동당과 북조선노동당의 합동대회 개최, 조선노동당 결성(~7.1, 위원장에 김일성)
	10.6	중화인민공화국과 국교 수립
1950	6.25	한국전쟁 발발
1953	7.27	한국전쟁의 휴전협정에 조인
1954	4.20	최고인민회의 제1기 제7차 회의(~23), 인민경제 전후복구발전 3개년계획(1954~1956년) 채택
1955	5.25	재일조선인 총연합회(조선총련) 결성(~26)
1956	4.23	조선노동당 제3차 대회(~29)
1958	3.	제1차 조선노동당 대표자회의 개최
1959	12.16	재일조선인 제1차 귀국선, 니이가타(新潟)에서 청진항 도착
1960	8.14	김일성 총리, 남북한 연방제를 제안
1961	7.6	조소(朝蘇) 우호협력상호원조 조약 체결
	7.11	조중(朝中) 우호협력상호원조 조약 체결
	9.11	조선노동당 제4차 대회(~18), 인민경제발전 7개년계획(1961~1967년)을 채택

1965	4.10	김일성 총리, 인도네시아 방문(~21), 김정일도 동행
1966	10.	제2차 조선노동당 대표자회의 개최
1967	6.28	당 중앙위원회 제4기 제16차 총회(~7.3)
	12.6	최고인민회의 제4기 제1차 회의 개최
1968	1.21	북한 무장 게릴라가 서울 침입(청와대 습격사건)
	1.23	북한 해군, 미 정보수집함 푸에블로호를 원산 앞바다에서 나포(푸에블로호 사건)
1970	3.31	일본 항공기 요도호 납치사건 발생
	11.2	조선노동당 제5차 대회(~13), 김일성 총리를 총서기로 재선, 인민경제발전 6개년계획(1971-1976년)을 발표
1972	7.4	남북공동성명 발표, '조국통일에 관한 3대 원칙'에 합의
	8.30	제1차 남북 적십자 본회담
	12.25	최고인민회의 제5기 제1차 회의(~28), 조선민주주의인민공화국 사회주의헌법 채택, 김일성을 국가주석으로 선출
1973	6.23	김일성 주석, 한국 박정희 정권에 '고려연방공화국' 국호에 의한 연방제를 역제안
	9.4	조선노동당 중앙위원회 제5기 제7차 총회(~17), 김정일을 당 중앙위 비서로 선출
1974	2.11	조선노동당 중앙위원회 제5기 제8차 총회(~13), 김정일을 '주체위업의 위대한 계승자'로서 추대하고 당 중앙위 정치위원에 선출
1976	8.18	판문점 도끼 만행 사건
1977	12.15	최고인민회의 제6기 제1차 회의(~17), 김일성 주석 재선, 제2차 7개년계획(1978~1984년) 채택
1979	10.26	한국의 박정희 대통령 암살
1980	10.10	조선노동당 제6차 대회(~14), 김일성 총서기, '고려민주연방공화국' 구상을 제안, 경제건설의 1980년대 10대 전망목표 제시, 김일성 주석의 아들 김정일이 처음 공식적으로 등장
	10.14	조선노동당 중앙위원회 제6기 제1차 총회 개최, 김정일을 당 정치국 상무위원·당 비서·당 중앙군사위원으로 선출
1982	4.5	최고인민회의 제7기 제1차 회의, 김일성 국가주석을 제선
1983	6.1	김정일 총서기가 중국을 비공식 방문(~12)
	10.9	랑군 폭탄테러 사건으로 한국 각료 4명 등 폭사
1984	1.10	북한, 한국·미국과의 3자회담 제안 발표
	9.8	북한, '합영법' 제정
	9.29	북한의 한국 수해원조 물자, 판문점을 통해 인도 시작

1986	11.17	한국 국방장관, 김일성 주석이 총격으로 사망했다고 발표
	11.18	김일성 주석, 몽골 당 비서장을 마중 나가 건재를 증명
	12.29	최고인민회의 제8기 제1차 회의(~30), 김일성 국가주석 재선, 김일성 주석 시정연설에서 남북 고위급 정치·군사회의를 제안
1987	1.22	북한 선박 '주단 9082호'가 후쿠이항(福井港)에 표류 도착
	4.21	최고인민회의 제8기 제2차 회의(~23), 제3차 7개년계획(1987~1993년) 발표
	11.29	대한항공기 폭파 사건
1988	2.21	평양 방송에서 조선인민군 총참모장에 최광 취임, 오극렬의 해임 판명
	12.11	조선노동당 중앙위원회 제6기 제15차 총회(12.11)과 최고인민회의 제8기 제4차 회의(12.12) 개최, 리근모(李根模) 총리 해임, 연형묵을 신임 총리로 선출
1989	7.1	제13차 세계청년학생축전, 평양에서 개최(~8), 한국에서 평양으로 들어간 '전국대학생대표협의회'의 임수경 대표가 참가
1990	1.1	김일성 주석, 신년사에서 최고위 레벨의 남북협상회의 개최 제안
	2.27	조선인민군 최고사령관 '팀 스피리트 90'에 대항하여 '전투동원 준비' 명령
	3.14	장쩌민 중국공산당 총서기, 북한 공식 방문(~16)
	5.24	최고인민회의 제9기 제1차 회의(~26) 김일성 국가주석을 재선, 김정일 총서기를 국방위원회 제1부부위원장으로 선출
	9.5	서울에서 제1차 남북총리 회담(~6)
	9.24	자민당(카네마루 신金丸信 전임 부총리), 사회당(다나베 마코토田辺誠 부위원장) 양당 대표단이 방북(~28)
	9.28	조선노동당과 일본의 자민당, 사회당과의 3당 공동선언 발표
	9.30	한국과 소련, 국교 수립
1991	1.30	북·일 국교정상화를 위한 정부간 제1차 본회담, 평양에서 개최(~31)
	9.17	남북한이 국제연합(UN)에 동시 가입
	12.24	조선노동당 중앙위원회 제6기 제19차 총회, 김정일 총서기를 군 최고사령관으로 추대
	12.28	북한, 함경북도의 나진과 선봉에 '자유경제·무역지대'를 설치
1992	1.22	김용순 노동당 비서와 캔터 미국 국무부 정치고문 담당 차관 사이의 고위급 회담, 뉴욕에서 개최
	2.19	제6차 남북총리 회담(~20), '남북 간의 평화와 불가침 및 협력·교

류에 관한 합의서', '한반도의 비핵화에 관한 공동 선언'이 발효

	4.8	최고인민회의 제9기 제3차 회의(~9) 헌법 개정 (11월에 발표)
	4.13	김일성 주석에 '대원수' 칭호 부여
	4.20	김정일 총서기와 오진우 인민무력부장에 '원수' 호칭, 최광 등 8명에게 차수 호칭
	4.25	평양에서 조선인민군 창건 60주년 경축 열병식과 퍼레이드 거행, 김정일 최고사령관이 "영웅적 조선인민군 장병들에게 영광 있으라!"라고 외침
	8.24	중국과 한국이 국교 수립
	12.11	최고인민회의 제9기 제4차 회의, 강성산 신임 총리를 선출
1993	3.8	김정일 조선인민군 최고사령관 '팀 스피리트 93'에 대응하여 '준전시상태'를 선포
	3.12	북한, NPT에서 탈퇴 선언
	4.7	최고인민회의 제9기 제5차 회의(~9), 김정일 총서기를 국방위원장으로 추대
	6.2	북미 회의 제1라운드(~11), 북미 공동선언 채택, 북한의 NPT 탈퇴 일시 중지, 대화 계속에 합의
	7.26	김일성 주석의 친동생 김영주가 18년 만에 등장
	12.8	조선노동당 중앙위원회 제6기 제21차 총회 개최, 강성산 총리가 제3차 7개년계획 수행에 대해 보고하며 미달성을 인정, 2, 3년을 조정기간으로 하고 '농업 제일, 경공업 제일, 무역 제일주의'의 방침을 결정
	12.11	최고인민회의 제9기 제6차 회의, 김영주, 김병식(金炳植)을 국가 부주석으로 선출
1994	6.13	북한 외교부 대변인, 'IAEA에서 즉시 탈퇴' 표명
	6.15	카터 전 미국 대통령 일행이 방북(~18), 김일성 주석은 ① IAEA 사찰단의 잔류, ② 핵시설 감시장치의 가동유지를 약속하고 남북정상회담을 제안
	6.18	김영삼 대통령, 김일성 주석의 남북정상회담 제안을 수용
	6.28	남북정상회담 예비접촉, 정상회담 7월 25~27일 평양 개최에 합의
	7.8	김일성 주석이 사망, 82세
	10.21	북미 기본합의서(제네바 협정)에 서명
1995	3.28	일본의 연립여당 3당 대표단이 방북(~30), 북일 회담 재개를 위한 4당(일본 측은 자민당·사회당·신당사키가케) 합의서를 채택
	9.6	조선중앙통신, 7월 31일부터 8월 18일까지 호우로 인해 520만

	11.13	미국의 북한 정책조정관에 페리 전 국방장관 임명
1999	1.1	북한 3개 신문, 신년공동사설에서 '사상·군사·경제 강화화'를 주장
	1.6	일본 정부, 북한이 노동 미사일을 실전배치한 것을 확인
	2.19	김정일 총서기가 '주체 농법' 개혁에 나서고 있음을 김기남 비서가 확인
	3.24	니이가타현 바다의 일본 해협 내에서 국적불명의 수상한 선박 2척을 발견, 오부치 케이조(小渕惠三) 총리, 해상자위대에 의한 최초의 해상경비 행동의 발동을 승인
	6.3	김영남 최고인민회의 상임위원장을 단장으로 하는 북한 대표단이 중국을 공식 친선방문(~7)
	6.15	서해에서 남북 함선이 총격전
	9.24	북한 외교부 대변인, "미국과의 교섭 기간 중은 미사일을 재발사하지 않는다"고 표명
	10.12	미국 정부, 대북 정책 재검토의 페리 보고서를 공표, "포괄적이며 통합된 접근"으로 북한의 유연화를 촉진하도록 방책을 제언
	12.1	사민당의 무라야마 토미이치(村山富市) 전 총리를 단장으로 하는 초당파 국회의원단이 방북(~3)
2000	1.1	북한 3개 신문, 신년공동사설에서 '2000년은 총진격의 해'라고 지적
	1.4	북한과 이탈리아가 국교 수립
	2.9	북한과 러시아가 '우호선린협력 조약'에 조인
	3.9	김대중 대통령이 대북경제협력 실시 등의 '베를린 선언' 발표
	5.29	김정일 총서기·국방위원장이 중국을 비공식 방문(~31)하여 장쩌민 국가주석 등과 회담
	6.13	김정일 총서기와 김대중 대통령이 역사상 최초의 남북정상회담(~15)을 개최
	6.14	남북 정상이 남북공동선언에 조인(15일)
	7.19	러시아의 푸틴 대통령이 방북(~20), 김정일 총서기와 회담, 북·러 공동선언에 조인, TMD에 대한 반대를 강조
	8.22	제10차 북·일 국교정상화 교섭을 치바 현(千葉縣) 키사라즈 시(木更津市) 내에서 개최
	9.25	남북 국방장관 회담, 제주도에서 개최(~26)
	10.6	테러에 반대하는 북·미 공동성명 발표
	10.7	일본 정부, 북한에 50만 톤의 추가 쌀 지원 실시를 발표
	10.8	조명록 국방위 제1부위원장, 김정일 총서기의 특사로서 방미

		(~12), 워싱턴에 들어와(9) 클린턴 미 대통령과 회담(10), 김정일 총서기의 친서 전달, 북한 고관이 미국 대통령과 만난 것은 최초. 북미 공동 코뮈니케를 발표(12), 올브라이트 미 국무장관의 방북에 합의
	10.23	올브라이트 미 국무장관 일행이 방북(~25)
	11.1	북한의 미사일 개발·수출 문제에 대한 북미 미사일 협의를 말레이시아에서 개최(~3), 미사일 개발·수출을 제재하는 수단에 최종합의하지 못함
	12.28	클린턴 미국 대통령, 북한을 방문하는 것을 단념했다는 성명 발표
2001	1.1	노동신문 등 북한 3개 신문, 신년공동사설에서 '사고 혁신'과 '기술 개건(改建)'을 호소
	1.4	노동신문, '과거의 다른 나라식의 낡은 틀과 관례'를 전면적으로 재검토하여, 뒤처진 것은 대담하게 버리고 기술 개건(改建)을 해야 한다는 김정일 총서기의 발언집을 게재
	1.15	김정일 총서기, 중국을 비공식 방문(~20), 상하이 시를 시찰, 상하이 시의 발전을 높게 평가, 베이징에서 장쩌민 중국 국가주석과 회견
	5.2	예란 페르손 스웨덴 총리 등이 이끄는 EU 최고위급 대표단이 방북(~3)
	5.3	김정일 총서기의 장남 김정남으로 보이는 남성 등 4명이 1일, 나리타 공항에서 도쿄 입국관리국에 의해 신병을 구속당한 일이 판명됨
	7.26	김정일 총서기, 특별열차로 러시아를 방문(~8.18)
	8.4	김정일 총서기, 모스크바에서 푸틴 대통령과 회담하고, '북·러 모스크바 선언'에 조인
	9.3	장쩌민 중국 국가주석이 방북(~5일), 김정일 총서기와 회담. 김정일 총서기는 장쩌민 주석이 제창한 '3개 대표론'을 긍정적으로 평가
	10.3	강성대국 건설을 향해 획기적 담화
	11.3	북한 '테러 자금제공 방지조약' 등에 조인·가입을 결정
	12.22	일본 가고시마 현(鹿兒島縣) 오마미오시마(奄美大島) 앞바다의 동중국해에서 국적불명의 괴선박을 발견. 괴선박은 일본 해상보안청의 순시선과 총격전을 전개하여 침몰됨.
2002	1.1	노동신문 등의 신년 공동사설이 '수령, 사상, 군대, 제도'를 첫째로 생각한다는 '4대 제일주의'를 제기
	1.29	부시 미국 대통령이 북한, 이란, 이라크를 '악의 축'으로 지명하여

비판

6.29 서해에서 남북의 함정이 무력 충돌

7.1 7·1 경제관리 개혁조치 시행

7.11 교도통신(共同通信), 베이징발로 북한이 7일부터 급여나 물가를
수십 배 인상하는 등 경제관리 개선조치를 실행한 것이 판명되었다
고 보도

8.20 김정일 총서기가 러시아 극동지방을 방문(~24), 블라디보스토크
에서 푸틴 대통령과 회담(23)

8.30 고이즈미 준이치로(小泉純一郎) 총리가 9월 17일에 북한을 방문한
다고 후쿠다 야스오(福田康夫) 관방장관이 공식 발표

9.12 최고인민회의 상임위원회, '신의주 특별행정구'를 설치한다는 정
령(政令)을 발표

9.17 고이즈미 준이치로 총리가 방북하여, 김정일 총서기와 회담. 김정
일 총서기는 납치가 북한의 특수기관의 범행이라고 인정하고 사죄.
북·일 평양선언을 발표

10.3 미국 대통령 특사 게리 국무차관보(동아시아·태평양 담당)가 방북
(~5일)

10.16 미 국무부, 게리 국무차관보가 10월 초에 방북했을 때, 북한 측이
고농축 우라늄 시설 건설 등의 핵무기 개발을 계속하고 있다는
것을 인정했다고 발표

10.25 북한 외무성 대변인, 미국에 불가침 조약의 체결을 제안하는 담화
를 발표하고, '핵무기는 물론 그것 이상의 것도 갖게 될 것이다'라
고 언명

11.25 평양방송, '금강산 관광지구' 설치에 관한 최고인민회의 정령(10.
23)과 '금강산 관광지구법' 채택에 관한 정령(11. 13)을 발표

11.27 조선중앙방송, '개성공단지구' 설치에 관한 최고인민회의 상임위
원 정령(11. 13)과 '개성공업지구법' 채택에 관한 정령(11. 20)을
발표

12.19 한국에서 대통령 선거, 여당 새천년민주당의 노무현 후보가 당선

2003 1.1 노동신문 등 신년공동사설에서 '전 조선민족은 단결하여 미국에
반격'을 주장

1.10 북한 정부가 NPT로부터의 탈퇴를 표명하는 성명을 발표

2.15 교도통신 서울발로 북한이 2002년 여름부터 김정일 총서기의 차남
김정철의 생모인 고영희에 대한 우상화 작업을 시작했다는 것이
밝혀졌다고 보도

3.7	조선중앙통신이 논설에서 북한이 이미 핵 시설을 재가동시켰다는 것을 확인
4.18	북한, 북한의 핵 문제에 관한 미·북·중 3자 협의개최를 확인
4.23	북한의 핵 문제에 관한, 미·북·중 3개국 협의가 베이징에서 개최(~25), 북한 대표가 핵무기의 보유를 언급
6.10	조선중앙통신, 북한의 '농민 시장'이 공업제품도 거래할 수 있는 '종합시장'으로 변하여, 이것이 전역에 설치되고 있다고 지적
6.30	개성공업단지의 착공식 개최
8.3	최고인민회의 제11기 대의원 선거
8.27	북한의 핵문제에 관한 6개국 협의, 베이징에서 개최(~29)
9.3	최고인민회의 제11기 제1차 회의 개최. 김정일이 국방위원장에 재선. 홍남성 총리를 대신하여 신임 총리에 박봉주(전 과학기술공업상)를 선출. 회의는 핵문제에 관한 외무성의 조치를 승인
10.2	북한 외무성 대변인이 핵 연료봉 재처리 종료를 선언하고 '핵 억지력' 강화로 플루토늄의 용도를 변경했다고 표명
10.20	한국의 정세현 통일부 장관, 국회 답변에서 북한의 김정일 총서기의 부인 고영희가 '상당히 병이 깊은 것으로 알고 있다'고 답변
2004 1.1	≪노동신문≫ 등 북한 3개 신문이 신년공동사설에서 '핵문제는 대화로 평화적으로 해결한다'고 하는 한편으로 '미국의 강경정책에는 항상 초강경하게 대응한다'고 강조. '정치·사상, 반제·군사, 경제·과학의 3대 전선'에서의 '혁명적 공세'를 호소
1.17	중국공산당 대외연락부 대표단(단장 왕자루이王家瑞 부장)이 방북(~20), 김정일 총서기와 회견(19)
2.11	일본 외무성의 다나카 히토시(田中均) 외무심의관과 야부나카 미토시(藪中三十二) 아시아·대양주국장이 일본인 납치 문제 등을 협의하기 위해 방북(~14)
2.25	북한의 핵문제를 둘러싼 제2차 6자회담, 베이징에서 개최(~28)
4.1	일본 자민당의 야마자키 타쿠(山崎拓) 전 부총재와 히라사와 카츠에이(平澤勝榮) 자민당 중의원이 중국 다롄(大連)에서 북한 측과 협의(~2)
4.19	김정일 총서기가 중국을 비공식 방문하여 중국 수뇌 등과 회담(~21)
4.22	북한 평안북도 룡천군의 룡천역에서 대규모의 열차 폭발사고가 발생
4.26	조선중앙통신, 열차 폭발사고의 상세한 피해 상황을 보도, 사망

150여 명, 부상자 1,300여 명

5.22 고이즈미 준이치로 총리가 방북하여 김정일 총서기와 회담. 납치 피해자 가족 5명의 귀국, 행방불명의 10인에 대한 재조사 등에 합의하고, 국교 정상화 교섭 재개에 의견 일치. 김정일 총서기는 미사일 발사 동결을 확인, 납치 피해자의 가족 5명이 정부 전용기의 예비기로 귀국, 소가 히토미(曾我ひとみ) 씨의 가족 3명은 본인의 희망으로 귀국을 포기

6.23 제3차 6자회담이 베이징에서 개최(~26), 북미가 각각 새로운 제안

8.25 교도통신 서울발 기사로 고영희의 사망 가능성을 보도

9.1 한국의 각 매체, 김정일 총서기의 부인 고영희가 6월에 입원 중인 파리에서 사망하고, 북한의 특별기로 평양에 이송되었다고 보도

9.23 민주조선, '백두산의 혈통'을 계승하여 그 '순결성'을 지키는 것의 중요성을 강조하는 논설을 게재

10.18 김영남 최고인민회의 상임위원장이 중국을 공식 방문(~20)

2005 1.1 노동신문 등 북한 3개 신문, 신년공동사설 "전당·전군·전인민이 일치단결하여 선군의 위력을 더욱 높게 울리자"를 발표

2.10 북한 외무성이 성명을 발표하여, 6자회담 참가의 무기한 중단을 표명함과 동시에, '자위를 위해서 핵무기를 만들었다'고 언명

2.19 중국공산당 대외연락부 대표단(단장 왕자루이 부장)이 방북(~22). 김정일 총서기, 왕자루이 부장과 회견(21)

6.17 김정일 총서기가 한국의 정동영 통일부 장관과 회담하고 '6자회담 복귀 의사' 표명

7.26 베이징에서 제4차 6자회담 개시(~30)

8.15 김정일 총서기가 러시아의 프리코프스키 극동연방 관할구 대통령 전권대표와 회견

8.24 김영춘 군 총참모장이 보고회에서 김정일 총서기의 '선군혁명 영도'의 개시가 1960년 8월이었다고 언명

9.13 제4차 6자회담, 베이징에서 재개(~19), 6개 항목의 공동 성명을 채택하고 폐막

10.2 북한의 종합시장에서 곡물 판매가 1일자로 중지되고, 공공배급소가 국내 전역에 대한 곡물 배급을 담당하고 있는 것이 판명됨

10.9 조선노동당 창건 60주년 경축 중앙보고대회가 평양에서 개최, 김정일 총서기 참석

10.10 조선노동당 창건 60주년 경축 열병식, 김정일 총서기가 참석

	5.15	북한 외무성 대변인 '(BDA) 자금의 송금이 실현되면 바로 2·13합의에 기초하여 핵 시설의 가동중지 조치를 강구할 용의가 있다'고 언명
	9.27	제6차 6자회담 제2라운드가 베이징에서 개최됨(~30)
	10.2	노무현 대통령과 김정일 총서기에 의한 제2차 남북정상회담(~4). 김정일 총서기와 회담(3), '남북관계 발전과 평화 번영을 위한 선언'을 발표(4)
	12.7	김정일 총서기의 매제 장성택을 당 부장으로 승격시킨 것이 밝혀짐
	12.19	한국 대통령 선거로 이명박 당선
2008	1.1	노동신문 등 북한 3개 신문이 신년공동사설 "공화국 창건 60주년을 맞이하는 올해를 조국 청사에 새겨지는 역사적인 전환의 해로 빛내자"를 게재
	1.29	왕자루이 중국공산당 대외연락부장이 방북(~2. 2), 김정일 총서기와 회견(1. 30)
	2.25	한국 신임 대통령에 이명박 취임
	4.9	최고인민회의 제11기 제6차 회의 개최, 김영일 총리가 정부활동 보고
	7.11	금강산에서 인민병사가 한국인 관광객 여성을 사살
	9.8	북한 건국 60주년 경축 중앙보고대회 개최. 김영남 최고인민회의 상임위원장이 '우리 당과 우리 인민의 위대한 영도자 김정일 동지에게 올리는 축하문'을 배독. 김정일 총서기는 참석하지 않음
	9.9	북한 건국 60주년 경축 노농적위대 열병식. 김정일 총서기 불참으로 김정일 총서기의 중병설이 부상
	10.4	조선중앙통신, 김정일 총서기가 김일성종합대학 창립 62주년을 맞이하여 대학생의 축구 시합을 관전했다고 보도 51일 만의 동정 보도, 사진은 공개하지 않음
	10.11	미국이 북한의 테러지원국가 지정을 해제
	10.21	노동신문, 혁명전통 계승, 혁명의 '세대교체', '혁명의 3세, 4세'의 역할의 중요성 등을 강조한 논평을 게재
	12.8	6자회담 수석대표 회의가 베이징에서 개최됨(~11). 검증 절차의 문서화에 합의를 이루지 못한 상태로 폐막
2009	1.1	노동신문 등 북한 3개 신문, 신년공동사설 "총진군의 나팔 소리를 높게 울리며, 올해를 새로운 혁명적 대고조의 해로서 빛내자"를 발표
	1.21	중국공산당의 왕자루이 대외연락부장이 방북(~24). 김정일 총서

기와 회담(23)

1.30 조국평화통일위원회가 성명에서 남북 간의 '정치·군사적 대결상
태의 해소에 관련된 모든 합의사항을 무효화한다'고 표명

2.8 민주조선, 내각 전원회의 확대회의가 최근 개최되어 2008년의 공
업 총생산이 전년 대비 9% 증가하여 10년간 최고라고 보고했음을
언급

2.11 국방위원회와 당 중앙군사위원회가 김정일 위원장 명의로 김영춘
국방위 부위원장을 인민무력부장으로, 리영호 평양방어사령관을
군 총참모장으로 임명. 김정일 총서기가 당 중앙군사위원장의 직책
을 표명한 것은 최초

2.18 김일철 인민무력부 제1부부장에 대한 강등이 밝혀짐

2.19 오극렬 국방위 부위원장 임명

2.24 북한 '우주공간기술위원회' 대변인, 시험 통신위성 '광명성 2호'를
운반 로켓 '은하 2호'로 발사할 준비작업을 진행 중이라고 발표

3.8 최고인민회의 제12기 대의원 선거 실시, 김정일 총서기의 세 아들
은 대의원에 포함되지 않음

3.9 군 총참모부 보도관 '위성에 대한 타격은 전쟁을 의미한다'고 하며,
격추되면 '본거지에 대한 보복타격전을 시작한다'고 경고

3.11 시험 통신위성 '광명성 2호'를 4월 4일부터 8일 사이에 발사한다고
국제해사기구(IMO)에 통고

3.12 조선중앙통신, '광명성 2호' 발사를 위해 북한이 우주조약에 가입
하고, 국제민간항공기구(ICAO)나 IMO에 자료를 제출한다고 보도

3.17 북한의 김영일 총리가 방중(~19)

3.24 북한 외무성 대변인, '인공위성' 발사에 관련하여 한·미·일 등이
국제연합 안보리에서 적대행위를 한다면 6자회담은 이 이상 존재
할 기초도 의의도 없게 될 것이라고 경고

3.26 북한 외무성 대변인, 국제연합 안보리가 북한의 '인공위성' 발사를
의제로 삼는다면 '6자회담은 없어지고 비핵화를 향해 추진되어온
모든 과정은 원점으로 돌아갈 것'이라고 경고

4.5 북한, 로켓 발사, '광명성 2호'가 궤도에 진입했다고 발표. 그러나
미국 등은 궤도 진입은 확인되지 않았다고 부정

4.9 최고인민회의 제12기 제1차 회의를 개최하고, 헌법을 개정하는
내용은 공개하지 않음. 김정일 총서기를 국방위원장으로 추대, 김
영춘, 오극렬 국방위 부위원장 선출을 확인, 국방위원에는 장성택
부장 등 8명을 선출

앤젤레스로 귀국

8.16 　김정일 총서기, 한국의 현대그룹의 현정은 회장과 회담. 북한과 현대그룹이 금강산 관광 재개나 이산가족의 재회 등 5개 항목에 합의

8.18 　한국의 김대중 전 대통령 서거

8.23 　김대중 전 대통령의 조문을 위해 방한한 김기남 당 비서나 김양건 당 통일전선부장이 한국의 이명박 대통령에게 인사를 청하기 위하여 방문하여 회담

9.10 　김영남 최고인민회의 상임위원장, 교도통신과의 회견에서 후계자 문제에 대해 '현 시점에서는 논의되지 않았다'고 언명

9.16 　다이빙궈(戴秉國) 중국 국무위원이 후진타오 주석의 특사로서 방북(~18), 김정일 총서기와 회담(18)

9.16 　경제정책 '150일 전투' 종료

9.23 　경제정책 '100일 전투' 개시(12월 31일까지)

10.4 　중국의 원자바오(溫家寶) 총리가 방북(~6일), 김정일 총서기와 회담(6), 김정일 총서기, 북·미 협의를 전제로 다국 간 협의에 복귀 가능성을 언급

10.7 　한국 통일부, 김정은의 한글 표기를 김정운에서 김정은으로 변경

10.12 　북한이 단거리 미사일 5발을 동해로 발사

11.10 　남북의 경비정이 서해에서 교전

11.22 　중국의 량광례(梁光烈) 국방장관이 방북(~26), 김정일 총서기와 회담(25)

11.30 　북한, 통화교체와 화폐개혁 실시

2010 　1.1 　노동신문 등 북한 3대 신문, '당 창건 65돌을 맞은 올해에 다시 한 번 경공업과 농업에 박차를 가하여 인민생활에서 결정적 전환을 이룩하자'는 제목의 신년 공동사설을 발표하고, 경공업과 농업에 중점을 두어 인민생활의 향상을 호소

1.4 　정령으로 나선시를 '특별시'로 승격

2.8 　김정일 총서기가 방북한 왕자루이 중국공산당 대외연락부장과 회담

3.26 　한국의 초계함 천안함 침몰, 승조원 46명이 사망·행방불명

4.9 　최고인민회의 제12기 제2차 회의 개최, 헌법의 일부 수정, 경제 지도관리에서 '사회주의의 원칙을 고수'를 확인

5.3 　김정일 총서기가 방중(~7), 후진타오 주석과 회담(5, 6)

5.20 　한국 해군의 초계함 침몰에 대해서 국제군민조사단이 '북한제의 어뢰에 의한 수중 폭발'이 원인이라고 단정, 이에 대해서 북한의

국방위원회는 같은 날 '날조'라고 전면 부정

5.24	한국의 이명박 대통령은 초계함 침몰을 '군사적 도발'이라고 비난, 국제연합 안보리에 문제를 제기하고 개성공업단지를 제외한 남북 교역·교류의 전면 중단을 표명
5.25	북한의 조국평화통일위원회, 한국의 이명박 정권과 '모든 관계를 단절한다'고 하고 통신의 차단 등 8개 항목의 조치 발표
6.2	리제강 당 조직지도부 제1부부장, 교통사고로 사망
6.7	최고인민회의 제12기 제3차 회의 개최, 장성택 국방위원을 국방위 부위원장으로 선출하고, 김영일 총리와 6명의 각료를 해임, 최영림 평양시 당 위원회 책임비서를 후임 총리로 선출
6.23	조선노동당 정치국, '당 최고지도 기관 선거를 위해' 당 대표자회의를 9월 상순에 소집하는 것을 결정
7.9	국제연합 안보리, 한국의 초계함 침몰에 간접적인 표현으로 북한을 비난하는 의장성명을 채택
7.20	김현희 전 북한 공작원, 일본 방문(~23)
7.25	한국과 미국이 동해에서 합동군사 연습을 실시, 일본의 해상자위대가 옵서버로 참가(~28)
7.26	중국 후정야오(胡正曜) 외교부 차관이 방북(~30), 29일에 김영일 당 국제부장과 회견
8.12	북한의 인민보안부가 국방위원회 직속이 되었다는 것이 밝혀짐
8.16	중국의 우다웨이(武大偉) 한반도사무 특별대표가 방북(~18)
8.17	조선인민군의 미그-21 전투기가 중국의 랴오닝성(遼寧省) 푸순 시(撫順市)에 추락
8.21	신의주에서 폭우에 의한 피해 발생
8.25	카터 미국 전 대통령이 방북(~27), 김영남 최고인민회의 상임위원장과 회담(27), 북한에서 복역하고 있던 미국인 고메스 씨와 함께 평양을 출발, 김정일 총서기와 회담하지 않음
8.25	조선노동당 인민군 대표자회, 김정일 총서기를 당 대표자회의 대표로 추대, 이후 각지의 대표회에서 김정일 총서기의 추대가 계속됨
8.25	김정일 총서기에 의한 '선군혁명 영도 50주년'
8.26	김정일 총서기가 중국을 비공식 방문(~30), 창춘(長春)에서 후진타오 중국 국가주석과 회담(27)
9.21	조선노동당 39호실 등 북한의 8개 단체와 개인 4명에 대해 추가 제재
9.27	김정일 군 최고사령관, 김경희, 김정은, 최룡해 등 6명에게 '대장'

	의 군사호칭 수여, 국방위원회, 리영호 군 총참모장에게 차수의 군사칭호 수여
9.28	제3차 조선노동당 대표자회의 개최, 김정일 총서기를 다시 당 총서기로 추대
9.29	북한의 각 매체가 28일의 당 대표자회의에서 결정된 인사를 보도, 김정일 총서기의 삼남 김정은 중앙위원으로 선출되고, 당 중앙군사위원회 부위원장에 취임, 사실상의 '후계자'가 됨
9.30	조선중앙통신, 김정일 총서기가 당 대표자회의 참가자와 함께 촬영한 사진을 배포, 김정일 총서기 쪽에서 왼쪽 2번째에 인민복 차림의 김정은의 모습도 보임, 북한이 김정은의 사진을 공개한 것은 최초
10.1	조선중앙통신이 김정일 총서기의 삼남의 한자 표기는 '김정은(金正恩)'이라고 일본 도쿄의 조선통신에 회답
10.5	조선중앙통신, 김정일 총서기가 북한인민군 제851부대의 합동 군사훈련을 시찰했다고 보도하고, 동행자의 이름에 삼남 김정은의 이름도 거론, 조선중앙TV는 밤이 되자 김정은도 들어간 기념사진을 방영
10.9	조선중앙통신, 김정은을 중심으로 한 사진을 처음으로 배포, 노동신문도 같은 날짜의 1면에 게재
10.9	중국공산당의 저우융캉(周永康) 정치국 상무위원이 이끄는 중국공산당 대표단이 방북(~11), 정부 간의 경제·기술협력협정에 조인, 김정일 총서기가 9일 밤, 동 대표단과 함께 <아리랑>을 관람. 김정은도 여기에 동석하여 처음으로 일반 주민이나 외국 매체의 앞에 나타나 외교 무대에도 첫 등장.
10.10	조선노동당 창건 65주년 경축 열병식을 거행. 김정일 총서기 등 북한 지도부가 저우융캉 정치국 상무위원 등 중국 대표단과 함께 주석단에 등장. 김정은도 김정일 총서기와 함께 주석단에 등장했고, 군사 퍼레이드에서는 중거리 탄도미사일 '무수단' 등의 무기도 등장, 금수산기념궁전 방문.
10.10	한국에 망명한 황장엽 전 조선노동당 당 비서가 서울의 자택에서 사망한 것이 발견됨
10.16	북한 친선대표단이 방중(~23)
10.22	중국의 신화사, 양형섭 최고인민회의 상임부위원장이 방북하고 있는 중국 대표단과 회담하고, 김정은이 '금후의 혁명의 사업을 (김정일 총서기로부터) 계승하게 된다'고 언급했다고 보도
10.23	중국의 궈보슝(郭伯雄) 중앙군사위원회 부주석(상장)이 이끄는 군

사대표단이 중국 인민지원군 참전 60주년의 기념행사 참가를 위해 방북(~26)

10.25 중국인민지원군 참전 60주년 기념 대중대회가 평양체육관에서 개최. 김정일 총서기나 김정은 당 중앙군사위 부위원장 등 간부가 참석

10.26 북한의 최고인민회의 상임위원회, 주중 북한대사에 지재룡을 임명한다고 발표

11.1 최영림 총리가 이끄는 대표단이 중국 동북지방 각지를 방문(~8)

11.6 조명록 당 정치국 상무위원(차수)가 심장병으로 사망. 조명록 상무위원의 국가 장의위원회가 발표되어, 김정은이 '동지'의 호칭으로 '김정일 동지'의 다음 서열 2위로 거론됨

11.13 방북한 미국 로스앨러모스 국립연구소의 헤커 전 소장이 베이징에서 '영변의 핵 시설에서 실험용의 경수로를 건설하고 있다는 설명을 들었다'라고 말함

11.16 영국 군사전문지 ≪제인스 인텔리전스 위클리≫가 함경북도 길주군 풍계리에 있는 실험장 시설에서 터널 굴착 등이 행해지고 있다는 것을 확인했다고 보도

11.18 미국 재무성, 북한의 '조선대성은행'과 '조선대성무역상사'에 대해 제재를 발동

11.20 미국 신문 뉴욕타임스, 방북한 헤커 미국 로스앨러모스 국립연구소 헤커 전 소장이 북한 측으로부터 원심 분리기 2000기가 가동되고 있다는 설명을 받고, 1,000기가 넘는 원심 분리기가 설치되어 있는 것을 확인했다고 보도

11.23 보이스 오브 아메리카(VOA), 복수의 북한 고관이 방북한 미국의 안보문제 전문가 레온 시걸에게 북한은 단순한 핵폭발 장치뿐만 아니라 '핵탄두'를 보유하고 있다고 말했다고 보도

11.23 북한이 연평도를 두 차례에 걸쳐 170발을 포격하여 민간인 2명을 포함한 4명이 사망, 19명이 중경상, 한국군도 80발 응전했지만 북한 측의 피해 상황은 불명확

11.28 한·미 양국, 서해에서 원자력 항모 조지워싱턴호도 투입한 합동 군사연습 실시(~12.1)

11.28 우다웨이 한반도사무 특별대표, 12월 상순에 베이징에서 6자회담 수석대표에 의한 긴급 회합을 제안

12.7 한·미·일 3국 외무장관이 워싱턴에서 회담, 북한의 연평도 포격과 우라늄 농축 시설 건설을 비난하고, 북한이 더욱 도발적인 행위를

취하지 못하도록 중국의 역할에 기대감을 표명하는 공동성명을 발표

	12.9	김정일 총서기가 방북한 중국의 다이빙궈 국무위원과 회담, 우다웨이 한반도사무 특별대표도 동석. 신화사는 '양국 관계와 한반도 정세에 대해 깊은 대화를 나누고 중요한 인식의 일치가 있었다'라고 보도

12.16   리처드슨 미국 뉴멕시코 주 주지사가 방북(~21)

12.20   한국군, 북한으로부터 포격을 받은 연평도 주변의 황해에서 약 1시간 반가량 해상 사격훈련 실시. 북한의 조선인민군 최고사령부, 해상 사격훈련에 대해서 '일일이 대응할 일고의 가치도 없다'고 보도문 발표

12.31   중국과 북한, 중국 랴오닝성 단둥 시에서 새로 건설하는 '압록강 국경 하천도로 대교'의 기공식 거행

2011   1.1   노동신문 등 북한 3개 신문, "올해에 다시 한 번 경공업에 박차를 가하여 인민생활 향상과 강성대국 건설에서 결정적 전환을 일으키자"라는 제목의 신년공동사설을 발표. 작년에 이어 인민생활의 향상을 강조하면서 '남북 간의 대결 상태를 하루라도 빨리 해소해야 한다'고 호소

1.5   북한의 정부·정당·단체가 '연합성명'을 내고, 남북 당국자 간 대화의 무조건 조기 개최, 비방·중상, 상대방을 자극하는 행동의 중지 등 4개 항목을 제안

1.8   북한의 '조국평화통일위원회', 남북 당국자 간 대화의 '무조건 조기 개최'를 제안. 남북 적십자회담이나 금강산 관광 재개를 위한 협의 등의 '1월 말이나 2월 초' 개최도 호소. 김정은의 생일이었으나 공식 행사 개최 등은 없음

1.13   최고인민회의 상임위원회, 내각 산하기관의 국가 가격제정국(價格制定局)을 국가 가격제정위원회로 격상시켰다고 발표

1.15   북한은 '국가경제발전 10개년 전략계획'을 내각에서 채택, 담당기관으로서 국가경제개발총국을 설치. 계획의 구체화는 '조선대풍국제투자 그룹'에 위임. 조선중앙통신은 계획 확정에 의해 '2020년에는 선진국의 수준에 도달하는 것이 가능하다는 확고한 전망이 열렸다'라고 보도

1.19   오바마 대통령과 후진타오 국가주석이 워싱턴에서 회담, 두 정상은 북한이 더 이상 도발을 못 하도록 억지하는 것이나 남북 대화의 중요성에 인식을 같이하고, 북한에 의한 우라늄 농축계획을 우려,

6자회담 조기 재개를 위한 조치의 필요성에 의견 일치

1.20   북한의 김영춘 인민무력부장, 한국의 김관진 국방장관에게 통지문을 보내고 '남북 고위급 군사회담'의 예비회담을 1월 말, 본회담을 2월 초에 개최하는 것을 제안. 한국 정부, 원칙적으로 제안의 수용을 결정

1.22   박정순 노동당 조직지도부 제1부부장(정치국 위원후보)이 폐암으로 사망

2.1   한국과 북한이 '남북 고위급 군사회담'의 예비회담을 2월 8일 판문점에서 개최하는 것에 합의

2.8   남북이 고위급 군사회담을 위한 예비회담을 개최(~9), 그러나 의제나 회담의 대표의 수준 등에 합의하지 못하고 그다음 일정도 결정하지 못하고 결렬

2.13   중국의 멍젠주(孟建柱) 공안부장이 방북(~15), 김정일 총서기가 14일에 회담, 환영회를 개최했고, 환영회에는 김정은도 동석

2.23   한국의 현인택 통일부 장관, 북한이 평안북도 철산군 동창리의 새로운 미사일 기지를 거의 완성했다고 밝힘

2.28   한-미 양국이 증원연습 '키 리졸브'와 야외궤도 훈련 '풀 이글'의 합동 군사훈련 개시

3.1   이명박 대통령, '3·1독립운동'의 기념식 행사에서 북한에 대해 '언제라도 열린 마음으로 대화할 준비가 되어 있다', '핵과 미사일을 대신하여 대화와 협력'이 필요하다고 호소

3.18   조선중앙통신, 최고인민회의 제12기 제4차 회의를 4월 7일에 개최한다고 보도

3.19   김정일, 정주영(故 현대그룹 명예회장) 사망 10돌 추모 '구두친서' 발송

3.27   김정일, 신설 국립연극극장에서 경희극 '산울림' 관람. 김정은 동행

4.2   최태복 최고인민회의 의장과 일행, 영국 일정 마치고 귀국

4.6   김정일, 자강도예술단 예술인들의 공연 관람. 김정은 수행

4.15   김정일, 제10215군부대 예술선전대 공연 관람. 김정은 수행

4.19   북한 친선협회 대표단, 중국 방문 후 귀국

4.25   김정일, 공훈국가합창단의 인민군 창건일 경축공연 관람. 김정은 수행

5.4   김정일, 인민군종합체육관 개관식 참석. 김정은 수행

5.17   김정일, 러시아 대외정보국 대표단 접견 및 만찬

5.20   김정일, 중국 비공식 방문(~26)

5.28	김정일, 희천발전소 건설장 현지지도. 김정은 수행
6.10	김정일, 제2기 제4차 군인가족예술소조경연에 참가한 군인가족예술소조공연 관람. 김정은 수행
6.13	김정일, 중국공산당 대표단 접견 및 오찬. 김정은 수행
6.18	김영남 최고인민회의 상임위원장, 영국 여왕 엘리자베스 2세 생일 즈음 축전 발송
7.1	김정일, 인민군 제963군부대예술선전대 공연 관람. 김정은 수행
7.6	강석주 내각 부총리, 방북한 러시아 '가즈프롬' 주식회사 대표단과 담화
7.12	김정일, 중국 친선대표단·중국인민대외우호협회·중북우호협회 대표단 접견 및 만찬. 김정은 배석
7.15	김정일, 중국 방북예술단 공연 관람. 김정은 수행
7.16	김정일, 은하수관현악단의 은하수극장 개관 기념 음악회 관람. 김정은 수행
7.21	김정일, 국립교향악단 공연 관람. 김정은 수행
7.22	김정일, 대동강과수종합농장과 대동강과일종합가공공장 현지 지도. 김정은 수행
7.24	도·시·군 인민회의 대의원 선거 시행. 투표율(99.97%)·찬성률(100%)로 대의원 28,116명 당선
7.24	김정일, 도·시·군 인민회의 대의원선거장 방문 및 투표. 김정은 수행
7.27	김정일, 당 중앙군사위·국방위 공동 주최 정협협정 체결 58돌 경축연회 참석. 김정은 수행
8.4	중국인민해방군 해군 훈련함선 편대, 원산항 도착
8.4	김정일, 중국 후진타오 주석의 홍수피해 위문전문에 답신
8.8	김영남 최고인민회의 상임위원장, 싱가포르 국경절 46돌 즈음 싱가포르 대통령에게 축전
8.15	김정일, 러시아 대통령에게 광복절 즈음 축전
8.20	김정일, 러시아 비공식 방문(~25). 귀국길에 중국 동북지역 방문하고 귀국(27)
8.23	미국 AP통신사 대표단 방북
8.25	북한 인민군 후방일군 대표단, 중국을 방문하여 량광례 국방부장과 담화(26)
8.29	김정일, 당 중앙군사위·국방위 공동 주체 김정일의 외국방문(러시아·중국) 성과 축하연회 참석. 김정은 배석

9.9	김정은, 김일성광장에서 진행된 북한 정권 창건 63주년 경축 노농적위대 열병식에 주석단으로 참석
9.14	김정일, 러시아 대통령에게 생일 관련 축전
9.21	라오스 촘말리 사야손 대통령 공식 친선 방북(~23). 김정일과 상봉 및 연회 참석(23), 김정은 참가.
9.26	최영림 내각 총리 중국 친선방문(~30), 후진타오 주석 의례 방문(27), 상하이 시 여러 곳 방문(28~29). 난징 시 여러 곳 참관(29). 장쑤성 양저우 시 참관 후 귀국(30)
9.28	러시아 외무성 제1부상 방북, 양형섭 최고인민회의 상임위 부위원장 및 김계관 외무성 제1부상과 회담(29)
9.29	중국공산당 대표단 방북(10.3), 김영일 당 비서와 담화 및 연회 참석(29), 김영남 상임위원장과과 담화(10.3)
9.30	중국 정부 창건 62돌 즈음 중국의 당, 국가 지도자들에게 축전
10.12	김정일, 당 창건 66돌 즈음 당 중앙위·당 중앙군사위 공동 주최 경축 연회 참석. 김정은 배석
10.19	김정일, 인민군 제4304군부대과 관하중대 시찰. 김정은 수행
10.22	김정일, 인민군 제958군부대 지휘부 시찰. 김정은 수행
10.23	중국 리커창 부총리 방북(~25), 최영림 내각 총리와 담화 및 연회(23), 김영남 상임위원장과 담화(24), 김정일과 접견 및 김정일·김정은 선물 전달 및 만찬, 김정은 배석(24), '북중친선 택암협동농장' 참관·물자 기증 후 귀국(25)
10.29	EU의회 한반도관계 담당분과 대표단 방북(~11.1), 만경대 방문·평양어린이식료품공장 참관(10.30)
10.31	김정일, 북한 주재 중국 대사 류훙차이 접견 및 만찬, 김정은 수행
11.2	김정일, 인민군 공군 연합부대 훈련 지도. 김정은 수행
11.3	김정일, 인민군 제322군부대 시찰. 김정은 수행
11.7	김정일, 인민군 공군 제813군부대 시찰. 김정은 수행
11.8	북한 인민내무군 대표단(단장; 리태철 상장), 중국 방문(~9). 멍젠주(중국 국무위원 겸 공안부장)과 담화(9).
11.15	중국 고위군사대표단(단장: 리지나이 인민해방군 총정치부 주임) 방북(~18), 김영춘 북한 인민무력부장과 담화(16), 김정일 위원장 접견, 김정은 배석(17)
11.25	김정일, 서부전선에 위치한 제233연합부대 지휘부 시찰. 김정은 수행
11.26	김정일, 오중흡 7연대 칭호를 수여받은 인민군 공군 제1016군부대

시찰. 김정은 수행

11.30	김정일, 인민군 제630대연합대부 종합전술훈련 지도 및 인민군 제169부대 관하중대 시찰. 김정은 수행
12.2	북한 조선노동당 대표단(단장: 리영철 부부장), 영국 방문
12.3	김정일, 인민군 공군 제378군부대 비행훈련 지도. 김정은 수행
12.13	김정일, 인민군 제966대연합부대 화력타격훈련 지도. 김정은 수행
12.17	김정일, 현지 지도 길에 중증급성심근경색과 심한 심장성 쇼크 합병으로 열차 안에서 사망(오전 8시 30분)
12.19	TV 및 라디오 특별방송을 통해 김정일 사망 소식 발표(12시 정각). 김정은 부위원장을 '주체혁명의 위대한 계승자', '탁월한 영도자'로 호칭함
12.20	김정은, 김정일의 영전에 조의를 표하는 의식 참석. 김정은 부위원장을 비롯한 당과 국가·무력기관 간부들, 금수산기념궁전에서 김정일 위원장 영구에 애도 표시
12.20	중국 후진타오 주석 등 주요 인사 주중 북한대사관 방문, 조의표시 및 화환 진정
12.23	김정은 부위원장을 비롯한 당과 국가·무력기관 간부들, 금수산기념궁전에서 김정일 위원장 영구에 재차 애도 표시
12.24	김정은 부위원장, 세 번째로 당 중앙군사위와 국방위 성원들, 군 주요 지휘 성원들, 군 최고사령부 작전 성원들, 군 대연합부대 지휘 성원들과 금수산기념궁전에서 김정일 위원장 영구에 애도 표시. 조문 시 장성택 당 부장이 대장 계급장을 달고 조문하는 모습이 조선중앙TV를 통해 공개됨. "당 중앙군사위 부위원장이며 혁명무력의 최고영도자인 경애하는 김정은 동지"로 언급. "경애하는 김정은 동지를 수반으로 하는 당 중앙위원회를 목숨으로 사수하자는 구호를 높이 추겨들고 강성국가 건설 위업 수행을 담보해 나갈 맹세를 다졌다"라고 보도. 《노동신문》은 정론을 통해 "인민이 드리는 우리 최고사령관동지의 그 부름을 안으시고 김일성 조선을 영원한 승리에로 이끌어 달라"고 주장하며 김정은 부위원장의 최고사령관 추대 분위기를 조성
12.28	평양 금수산기념궁전 광장에서 김정일 위원장 영결식을 진행하고 평양시가지를 순례하는 행사를 실시, 조선중앙TV 실황 생중계, 김정은 참석(오후 1:57~16:57)
12.28	북한, 뉴욕의 유엔대표부를 통해 미국 정부에 쌀 지원 요구
12.29	평양 김일성광장에서 '김정일 위원장 추모 중앙추도대회'를 개최,

조선중앙TV 실황 생중계(오전 10:54~11:48). 김영남 최고인민회의 상임위원장 추도사 발표, 김기남 당 비서, 김정각 총정치국 제1부국장, 리용철 청년동맹 1비서가 당·군·청년/학생을 대표하여 각각 연설문 낭독, 김정은 참석

	12.30	김정은, 김일성종합대학·희천발전소건설장 등 여러 단위 일꾼·근로자들의 편지에 친필 답신
	12.30	조선노동당 중앙위원회 정치국 회의를 통해 인민군 최고사령관에 김정은 추대 결정
2012	1.1	당 기관지 ≪노동신문≫ 신년공동사설 "김정일 동지의 유훈을 받들어 2012년을 강성부흥의 전성기가 펼쳐지는 자랑찬 승리의 해로 빛내이자" 발표, 김정일 위원장의 유훈 관철과 김정은으로의 대를 이은 일심단결의 강화 및 발전을 강조 "우리 당과 우리 인민의 최고영도자 김정은 동지는 선군조선의 승리와 영광의 기치이며, 영원한 단결의 중심", "김정은은 곧 김정일"으로 표현함
	1.1	김정은, 금수산기념궁전 참배, 근위 서울 류경수 제105탱크사단 방문, 은하수 신년음악회 관람
	1.3	김정일의 장남 김정남, 일본 도쿄신문에 대한 이메일 서한을 통해 북한의 3대 세습에 대해 용인하기 어렵다는 입장을 밝힘
	1.8	김정은 생일, 대규모 축하행사 없이 신중한 지도자 이미지 연출
	2.1	최고인민회의 상임위원회 결정으로, 김일성 탄생 100주년 및 김정일 탄생 70주년을 맞이하여 대규모 사면조치 실시 예정
	2.16	김정일 생일(광명성절) 70주년
	3.26	한국 해군 초계함 '천안함' 침몰 2주년
	4.15	김일성 생일(태양절) 100주년, 주체 100주년

* 2011년 3월 19일부터 2012년 4월 15일까지의 항목은 아래의 자료를 참고하여 옮긴이가 별도로 작성하였다. 일부 자료는 북한중앙통신의 보도 날짜를 기준으로 삼았다.

** 자료: 통일부 북한자료센터, ≪주간 북한동향≫ 및 주요 국내외 언론사 보도.

참고문헌

일본 자료

≪共同通信≫, ≪朝日新聞≫, ≪毎日新聞≫, ≪讀賣新聞≫, ≪日本経濟新聞≫, ≪産経新聞≫, ≪東京新聞≫ 各報道.

ラヂオプレス, 『北朝鮮政策動向』, 『北朝鮮の動向』(90年, 95年, 98年, 2004年各版), 『クロノロジーで見る北朝鮮』, 『朝鮮民主主義人民共和國組織別人名錄』.

徐東晩. 1996. 『北朝鮮における社會主義体制の成立1945-61』.

成意現. 2011. 『北朝鮮はるかなり: 金正日官邸で暮らした20年上·下』. 文事春秋.

孫光柱. 2004. 『金正日レポート』. ランダムハウス·講談社.

小此木政夫編. 1997. 『北朝鮮ハンドフやック』. 講談社.

藤本健二. 2003. 『金正日の料理人』. 扶桑社.

_____. 2004. 『金正日の私生活』. 扶桑社.

_____. 2006. 『核と女を愛した將軍樣』. 小學館.

_____. 2010. 『北の後継者キム·ジョンウン』. 中央公論新社.

康明道. 1995. 『北朝鮮の最高機密』. 文書春秋.

黃長燁. 1999. 『黃長燁回顧錄金正日への宣戰布告』. 文暮春秋.

李韓永. 1996. 『平壤「十五号官邸」の抜け穴』. ザ·マサダ.

高峻石. 1988. 『北朝鮮現代史入門』. 批評社.

金學俊. 1997. 『北朝鮮50年史: 「金日成王朝」の夢と現實』. 朝日新聞社.

東亞日報·韓國日報編. 1992. 『金日成その衝擊の實像』. 講談社.

≪季刊リムジンガン, 北朝鮮內部からの通信≫. 2008~2010. アジアプレス·インターナショナル出版部.

林建彦. 1971. 『北朝鮮と南朝鮮』. サイマル出版會.

和田春樹. 1992. 『金日成と滿州抗日戰爭』. 平凡社.

_____. 1998. 『北朝鮮: 遊擊隊國家の現在』. 岩波書店.

_____. 2010. 『日本と朝鮮の一〇〇年史』. 平凡社.

徐大霜. 1996. 『金日成と金正日』. 岩波書店.

鐸木昌之. 1992. 『北朝鮮: 社會主義と伝統の共鳴』. 東京大學出版會.

朝鮮日報『月刊朝鮮』編. 1994. 『金正日その衝擊の實像』. 講談社.

_____. 1994. 『北朝鮮大動亂』. 講談社.

高英燦. 1992. 『平壤25時』. 德間書房.

小此木政夫編. 1994. 『ポスト冷戰の朝鮮半島』. 日本國際問題研究所.

_____. 2006. 『危機の朝鮮半島』. 慶應義塾大學出版會.

鐸木昌之他編. 2005. 『朝鮮半島と國際政治』. 慶応義塾大學出版會.

國際關係共同研究所編. 『北朝鮮: 世襲的社會主義の國』. 成甲書房.

朴鳳喧. 2008. 『朝鮮の先軍歷史を探る』. 光明社.

惠谷治. 1995. 『金正日·北朝鮮權力の實像』. 時事通信社.

議崎敦仁·津田克己. 2010. 『北朝鮮入門LIVE講義』. 東洋経濟新報社.

平井久志. 2010. 『なぜ北朝鮮は孤立するのか: 金正日破局へ向かう「先軍体制」』. 新潮社.

한국 자료

≪연합뉴스≫, ≪조선일보≫, ≪동아일보≫, ≪중앙일보≫, ≪한국일보≫,
≪한겨레신문≫, ≪월간조선≫, ≪신동아≫

통일부. 1991, 1992, 1995, 2000, 2004, 2009년도 각판. 『북한의 중요인물』, 『북한기관단체별
    인명집』, 『북한개요』.

북한연구소. 1983. 『북한총람』.

_____. 1994. 『북한총람(1983~1993)』.

_____. 2003. 『북한총람(1993~2002)』.

_____. 1999. 『북한대사전』

『북한인명사전』. 1997. 서울신문사.

『북한용어 250선집』. 1992. 내외통신

서동만. 2005. 『북조선 사회주의 체제성립사 1945~1961』. 선인.

이찬행. 2001. 『김정일』. 백산서당.

_____. 1994. 『인간 김정일 '수령' 김정일: 그의 시대와 북한사회』. 열린세상.

김현식·손광주. 1993. 『다큐멘터리 김정일』. 천지미디어.

성혜랑. 2000. 『등나무집』. 지식나라.

_____. 1999. 『소식을 전합니다』. 지식나라.

이한영. 1996. 『대동강 로열패밀리 서울잠행 14년』. 동아일보사.

강명도. 1995. 『평양은 망명을 꿈꾼다』. 중앙일보사.

김학준. 1995. 『북한 50년사』. 동아출판사.

연합통신. 1995. 『북한 50년』. 연합통신.

월간조선 엮음. 1994. 『주석궁 비사』. 조선일보사.

이종석. 2000. 『새로 쓴 현대북한의 이해』. 역사비평사.

정창광. 1999. 『곁에서 본 김정일』. 토지.

동아일보사. 1995. 『김정일 북한대백과』. 동아일보사.

중앙일보특별취재반. 1993. 『비록 조선민주주의인민공화국』. 중앙일보사.

_____. 1994. 『김정일』. 중앙일보사.

현성일. 2007. 『북한의 국가전략과 파워 엘리트』. 선인.

한국 국방부. 2008, 2010. 『국방백서』.

북한 자료

≪노동신문≫, 조선중앙통신, 조선통신, ≪조선신보≫

『김정일략전』. 2001. 조선·평양외국문출판사.

『조선로동당력사』. 1991. 조선로동당출판사.

『조선통사』(상·중·하). 1996.

『조선말대사전』. 1992. 사회과학출판사.

탁진·김강일·박홍제. 1994. 『김정일 지도자(제1부)』. 평양출판사

_____. 1994. 『김정일지도자(제2부)』. 평양출판사.

『김정일 선집 1』. 1992. 조선로동당출판사.

『김정일 선집 2』. 1993. 조선로동당출판사.

『김정일 선집 9』. 1997. 조선로동당출판사.

『김정일 선집 15』. 2005. 조선로동당출판사

지은이

히라이 히사시(平井久志)

1952년 가가와 현(香川縣) 출생. 1975년 교도통신사 입사. 외신부, 서울 지국장, 베이징 특파원 등을 거쳐 현재 편집위원 겸 논설위원. 2002년 선양(瀋陽) 사건 보도로 신문협회상 수상. 같은 해 선양 사건 및 북한 경제개혁 등의 북한문제 보도로 본·우에다(ボーン·上田)상 수상. 저서로『서울 타령: 반일과 혐한의 틈바구니에서』(德間書店),『일한 교육전쟁: '무지개'와 '별'이 수놓은 다리』(德間書店),『코리아 타령: 상당히 다이내믹한 한국인의 현주소』(ビジネス社),『왜 북한은 고립하는가: 김정일, 파국으로 향하는 '선군체제'』(新潮社) 등이 있다.

옮긴이

백계문

서울대 법과대학 졸업
중앙대 대학원 교육학 전공
민주화운동가·정치활동가
저서:『성공한 개혁가 룰라』(2011) 외

이용빈

중국 베이징대 국제정치학과 대학원 수학
서울대 외교학과 대학원 수료
인도 방위문제연구소(IDSA) 객원연구원 역임
홍콩국제문제연구소 연구원 및 한림대만연구소(HITS) 객원연구원
역서:『시진핑』(2011) 외

한울아카데미 **1416**

김정은 체제

북한의 권력구조와 후계

ⓒ 백계문·이용빈, 2012

지은이 | 히라이 히사시
옮긴이 | 백계문·이용빈
펴낸이 | 김종수
펴낸곳 | 도서출판 한울

편 집 | 김현대·박록희·염정원

초판 1쇄 인쇄 | 2012년 1월 18일
초판 1쇄 발행 | 2012년 1월 25일

주소 | 413-756 파주시 문발동 535-7 302(본사)
      121-801 서울시 마포구 공덕동 105-90 서울빌딩 1층(서울 사무소)
전화 | 영업 02-326-0095, 편집 031-955-0606, 02-336-6183
팩스 | 02-333-7543
홈페이지 | www.hanulbooks.co.kr
등록 | 1980년 3월 13일, 제406-2003-051호

Printed in Korea.
ISBN 978-89-460-5416-5 03340